화엄경소론찬요
華嚴經疏論纂要

화엄경소론찬요 ③
華嚴經疏論纂要

● **일러두기** ●

1. 이 책의 원서는 명말청초 때의 승려인 도패 스님※이 약술 편저한 《화엄경소론찬요》이다. 《대방광불화엄경》 80권본을 기초로 하여, 경문에 청량 스님의 소초(疏鈔)와 이통현 장자의 논(論)을 붙여 상세하게 풀이하였다.

2. 경(經), 소(疏), 논(論)은 원문에 토를 붙여서 그 뜻을 이해하기 편하도록 했으며, 원문 바로 아래 번역문을 넣었다.

3. 원문을 살려 그대로 옮겨 놓음을 원칙으로 하다 보니 본문의 제목 번호에 있어서 다소 혼동이 올 수 있다. 그럴 경우 목차를 참고하기 바란다.

4. 산스크리트 어 표기는 〈표준국어대사전〉과 〈불광 사전〉 등에 등재된 음역어를 사용하였으며, 불교 용어에 대한 설명은 주로 〈불광 사전〉을 참고하였다.

5. 내용을 좀더 쉽게 풀기 위하여 중간에 체계가 약간 바뀌었음을 밝힌다.

※ 위림도패(爲霖道霈, 1615~1702) 스님은 명말청초 때의 조동종 승려이다. 14세 때 백운사(白雲寺)에서 출가하여 경교(經敎)를 공부했다. 영각원현을 모시며 법을 이었고, 천동산(天童山) 밀운원오(密雲圓悟)에게 배워 크게 깨달았다. 그 후 백장산(百丈山)에 암자를 짓고 5년 동안 정업(淨業)을 닦았다. 나중에 고산(鼓山)으로 옮겨 20여 년 동안 살았는데 귀의하는 사람이 매우 많았다.
저술로는 《인왕반야경합소(仁王般若經合疏)》 3권을 비롯하여 《화엄경소론찬요(華嚴經疏論纂要)》 120권, 《법화경문구찬요(法華經文句纂要)》 7권, 《불조삼경지남(佛祖三經指南)》 3권, 《위림도패선사병불어록(爲霖道霈禪師秉拂語錄)》 2권, 《여박암고(旅泊庵稿)》 4권, 《선해십진(禪海十珍)》 1권, 《사십이장경지남(四十二章經指南)》, 《불유교경지남(佛遺敎經指南)》, 《고산록(鼓山錄)》 6권, 《반야심경청익설(般若心經請益說)》, 《팔십팔불참(八十八佛懺)》, 《준제참(準提懺)》, 《발원문주(發願文註)》 등이 있다.

● 간행사 ●

《화엄경소론찬요》 번역서를 간행하면서

《화엄경》은 비로자나 세존께서 보리도량에서 처음 정각을 성취하신 후, 일곱 도량 아홉 차례의 법문에서 일진(一眞)의 법계(法界)와 제불의 과원(果願)을 보여주시어 미묘한 현지(玄旨)와 그지없는 종취(宗趣)를 밝혀주신 최상의 경전이다. 이처럼 《화엄경》은 법계와 우주가 둘이 아닌 하나로 그 광대함을 말하면 포괄하지 않음이 없고, 그 심오함을 말하면 갖춰 있지 않음이 없어 공간으로는 법계에 다하고 시간으로는 삼세에 통하고 있다.

이러한 이유에서 《화엄경》은 근본 법륜으로 중국은 물론 동양 각국에서 높이 받들며 수많은 주석서가 간행되어 왔다. 그러나 세상에 널리 알려진 것은 청량 국사의 《대방광불화엄경소초(大方廣佛華嚴經疏鈔)》와 통현 장자의 《대방광불화엄경론(大方廣佛華嚴經論)》이다. 소초(疏鈔)는 철저한 장 구(章句)의 분석으로 본말을 지극히 밝혀주었고, 논(論)은 부처님의 논지를 널리 논변하여 자심(自心)으로 회귀하고 있는 것이 특징이다. 이처럼 청량소초와 통현론은 양대 명저(名著)로 모두 수증(修證)하는 데에 지극한 궤범(軌範)이었다.

탄허 대종사께서는 이러한 점을 토대로 통현론을 주(主)로 하고 청량소초를 보(補)로 하여 번역하심으로써 《화엄경》이 동양에 전해진 이후 동양 최초의 《화엄경》 번역이라는 쾌거를 이룩하셨다. 일찍이 한국불교에 침체된 화엄사상은 대종사의 번역에 힘입어 다시 온 누리에 화엄의 꽃비가 내려 화엄의 향기로 불국정토를 성취하여 더할 수 없는, 지극한 법륜을 설하셨다.

그러나 대종사께서 열반하신 이후, 불법은 날로 쇠퇴하고 중생의 근기는 날로 용렬하여 방대한 소초와 논을 열람하기에는 역부족이었다. 이에 대종사의 《화엄경》을 다시 한 번 밝히기 위해서는 또 다른 모색을 필요로 할 시점에 이르렀다. 보다 쉽게 볼 수 있고 간명한 데에서 심오한 데로, 물줄기에서 본원을 찾아갈 수 있는 진량(津梁)을 찾지 않는다면 대종사의 평생 정력을 저버리게 된다는 절박한 마음이 없지 않았다.

청대(淸代) 도패(道霈) 대사는 청량의 소초와 통현의 논 가운데 그 정요(精要)만을 뽑아 《화엄경소론찬요(華嚴經疏論纂要)》를 편집하였다. 이는 매우 방대한 소초와 논을 축약하여, 가까이는 청량 국사와 통현 장자의 심법을 전수하였고 멀리는 비로자나불의 묘체(妙諦)를 밝혀주는 오늘날 최고의 《화엄경》 주석서이다.

이에 《화엄경소론찬요》를 대본으로 하여, 다시 대종사의 번역서를 참고하면서 현대인이 보다 쉽게 이해할 수 있는 번역서를 간행하기에 이르렀다.

이제 돌이켜 생각하면 무상한 세월 속에 감회가 적지 않다. 내 지난날 출가 입산하여 겨우 이레가 되던 날, 처음 접한 경전이 《화엄경》이었다. 행자 생활을 시작한 영은사는 대종사께서 오대산 수도원이 해산된 후, 이의 연장선상에서 3년 결사(結社)를 선포하시고 《화엄경》 번역이라는 대작불사를 시작하여 강의하셨던, 한국불교사에 한 획을 그려준 역사의 도량이었다.

그 당시 대종사께서는 행자인 나에게 《화엄경》을 청강하라 하시면서 "설령 알아듣지 못할지라도 들어두면 글눈이 생겨 안 들은 것보다 낫다."고 권면하셨다. 이제 생각해보면 행자 출가 즉시 《화엄경》 공부 자리에 참여했다는 것은 전생의 숙연(宿緣)이 아니었으면 어떻게 그 당시 그 법회에 참석이나 할 수 있었겠는가. 이는 행운 중 행운으로 다겁의 선근공덕이 아닐까 생각되며, 아울러 늦게나마 대종사의 영전에 하나의 향을 올리는 바이다.

처음 《화엄경》 설법을 듣는 순간, 끝없는 우주법계의 장엄세계가 황홀하고 법계를 맑혀주고 무진 보배를 담고 있는 바다의 불가사의한 공덕이라는 대종사의 사자후가 머릿속에 쟁쟁하게 울려왔을 뿐, 그 도리를 이해한다는 것은 나의 근기로서는 도저히 불가능한 일이었다. "쭉정이만도 못하다."고 꾸지람을 하시던 대종사의 방할(棒喝)을 맞으며 영은사에서의 결사가 끝난 후, 나는 단 한 번도 《화엄경》을 펼쳐 볼 엄두를 내지 못했다.

그러던 몇 해 전, 무비 스님께서 범어사에서 《화엄경》을 강좌하시면서 서울에서도 《화엄경》 강좌를 열어보라고 권할 적만 하더라도 언감생심 《화엄경》을 강의하겠다는 생각을 하지 못하였다. 그러나 씨앗을 뿌려놓으면 새싹이 돋아나듯, 반드시 인연법은 사라지지 않는 모양이다. 영은사에서의 《화엄경》 인연이 자곡동 탄허기념박물관에 화엄각건립불사를 발원하게 되었고, 화엄각건립불사를 위하여 《화엄경》 강좌를 열기에 이를 줄은 꿈에도 생각지 못하였다.

미력한 소견으로 강좌를 열면서 정리된 강의 자료를 여러 뜻있는 이들과 다시 한 번 토론하고 강마하면서 〈세주묘엄품〉 출간을 시작으로 계속 연차적으로 간행하고 있다.

이 책이 나오도록 기꺼이 설판제자가 되어주신 김철관(金澈官), 오정순(吳貞順) 불자(佛子)의 심신이 건강하고 사업이 번창하여 세세생생 부처님 가피가 충만하시기를 바라 마지않으며, 무주상으로 동참해주신 무애지, 법연심 등, 그리고 화엄각 불사에 앞장서주신 모든 불자들의 향연공덕이 무량하여 이 책이 간행된 인연으로 다시 한 번 화엄사상이 꽃피어 온 누리에 탄허 대종사의 공덕이 빛나고, 아울러 화엄정토가 구현되어 남북의 통일과 세계의 평화 속에서 부처님 세계 화엄정토가 이루어지길 진심으로 축원하는 바이다.

2017년 5월
五臺山 後學 彗炬 合掌 再拜

◉ 목차 ◉

간행사 《화엄경소론찬요》 번역서를 간행하면서 5

화엄경소론찬요 제12권 ◉ 여래현상품 제2-1

1. 유래한 뜻 17
2. 품명에 대한 해석 19
3. 종취 23
4. 경문의 해석 29

제1. 수많은 대중이 다 함께 법을 청하다[衆海同請] 30
    1. 5가지의 물음 30
    2. 경문을 해석하다 37

      1) 장항으로 생각을 통해 법을 청하다[長行念請] 37
      (1) 의문으로 생각함을 나타내다 37
      (2) 예를 인용하여 법을 들어 청하다 58

      2) 음성 공양으로 게송 올려 법을 청하다[供聲偈請] 70

제2. 방광으로 인연 있는 대중을 부르다[光召有緣] 79
    1. 장항 79
    2. 게송 85

화엄경소론찬요 제13권 ● 여래현상품 제2-2

제3. 부처님이 불러들인 대중이 구름처럼 몰려오다[衆召雲奔] 97

1. 하나의 도량에 다 함께 모이다 97

1) 총체로 밝히다 98
2) 개별로 나타내다 98
- 제1 동방의 청정광淸淨光 세계 98
- 제2 남방의 일체보월一切寶月 세계 104
- 제3 서방의 가애락可愛樂 세계 106
- 제4 북방의 비유리毘琉璃 세계 109
- 제5 동북방의 염부단금閻浮檀金 세계 111
- 제6 동남방의 금장엄金莊嚴 세계 113
- 제7 서남방의 일광변조日光徧照 세계 115
- 제8 서북방의 보광조요寶光照耀 세계 118
- 제9 아래의 연화향蓮華香 세계 120
- 제10 위의 마니보摩尼寶 세계 122

3) 위의 세계들을 모두 끝맺다 124

2. 자재 묘용을 나타내다 126
3. 광명의 음성이 스스로 말하다 142

제4. 상서를 나타내어 법을 밝히다[現瑞表法] 155

1. 광명으로 법주를 보이다 155
2. 연꽃을 나타내어 화엄의 의의를 밝히다 163
3. 대중을 나타내어 가르침을 밝히다 168

제5. 부처님의 덕을 칭양하다[稱揚佛德] 175
   1. 미간 승음眉間勝音 보살의 찬탄 177
   2. 시방세계 보살이 덕을 찬탄하다 187
    • 제1 동방 연화광蓮華光 보살의 게송 187
    • 제2 남방 법희法喜 보살의 게송 198
    • 제3 서방 향염香焰 보살의 게송 208
    • 제4 북방 사자분신師子奮迅 보살의 게송 213
    • 제5 동북방 법해法海 보살의 게송 221
    • 제6 동남방 혜등慧燈 보살의 게송 228
    • 제7 서남방 화염계華焰髻 보살의 게송 234
    • 제8 서북방 무진광無盡光 보살의 게송 241
    • 제9 아래의 보명普明 보살의 게송 247
    • 제10 위의 정진력精進力 보살의 게송 252

제6. 무궁함을 모두 끝맺다[結通無窮] 262

화엄경소론찬요 제14권 ● 보현삼매품 제3

   1. 유래한 뜻 271
   2. 품명에 대한 해석 271
   3. 종취 272
   4. 경문의 해석 275

제1. 선정에 들다[三昧分] 276
   1. 이 경계의 입정을 밝히다 276

(1) 부처님 가피의 힘을 받아 선정에 들다 276
　　(2) 선정의 명제를 나타내다 277
　　(3) 선정의 체용을 밝히다 288
　2. 시방 및 수많은 미진수의 모든 도에 통하다 296

제2. 가피를 내리다[加持分] 302
　1. 말씀의 가피 302
　2. 마음의 가피 307
　3. 몸의 가피 313

제3. 선정에서 일어나다[起定分] 317
　1. 이 경계의 기정을 밝히다 317
　　(1) 선정에서 일어나다 317
　　(2) 대중이 이익을 얻다 321
　2. 모든 유類에 통하다 325

제4. 모습을 나타내어 증명하다[現相作證分] 326

제5. 모공의 방광이 공덕을 찬탄하다[毛光讚德分] 329

제6. 대중보살이 찬탄하며 법을 청하다[大衆讚請分] 348

화엄경소론찬요 제15권 ● 세계성취품 제4

1. 유래한 뜻 371
2. 품명에 대한 해석 372
3. 종취 374
4. 경문의 해석 382

제1. 강요를 총체로 내세우다[總標綱要: 本分] 383
   1. 부처님의 신통력을 받들어 두루 살펴보다 383
   2. 물음에 이어서 설법을 허락하다 385
   (1) 물음에 이어서 간단하게 찬탄하다 385
   (2) 설법을 허락하다 395
   (3) 이익을 성취할 바를 설하다 398
   (4) 훌륭함을 찬탄하면서 법문을 잘 듣도록 권하다 400

제2. 본의를 진술하다[正陳本義: 說分] 406
   1. 장문을 들어 말하다 407
   2. 장에 따라 별도로 해석하다 411
   (1) 세계가 생겨날 때 갖춘 인연 411
   (2) 세계가 의지하여 머무는 곳 436
   (3) 세계의 형상 452
   (4) 세계의 체성 459
   (5) 세계의 장엄 470
   (6) 세계의 청정방편을 밝히다 476
   (7) 부처님이 각기 다른 모습으로 나오시다 490
   (8) 머문 세월이 다르다 497
   (9) 겁이 전변하는 차별 507
   (10) 차별이 없다 525

화엄경소론찬요 제12권
華嚴經疏論纂要 卷第十二

◉

여래현상품 제2-1
如來現相品 第二之一

一

將釋此品에 四門分別이니 一來意오 二釋名이오 三宗趣오 四釋文이라 然下諸品도 多用此四오 若有增減이면 至文當辨하리라

　장차 본 품을 해석할 때 네 분야로 구분한다.

　1. 유래한 뜻이며,

　2. 품명에 대한 해석이며,

　3. 종지와 귀추이며,

　4. 경문의 해석이다.

　그러나 아래의 모든 품에서도 이처럼 네 분야로 구분한 바 많다. 만약 이보다 더하거나 줄일 경우에는 해당 경문에서 논변할 것이다.

一

今初 來意

　1. 유래한 뜻

● 疏 ●

來意中 二니 先 分來오 後 品來라

今初三分之中에 自下는 正宗이니 由致旣彰이면 正宗宜顯이라 故次來也며 四分之中에 已明教起因緣이오 次辨說法儀式이라 故次來也니라 二 品來者는 曲有二義니 一은 前辨衆集이러니 今顯跧現相이오 二는 前明舊衆이러니 今辨新集이라 故次來也라【鈔_ 四分은 卽擧果勸樂生

信等四分이니 以四分科에 第一會는 名擧果勸樂生信分이니 六品을 分三이니 初品은 明敎起因緣分이오 次二品은 明說法儀式分이오 後三品은 正陳法海分이라 初分已竟에 次有說法儀式 二品經來니 此是 四分科中에 第一分內오 三分之中에 第二分來니 擧其大科라 故云 四分之中이라하니 對前序·正·流通 三故니라 】

'유래한 뜻'은 2가지로 나뉜다. 앞은 三分(序·正宗·流通分)의 유래이고, 뒤는 각 品의 유래이다.

'앞의 三分의 유래' 가운데, 아래는 正宗分이다. 부처나 보살에게 법을 청할 때 그 까닭을 먼저 아뢰는[曲致] 바가 앞서 분명하면 正宗은 밝혀지기 마련이다. 이 때문에 '分의 유래'를 세주묘엄품의 다음으로 쓴 것이다. 그리고 四分¹ 가운데 이미 제1 세주묘엄품에서 부처님의 설교가 비롯되는 인연을 밝혔고, 다음으로 본 품에서 설법의 의식을 논변한 까닭에 '分의 유래'를 세주묘엄품의 다음으로 쓴 것이다.

'뒤의 각 品의 유래'는 자세히 말하면 2가지의 뜻이 있다.

⑴ 세주묘엄품에서는 대중의 운집을 말했는데, 본 품에서는 대중의 의심에 따라 부처님이 모습을 나타내는 점을 밝혀주었다.

⑵ 세주묘엄품에서는 앞서 모인 옛 대중을 밝혔는데, 본 품에서는 새로 모여든 대중을 말한 것이다. 이 때문에 '品의 유래'를 세주묘엄품의 다음으로 쓴 것이다.【초_ 四分이란 擧果勸樂生信分

....
1 四分: ① 擧果勸樂生信分. ② 修因契果生解分. ③ 託法進修成行分. ④ 依人證入成德分.

등 4분을 말한다. 4분의 科判에 제1會는 "부처님이 되신 결과를 말씀하여 그 즐거움을 권해서 믿음을 일으키게 하신 가르침[舉果勸樂生信分]"이라고 말한다. 6품을 3가지로 구분하는데, 제1 세주묘엄품은 부처님의 설교가 비롯되는 인연을 밝혔고, 다음 본 품과 제3 보현삼매품 2품은 설법 의식을 밝힌 것이며, 뒤의 제4 세계성취품, 제5 화장세계품, 제6 비로자나품 3품은 法海를 설한 부분이다. 세주묘엄품의 舉果勸樂生信分이 이미 끝났기에 이 다음으로 설법 의식에 관한 2품을 이어 쓴 것이다. 이는 四分의 과판 가운데 제1 舉果勸樂生信分에 해당되고, 三分 가운데 제2 正宗分에 해당된다. 이처럼 그 大科를 들어 말한 까닭에 '四分之中'이라 말한다. 이는 앞서 말한 序分·正宗分·流通分 3구분을 상대로 말한 때문이다.】

二 釋名

2. 품명에 대한 해석

● 疏 ●

釋名者는 一分은 名正宗이니 正陳宗旨니 揀序·流通이라 若四分中에 名舉果勸樂生信者는 舉依·正果하야 勸物信樂이라 是故로 亦名所信因果오 亦名說佛依果會니 以從多說故니라【鈔_ 以從多說者는 此通妨難이라 然有二妨하니 一云以文從義科中하야 名所信因果오 經中에 復有遮那品因이어늘 何以問答相屬科中에 但名舉果勸樂生信分이며

隨其本會科中하야 但名說佛依果會耶아 故此答云以多說果는 以因
少故니 如河少水면 亦名無水며 如乳有水라도 但名爲乳니라 勸物信樂
에 宜擧果故니라 第二妨에 云上云擧佛依正二果하야 勸物信樂이어늘
何故隨會하야 但云說佛依果會耶아 故此答云多說依果는 少說正故
니라 亦以本意 在於依果니 正報之果는 第二會去라야 方始說故니라】

 '품명에 대한 해석'이란 하나의 分으로 말하면 正宗分이다. 바
로 종지를 말하고 있기에 이는 서분·유통분과는 다르다. 4분 가운
데 "부처님이 되신 결과를 말씀하여 그 즐거움을 권해서 믿음을 일
으키게 하신 가르침[擧果勸樂生信分]"이라고 말한 것은 부처님의 '依
報·正報'의 결과를 들어 중생에게 불법에 대한 믿음과 즐거움을
권하려는 것이다. 이 때문에 또한 '믿어야 할 인과[所信因果]' 또는
'부처님의 依報를 말한 부분[說佛依果會]'이라고 말하니 결과로 말함
이 많기 때문이다.【초_ "결과로 말함이 많기 때문이다."라는 것은
이는 시비와 논란을 해소해주기 위함이다. 그러나 여기에 2가지의
논란이 있다.

 ① "경문의 의의로 나누면 所信因果라 말해야 하고, 경문의 가
운데 또한 비로자나품의 원인이 있음에도 어떻게 문답이 서로 이
어지는 과판에서는 단 '거과권락생신분'이라 말하고 그 본회의 과
판을 따라 단 '설불의과회'라고 말할 수 있을까?" 이러한 물음이 있
었기에 답하기를, "결과로 말함이 많기 때문이라는 것은 반대로 원
인이 적었기 때문이다. 예를 들면 시내에 물이 적으면 또한 물이
없다고 말하며, 우유에 물이 섞여 있더라도 단 많은 것을 따라 우

유라고 말하는 것과 같다. 중생에게 믿음과 즐거움을 권하는 데에는 당연히 결과를 들어 말할 수밖에 없기 때문이다."라고 하였다.

　② 논란하여 말하기를, "위에서는 부처님의 依報, 正報 두 결과를 들어서 중생에게 믿음과 즐거움을 권했었는데, 무엇 때문에 會를 따라서 단 '說佛依果會'라 말하였는가?"라고 하였다. 이러한 물음에 대해 답하기를, "의보의 결과로 말한 바가 많다는 것은 반대로 정보의 결과를 말한 바가 적기 때문이다. 또한 경문의 본의는 의보의 결과에 있다. 정보의 결과는 제2會에 가서야 처음 말하였기 때문이다."라고 하였다.】

二 品名者는 如來는 是能現之人이오 相은 是所現之法이며 現通能所일새 能所合說하고 體用雙陳하야 以立其稱이라 然如來現相에 各有五義하야 以成其十이라 如來五者는 一 就理顯이니 謂法性名如오 出障名來며 二 唯就行이니 瑜伽云 '言無虛妄'일새 故名如來라하고 涅槃 三十二에 亦同此說이오 三 理智合說이니 轉法輪論에 云 '第一義諦名如오 正覺名來니 正覺第一義諦일새 故名如來'라하니 此는 與成實로 大同이라 四 離相說이니 般若云 '如來者는 無所從來오 亦無所去라 故名如來'라 하니라 五 融攝說이니 謂一如無二如니 若理若智와 若開若合이 無不皆如라 故名爲如오 如外無法이라 來亦卽如오 如是來者 是眞如來니라 現相五者는 一 現面門光相하야 召十方衆이오 二 現眉間光相하야 示說法主오 三 振動刹網하야 以警羣機오 四 佛前現華하야 表說依果오 五 白毫出衆하야 表敎從佛流라 如是等相이 是如來現相이니 品中辨此일새 故以爲名이니라

'품명'이란 여래는 출현한 주체의 사람이며, 相이란 나타내려는 법이며, 現은 출현의 주체와 대상의 법[能所]을 통합한 것이기에 능소를 통합하여 말하고 본체와 작용을 모두 말하여 '여래현상품'이라는 명칭을 내세운 것이다.

그러나 여래와 현상에는 각기 5가지의 뜻이 있기에 10가지를 이루고 있다. 여래의 5가지 뜻은 다음과 같다.

⑴ 이치로 나타냄이다. 법성을 '如'라 말하고, 장애에서 벗어남을 '來'라 말한다.

⑵ 오직 행으로 말한다. 유가론에 이르기를, "말씀에 거짓이 없다."고 하기에 여래라 말한다 하였고, 열반경 32에서도 이와 같이 말한 바 있다.

⑶ 이치와 지혜를 종합하여 말한다. 전법륜론에 이르기를, "심오하고 미묘한 第一義諦를 如라 말하고 만유의 실상을 깨달은 正覺을 來라고 말한다. 심오하고 미묘한 제일의제를 바르게 깨달은 까닭에 '여래'라고 말한다."고 하니, 이는 성실론에서 말한 바와 크게는 같다.

⑷ 현상을 여읜 것으로 말한다. 반야경에 이르기를, "여래는 오는 데도 없고 또한 가는 곳도 없다. 이 때문에 여래라고 말한다."고 하였다.

⑸ 융합하여 받아들이는 것으로 말한다. 如라는 것은 중생과 부처가 하나로서 똑같은 것이지, 둘이 없음을 말한다. 이치와 지혜, 열리고 닫히는 것이 모두 똑같지 않음이 없기에 如라 말하고,

如의 밖에 다른 법이 없기에 오는 것 또한 如이며, 이와 같이 오는 것이 참다운 여래이다.

현상의 5가지는 다음과 같다.

⑴ 입에 광명의 현상이 나타나 시방 중생을 부름이다.

⑵ 미간에 광명의 현상이 나타나 설법주를 보여줌이다.

⑶ 일체세계를 진동하여 수많은 중생을 경계함이다.

⑷ 부처님 앞에 꽃이 나타나 의보의 결과를 말해줌이다.

⑸ 백호광이 대중에게서 쏟아져 나와 가르침이 부처님에게서 흘러온 것임을 나타냄이다.

이와 같은 등등의 현상이 여래의 현상이다. 본 품에서는 이러한 부분을 논변한 까닭에 여래현상품이라 이름 붙인 것이다.

三宗趣[2]
3. 종취

◉ 疏 ◉

宗趣亦二니 一分宗이니 三分正宗은 已如上說이오 四分之宗은 卽以佛果無邊刹海로 具三世間하야 無盡自在라 故以爲宗하야 令諸菩薩

....
[2] 宗趣: 宗은 宗旨, 또는 수행의 요체로 말하면 근본의 자리, 으뜸의 자리라는 뜻이며, 趣는 趣向 또는 歸趣(歸趣)이다. 본 품의 요지와 귀결점을 밝히고 있다.

로 生淨信修行涉求하야 以之爲趣니라 二品宗者는 以光相表示로 爲宗하야 令上智玄悟로 爲趣니라【鈔_ 卽以佛果者는 然華藏品도 猶自有邊이라 有金輪山이 蓮華外故니 此外에 更有別刹海故이어늘 而彼文에 云法界無差別이라하야 已無邊矣온 況世界成就品에 云"十方刹海叵思議를 佛無量劫皆嚴淨하시고 爲化衆生使成熟하사 出興一切諸國土로다"하고 又偈中에 云"所說無邊衆刹海를 毘盧遮那悉嚴淨하시니 世尊境界不思議여 智慧神通力如是로다"하니 則刹無邊矣라 具三世間者는 無邊刹海는 卽器世間이오 毘盧徧興은 卽智正覺이오 刹網所持와 如來所化는 卽衆生世間이라 言自在者는 三種世間에 互相卽入하야 隱顯重重하야 皆無礙故니 華藏偈에 云"華藏世界所有塵이여 一一塵中見法界라 寶光現佛如雲集하니 此是如來刹自在로다"故無盡之義는 卽是無邊이온 況三皆無盡가】

종취 또한 2가지이다.

⑴ 分에 관한 종지이다. 3분의 正宗分은 이미 위에서 말한 바와 같으며, 4분의 종지는 곧 불과의 그지없는 세계바다로 삼세간을 갖추어 끝없이 자재한 까닭에 이를 종지로 삼아, 모든 보살로 하여금 청정한 신심과 수행과 추구함을 내는 것으로 귀취를 삼는다.

⑵ 品에 관한 종지이다. 이는 광명 현상의 표시로 종지를 삼아, 최고의 지혜를 현묘하게 깨달음으로 귀취를 삼는다.【초_ "곧 불과의 그지없는 세계바다"라는 것은 화장세계품에서도 오히려 스스로 끝이 있다고 하지만 금륜산이란 연화세계의 밖에 있기 때문이다. 이 밖에도 또 다른 세계바다가 있기 때문인데, 그에 관한 경문

에서 "법계에 차별이 없다."고 하여 이처럼 '그지없다[無邊]'고 말하였다. 더욱이 세계성취품에서 이르기를, "시방세계바다의 불가사의여, 부처님이 한량없는 겁에 모두 장엄, 청정하시고, 중생의 교화로 그들의 성숙을 위해, 온갖 국토 출현하시네."라고 하였고, 또 아래의 게송에 이르기를, "말씀하신 끝없는 온갖 세계바다, 비로자나 부처님 모두 장엄, 청정케 하시니, 세존의 경계 불가사의여, 지혜와 신통의 힘 이와 같다."고 말하였다. 이로 보면 세계는 끝이 없는 것이다. '具三世間'이란 끝이 없는 세계바다는 곧 器世間이며 비로자나불이 두루 나타난 곳은 곧 智正覺세계이며, 세계그물로 유지한 바와 여래께서 교화하는 대상은 곧 衆生세간이다. '自在'라 말한 것은 삼세간의 모든 곳을 들어가 거듭거듭 보이지 않거나 나타나면서도 모두 장애가 없기 때문이다. 화장세계품의 게송에 이르기를, "화장세계에 있는 티끌이여, 하나하나 티끌 속에서 법계를 보니, 보배광명 속에 구름처럼 모인 부처님 나타나니, 이것이 여래 세계 자재함이네."라고 하였다. 이 때문에 無盡이라는 뜻은 곧 '그지없음[無邊]'을 말한다. 하물며 삼세간이 모두 無盡함이야.】

● 論 ●

釋此一品에 義分爲三호리니 一은 釋品名目이오 二는 釋品來意오 三은 隨文釋義라

여래현상품을 해석함에 있어 그 뜻을 3가지로 구분한다.

⑴ 품의 명목을 해석함이며,

⑵ 본 품의 유래에 대한 뜻을 해석함이며,

⑶ 문장에 따라 의의를 해석한다.

釋品名目者는 此品이 何故로 名現相品고 爲諸菩薩神天衆이 皆悉已集하야 嘿思心念請法에 問有三十七問이어늘 如來이 知念하시고 卽於面門에 舒光現相하시며 及集十方衆하사 答前所問이시니 此品之內에 如來이 兩度放光하사 齒光告衆令集하고 毫光示法하사 令信佛境界와 及所行因果行門하시며 又諸來菩薩의 毛孔放光이 通爲三度放光故오 又集十方衆海하사 佛境界相과 菩薩境界相으로 答前衆所問일세 故名現相品이니라 此經表法과 及集衆에 如來放光이 前後總十度放光故니 一은 面門齒光으로 集他方之衆이오 二는 眉間毫光으로 示果成因이오 三은 足下輪中에 放光하사 成十信이오 四는 帝釋宮中에 足指端放光하사 集衆入道하야 成十住位오 五는 夜摩天宮에 足趺上放光하사 成十行門이오 六은 兜率天宮에 膝上放光하사 成十廻向이오 七은 他化天宮에 眉間毫相放光하사 成十地오 八은 如來出現品에 眉間放光하사 入文殊頂이오 九는 口中放光하사 入 普賢口하야 令此二人으로 問答如來出現한 始終因果道理오 十은 法界品中에 放眉間光은 名普照三世法界門이니 是爲十이니라 如隨好光明功德品에 常放光明하야 隨根普照는 此光은 非獨緣五位進修表法也니 是常依根攝化光也니라

'⑴ 품의 명목을 해석한다.'는 것은 이를 무슨 까닭으로 여래현상품이라 명명하였는가이다. 모든 보살과 신과 하늘 대중이 이미 모두 운집하여 말없이 마음속으로 법문을 청하려고 생각했다. 그들의 생각은 37가지의 물음을 여쭈고자 함이었다. 부처님은 그들의

마음을 아시고 곧바로 얼굴에서 광명을 쏟아내어 여러 모습을 보여주셨으며, 시방 대중을 모아놓고 앞서 물었던 바를 대답하였다.

본 품 내에서 여래께서 두 차례나 광명을 쏟아내어 치아 방광으로 대중에게 일러주어 법회에 모이도록 하였고, 부처님의 두 눈썹 사이에 있는 흰 털에서 광명을 쏟아내는 법을 보여주어 대중으로 하여금 부처님의 경계 및 행해야 할 바의 인과 수행을 믿게 하였으며, 또한 찾아온 모든 보살의 모공에서 광명이 쏟아져 모두 세 차례 방광하였기 때문이다. 또한 시방의 바다와 같은 대중이 모여 부처님 경계의 모습과 보살 경계의 모습으로 앞서 모인 대중의 물음에 답하였다. 이 때문에 이를 여래현상품이라 이름 붙인 것이다.

화엄경에서 법을 나타냄과 대중의 법회에 여래께서 광명을 쏟아내신 일은 전후하여 모두 열 차례의 방광이 있었기 때문이다.

① 얼굴과 치아의 방광으로 다른 지방의 대중을 법회에 모음이며,

② 두 눈썹 사이 방광으로 결과를 보여 원인을 이룸이며,

③ 발바닥 아래 바퀴 모양에서 방광하여 십신을 성취함이며,

④ 제석궁중에 계실 적 발가락 끝에서 방광으로 대중을 모아 道에 들어가게 하여 십주의 지위를 성취함이며,

⑤ 야마천궁에 계실 적 발등에서 방광하여 십행문을 성취함이며,

⑥ 도솔천궁에 계실 적 무릎 위에서 방광하여 십회향을 성취함이며,

⑦ 타화천궁에 계실 적 두 눈썹 사이 흰 털 위에서 방광하여 십지를 성취함이며,

⑧ 여래출현품에서는 두 눈썹 사이에 방광하여 문수보살의 이마에 들어감이며,

⑨ 입속에서 방광하여 보현보살의 입으로 들어가 이 두 사람으로 하여금 여래께서 이 세상에 출현한 시종 인과의 도리를 문답하게 하였으며,

⑩ 법계품에서는 두 눈썹 사이에 방광을 '삼세법계를 널리 비춘 문[普照三世法界門]'이라고 말한다.

이것이 열 차례의 방광이다. 뒤의 隨好光明功德品에서 항상 방광하여 중생의 근기를 따라 널리 비춰준 것은 그 광명이 유독 십신·십주·십행·십회향·십지 五位를 닦아나가는 인연으로 이런 법을 나타냈을 뿐 아니라, 이는 항상 중생의 근기를 따라 조섭하고 교화하는 광명이다.

二는 釋品來意者는 此品은 爲前世間主等이 默念三十七問할새 此品에 放光集衆하사 示其法相하야 答前衆所問三十七法이라 故此品이 須來니라

'⑵ 본 품의 유래에 대한 뜻을 해석한다.'는 것은 본 품이란 앞에 모인 世間主 등이 말없이 37가지의 물음을 여쭈려고 생각한 것을 위해 마련된 것이다. 이 때문에 본 품에서 방광하여 대중을 모아놓고 부처님의 법 모습을 보여주면서 앞서 모인 대중이 물었던 37가지의 법에 대해 대답한 것이다. 이 때문에 본 품이 만들어지

게 된 것이다.

三은 隨文釋義者는 復分爲二호리니 一은 長科經意오 二는 科其當品이라 一은 長科經意者는 自此現相品으로 乃至普賢三昧品과 世界成就品과 華藏世界品과 毘盧遮那品히 此五品經은 總是答前三十七問하사 明擧果勸修分이오 二는 科其當品者는 於此當品에 其意有四라(如文具明)

'(3) 문장에 따라 의의를 해석한다.'는 것은 다시 2가지로 구분된다. 첫째는 화엄경의 뜻을 크게 나누는 것이며, 둘째는 그 해당 품만을 대상으로 나누는 것이다.

첫째, 화엄경의 뜻을 크게 나눈다는 것은 여래현상품으로부터 보현삼매품·세계성취품·화장세계품·비로자나품까지 5품의 경문은 모두 앞서 말한 37가지의 물음을 답하여, 결과를 들어 닦아나가도록 권면함을 밝힌 부분이다.

둘째, 그 해당 품만을 대상으로 나눈다는 것은 해당 품마다 4가지의 뜻이 담겨 있다.(해당 문장에서 밝힌 바와 같다.)

四 釋文

4. 경문의 해석

此下二品은 說法儀式이니 是當分方便이니 卽分爲二라 初現相品은 爲遠方便이오 後三昧品은 爲近方便이니라

아래의 2품(여래현상품·보현삼매품)은 설법 의식이다. 이는 방편에

해당되는 부분이니 2방편으로 나뉜다. 앞의 여래현상품은 遠方便이며, 뒤의 보현삼매품은 近方便이다.

今初一品은 大分爲六이니 一衆海同請이오 二光召有緣이오 三衆召雲奔이오 四現瑞表法이오 五稱揚佛德이오 六結通無窮이라

여기에 처음 말한 본 품은 크게 6단락으로 나뉜다.

제1. 수많은 대중이 다 함께 법을 청함이며,

제2. 방광으로 인연 있는 대중을 부름이며,

제3. 부처님이 불러들인 대중이 구름처럼 몰려옴이며,

제4. 상서를 나타내어 법을 밝힘이며,

제5. 부처님의 덕을 칭양함이며,

제6. 무궁함을 모두 끝맺음이다.

今初는 先以五問으로 料揀諸會請問之殊오 次正釋文이라
初五問者는 一問之有無오 二所問法異오 三能問人別이오 四儀式不同이오 五疑之權實이라

제1. 수많은 대중이 다 함께 법을 청하다[衆海同請]

먼저 5가지의 물음으로써 다른 법회에서의 물음과 다른 점을 말하였고, 다음으로는 바로 경문을 해석하였다.

1. 5가지의 물음

(1) 물음이 있고 없음이며,

(2) 물어야 할 대상의 법이 다름이며,

(3) 묻는 주체의 사람이 다름이며,

⑷ 물음을 청하는 의식이 같지 않음이며,

⑸ 의심의 權實[3]이다.

初中에 前二後二 此四會有問이오 中間五會는 皆無라 謂初會는 標果起因故問이오 第二會는 尋因至果故問이로되 但因有升降하야 寄六會以答之오 果無差別하니 第七當會答也라 然諸會 更有問者는 竝當會別義하야 以總收之어나 或重明於前은 非六位問이오 第八會는 明因果純熟이라 故須有問이니 謂行修無礙하야 六位頓成일새 故當會答이라 第九會는 明稱性因果라 故別有問이니 謂俱入法界無差別故나 亦當會答이라 四處에 都有三百一十句問이니 謂初及第二에 各四十問이오 第八 二百이오 第九 三十이라 中本・廣本은 問則難思라

'⑴ 물음이 있고 없음' 가운데 앞의 2법회, 뒤의 2법회 이 4법회에는 물음이 있고, 중간의 5법회는 모두 없다. 제1법회에서는 결과를 내세워 원인을 일으켰기 때문에 물은 것이며, 제2법회는 원인을 찾아 결과에 이르기 때문에 물은 것이지만, 단 원인에는 昇降의 차이가 있기에 제6법회에 덧붙여 답하였고, 결과에는 차별이 없기에 제7법회에 덧붙여 대답한 것이다.

그러나 모든 법회에서 또한 물음이 있었던 것은 당회 별개의 뜻과 아울러 총괄적으로 거둬들인 것이며, 혹 앞에서 거듭 밝힌 것은 六位의 물음이 아니기 때문이다. 제8법회는 인과의 순숙함을

----
3 權實: 그때 근기에 알맞도록 가설한 방편을 權이라 하고, 수단이 아니고 가설이 아닌, 구경 불변하는 진실을 實이라 한다. 이 둘은 상대되는 개념으로 사용되어 權敎・實敎, 權智・實智, 權境・實境 등이라 한다. 權實이라고만 하면 흔히 權敎・實敎의 약칭이다.

밝힌 까닭에 굳이 물은 것이다. 행이 닦여져 걸림이 없어 六位를 한꺼번에 성취한 까닭에 해당 법회에서 대답한 것이다. 제9법회는 佛性에 칭합한 인과를 밝힌 까닭에 별도의 물음이 있다. 모두 법계에 들어가 차별이 없음을 말한 때문이니 또한 해당 법회에서 대답하였다. 4곳의 법회에 모두 310句의 물음이 있다. 제1, 제2 법회에 각각 40問, 제8법회에 200문, 제9법회에 30문이다. 中本과 廣本에서의 물음은 생각하기 어렵다.

二所問異者는 初兩會問은 果廣因畧이니 爲成信解故오 第八會問은 因廣果畧이니 爲成行故오 第九會問은 全同初會나 而因擧主佛之因하야 明因是果因이니 顯唯證故오

'(2) 물어야 할 대상의 법이 다른 것'은 제1, 제2 두 법회의 물음에 대한 결과를 자세히 말하고 원인을 생략하였다. 신심과 이해를 성취하기 위한 까닭이다. 제8법회의 물음은 인을 널리 말하고 결과를 생략하였다. 수행을 성취하기 위한 까닭이다. 제9법회의 물음은 모두 제1법회와 같으나 원인으로 主佛을 들어서 그것이 결과임을 밝힌 것이니, 오직 증득을 나타내고자 한 때문이다.

三能問人異者는 初及第九에 皆同生異生二衆齊問은 以所問法이 衆同依故어니와 第二會中에 唯同生問은 以所入位 同生勝故오 八에 唯同生一人自問은 以造修之行을 各自成故니라

'(3) 묻는 주체의 사람이 다른 것'은 제1, 제9법회에서 同生衆, 異生衆이 모두 한꺼번에 물은 것은 묻고자 하는 그 법이 모든 대중들이 다 함께 의지해야 할 대상이기 때문이다. 그러나 제2법회에

서 오직 동생중만이 물은 것은 들어가고자 하는 그 지위가 동생중이 보다 훌륭하기 때문이며, 제8법회에서 오직 동생중 한 사람이 스스로 물은 것은 닦아나가야 할 행을 각자가 스스로 성취해야 하기 때문이다.

四請問儀式은 復有二義니 一約言念이오 二約通別이라 初中에 請有二種하니 一言二念일세 答亦有二니 一言答이오 二示相이라 交絡相望하야 應成九句어늘 在文唯四라 初會之中에 具二問答이니 謂現相品에 長行念請과 供聲言請이라 初光示法主하야 現華表義하고 現衆表教는 即示相答이오 三昧品中에 以言重請하고 下之三品도 亦以言答이로되 第二會는 唯念請이어늘 如來示相答하고 菩薩言說答하니 佛心自在라 不待興言이오 佛力殊勝이라 現相能答일세니라 第八會에 言請言答은 此顯菩薩不同佛故오 第九會에 念請示相答은 顯以心傳心하야 唯證相應이니 離言說故니라

二通別者는 初後二會는 別問通答이오 二八兩會는 別問別答이오 又初會도 亦得是別問別答이니 次文에 當明이라【鈔_ 交絡相望者는 一言請言答이오 二 言請示相答이오 三 念請言答이오 四 念請示相答이오 五 言請에 言及示相答이오 六 念請에 言及示相答이오 七 言念請에 言答이오 八 言念請에 示相答이오 九 言念請에 言說示相答이라 初四는 以單望單이오 次二는 以單問으로 對複答이오 次二는 以複問으로 對單答이오 後一은 複問複答이라 今會는 正當第九第二會니 即第六句오 第八會는 即第一句오 第九會는 即第四句니라】

'(4) 물음을 청하는 의식' 또한 2가지의 뜻이 있다. 첫째는 말과

생각을 가지고 물음이며, 둘째는 전체와 개별을 가지고 물음이다.

첫째, 말과 생각을 가지고 묻는 데에 2가지가 있다. ① 말이며, ② 생각이기에 대답 또한 2가지이다. 하나는 말로 대답함이며, 또 다른 하나는 형상으로 보여줌이다.

이 2가지는 서로 연결되어 상대로 9句를 이루고 있는데, 경문에 있는 것은 오직 4구이다. 제1법회 가운데 2가지의 문답을 갖추고 있다. 여래현상품의 장항에서 생각으로 청함과 음성 공양으로 청할 법을 말씀드린 것이다.

처음은 광명을 법주에게 보여 꽃을 나타내어 그 의의를 표하고, 대중을 나타내어 가르침을 표한 것은 곧 형상을 보여 답한 것이며, 보현삼매품에서는 말로써 거듭 법을 청하였고 아래의 3품(**세계성취품, 화장세계품, 비로자나품**) 또한 말로써 대답하였다. 하지만 제2법회에서는 오직 생각으로 법을 청했던 것인데 여래는 형상을 보여서 답하였고 보살은 말로써 답하였다. 부처님의 마음이 자재하기에 굳이 말할 것이 없었으며, 부처님의 힘이 수승하기에 현상을 나타내어 대답하였기 때문이다.

제8법회에서 말로 청하고 말로 대답함은 보살이 부처님과 똑같지 않음을 나타낸 까닭이며, 제9법회에서 생각으로 법을 청함에 형상을 보여주어 답한 것은 마음으로 마음을 전하여 오직 증득한 자만이 상응함을 나타냄이니 언설을 떠난 것이기 때문이다.

둘째, 전체와 개별이라 하는 것은 제1, 제9 법회에서는 개별로 물었는데 전체로 대답하였고, 제2, 제8의 두 법회에서는 개별로 묻고 개별로 대답한 것이며, 제1법회 또한 개별로 묻고 개별로 대답함이니 다음 경문에서 이 점을 밝힐 것이다.【초_ "서로 연결되어 서로 바라본다[交絡相望]."는 것은 다음과 같다.

① 말로 청하고 말로 대답함이며,

② 말로 청한 것을 형상으로 답함이며,

③ 생각으로 청한 것을 말로 답함이며,

④ 생각으로 청한 것을 형상을 보여 답함이며,

⑤ 말로 청함에 말과 형상을 보여 답함이며,

⑥ 생각으로 청함에 말과 형상을 보여 답함이며,

⑦ 말과 생각으로 청함에 말로 답함이며,

⑧ 말과 생각으로 청함에 형상을 보여 답함이며,

⑨ 말과 생각으로 청함에 언설과 형상을 보여 답함이다.

앞의 제1~4구는 단수를 단수로써 바라본 것이며, 다음 제5, 6구는 단수의 물음을 복수의 답으로 대함이며, 다음 제7, 8구는 복수의 물음을 단수의 답으로 대함이며, 뒤의 제9구는 복수의 물음을 복수로 답함이다. 본회는 바로 제9, 제2 법회에 해당하니 곧 제6구이며, 제8법회는 곧 제1구이며, 제9법회는 곧 제4구이다.】

第五 疑之權實者는 問호되 諸王菩薩이 位皆圓極이어늘 何得有疑아 有云爲衆生疑故라하고 有云希佛果故라하고 又顯因果懸隔故라하다 然上二解는 初權後實이니 竝皆有理니 可通餘敎라 然此經中에 若實若權이 無非法界之疑니 以疑爲有力하야 與所說證으로 爲緣起故니라 此事 舊爾면 海印頓現하나니 疑之與答을 念念常疑하고 念念常斷하야

其猶像模니 因模之高하야 成像之下하고 因模之下하야 成像之高니 緣起法界 理應爾故니라【鈔_ 然此經中下에 申正義니 非斥權實爲不當理로되 但成緣起 有異昔人이라 言此事舊爾者는 法界之中에 法爾有此疑與答故니라 海印頓現者는 疑之與答이 皆佛現故니 由上二義일새 故疑答皆常이라 其猶像模者는 假以喩顯이니 以模喩疑오 以像喩答이라 像因模有오 答假疑成이라】

'(5) 의심의 權實'이란 묻기를, "모든 왕과 모든 보살의 지위가 모두 원만하고 지극한데 어찌하여 그들에게 의심이 있는가."라고 하자, 어떤 이는 이에 대해서 "중생을 위한 의심 때문"이라 말하기도 하고, 어떤 이는 "佛果를 바랐기 때문"이라 하고, 또 어떤 이는 "인과가 현격함을 나타내기 때문"이라 말하기도 한다. 그러나 위의 '중생을 위해서', '불과를 위해서'라는 2가지 해석이 앞에서는 방편의 權敎로, 뒤에서는 진실한 實敎로 말한 것인바, 모두 그 나름 옳은 말이기에 나머지 가르침에도 통한다. 그러나 이 경문에서 말한 '실교'이니 '권교'이니 하는 것은 법계에 대한 의문으로 말하지 않은 게 없다. 그러한 의문으로써 힘을 삼아 말하고 증득할 대상으로 緣起를 삼기 때문이다. 이처럼 의문을 가지고서 오랫동안 노력하다 보면 일체를 깨달아 아는 부처의 지혜[海印]가 단번에 나타나게 된다. 의문과 해답을 모든 생각에 항상 의문을 가지고 모든 생각에 항상 끊어져서 그것은 마치 '형상과 틀[像模]'과도 같다. 틀이 돌출되어 있으면 그 틀에서 찍혀 나온 형상은 반대로 움푹 들어가고, 틀이 움푹 들어가면 그 틀에서 찍혀 나온 형상은 반대로 돌출되기 마련이다. 연기 법계의 이치는 바로 이와 같기 때문이다.【초_ 그러나 본 경문의 아래에서는 바른 뜻을 거듭 말한 것이지, 권교와 실교를 배척하여 옳지 못한 이치라고 말한 것은 아니다. 하지만 단연기의 성취는 옛사람과 차이가 있다. "이처럼 의문을 가지고서 오랫동안 노력한다[此事舊爾]."는 것은 법계의 가운데 모든 법이란 이러한 의문과 해답이 있기 때문이다. "일체를 깨달아 아는 부처의 지혜[海印]가 단번에 나타난다."는 것은 의문과 해답이 모두 부처님을 현신케 하기 때문이다. 위의 2가지 의의가 있는 까닭에 의문과 해답은 모두 항상[常疑·常斷] 끊임없이 노력해야 하는 것이다. "그것은 마치 '형상과 틀[像模]'과도 같다."는 것은 뚜렷함을 비유한 것이니 '틀[模]'로써 의문을, '형상[像]'으로 해답을 비유한 것이다. 형상은 틀에 의해 생겨나듯이 해답은 의문에 의해 이뤄진 것이다.】

次는 正釋文이니 文分二別이라 先은 長行念請이오 後는 供聲偈請이라 今初文二니 先擧人標念이라

2. 경문을 해석하다

경문은 2단락으로 나뉜다.

1) 장항으로 생각을 통해 법을 청함이며, 2) 음성 공양으로 게송 올려 법을 청한 것이다.

이의 앞[長行念請] 경문은 2단락이다.

⑴ 사람을 열거하여 의문으로 생각함을 나타낸 것이다.

爾時에 諸菩薩과 及一切世間主가 作是思惟하사대

그때 모든 보살과 일체 세간의 주인이 똑같이 이런 생각을 하였다.

● 疏 ●

謂盡於衆海 皆希佛境하고 竝欲利生하야 成緣起門일새 故標同念이니라【鈔_ '皆希佛境'은 卽上實疑오 '竝欲利生'은 卽是權疑오 '成緣起門'은 卽是正義니라】

수많은 대중이 모두 다 부처님의 경계에 이르기를 바라고, 아울러 중생에게 이로움을 주고자 연기의 문을 성취한 까닭에 "똑같이 이런 생각을 하였다."고 내세워 말한 것이다.【초_ "모두 다 부처님의 경계에 이르기를 바랐다[皆希佛境]."는 것은 곧 위에서 말한 實敎의 의문이고, "아울러 중생에게 이로움을 주고자 하였다[竝欲利生]."는 것은 權敎의 의문이며, "연기의 문을 성취했다[成緣起門]."는 것은 바로 正義이다.】

二云何下는 正顯問端이라 有四十句니 且分二別이라 前二十句는 直爾疑念請이오 後二十句는 引例擧法請이라 準義면 二文은 皆應具擧어늘 互有影畧하야 不欲繁辭라 故下偈中에 更不引例하고 合二處文하야 直爾請說이라 第二會中에 亦有此二니 而引例中問은 同此直請이니 正欲顯於諸佛道同이니 影畧之義【鈔_ '正欲顯下'는 結成上義라 旣

引例直問에 皆具四十은 明是道同이라 佛道旣同일새 知文影畧이니 所以要此二勢問者라 直請은 以尊主佛이오 引例는 爲顯道同故也라 】

　　두 번째 단락 '云何' 이하의 경문은 바로 물음의 실마리를 밝힌 것으로 40구가 있다. 앞의 20구는 곧장 의심나는 생각으로 물음을 청함이며, 뒤의 20구는 예를 인용하여 법을 들어 청함이다.

　　이런 의의에 준하여 보면 전후 두 문장을 모두 구체적으로 들어 말해야 하는데, 서로 한 부분을 생략하여 번거롭게 말하고자 원하지 않았다. 이 때문에 아래의 게송에서는 다시 예를 들지 않았고 전후 두 문장을 합하여 곧장 請法으로 말한 것이다. 제2회에서도 또한 이처럼 전후 두 문장이 있다. 예를 인용한 물음은 이처럼 곧바로 청법하는 것과 같다. 바로 제불의 도가 똑같음을 나타내고자 함이니 한 부분을 생략한 뜻이다. 【초_ "바로 제불의 … 나타내고자 함이다[正欲顯]." 이하 문장은 위의 뜻을 끝맺음이다. 앞서 예를 인용하여 직접 물은 데에 모두 40물음을 갖추고 있는 것은 부처님의 도가 똑같음을 밝혀준 것이다. 부처님의 도가 이처럼 똑같기에 문장이 일부 생략됨을 알 수 있다. 이 때문에 전후 두 가지의 물음이 필요한 것이다. 직접 청한 것은 主佛을 높이려는 것이며, 예를 인용한 것은 부처님의 도가 똑같음을 나타내기 위함이다. 】

又四十句中에 初二十句는 問果오 後十은 問因이오 中間十句는 明化用普周라 通問依正染淨因果니 前是所求오 後是所行이오 中是所知故니라 分是擧果일새 故先問果니라 【鈔_ '分是擧果'下는 通妨對上이니 言因是所行으로 理合在前이라 故今答云 '分是擧果 故先問果'라하다 】

또 40구 가운데 앞의 20구는 결과를, 뒤의 10구는 원인을 물음이며, 중간의 10구는 교화의 작용이 널리 두루 함을 밝힌 것이다. 依·正, 染·淨, 因·果를 통틀어 물음이니, 앞의 20구는 추구해야 할 대상, 뒤의 10구는 수행해야 할 대상, 중간 10구는 알아야 할 대상이기 때문이다. 이는 '결과를 들어 말한 대목[舉果勸樂生信分]'이기에 먼저 결과를 물은 것이다.【초_ '결과를 들어 말한 대목' 이하는 위의 경문에 대한 논란을 풀어줌이니, 수행해야 할 대상으로 인하여 이치상 마땅히 앞에 있어야 하기 때문이다. 그러므로 여기에서 답하기를, "이는 결과를 들어 말한 대목이기에 먼저 결과를 물었다."고 말한 것이다.】

據斯義類면 亦可分三이라 今以兩段으로 皆有結請이라 故但分二어니와 前中에 亦二니 先正疑念이오 後明結請이라
今初前十句는 問德用圓滿이오 後十句는 問體相顯著니라 今初十句에 文唯有八이라 偈에 有神通及自在二問이라 世界成就品의 初答中에 亦同此有어늘 今文闕者는 或是脫漏어나 或是義含'無能攝取'之中에 攝此二故니라 故下法界品中에 闕'無能攝取'와 及與神通이오 唯有自在라 故此三事는 合則可一이오 開則爲三이라 故出沒不同이니라

이러한 뜻으로 근거하여 보면 또한 3단락으로 나뉜다. 여기에서는 2단락으로 모두 청법을 끝맺고 있다. 이 때문에 단 2단락으로 구분하지만 앞의 제1단락 또한 2가지가 있다. 제1단락의 1은 바로

의문으로 생각함이며, 제1단락의 2는 청법의 끝맺음을 밝힌 것이다.
　이의 처음 앞 10구는 부처님 덕의 妙用이 원만함을 물음이며, 뒤 10구는 부처님 몸의 형상이 뚜렷하게 나타난 바를 물음이다.
　이의 처음 전 10구의 경문은 2구가 누락되어 8구만이 있을 뿐이다. 그러나 게송에서는 '신통'과 '자재'에 관한 2가지의 물음이 경문에 비해 더 있다. 세계성취품의 처음 답하는 가운데에도 똑같이 이처럼 더하여 있는데, 이의 경문에서 빠진 것은 혹 2구 자체가 누락되었거나 아니면 '無能攝取' 가운데에 '신통'과 '자재'에 관한 두 가지의 뜻을 포괄하고 있기 때문이다. 따라서 아래의 법계품에서는 '無能攝取'와 '與神通'이 누락되었고, 오직 '자재'만이 남아 있을 뿐이다. 이 때문에 '신통', '자재', '무능섭취' 3가지의 일은 합하면 온통 하나가 되고 나뉘면 3가지의 일이 된다. 이 때문에 경문에서의 있고 없음이 똑같지 않다.

經
云何是諸佛地며

　"어떤 것이 모든 부처님의 지위이며,

●疏●

初佛地者는 卽智德分位라【鈔_ 卽智德者는 正是出體요 非斷德故며 言分位者는 便彰地義라】然此經宗은 通收萬德이라 故廣則無量이나 畧有十種이니 如上所引同性經說이라 然體不出五니 謂淸淨法界

와 及與四智라 以斯五法으로 說大覺性이니 具如佛地經과 及彼論說이라 然要唯有二 無所不攝이니 謂眞理와 妙智니 融而無二라 '是諸佛地는 竝有生成住持功能일새 故名爲地니라【鈔_ 釋名에 有三義하니 一 能生萬德이오 二 成熟自他오 三 任持萬德이니 萬德依住故니 如下十地中明이라】此句는 爲總이니 該攝諸德이오 下明佛果는 皆答斯問이라

제1. '부처님의 지위'란 곧 지혜와 덕의 分上에서 말한 지위이다.【초_ '곧 지혜와 덕[即智德]'이란 '부처님의 지위'에 대한 요체[出體][4]로 말한 것이지, 부처님의 斷德[5]으로 말한 것이 아니기 때문이며, '分上에서 말한 지위[分位]'란 곧 諸佛地의 '地'자의 뜻을 나타낸 것이다.】그러나 화엄경의 종지는 수많은 덕을 모두 가지고 있다. 이 때문에 널리 보면 한량이 없으나 줄여서 말하면 10가지이다. 위에서 인용한 同性經에서 말한 바와 같다.

그러나 여기에서 말하고자 하는 본질은 5가지에서 벗어나지 않는다. '청정법계'와 '4가지의 지혜[四智: 大圓鏡智·平等性智·妙觀察智·成所作智]'를 말한다. 이 5가지의 법으로 부처님의 大覺性(大圓覺體性)을 말한다. 이는 佛地經과 그 논설에서 구체적으로 말한 바와 같다. 그러나 요컨대 2가지로 모든 것을 포괄하지 않은 바 없다. 그

----

4 出體: 경전 해석 방법의 하나. 모든 법의 본체를 제출하는 것이다. 모종의 주장을 세우기 위해 그 주된 내용을 분명하고 확실하게 밝히는 방법이다. 體는 體質 혹은 體性이라는 뜻이다. 경전을 해석할 때 해석해야 할 문제의 主體, 또는 要諦를 제출하는 것으로 釋名·辨相 등과 함께 경전 해석 방법의 한 형식이다.

5 斷德: 온갖 번뇌를 모두 끊어 남김이 없는 데에서 나타난 부처님 열반의 덕을 이른다.

것은 '진리'와 '妙智'를 말한다. 이는 하나로 융합하여 둘이 없다. "이 모든 부처님의 지위[是諸佛地]"는 모두가 생성하고 住持하는 능력이 있기에 이를 '지위[地]'라고 말한다. 【초_ 佛이라는 명제를 해석하면 3가지 의의가 있다. ① 모든 덕을 발생하며, ② 自覺·覺他를 성숙시켜주는 것이며, ③ 모든 덕을 맡아 지님이니, 모든 덕이 그에게 의지하고 머문 까닭에 아래의 十地에서 밝히는 바와 같다.】

이 구절은 총체이니 모든 덕을 갖추었고, 아래에 불과를 밝힌 것은 모두 이 물음에 답한 것이다.

經
云何是諸佛境界며

어떤 것이 모든 부처님의 경계이며,

◉ 疏 ◉

二佛境界下 諸句는 皆別明佛地之德이라 言境界者는 悲智所緣故오 亦分齊故라 廣亦無量이나 畧有十種이니 如出現 及問明·不思議品에 廣說이라

제2. '부처님의 경계' 이하 모든 구절은 모두 부처님 지위의 덕을 별개로 밝힌 것이다. '경계'라 말한 것은 대비, 대지의 반연한 바이기 때문이며, 또한 分位의 差別 때문이다. 그 광범위함 또한 한량없으나 생략하면 10가지이다. 이는 제37 如來出現品 및 제10 菩薩問明品, 제33 佛不思議法品에서 자세히 말한 바와 같다.

云何是諸佛加持며

어떤 것이 모든 부처님의 가지(加持)⁶이며,

● 疏 ●

三佛加持者는 謂佛勝力任持하야 令有所作이니 廣亦無量이나 署有 十種이라 如不思議法品과 及法雲地說이오 離世間中에 十種佛 所攝 持도 亦其例也라 然不出三類니 一 如加持化身及舍利等이오 二 如 加耆域入火不燒等이오 三 如加非情作佛事等이라 此與神通 寬陜 不同이니 謂六通中에 唯神境一에 有加持故로 今此加持는 卽是神力 이라【鈔_ 一如加持等者는 如此類甚多라 謂化現多身하야 隨所樂見 하고 碎身舍利로 一興供養하야 千返生天하고 全身舍利 如多寶佛이 卽是如來力持身也며 如出現品 醫王留身喻等이라 '二如加耆域者 는 卽涅槃第三十과 南經二十八經에 云 '我於爾時에 往瞻婆城中이러 니 時彼城中에 有大長者라 無有繼嗣供事六師하야 以求子息이어늘 於 後不久에 其婦懷孕이러니 長者知已오 往六師所하야 歡喜而言호되 '我 婦懷孕하니 男耶女耶아 六師答言호되 '必是其女라 長者聞已에 心 生愁惱하야 長者 卽至佛所하야 問佛言호되 '世尊이시여 我婦懷孕이어늘

----

6 加持: adhihāna 地瑟娓囊이라 음역. 加는 加被, 持는 攝持(護持)의 뜻. ① 부처님의 큰 자비가 중생에게 베풀어지고, 중생의 신심이 부처님의 마음에 감명되어 서로 어울림. ② 부처님 3密의 緣에 의하여 중생의 3업을 밝히는 것. ③ 부처님의 가피력을 입어, 병·재난·부정·불길 등을 없애기 위하여 수행하는 기도법.

六師 相言에 生必是女라하니 是事云何오 佛言하사되 '長者여 汝婦懷孕은 是男無疑니라 其兒生已에 福德無比니라 六師聞已에 心生嫉妒하야 乃以菴羅果로 和合毒藥하야 授其長者하야 令其妻服호되 語云若服此藥이면 兒則端正하고 産者無患이리라 服已便死하야 送至城外하야 以火焚之러니 如來 知之하시고 便往塚間이러니 長者 難言호되 '所言無二하사 可名世尊이어늘 母已終亡이어니 云何生子오' 我言호되 '長者여 汝於爾時에 都不見問母命長短이오 但問所懷 爲是男女라 諸佛如來는 發言無二니 是故로 當知하라 定必得子니라 是時에 死屍 火焚腹裂하야 子從中出하야 端坐火中이 猶如鴛鴦이 處蓮華臺라 我於爾時에 尋告耆婆호되 汝往火中하야 抱是兒來하라 六師 止之어늘 耆婆言 '如來 使我入阿鼻地獄이면 所有猛火라도 尙不能燒은 況世間火아 爾時에 耆婆 前入火聚호되 猶入淸涼大河水中하야 抱持是兒하고 還詣我所하야 授兒與我어늘 我受兒已에 告長者言호되 '一切衆生은 壽命不定하야 如水上泡라 衆生이 若有重業果報면 火不能燒오 毒不能害라 是兒業報는 非我所作이니라 長者 請佛立字어늘 佛言하사되 '是兒는 生於猛火之中하니 火名樹提라하니 應名樹提라하라' 爾時 會中에 見我神化無量하고 衆生이 發阿耨多羅三藐三菩提心이니라" 故云如加耆婆入火니 則入火之言은 兼於二事니 一如向緣이오 二如耆婆所言이니 佛令入阿鼻地獄이면 猛火不燒오 復有一緣하니 卽令入地獄하야 問提婆達多事也라 】

제3. '부처님의 加持'란 부처님이 수승한 힘을 가지고서 하는 일이다. 광범위함 또한 한량없으나 생략하면 10가지이다. 제33 불부사의법품과 법운지에서 말한 바와 같고, 제55 이세간품에서 말한 十種佛[7]이 지닌바 또한 그런 예이다. 그러나 3가지의 유에서 벗어나지 않는다.

　① 화신과 사리의 가피 등이며,

　② 耆域[8]이 불길 속에 들어가서도 불타지 않는 가피 등과 같으며,

　③ 情識이 없는 풀·나무·흙·돌 따위에게도 佛事를 짓도록 하는 가피 등이다.

이는 신통력이 크고 적음이 똑같지 않음이니, 육신통 가운데 오직 神變不思議의 神境通 하나에만 가피가 있다. 따라서 여기에서 말한 加持는 곧 신통력이다. 【초_ "① 화신과 사리의 가피 등이다."에서 이러한 유의 가피는 매우 많다. 여러 몸으로 변화, 現身하여 중생이 좋아하고 보고자 하는 바를 따르거나 碎身舍利[9]는 한 번의 공양으로 천 번 하늘에 나게 하거나, 全身舍利인 多寶佛과 같은

....

7 十種佛: 成正覺佛·願佛·業報佛·住持佛·涅槃佛·法界佛·心佛·三昧佛·本性佛·隨樂佛.

8 耆域: 인도 神僧의 한 사람인데, 鈔에서는 '如加耆婆入火'라 하여 그를 耆婆로 기록하고 있다. 耆域과 耆婆가 동일 인물인지 아닌지는 알 수 없으나 기바의 고사임엔 분명하다.

9 碎身舍利: 사리의 하나. 사리는 Śarīra의 음역. 新譯에서는 設利羅·室利羅라 하고, 身骨·遺身·靈骨이라 번역. 한량없는 6바라밀 공덕으로 생기며, 또 계·정·혜의 熏修에 의해 생기는 것으로 이에 全身舍利·碎身舍利·生身舍利·法身舍利의 구별이 있다. 전신사리는 다보불과 같이 전신이 그대로 사리인 것. 쇄신사리는 석가불의 사리와 같이 몸에서 나온 낱알로 된 것. 생신사리는 여래가 滅度한 뒤에 전신사리나, 쇄신사리를 남겨 두어 人天이 공양케 하는 것. 법신사리는 대승·소승의 일체 경전이다. 본래는 신골이나, 주검을 모두 사리라 하였는데, 후세에는 화장한 뒤에 나온 작은 구슬 모양으로 된 것만을 사리라 한다.

유가 곧 여래의 力持身¹⁰이며, 제37 여래출현품의 '醫王이 몸을 남긴 비유[醫王留身喩: 제8 醫王延壽喩]' 등과 같다.

"② 耆域이 불길 속에 들어가서도 불타지 않는 가피 등과 같다."는 것은 열반경 제30과 南經 제28경에 이르기를, "나는 그때, 瞻婆城을 갔었는데, 그 당시 첨바성에 위대한 長者가 있었다. 장자는 뒤를 이을 자식이 없어 六師外道를 공양하여 섬기면서 자식을 구했는데 그 후 얼마 되지 않아 그의 부인이 아이를 가지게 되었다. 장자는 이런 사실을 알고서 여섯 외도가 있는 곳을 찾아가 환희의 마음으로 말하였다.

'저희 부인이 임신을 하였습니다. 아들입니까? 딸입니까?'

여섯 외도가 '반드시 딸일 것이다.'라고 말하자, 장자는 그 말을 듣고서 마음속으로 걱정과 고민이었다. 장자는 곧 부처님 계신 곳을 찾아가 부처님에게 물었다.

'세존이시여, 저희 부인이 임신을 하였습니다. 여섯 스님[六師外道]이 모두 딸을 낳을 것이라고 말하니, 이 일은 무엇 때문입니까?'

부처님께서 말씀하셨다.

'장자여, 그대 부인이 잉태한 것은 아들이니 의심할 게 없다. 그 아이가 태어나면 복덕이 비할 데 없을 것이다.'

여섯 외도는 그런 말을 듣고서 질투하는 마음에 菴羅果에다가

---

10 力持身: 여래 十身(菩提身·願身·化身·力持身·相好莊嚴身·威勢身·意生身·福德身·法身·智身)의 하나. 力持身은 住持身이라고도 하는데 열반 후에 단 자신의 사리로서 불법을 주지하는 몸을 말한다.

독약을 넣어 장자에게 건네주면서 그 아내에게 먹이도록 하였다.

'이 약을 먹으면 아이는 단정하고 산모는 출산 시 아무런 걱정이 없을 것이다.'

부인은 독약이 든 암라과를 먹자마자 죽어 성 밖으로 시신을 옮겨 화장을 하였는데, 여래께서 이런 사실을 알고서 곧장 무덤으로 찾아가자, 장자가 따져 물었다.

'말씀하신 것마다 다른 말이 없기에 세존이라 이름하는데 어미가 이처럼 죽었으니 어떻게 아들을 낳을 수 있겠습니까?'

'장자여, 그대는 그 당시 어미의 목숨에 대해서는 전혀 묻지 않고 오직 임신한 아이가 딸인가 아들인가만을 물었을 뿐이다. 모든 부처님 여래는 말씀하신 것마다 다른 말이 없다. 그러므로 반드시 아들을 얻게 될 것임을 알아야 한다.'

그때, 불길 속에서 죽은 시체의 배가 벌어지면서 자식이 태어나 불 속에 단정히 앉아 있는 모습이 마치 원앙새가 연화대 위에 있는 것과 같았다. 부처님은 그때, 耆婆에게 말씀하셨다.

'그대는 불 속으로 들어가 저 아이를 안고 오도록 하라.'

여섯 외도가 만류하자, 기바가 말하였다.

'여래께서 나에게 아비지옥을 들어가라 하시면 아무리 사나운 지옥 불길이라도 오히려 불타지 않을 것인데, 하물며 세간의 불쯤이야.'

그때 기바가 불더미 속으로 들어가자, 마치 시원한 시냇물 속에 들어간 것과 같았다. 아이를 안아 들고서 부처님이 계신 곳으로 돌아와 아이를 건네주었다. 부처님께서 아이를 받아 안고 장자에게 말씀하셨다.

'일체 중생은 목숨이 일정하지 않다. 마치 물거품과도 같다. 중생에게 만약 重業과보가 있으면 불 속에서도 불타지 않고 독약으로도 해칠 수 없다. 이 아이의 업보는 내가 만든 게 아니다.'

장자가 부처님에게 아이의 이름을 지어달라고 청하자, 부처님께서 말씀하셨다.

'이 아이는 사나운 불길 속에서 태어났다. 불은 樹提라고 부르니 이 아이의 이름을 수리라고 하라.'

그 당시, 그 자리에 있던 대중들이 부처님의 신통변화가 한량없는 것을 보고서 모두 아뇩다라삼먁삼보리의 마음을 일으켰다."라고 하였다.

이런 고사가 있는 까닭에 '기바가 불길 속에 들어가도 불타지 않는 가피와 같다.'고 말한 것이다.

불길 속에 들어갔다는 말에는 2가지의 일을 겸하고 있다. 첫째는 지난날의 인연과 같음이며, 둘째는 기바가 말한 바와 같다. 부처님께서 아비지옥을 들어가라 하면 아무리 사나운 지옥 불길이라도 오히려 불타지 않고, 또 다른 하나의 인연이 있다. 지옥을 들어가 제바달다[11]에게 묻도록 하는 일과 같다.】

....
11 제바달다: Tevadatta. 아난의 형제(아우)이자, 석존의 사촌아우.

經

云何是諸佛所行이며

어떤 것이 모든 부처님의 행이며,

◉ 疏 ◉

四所行者는 是佛所作이니 或說十種이니 如不思議品에 云諸佛世尊이 有十種化 不失時等도 亦是所行之行이오 如出現品에 謂無礙行 是如來行等과 或大悲攝生과 或大智造緣과 無思成事와 方便善巧와 所作究竟을 皆名爲行이라

제4. '所行'은 부처님께서 하신 일이다. 혹 10가지로 말한다. 불부사의법품에 이르기를, "제불세존이 10가지의 신통변화가 있어 때를 잃지 않는다."는 등 또한 부처님께서 행하셨던 행이다. 여래출현품에 이르기를, "걸림 없는 행이 여래의 행이다[無礙行 是如來行]."는 등과, 혹은 대자비로 중생을 받아들이는 것, 혹은 대지혜로 인연을 만드는 것, 아무런 생각 없이 일을 성취하는 것, 방편으로 잘 처리하는 것, 하는 일마다의 최상 도리를 모두 행이라고 말한다.

經

云何是諸佛力이며

어떤 것이 모든 부처님의 힘이며,

◉ 疏 ◉

五佛力者는 即佛大力自在니 廣有無量이나 畧說有十이니 即處非處等이오 又有十種하니 謂廣大力等이니 如不思議品이라

제5. '부처님의 힘'이란 곧 부처님의 큰 힘으로 자재함이다. 광범위하여 한량없으나 생략하면 10가지의 힘[十力]¹²으로 말한다. 이는 '處非處智力' 등이다. 또 다른 10가지는 '광대력' 등이다. 이는 불부사의법품에서 말한 바와 같다.

經

云何是諸佛無所畏며

어떤 것이 모든 부처님의 두려움이 없는 바이며,

◉ 疏 ◉

六無畏者는 無諸畏懼故니 離世間品說에 有十種無畏라하고 或說四種하니 如常所明이라 昔云 前四는 是異二乘功德이오 佛力은 是破魔功德이오 無畏는 是伏外道功德이라하나 未必全爾라 十力無畏도 亦不共二乘故니라 然上來에 多明大智功德이라

....
12 10가지의 힘[十力]: daśa-bala. 부처님계만 있는 10가지 힘. 이는 2가지가 있다. ①處非處智力. ②業異熟智力. ③靜處解脫等持等至智力. ④根上下智力. ⑤種種勝解智力. ⑥種種界智力. ⑦遍趣行智力. ⑧宿住隨念智力. ⑨死生智力. ⑩漏盡智力. 이는 俱舍論 제27권, 順正理論 제75권 등에 의함. 또 다른 것으로는 廣大力·最上力·無量力·大威德力·難獲力·不退力·堅固力·不可壞力·一切世間不思議力·一切衆生無能動力. 이는 제33 佛不思議法品에 의함.

제6. '無畏'란 모든 두려움이 없기 때문이다. 이세간품에 이르기를, "10가지의 두려움이 없는[十無畏][13] 것이 있다." 하고, 혹은 "4가지의 두려움이 없는[四無畏][14] 것이 있다."고 말하니 흔히 밝힌 바와 같다.

옛 스님이 말하기를, "앞의 4가지(지위, 경계, 가피, 소행)는 이승과 다른 공덕이고, '부처의 힘'은 魔軍을 격파하는 공덕이고, '두려움이 없는' 것은 외도를 조복하는 공덕이다."라고 하였다. 그러나 모두 꼭 그런 것만은 아니다. 十力과 無畏 또한 이승과 똑같지 않기 때문이다. 그러나 위의 4가지는 大智의 공덕을 밝힌 바가 많다.

經

云何是諸佛三昧며

어떤 것이 모든 부처님의 삼매이며,

● 疏 ●

七佛三昧者는 謂佛果等持니 數過塵算이니 如師子嚬呻等이나 畧說十種이니 如不思議品說에 "佛有無量不思議三昧"等이라

----

13 10가지의 두려움이 없다[十無畏]: 聞持無畏, 辯才無畏, 二空無畏, 威儀無缺無畏, 三業無過無畏, 外護無畏, 正念無畏, 方便無畏, 一切智心無畏, 具行無畏.

14 4가지의 두려움이 없다[四無畏]: 諸法現等覺無畏, 一切漏盡智無畏, 障法不虛決定授記無畏, 爲證一切具足出道如性無畏.

제7. '부처님의 삼매'란 불과의 등지를 말한다. 그 수효는 티끌보다도 더 많다. 師子嚬呻三摩地 등과 같으나 생략하면 10가지로 말한다. 불부사의법품에서 말한 "부처님에게 한량없는 불가사의 삼매가 있다."는 등과 같다.

經

云何是諸佛神通이며

어떤 것이 모든 부처님의 신통이며,

⊙ 疏 ⊙

八準答及頌인댄 名佛神通者는 謂依定發起無礙神用이니 或說有十이니 如十通品이라 不思議品에 云 "一切諸佛 有無邊際無礙解脫하사 示現無盡大神通力이라"하니 十通은 唯局菩薩이라 或說有六은 如常所辨이라 然名通大小라

제8. 대답과 게송에 준해 보면 '부처님의 신통'이라 이름 붙인 것은 선정에 의해 걸림 없는 신통 妙用을 일으킴을 말한다. 어떤 이는 "열 가지가 있다."고 말한다. 이는 제28 십통품에서 말한 바와 같다. 불부사의법품에서 이르기를, "일체 모든 부처님이 그지없이 걸림 없는 해탈로 끝이 없는 대신통력을 보여주었다."고 하니, 10가지의 신통은 오직 보살에 국한되는 것이다. 혹 6가지 신통이 있다고 말한 것은 흔히 말한 바와 같다. 그러나 그 이름은 대소에 통하는 것이다.

云何是諸佛自在며

어떤 것이 모든 부처님의 자재이며,

● 疏 ●

九準答及頌인댄 名佛自在는 謂所作任意하야 無礙成就故니라 廣有無量하니 或說百種이니 謂於衆生自在等에 各有十故니라 署有十種은 謂命自在等이니 竝如離世間品說이오 不思議品에 亦說有十이니 謂 "諸佛世尊이 於一切法에 皆悉自在等"이라

제9. 대답과 게송에 준해 보면 '부처님의 자재'라 이름 붙인 것은 행하는 모든 일에 마음대로 걸림 없이 성취하기 때문이다. 광범위하기로는 한량이 없다. 혹 1백 가지로 말하기도 하니 '중생에 대해 걸림 없이 자재함' 등[15]에 각기 10가지씩 있기 때문이다. 생략하면 10가지 자재[十自在]가 있다. 그것은 命自在 등[16]을 말하니, 아울러 이세간품에서 말한 바와 같다. 불부사의법품 또한 10가지로 말하고 있는바, "모든 부처님 세존이 일체 법에 모두 자재하다." 등을

....

15 '중생에 대해 걸림 없이 자재함' 등: 이는 ①衆生無礙自在用. ②國土無礙自在用. ③法無礙自在用. ④身無礙自在用. ⑤願無礙自在用. ⑥境界無礙自在用. ⑦智無礙自在用. ⑧神通無礙自在用. ⑨神力無礙自在用. ⑩十力無礙自在用을 말한다.

16 命自在 등: 보살위에서 얻을 수 있는 10가지의 자재. 범부에게 으레 10가지의 손해가 있는데 이러한 것을 다스려 손해를 입지 않는 것이다. 즉 命自在·心自在·資具自在·業自在·受生自在·解自在·願自在·神力自在·法自在·智自在이다.

말한다.

云何是諸佛無能攝取며

어떤 것이 모든 부처님의 '섭취할 수 없는 것'[17]이며,

◉ 疏 ◉

十'無能攝取'者는 頌에 名無能制伏이라하고 答中에 名無能毀壞라하니 謂佛所作은 無有天上·人中·沙門·魔·梵과 及諸二乘大菩薩等 神力能制라 是故로 舊經에 翻爲佛勝法也라 畧有十種하니 如不思議品의 諸佛有十種最勝法等이라 若取無能毀壞댄 卽十種大那羅延幢勇健法'이 是라 上之十問은 多在不思議品하니 至下當知라

제10. '섭취할 수 없는 것'이란 게송에서는 "제재하고 굴복할 수 없다."고 하였고, 대답에서는 "부서짐이 없다."고 하였다. 부처님께서 하신 일은 천상·인중·사문·마왕·범천 및 모든 이승 대보살 등이 그들의 신통력으로 제재할 수 없다. 이 때문에 옛 경에서는 '佛勝法'으로 번역하였다. 이를 생략하면 10가지가 있다. 불부사의법품에서 "모든 부처님에게 10가지의 가장 수승한 법이 있다."는 등과 같다. "부서짐이 없다."는 뜻으로 말하면 '10가지의 大那羅

----
17 '섭취할 수 없는 것': 보편적으로 섭취란 포섭하여 제도한다는 뜻으로 쓰이나 여기에서는 그 어느 누구도 부처님이 하신 일을 마음대로 간섭하지 못한다는 뜻으로 쓰였다.

延幢勇健法'이 바로 그것이다.

 10가지를 물은 뜻은 대부분 불부사의법품에 있으므로 아래의 해당 부분에서 알아야 할 것이다.

經

云何是諸佛眼이며 **云何是諸佛耳**며 **云何是諸佛鼻**며 **云何是諸佛舌**이며 **云何是諸佛身**이며 **云何是諸佛意**며 **云何是諸佛身光**이며 **云何是諸佛光明**이며 **云何是諸佛聲**이며 **云何是諸佛智**니잇고

 어떤 것이 모든 부처님의 눈이며,

 어떤 것이 모든 부처님의 귀이며,

 어떤 것이 모든 부처님의 코이며,

 어떤 것이 모든 부처님의 혀이며,

 어떤 것이 모든 부처님의 몸이며,

 어떤 것이 모든 부처님의 뜻이며,

 어떤 것이 모든 부처님의 몸 광명이며,

 어떤 것이 모든 부처님의 광명이며,

 어떤 것이 모든 부처님의 음성이며,

 어떤 것이 모든 부처님의 지혜입니까?

◉ 疏 ◉

二云何是諸佛眼下 十句는 問體相顯著니 謂六根三業이니 於身業

中에 開常光爲身光이오 放光爲光明이라 故有十句니라 不思議法品에 "諸佛有十種法하야 普徧無量無邊法界라"하니 謂無邊際眼等이오 離世間品에 ——各有十門辨釋이라 又出現品에 說佛三業에 各具十義라 然諸經論에 說佛常光一尋이니 準不思議品컨대 常妙光明은 不可說不可說種種色相으로 以爲嚴好하고 爲光明藏하야 出生無量圓滿光明하야 普照十方에 無有障礙니라 然放光은 則有時不放이니 如諸會面門毫相所放之類라 然相海品에 其一一相常放光明이니 斯卽放光이오 亦通常光이로되 而分別者는 常卽湛徧이어니와 放則見有去來故니라

둘째, "어떤 것이 모든 부처님의 눈입니까?" 이하의 10구는 부처님 몸의 형상이 뚜렷하게 나타난 바를 물음이니 六根과 三業을 말한다. 身業의 가운데 항상 빛나는 광명[常光]을 身光으로, 일시의 방광을 光明으로 구분 지어 말했기에 10구가 된다. 불부사의법품에서 "여러 부처님에게 10가지의 법이 있어 한량없고 끝이 없는 법계에 널리 두루 한다."고 말하니, 끝이 없는 눈 등을 말하고, 이세간품에서는 하나하나에 각기 10문으로 논변하여 해석하고 있다. 또한 여래출현품에서는 "부처님의 三業에 각기 十義를 갖추고 있다."고 말하였다.

그러나 여러 경문의 논에서 "부처님은 항상 몸으로부터 사방으로 1丈 길이의 빛을 발산한다[佛'常光'一尋]."고 말한다. 불부사의법품에 준해 보면 항상 몸으로부터 발산하는 미묘한 광명[常妙光明]은 말할 수 없고 도저히 말할 수 없는 온갖 색상으로 보기 좋은 장엄을

삼고 광명의 창고를 삼아 한량없이 원만한 광명을 쏟아내어 시방 세계에 널리 비추되 걸림이 없는 것이다.

그러나 방광은 때로 방광하지 않을 때도 있다. 모든 법회에 입과 毫相에서 방광하는 유와 같다. 그러나 제34 如來十身相海品에서 "낱낱 모습마다 항상 광명이 쏟아진다."고 말하니 이는 곧 방광이며, 또한 常光과도 통한다. 하지만 '상광'과 '방광'의 차이란 상광은 담담하게 두루 나타나지만 방광은 보일 때도 보이지 않을 때도 있기 때문이다.

經

唯願世尊은 **哀愍我等**하사 **開示演說**하소서

오직 원하옵건대 세존께서는 저희를 불쌍히 여기시어 위의 의문들을 열어 보여주시고 말씀하여 주십시오."

● 疏 ●

二唯願下는 結請이라 將欲引例일세 故且結請이라

둘째, '唯願' 이하는 위의 물음을 끝맺음이다. 장차 아래에서 예를 인용하고자 한 까닭에 또한 여기에서 물음을 끝맺은 것이다.

二 引例舉法請

(2) 예를 인용하여 법을 들어 청하다

經

又十方世界海의 一切諸佛이 皆爲諸菩薩하사 說世界海와 衆生海와 法界安立海와 佛海와 佛波羅蜜海와 佛解脫海와 佛變化海와 佛演說海와 佛名號海와 佛壽量海와

"또한 시방세계바다의 일체 모든 부처님이 다 모든 보살을 위하여 세계바다, 중생바다, 법계가 세워진 바다, 부처님바다, 부처님바라밀바다, 부처님해탈바다, 부처님변화바다, 부처님연설바다, 부처님명호바다, 부처님수명바다,

◉ 疏 ◉

亦分爲二니 初引例오 後結請이라 今初 分二니 前十句는 問化用普周오 後十句는 問因德深廣이라 今初 文唯有九니 闕安立海라

一世界海者는 是化用處니 如華藏品이오

二衆生海는 是所化機니 卽刹中所持오

三準答及頌인댄 名法界安立海니 如世界成就品이오

四佛海者는 能化主也니 如華藏品이오 廣擧其品이면 亦如不思議品等이라【鈔_ 四佛海에 指不思議等品者는 等取相海하야 隨好니 皆佛德相用故며 是妙覺故라】

五波羅蜜者는 化所成行이니 如離世間品이오

六佛解脫海者는 化所得果니 如法界品이오【鈔_ 六如法界品者는 佛親證入하야 離障解脫과 及大作用이 皆解脫故라】

七佛變化海者는 臨機神變化니 難化衆生은 卽身業化也니 如諸會

不起而徧이니 光明覺品의 長行身業과 阿僧祇等이 皆是其文이라【鈔_ 七指僧祇者는 僧祇偈頌에 廣顯佛德重重無盡廣大用故오 等은 卽等於一經上下變化之文이라】

八佛演說海者는 稱根說法이니 語業化也니 如四諦品이오

九佛名號海는 隨機立稱이니 如名號品이오

十佛壽量海者는 隨器所感하야 住世修短이니 如壽量品이라

또한 2단락으로 구분된다. 앞 단락은 예를 들어 말함이며, 뒤 단락은 청법을 끝맺음이다.

이의 앞 단락[引例]은 2가지로 나뉜다. 앞의 10구(又十方世界海~佛壽量海)는 교화의 묘용이 널리 두루 함을 물은 것이며, 뒤의 10구(及一切菩薩誓願海~一切菩薩智海)는 원인의 덕이 깊고 넓음을 물은 것이다.

여기 앞의 경문[前十句]에는 오직 9구만이 있을 뿐, 安立海가 누락되었다.

① 세계바다란 교화의 미묘한 작용이 있는 곳이니 제5 화장세계품에서 말한 바와 같다.

② 중생바다란 교화해야 할 대상의 근기이니 세계 속에서 지녀야 할 바이다.

③ 대답과 게송에 준해 보면 '법계가 안립한 바다[法界安立海]'라 명명해야 한다. 제4 세계성취품에서 말한 바와 같다.

④ 부처님바다는 교화할 수 있는 주인공이니 제5 화장세계품과 같고, 그 품을 널리 들어 말하면 또한 제28 불부사의법품 등에서 말한 바와 같다.【초_ '(4) 부처님바다'에 제28 불부사의법품 등

을 들어 말한 것은 부처님의 수승한 모습들을 모두 똑같이 들어 相好를 따른 것이니, 모두 부처님의 덕의 모습과 묘용이기 때문이며 妙覺이기 때문이다.】

⑤ 부처님바라밀바다는 교화를 성취한 바의 행이니 제33 이세간품에서 말한 바와 같다.

⑥ 부처님해탈바다는 교화로 얻은 바의 결과이니 제39 입법계품에서 말한 바와 같다.【초_ '⑥ 부처님해탈바다'에서 제39 입법계품과 같다는 것은 '부처님께서 몸소 증득하여 장애를 여읜 해탈'과 '대작용'이 모두 해탈이기 때문이다.】

⑦ 부처님변화바다는 임기응변의 신통변화이다. 교화하기 어려운 중생은 곧 身業으로 교화함이다. 부처님은 모든 법회에 일어나지 않고서도 두루 임하니 제9 여래광명각품의 장항에서 말한 身業과 阿僧祇 등은 모두 여기에 관련된 문장이다.【초_ '⑦ 부처님변화바다'에서 아승지를 말한 것은 아승지의 게송에서 부처님의 덕이 거듭거듭 끝없이 광대한 묘용이 있음을 자세히 밝혀주고 있기 때문이며, '阿僧祇等'의 등이란 화엄경의 전후 문장에 나타난 변화와 똑같음을 말한다.】

⑧ 부처님연설바다는 중생의 근기에 알맞게 설법함이다. 語業의 교화이니 제8 사성제품에서 말한 바와 같다.

⑨ 부처님명호바다는 기틀에 따라 명호를 세움이니 제7 여래명호품에서 말한 바와 같다.

⑩ 부처님수명바다는 器世間에 따라 감응하여 세상에 오래 머

물기도 하고 잠시 머물기도 하니 제31 수량품에서 말한 바와 같다.

經

及一切菩薩誓願海와 **一切菩薩發趣海**와 **一切菩薩助道海**와 **一切菩薩乘海**와 **一切菩薩行海**와 **一切菩薩出離海**와 **一切菩薩神通海**와 **一切菩薩波羅蜜海**와 **一切菩薩地海**와 **一切菩薩智海**를

그리고 일체 보살의 서원(誓願)바다,

일체 보살이 발심하여 나아가는 바다,

일체 보살의 도를 돕는 바다,

일체 보살승의 바다,

일체 보살행의 바다,

일체 보살의 벗어나는 바다,

일체 보살의 신통바다,

일체 보살의 바라밀바다,

일체 보살의 지위바다,

일체 보살의 지혜바다를

● 疏 ●

二問因德深廣中에 一은 創於生死에 立大誓願이오 二는 勝進大心으로 趣求佛果오 三은 積集菩提福智資糧이오 四는 運諸菩薩從因至果오 五는 慈悲喜捨四菩薩行이오 六은 謂永背業惑하야 證契眞理오 餘四

는 可知라 然此十句는 有通有別하니 別則初二는 寄十信이오 次二는 十住오 次一은 十行이오 次一은 十向이니 以向出離故며 次三은 登地以上이오 後一은 等覺이니 此約橫論一切菩薩이라【鈔_ 別則下는 釋別先以豎釋別이니 諸位淺深故어니와 此約橫論菩薩者는 結上別義니 約所行位댄 信·住等異니 卽是豎論이오 約能行人인댄 一一位中에 攝多菩薩이라 故云橫論一切菩薩이라하니라】

若約通說인댄 各通始終이니 卽豎論一切菩薩也라【鈔_ 通約所行法인댄 位位同修니 卽是通義라 隨約一人遍歷諸位인댄 皆修此十이니 卽是豎論一切菩薩이라】故此十句는 文通行位라 然皆普攝法界하야 深廣無邊이라 故云海也라 竝如下諸會說하다

둘째, 원인의 덕이 깊고 넓음을 묻는 가운데,

① 처음 생사에 큰 서원을 세움이며,

② 훌륭하게 나아가는 큰마음으로 佛果를 찾아 구함이며,

③ 보리의 복과 지혜의 양식을 쌓아 모음이며,

④ 모든 보살을 이끌어 원인으로부터 결과에 이르는 것이며,

⑤ 慈·悲·喜·捨의 4가지 보살행이며,

⑥ 길이 업혹을 저버리고 진리에 계합하는 것이다.

나머지 4가지는 말하지 않아도 알 수 있다.

그러나 이 10구는 총체와 개별이 있다. 개별은 처음 2(**立大誓願, 趣求佛果**)는 십신으로, 다음 2(**福智資糧, 從因至果**)는 십주로, 다음 하나(**慈悲喜捨**)는 십행으로, 다음 하나(**背惑契眞**)는 십회향으로 말하니 이는 出離地를 지향한 때문이다. 다음 3(**神通海, 波羅蜜海, 菩薩地海**)은 登

地 이상이며, 마지막 하나(菩薩智海)는 等覺이다. 이는 공간의 橫論으로 일체 보살을 말한 것이다. 【초_ '개별[別則]' 이하는 개별을 해석할 때 먼저 竪論(時間論)으로 개별을 해석함이니 모든 지위의 淺深이 있기 때문이거니와 여기에서 횡론으로 보살을 말한 것은 위에서 언급한 개별의 뜻을 끝맺음이다. 行해야 할 지위의 대상으로 말하면 십신·십주 등의 차이가 있다. 이는 시간의 竪論이다. 능히 行한 주체의 사람으로 말하면 하나하나 지위 가운데에 많은 보살을 섭수한 까닭에 공간의 횡론으로 일체 보살을 논하였다고 말한 것이다.】

만약 총체로 말한다면 각기 시종이 통하는 것이다. 이는 시간의 竪論으로 일체 보살을 말한다. 【초_ 총체로 행해야 할 법의 대상을 말한다면 지위마다 수행이 똑같다. 이것이 곧 총체의 의의이다. 한 사람이 여러 지위를 두루 거친 과정을 따라서 말하면 모두가 이 10가지를 닦아야 한다. 이는 시간의 竪論으로 일체 보살을 말한다.】

그러므로 이 10구의 문장은 行位를 총체로 말한 것이다. 그러나 모두 널리 법계를 받아들여 깊고도 드넓어 끝이 없기에, 이를 '바다[海]'라고 말한다. 아울러 아래의 여러 법회에서 말한 바와 같다.

願佛世尊은 亦爲我等하사 如是而說하소서

원컨대 부처님은 또한 저희를 위하여 이런 도리를 말씀해 주십시오."

● 疏 ●

二結請이라 既是引例일세 故致亦言이라 此四十句는 答文在何오 問有通局하니 答亦如之라 通卽諸會 與此相應하니 皆是答此오 上所引者 居然當之니 謂前衆海 既是九會常隨어니 豈得此問이 局於初會리오 豈復衆海問不盡耶아 故知初會爲總이오 九會는 同答此問이로되 而爲分意別이니라 故諸分初에 皆重擧諸問이니 則顯分分之中에 皆通因果等故라 則從此盡光明覺은 答十海問이오 問明已下는 答十因問이오 不思議下는 答二十句果니 至下當知니라【鈔_ 疏正明通이니 謂九會通答이오 謂前下立理니 此有三理라 一衆海常隨하야 既通九會하고 問答合通이니 智深能問盡故오 合總問故니라 以此三理로 問答合通이나 而爲下釋妨이라 謂前問言에 若言衆海問盡九會하고 九會同答인댄 何以下文復有三位大問가 故爲此通이니 則顯分分之中에 皆通因果者는 謂問雖互有廣畧이나 因果皆足하니 則是重問耳라 四則從下는 正示答文이라 】

둘째, 청법을 끝맺음이다. 이미 예를 인용하였기에 '또한[亦: 亦爲我等의 亦]'이라고 말한 것이다. 이 40구에 대한 답은 어디에 있을까? 물음에 전체와 부분이 있기에 대답 또한 이와 같다. 전체란 모든 법회가 이와 상응하니 모두 이에 대해 답한 것이다. 위에서 인용한 바는 바로 여기에 해당됨을 쉽게 알 수 있다. 앞에서 말한 대중들은 이미 9회에 항상 따르고 있다. 어찌 이 물음이 初會에만 국한되겠는가. 어찌 또한 대중의 물음이 끝이 없겠는가. 이 때문에 초회는 총체이고 나머지 9회는 똑같이 이 물음에 답한 것이지만 부분의 뜻으로 개별임을 알 수 있다. 따라서 모든 부분의 처음에 모두 거듭 수많은 물음을 들어 말한 것인 바, 부분과 부분 가운데 모두 인과 등이 통하기 때문이다.

이로부터 제9 光明覺品까지는 十海의 물음에 대답함이며, 제10 菩薩問明品 이하는 十因의 물음에 대답함이며, 제28 佛不思議品 이하는 20구의 결과에 답하니 아래의 해당 부분에 이르러 이 점을 알아야 한다. 【초_ 청량 疏에서는 바로 전체를 밝힌 것이다. 나머지 9회를 통틀어 답한 것이며, 앞의 아래 부분에서는 도리를 세워 말했는데 여기에는 3가지의 도리가 있다.

① 대중의 바다가 항상 뒤따라서 이미 9회를 통하였고, 문답도 종합하여 통하고 있다.

② 지혜가 깊어 물음을 모두 대답할 수 있기 때문이다.

③ 총괄하여 물었기 때문이다.

이 3가지 도리로 문답을 종합하여 통하고 있으나 아래의 문장 해석에 논란이 될 수 있다. 앞의 물음에서 말하기를, "만약 수많은 대중의 물음이 9회에 다하였고, 9회에 똑같이 대답하였다면 무엇 때문에 아래의 문장에서 다시 세 분의 큰 질문이 있을 수 있는가?"라고 하였다. 이 때문에 이를 종합하여 통하고 있다. 分과 分의 가운데 모두 인과를 종합하여 통함을 밝힌 것은 물음에 비록 서로 詳

略이 있으나 인과가 모두 넉넉함을 말하니 이 때문에 거듭 물은 것이다.

'4. 則從此盡光明覺'의 '則從' 이하는 바로 답을 보여준 문장이다.】

文就四十問이니 十海爲總이오 九會는 同答十海니 一 世界成就品은 答世界安立海오 二 華藏品은 答世界海오 遮那는 但引因釋成이오 現相·三昧는 但說法由致오 竝非別答海問이며 三 名號品은 答如來名號海오 四 四諦品은 答演說海오 五 光明覺으로 至十忍品은 別答十句因問이오 通答衆生海니 修因之人이 卽所化生故오 六 阿僧祇品은 答變化海니 長行擧數는 欲顯化用難量일새 故偈中에 廣明變化重重하야 微細難說이오 七 壽量住處는 皆答壽量海오 八 不思議等五品은 別答二十句果問하고 總明佛海니 就德深廣하야 以顯佛故오 九 第八會는 答波羅蜜海니 總攝諸位하야 皆成行故오 十 第九會는 答解脫海니 證入法界하야 起大用故니라

경문은 곧 40가지의 물음이다. 十海는 총체이며 9회는 똑같이 십해에 대한 답변이다.

① 세계성취품은 세계안립해에 대한 답변이다.

② 화장세계품은 세계해에 대한 답변이며, 비로자나품은 단 원인을 인용하여 성취를 해석하였고, 여래현상품과 보현삼매품은 설법의 유래를 말한 것일 뿐, 아울러 개별로 바다에 대한 물음에 답변한 것이 아니다.

③ 여래명호품은 여래명호해에 대한 답변이다.

④ 사성제품은 연설해에 대한 답변이다.

⑤ 광명각품부터 십인품까지는 개별로 10구의 원인에 대한 물음의 답변이고, 공통으로 중생해에 대한 답변이다. 원인을 닦는 사람은 곧 교화의 대상인 중생이기 때문이다.

⑥ 아승지품은 변화해에 대한 답변이다. 장항에서 숫자를 나열한 것은 변화의 묘용이 헤아리기 어려움을 나타내고자 했기 때문이다. 따라서 게송에서 변화가 거듭하여 미세하고 말하기 어려운 점을 널리 밝혔다.

⑦ 여래수량품·보살주처품은 모두 수량해에 대한 답변이다.

⑧ 불부사의법품 등 5품은 개별로 20구의 결과에 대한 물음에 답변하고, 총체로 佛海를 밝힌 것이다. 덕이 깊고도 광범위한 것으로 부처님을 나타냈기 때문이다.

⑨ 제8회는 바라밀해에 대한 답변이다. 모든 지위를 모두 섭수하여 다 행을 이뤘기 때문이다.

⑩ 제9회는 해탈해에 대한 답변이다. 법계를 증득하여 큰 묘용을 일으키기 때문이다.

問中爲次 與答異者는 問約本有修成과 自行化他하야 而爲次第니 謂先有世界衆生이면 則有佛出하야 修因得果故니 波羅蜜海는 是因이오 解脫은 是果며 餘四는 皆大用이니 謂臨機變化하야 隨宜說法하고 稱物立名하고 隨物修短이라 答中에 先人後己일새 故大用四海는 居先하고 自利果因二海는 居後니라 又衆生一海는 亦可通在九海하야 皆爲生故오 種種適宜하야 顯生多故니라 若約局言인댄 當會答盡이니 此

復有二라 一은 現相答이니 下文當示오 二者는 言說答이니 此亦有二니 一은 經來未盡이오 二는 答二兼餘니 成就品에 當引이라【鈔─ 若約局言下는 第二釋局答問이오 經來未盡者는 遮邪品後 無結束故니 若來댄 應具答盡이오 '二答二兼餘'者는 謂正答安立海及世界는 兼餘三十八問故니라】

물음의 차례가 답변의 차례와 차이가 있는 것은 물음이란 선천적 本有와 후천적 修成, 그리고 스스로 수행하고 남들을 교화하는 것으로 차례를 삼았기 때문이다. 먼저 세계중생이 있으면 부처님께서 출현하여 원인을 닦아 결과를 얻기 때문임을 말한다. 바라밀바다는 원인이고, 해탈은 결과이며, 나머지 4바다는 모두 大用이다. 기틀에 따라 변화하여 근기에 알맞게 설법하고 중생에게 맞게 명호를 세우고 중생을 따라 오래 머물기도 하고 얼마 머물지 않기도 한다.

답변에서는 남들을 먼저 하고 자신을 뒤에 말하였기에 大用의 4바다가 앞에 있고, 自利의 결과와 자리의 원인이 되는 2바다는 뒤에 있다. 또 하나의 중생바다는 또한 9바다와 통하여 모두 중생을 위하기 때문이며, 갖가지로 중생의 근기에 따라 중생이 많음을 밝혀주기 때문이다.

만약 부분적인 국지로 말한다면 해당 법회에서 답변을 다한 것이다. 여기에는 또한 2가지가 있다.

① 모습을 나타내어 답변함이니 아래의 경문에서 마땅히 설명할 것이며,

② 말로 답한 것이다.

말로 하는 대답 또한 2가지가 있다. ㉠ 종래에 다함이 없기 때문이고, ㉡ 2가지의 바다(**安立海·世界海**)로 답하여 나머지 38가지의 바다를 모두 겸하고 있다. 세계성취품에서 이를 인용하였다.【**초**_ "만약 부분적인 국지로 말한다면[若約局言]." 이하는 제2 부분적으로 물음에 답한 것이다. "종래에 다함이 없다[經來未盡]."는 것은 비로자나품 이후에는 끝이 없기 때문이다. 만약 끝이 있다면 응당 구체적으로 모조리 답하였을 것이다. "㉡ 2가지의 바다로 답하여 나머지 38가지의 바다를 모두 겸하고 있다[二答二兼餘]."는 것은 '바로 안립해와 세계해에 대한 답변이다.' 한 것이니 나머지 38물음을 겸하고 있기 때문이다.】

第二 供聲偈請
2) 음성 공양으로 게송 올려 법을 청하다

經
爾時에 **諸菩薩威神力故**로 **於一切供養具雲中**에 **自然出音**하야 **而說頌言**하사대

그때 모든 보살의 헤아릴 수 없는 영묘하고도 불가사의한 힘으로 온갖 공양거리구름 가운데 자연히 소리가 울려 나와 게송으로 말하였다.

◉ 疏 ◉

文二니 先明因緣이니 前請在念을 佛雖已知나 今請彰言하야 使大衆同曉이오 前旣爲法興供이나 今乃以供宣心이라 不因撫擊일세 故曰自然이며 非無因緣이 卽菩薩威力이오 同異生衆이 皆菩薩也라 又表身口爲供具故오 供具는 皆卽法界體故니라【鈔_ '又表身口爲供具'者는 卽解脫和尙이 歎佛說偈云 "合掌以爲華오 身爲供養具라 善心誠實香으로 讚歎香煙布라 諸佛聞此香하고 尋聲來相度라 衆等勤精進이면 終不相錯誤리라"】

이의 경문은 2단락이다.

앞 단락은 인연을 밝힌 것이다. 앞에서 생각으로 법을 청한 사실을 부처님이 이미 알고 있으나 여기에서 법을 청한 것은 말로 나타내어 모든 대중이 다 함께 알도록 한 것이며, 앞에서 이미 법을 위해 공양을 일으켰으나 여기에서 공양으로써 마음을 펼친 것이다. 치지 않아도 소리가 울려 나오는 까닭에 이를 '자연히 울려 나왔다.'고 말하며, 인연이 없는 것이 아니기에 이를 보살의 위신력이라 한다. 同生衆·異生衆이 모두 보살이다. 또한 몸과 입은 공양의 도구임을 나타내기 때문이며, 공양의 도구는 모두 법계의 본체이기 때문이다.【초_ "또한 몸과 입은 공양의 도구임을 나타낸다."는 것은 解脫和尙이 부처님을 찬탄하면서 게송으로 말하였다. "합장으로 꽃을 삼고, 몸으로 공양의 도구 삼아, 선한 마음 성실한 향으로, 찬탄의 향기 널리 퍼지네. 모든 부처님 이 향기를 맡으시고, 소리 찾아와 제도하여주네. 대중들이 부지런히 정진하면 끝내 서

로 의심이 없으리라."】

經

無量劫中修行滿하사 菩提樹下成正覺하시고
爲度衆生普現身하사 如雲充徧盡未來로다

　한량없는 겁에 수행이 구족하여
　보리수 아래 정각 이루시고
　중생 제도 위해 몸 나타내어
　대천세계 미래 다하도록 구름처럼 가득 보이네

衆生有疑皆使斷하사 廣大信解悉令發하시며
無邊際苦普使除하사 諸佛安樂咸令證이샷다

　중생의 온갖 의심 모두 끊어주어
　넓고 큰 믿음 내게 해주시며
　그지없는 고통 없애주시어
　모든 부처님 안락을 다 증득케 하셨다

● 疏 ●

二正說偈中에 十頌分二니 初三은 歎德請이오 後七은 擧法請이라 前中亦二니 初二는 歎佛하야 明具說因이오 後一은 歎衆하야 明具說緣이라 今은 初也라 前偈는 卽悲之智 已滿하야 爲物現身이오 後偈는 卽智之悲 已圓하야 能斷疑除苦니 有悲必普오 有智必能일세 故應說也라

둘째 단락은 게송을 설한 가운데 10게송은 다시 2단락으로 나뉜다. 앞의 3게송은 부처님의 덕을 찬탄하면서 법을 청함이며, 뒤의 7게송은 법을 들어 청함이다.

앞의 3게송 또한 2가지로 나뉜다. 앞의 제1, 제2 게송은 부처님을 찬탄하여 구족한 설법의 원인을 밝혔고, 뒤의 제3게송은 대중을 찬탄하여 구족한 설법을 들을 수 있는 인연을 밝힌 것이다.

이의 첫 단락에 앞의 제1게송은 '자비에 합치된 지혜[卽悲之智]'가 이미 원만하였기에 중생을 위해 현신하였고, 뒤의 제2게송은 '지혜에 합치된 자비[卽智之悲]'가 이미 원만하였기에 중생의 의심을 끊어주고 괴로움을 없애준 것이다. 자비가 있으면 반드시 널리 두루 하고, 지혜가 있으면 반드시 능할 수 있기에 당연히 설법한 것이다.

經

菩薩無數等刹塵이 俱來此會同瞻仰하니
願隨其意所應受하사 演說妙法除疑惑하소서

　　무수한 보살, 세계바다 작은 티끌처럼
　　이 도량에 모두 모여 다 함께 부처님 우러르니
　　원컨대 그들의 뜻에 따라 받을 만큼
　　미묘한 법 연설하여 중생 의혹 없애주소서

● 疏 ●

後一은 歎衆請中에 前半歎衆이니 顯無異念이오 後半은 結請이니 明說

則斷爾疑니라

뒤의 제3게송은 대중의 請法을 찬탄한 가운데 앞의 2구는 법회 대중을 찬탄함이니 다른 생각이 없음을 나타내고, 뒤의 2구는 청법을 끝맺음이니 부처님께서 설법하면 중생의 의혹이 끊어짐을 밝힌 것이다.

經

云何了知諸佛地며　　云何觀察如來境이니잇고
佛所加持無有邊하시니　　願示此法令淸淨케하소서

　어떻게 하면 모든 부처님 지위 알 수 있고
　어떻게 하면 여래 경계 볼 수 있습니까
　부처님의 자비가피 그지없으니
　이러한 불법 보여주어 중생을 청정케 하소서

云何是佛所行處에　　而以智慧能明入잇가
佛力淸淨廣無邊을　　爲諸菩薩應開示하소서

　어떻게 하면 부처님이 행하신 곳에
　지혜로써 밝게 들어갈 수 있습니까
　부처님의 힘, 부처님의 청정, 부처님의 광대무변을
　모든 보살 위해 열어 보이소서

云何廣大諸三昧며　　云何淨治無畏法이니잇고

神通力用不可量이시니　　　願隨衆生心樂說하소서

　　무엇이 넓고 큰 모든 삼매이며
　　무엇이 청정하게 닦으신 두려움 없는 법입니까
　　신통력 妙用이 한량없으니
　　중생이 좋아하는 마음 따라 말씀해주소서

諸佛法王如世主하사　　　所行自在無能制와
及餘一切廣大法을　　　　爲利益故當開演하소서

　　법왕이신 부처님 세간의 임금처럼
　　하신 일 자재하여 그 누구도 막지 못하며
　　그 나머지 모든 넓고 큰 법을
　　중생의 이익 위해 연설하소서

● 疏 ●

擧法請中에 分三이니 初四는 述前初十句問이니 小有不次오 但取文便이라 '及餘一切廣大法者'란 結例所餘니 謂二十句外에 佛無邊德을 亦願說之니라 不思議品에 廣說이오 餘門諸說果處는 皆答此也니라

　　법을 들어 청하는 가운데 3단락으로 나뉜다. 앞 4게송(제4~7)은 맨 앞 10구의 물음을 서술함이니 조금은 순서가 맞지 않고 다만 문장의 편의만을 따른 것이다.

　　"그 나머지 모든 넓고 큰 법"이란 그 나머지 물음을 예로 끝맺음이다. 이는 20구 외에 부처님의 끝없는 덕까지도 또한 말해주시

기를 원한 것이다. 불부사의법품에서 자세히 말하였고, 나머지 부분의 모든 결과를 말한 곳은 모두 이에 대한 대답이다.

經

佛眼云何無有量하고　　　**耳鼻舌身亦復然**이며
意無有量復云何니잇고　　**願示能知此方便**하소서

　　부처님의 눈 어찌하여 한량없나이까
　　귀 코 혀 몸 또한 그러하오며
　　뜻 또한 어찌하여 한량없나이까
　　원컨대 이에 대한 방편법문 알려주소서

◉ 疏 ◉

次一頌은 述前體相顯著十句니 畧示可知니라

　　다음 제8게송은 앞에서 말한 '부처님 몸의 형상이 뚜렷하게 나타남'의 10구를 서술한 것이다. 생략하여 말한 것임을 알 수 있다.

經

如諸剎海衆生海와　　　**法界所有安立海**와
及諸佛海亦無邊을　　　**願爲佛子咸開暢**하소서

　　모든 세계바다, 중생바다
　　법계가 세워진 바다
　　모든 부처님바다 또한 끝없는 것을

원컨대 불제자 위해 모두 보여주소서

永出思議衆度海와　　　　**普入解脫方便海**와
所有一切法門海를　　　　**此道場中願宣說**하소서

　길이 사의(思議)를 벗어난 온갖 바라밀바다
　널리 해탈에 들어가는 방편바다
　수행의 온갖 법문바다를
　이 도량 대중에게 말씀해주소서

● 疏 ●

後二頌은 述化用普周十句之問이라 現文唯七이나 以佛海中으로 含於神變壽量名號니 以此三海는 不離佛故일세니라 不問因者는 長行에 明通諸會라 故列因疑어니와 今彰初分請은 當會答이라 又顯此會因畧果廣이오 第二會果畧因廣故니라

　뒤의 2게송(제9, 10)은 교화의 묘용이 널리 두루 한 10구의 물음을 서술한 것이다. 게송에 나타난 것은 오직 7가지이지만 佛海 가운데에 變化海, 壽量海, 名號海를 포함하고 있다. 이 3개의 바다가 佛海에서 떠날 수 없기 때문이다.

　因을 묻지 않는 것은 장항의 경문에서 모든 법회를 통하여 밝힌 까닭에 因에 대한 의문을 열거했다. 여기에서 첫 부분의 청법[初分請]은 當會에 관한 대답을 나타낸 것이다. 또 이 법회에서는 원인을 생략하고 결과를 자세히 말하였고, 제2법회에서는 결과를 생략

하고 원인을 자세히 말하였기 때문이다.

◉ 論 ◉

問曰 大衆이 何不以言自問하고 而嘿念致疑며 何不自以言讚勸請하고 而於供具雲에 出音請佛이니잇고 答曰 明佛得法界心하사 與一切衆生으로 同心故니 以心不異故로 知彼心疑오 供具說頌者는 明一切法이 總法界體也니 法界이 不思議일세 一切法이 不思議故니라 又明聖·衆·心·境이 無二故니 凡夫는 迷法界하야 自見心境이 有二故로 顚倒生也니라

다음과 같이 물었다.

"대중이 어찌하여 직접 말하여 스스로 묻지 않고서 묵념으로 의심을 일으켰으며, 어찌하여 스스로 직접 찬탄의 말을 하여 법을 청하지 않고 공양이 구족한 구름으로 소리를 내어 부처님께 청한 것일까?"

이에 대해 답하였다.

"부처님이 법계의 마음을 얻어 일체중생과 마음이 똑같음을 밝혔기 때문이다. 마음이 다르지 않기 때문에 그들의 마음속에 의심을 아신 것이다.

공양이 구족한 구름으로 게송을 말한 것은 모든 법이 모두 법계의 본체임을 밝힌 것이다. 법계가 불가사의한 까닭에 모든 법이 불가사의하기 때문이다.

또한 부처님과 대중, 마음과 경계가 둘이 없음을 밝혔기 때문

이다. 범부는 법계를 모르기에 스스로 마음과 경계가 둘이라고 잘못 인식한 까닭에 잘못 전도된 생각을 일으키는 것이다."

第二 明光召有緣
文二니 初는 長行이라

　제2. 방광으로 인연 있는 대중을 부르다
　문장은 2단락이니 앞의 첫 단락은 장항이다.

經
爾時에 世尊이 知諸菩薩心之所念하사 即於面門衆齒之間에 放佛刹微塵數光明하시니 所謂衆寶華徧照光明과 出種種音莊嚴法界光明과 垂布微妙雲光明과 十方佛坐道場現神變光明과 一切寶焰雲蓋光明과 充滿法界無礙光明과 徧莊嚴一切佛刹光明과 迴建立淸淨金剛寶幢光明과 普莊嚴菩薩衆會道場光明과 妙音稱揚一切佛名號光明이라

如是等佛刹微塵數가 一一復有佛刹微塵數光明하야 以爲眷屬하고 其光이 悉具衆妙寶色하야 普照十方各一億佛刹微塵數世界海하시니 彼世界海諸菩薩衆이 於光明中에 各得見此華藏莊嚴世界海하니라 以佛神力으로 其光이 於彼一切菩薩衆會之前에 而說頌言하사대

그때 세존이 모든 보살의 마음속에 생각하는 바를 아시고서 곧바로 면문(面門: 입)의 숱한 치아 사이에서 부처님 세계 작은 티끌 수처럼 많은 광명을 쏟으시니,

이른바 온갖 보배꽃이 두루 비치는 광명,

가지가지 소리를 내어 법계를 장엄하는 광명,

미묘한 구름을 드리우는 광명,

시방의 부처님이 도량에 앉아 신통변화를 나타내는 광명,

온갖 보배불꽃 구름일산의 광명,

법계에 충만한 걸림 없는 광명,

모든 부처님 세계를 두루 장엄하는 광명,

청정한 금강보배깃대를 멀리 세우는 광명,

보살이 모인 도량을 널리 장엄하는 광명,

미묘한 음성으로 여러 부처님의 명호를 일컫는 광명들이다.

이처럼 부처님 세계 작은 티끌 수처럼 많은 광명이 하나하나 또한 부처님 세계 작은 티끌 수처럼 많은 광명으로 권속을 삼고, 그 광명이 모두 온갖 미묘한 보배색깔을 갖추어 시방에 각각 1억 부처님 세계 작은 티끌 수처럼 많은 세계바다를 널리 비추니, 그 세계바다의 모든 보살대중들이 그 광명 속에서 제각기 이와 같은 화장장엄세계바다를 볼 수 있었다.

부처님의 헤아릴 수 없는 영묘하고도 불가사의한 힘으로 그 광명이 저 모든 보살대중 앞에서 게송을 설하였다.

● 疏 ●

初 長行中文은 共分爲十이니 一 放光意니 以領念故오 供聲易了일세 故畧不明이라 念但疑法이어늘 何以放光고 現相答故니라 答相云何오 謂佛三昧力으로 加持放光하야 令菩薩來 遠遠能爲니 此卽佛地境界라 是佛所行無攝無畏故니 此爲總意니라 若別別明者는 如文思之오 又召來菩薩도 亦是言答上之十問은 至文當知니라

二卽於下는 明光依處라 面門은 卽口니 言衆齒者는 表四十問이라 教道退舒니 口生眞子하야 咀法滋味하야 益法身故라 總處放者는 此會總故일세니라【鈔 表四十問者는 有四十齒故오 教道退舒는 卽教智光이오 口生眞子는 唯取口義니라 故法華云 從佛口生이오 從法化生하야 得佛法分이라하니 故下出現에 加於普賢하야 光明入口오 咀法味下는 約齒明義오 言總處者는 口爲說法處니 一切法門이 總從此演故일세니라】

三放佛下는 顯光體니 隨機多演故오

四는 所謂下는 列光明이니 畧列十名이니 皆從體用立稱이오

五如是下는 結光數오

六一一下는 彰眷屬이오

七其光下는 辨色相이니 衆寶隱暎은 表教道含容이오

八普照下는 明光應遠이오

九彼世界下는 彼衆感通이오

十以佛下는 偈聲命召니 卽通擧十號하야 示爲所歸니라【鈔 卽通擧十號者는 佛德無邊이어늘 十號畧盡이라 故法華第三云 我是如來

는 應供 正徧知 明行足 善逝 世間解 無上士 調御丈夫 天人師 佛世尊이라 未度者 令度하고 未解者 令解하고 未安者 令安하고 未涅槃者 令涅槃이라 今世後世를 如實知之로니 我是一切智者며 一切見者라 汝等天人阿修羅衆은 皆應到此니 爲聽法故라하니 斯卽擧十號以昭然이라 初但云 如來 亦復如是하야 出現於世 如大雲起하야 徧覆三千大千世界라하니 則通局有異오 又下衆集에 但云 天人阿修羅等은 勝劣小異耳라 今取彼意일새 故以十號釋經이니 十號之義는 法界品에 方辨하리라 】

첫 단락 장항 가운데 경문은 모두 10가지 뜻으로 나뉜다.

⑴ 방광의 뜻이다. 중생의 생각을 알았기 때문이다. 음성 공양은 쉽사리 알 수 있기에 생략하여 밝히지 않았다. 중생들의 생각은 단 법을 의심한 것인데 무엇 때문에 방광을 하였을까? 형상을 나타내어 답한 까닭이다. 형상으로 답한 것은 무엇 때문인가? 부처님의 삼매 힘으로 가피와 방광을 하여 보살들을 멀리에서 오도록 만든 것이다. 이것이 곧 부처님 지위의 경계이다. 이는 부처님께서 행하신 바를 그 누구도 마음대로 제재할 수 없고 두려움이 없기 때문이다. 이는 총체로 말한 뜻이다. 만약 하나하나 개별로 밝히는 것은 경문에서 생각하는 것과 같다. 또한 보살을 불러들이는 것, 또한 말로써 위의 10가지 물음에 답한 것은 해당 문장에서 이를 알아야 할 것이다.

⑵ '卽於面門' 이하는 광명이 나오는 곳을 밝힌 것이다. 面門이란 입이며, 수많은 치아[衆齒], 즉 40개의 치아를 말한 것은 앞의 40

가지 물음의 상징이다. 가르침의 도는 멀리 펼쳐지나 입에서 眞子[18]가 나와 법을 맛있게 씹어주어 법신에 도움이 되기 때문이다. 모든 곳에서 방광한 것은 이 법회가 총괄이기 때문이다. 【초_ "앞의 40가지 물음의 상징"이란 40개의 치아가 있기 때문이다. "가르침의 도는 멀리 펼쳐진다."는 것은 가르침 지혜의 광명이다. "입에서 眞子가 나온다."는 것은 오직 입의 의의를 취한 것이다. 이 때문에 법화경에서 이르기를, "부처님의 입에서 나오고 법의 교화에서 나와 불법의 분을 얻는다."고 하였다. 이 때문에 아래의 여래출현품에서 보현보살에게 광명이 입으로 들어가는 부분을 더하였다. "법을 맛있게 씹어준다." 이하는 치아를 가지고 그 뜻을 밝힌 것이다. "모든 곳[總處]"이라 말한 것은 입이란 설법하는 곳이니 일체 법문이 모두 다 여기에서 나오기 때문이다.】

⑶ '放佛刹微塵數' 이하는 광명의 본체를 나타냄이니 근기에 따라 연설이 많기 때문이다.

⑷ '所謂衆寶' 이하는 광명을 나열함이다. 생략하면 10가지의 이름으로 나열되니 모두 체용에 따라 명칭을 세운 것이다.

⑸ '如是等佛刹' 이하는 광명의 수효를 끝맺음이다.

⑹ '一一復有' 이하는 권속을 나타냄이다.

⑺ '其光悉具' 이하는 색상을 분별함이다. 수많은 보배가 보이거나 보이지 않는 것은 가르침의 포용을 나타냄이다.

....

18 眞子: 正見을 말함. 勝鬘經顚倒眞實章第十二, "正見者, 是佛眞子, 從佛口生."

⑧ '普照十方' 이하는 광명이 멀리까지 비침을 밝힘이다.

⑨ '彼世界海' 이하는 대중의 감통이다.

⑩ '以佛神力' 이하는 게송의 소리로 대중을 부름이다.

이는 10가지의 명호를 모두 열거하여 귀취를 보여준 것이다.
【초_ "10가지의 명호를 모두 열거하였다."는 것은 부처님의 덕이 끝이 없지만 10가지의 명호로 생략하여 다한 것이다. 이 때문에 법화경 제3 약초유품에 이르기를, "나는 여래이니 應供·正徧知·明行足·善逝·世間解·無上士·調御丈夫·天人師·佛·世尊이다. 제도받지 못한 이를 제도해주고, 이해하지 못하는 이를 이해하게 하고, 편안하지 못한 이를 편안하게 하고, 열반을 얻지 못한 이를 열반을 얻게 해준다. 금세와 후세를 여실하게 알고 있다. 나는 모든 것을 아는 자이며, 모든 것을 보는 자이다. 그대들의 천신·사람·아수라 들도 모두 여기에 와야 한다. 법을 듣기 위함이다."고 하였다. 이는 10가지의 명호를 들어 말한 것임이 분명하다. 처음에는 단지 "여래 또한 그와 같아서 세상에 출현하는 것이 마치 많은 구름이 일어나 삼천 대천세계를 두루 덮는 것과 같다."고 하였다. 즉 전체와 부분의 차이가 있고, 또 아래 대중이 모인 도량에 단 '천신·사람·아수라' 등만을 말한 것은 작은 우열의 차이가 있기 때문이다. 여기에서는 그 뜻을 취하기 때문에 10가지의 명호로 경문을 해석한 것이다. 10가지 명호에 관한 의의는 법계품에서 바야흐로 논변할 것이다.】

二 偈頌

2. 게송

經

無量劫中修行海에　供養十方諸佛海하시며
化度一切衆生海일세　今成妙覺徧照尊이로다

　　한량없는 겁 동안 수행바다에서
　　시방 모든 부처님바다 공양하시며
　　일체중생바다 교화, 제도하고자
　　이제 묘각으로 법계 두루 밝히신 세존 이루셨네

毛孔之中出化雲이여　光明普照於十方하사
應受化者咸開覺하야　令趣菩提淨無礙로다

　　모공에서 나온 변화구름
　　광명이 시방법계 널리 비추어
　　교화를 받을 중생 모두 깨달아
　　보리 청정무애의 길로 나가게 하셨네

佛昔往來諸趣中하사　教化成熟諸群生하사대
神通自在無邊量하야　一念皆令得解脫이로다

　　부처님이 옛적에 육도윤회 오가시며

선근이 성숙한 많은 중생 교화할 제
　　그지없고 한량없는 신통자재력으로
　　일념에 모두 무량중생 해탈하게 하셨네

摩尼妙寶菩提樹가　　　　**種種莊嚴悉殊特**이어든
佛於其下成正覺하사　　　**放大光明普威耀**로다

　　마니주 미묘한 보배로 장엄한 보리수
　　여러 가지 장엄이 모두 특이하거늘
　　부처님이 보리수 아래 정각을 이루실 적
　　큰 광명 쏟아져 시방 널리 비추셨네

大音震吼徧十方하사　　　**普爲弘宣寂滅法**하사대
隨諸衆生心所樂하야　　　**種種方便令開曉**로다

　　부처님 큰 음성 시방에 두루 울려
　　널리 중생 위해 적멸법 크게 베푸시되
　　모든 중생 좋아하는 마음 따라서
　　갖가지 방편으로 깨닫게 하셨네

往修諸度皆圓滿하사대　　**等於千刹微塵數**하사
一切諸力悉已成하시니　　**汝等應往同瞻禮**어다

　　옛적 온갖 바라밀을 모두 원만하게 닦으시되
　　일천 세계 미진수만큼 오랜 겁에

부처님 모든 십력(十力) 다 성취하셨나니

그대들은 찾아가 다 함께 첨앙하고 예배할지어다

◉ 疏 ◉

十偈 在文에 且分爲五니 初六偈는 自彰因果已圓하야 勸同觀禮라 於中初一은 總明二利因滿成正偏知오 次一頌 毛光開覺은 是明行足이오 次一頌 往來諸趣는 是世間解오 一念解脫을 可謂善逝오 次一頌 成正覺은 卽佛義焉오 次一 大音演寂은 謂無上士오 隨心開覺은 卽調御丈夫오 次一 諸力皆圓은 卽天人師也라

10게송은 경문에 있어 또한 5단락으로 나뉜다. 첫 단락 6게송(제1~6)은 인과가 이미 원만함을 스스로 밝혀 똑같이 첨앙하고 예배할 것을 권함이다.

그중에 제1게송은 自利行과 利他行의 因이 원만하여 正偏知 성취를 총괄하여 밝혔고,

다음 제2게송은 모공 광명으로 깨달음을 열어주심이니 이는 明行足[19]이다.

다음 제3게송의 '육도윤회 오가심'은 世間解[20]이며, '일념에 해

....

19 明行足: vidyācaraa-sapanna. 부처님 10號의 하나. 열반경에 의하면, 明은 無上正遍智, 行足은 脚足이란 뜻으로 계·정·혜 3學을 말한다. 부처님은 3학의 각족에 의하여 무상정변지를 얻었으므로 '명행족'이라고 말한다. 智度論에 의하면, 明은 宿命·天眼·漏盡의 3明, 行은 몸·입·뜻의 3業, 足은 만족. 3明3業을 원만히 갖추었기에 '명행족'이라고 하였다.

20 世間解: lokavit. 부처님 10號의 하나. 路迦憊라 음역. 부처님은 일체 세간의 온갖 일을 다 아신

탈함'은 善逝[21]라고 말한다.

다음 제4게송의 '보리수 아래 정각을 이루심'은 곧 佛[22]이라는 뜻이며,

다음 제5게송의 '큰 음성으로 적멸법을 연설함'은 無上士[23]를 말하고, '중생의 마음 따라 깨달음을 열어준 것'은 곧 調御丈夫[24] 이다.

다음 제5게송의 '부처님 十力이 원만함'은 곧 天人師[25]이다.

經

十方佛子等刹塵이　　悉共歡喜而來集하야
已雨諸雲爲供養하고　　今在佛前專觀仰이로다

시방의 불제자, 세계 티끌처럼 많은데

....

다는 뜻으로 이처럼 말한 것이다.

21 善逝: sugata. 부처님 10號의 하나. 須伽陀라 음역. 好去·妙往이라고도 번역. 因으로부터 果에 가기를 잘하여 돌아오지 않는다는 뜻. 부처님은 여실히 피안에 이르러 다시는 生死海에 빠지지 않기에 붙여진 이름이다.

22 佛: Buddha. 부처님 10號의 하나. 佛陀의 준말.

23 無上士: 부처님 10號의 하나. 범어 阿耨多羅(anuttara)의 번역. 부처님은 유정 가운데 가장 높아서 위가 없는 大士라는 뜻으로 말한 것이다.

24 調御丈夫: Puruadamyasārathi. 富樓沙曇藐娑羅提라 음역. 可化丈夫調御師라 번역. 부처님 10號의 하나. 부처님은 대자대비하며, 大智로써 부드러운 말, 간절한 말, 또는 여러 가지 말을 써서 중생을 조복제어하고 바른 이치를 잃지 않게 한다는 뜻이다.

25 天人師: devamanuyaśāst. 부처님 10號의 하나. 提婆摩㝹舍多라 음역. 부처님은 諸天과 모든 사람의 스승이라는 뜻이다.

다 함께 기쁜 마음으로 도량에 모여
온갖 구름 비 내리듯 공양 올리고
부처님 앞에 일심으로 우러러뵙니다

◉ 疏 ◉

二에 有一頌은 明衆海已集하야 引例勸歸이니 旣云已雨諸雲爲供養인댄 是應供也라 爲對引例일세 故不當次니라

　　제2단락의 제7게송은 바다처럼 많은 대중이 이미 법회에 모인 것을 밝혀서 예를 인용하여 歸向을 권한 것이다. 이미 "온갖 구름 비 내리듯 공양 올린다."고 말한 것으로 보면 이는 應供[26]이다. 예를 인용한 데에 맞추기 위한 까닭에 차례가 맞지 않는다.

經

如來一音無有量이여　　　能演契經深大海하사
普雨妙法應群心하시니　　彼兩足尊宜往見이어다

여래의 한 음성 한량이 없어
경전의 깊고 큰 바다 연설하여
미묘한 법 널리 내려주어 중생 마음 맞추시니
저 양족존을 찾아가 뵈올지어다

....

[26] 應供: arhat. 應受供養의 뜻. 온갖 번뇌를 끊어서 인간·천상의 중생들로부터 공양을 받을 만한 덕 있는 부처님을 말한다.

◉ 疏 ◉

三 一頌은 圓音隨機하야 見必蒙益이라 結云 見兩足尊은 卽世尊也라

제3단락의 제8게송은 원만한 음성으로 근기를 따라 설법하기에 부처님을 친견하면 반드시 이익을 입게 된다. 이를 끝맺으면서 "저 양족존을 찾아가 친견하라."고 말한 것은 곧 世尊[27]이다.

經

三世諸佛所有願을　　菩提樹下皆宣說하사대
一刹那中悉現前하시니　汝可速詣如來所어다

　삼세 모든 부처님의 서원을
　보리수 아래 모두 연설하시되
　한 찰나 사이에 모두 나타내시니
　그대들은 속히 여래 도량에 나아갈지어다

◉ 疏 ◉

四 一頌은 義海頓演이니 宜速及時라 如三世佛大願而來일세 故結云 如來也라

제4단락의 제9게송은 바다처럼 깊고 넓은 진리를 한꺼번에 말씀해주시니 서둘러 시기를 잃어서는 안 된다. 삼세 모든 부처님

----

27 世尊: Bhagavat;Lokanātha;Lokajyeha. 婆伽梵·路迦那他·路伽惹瑟吒라 음역. 부처님 10號의 하나. 부처님은 온갖 공덕을 원만히 갖추어 세간에 이익 되게 하고 세간에서 존중을 받으므로 세존이라 하고, 또 세상에서 가장 높다는 분임을 말한다. 석존을 말함.

의 큰 서원과 같은 것을 지니고 오셨기에 이를 끝맺어 말하기를 如來[28]라고 말한다.

經

毘盧遮那大智海가　　　　**面門舒光無不見**이라
今待衆集將演音하시려니　　**汝可往觀聞所說**이어다

　　비로자나 부처님 큰 지혜의 바다
　　입에서 광명 쏟아 보지 않은 이 없네
　　이제 대중이 모이면 장차 법음을 연설하리니
　　그대들은 찾아가 뵙고 설법을 들을지어다

◉ 疏 ◉

五 一頌은 特命有緣이니 是光本意니라

　　제5단락의 제10게송은 인연 있는 대중을 특별히 명함이니 이는 광명의 본의이다.

◉ 論 ◉

第二는 從爾時世尊知菩薩心之所念으로 已下에 有一段長行과 幷

---

28 如來: Tathāgata. 부처님 10호의 하나. 多陀阿伽陀·多陀阿伽度·怛他蘗多라 음역. 이 말뜻에 대하여는 이 말을 조성하는 두 단어로 나누어 볼 수 있다. 첫말을 tatha 또는 tathā, 둘째 말을 gata 또는 āgata라고 하는 차이가 있다. tatha는 진실·진리란 뜻이며, tathā는 같이, 곧 如是 또는 如實의 뜻이며, gata는 가다[逝]의 뜻이며, āgata는 도달·오다[來格]의 뜻이다.

十偈頌은 是如來이 放齒光하사 十方告衆하야 令衆咸集現法하사 答前所問分이라 於此分中에 大意有十하니 一은 如來이 知衆心念有疑오 二는 齒光普照오 三은 其光이 有十名이오 四는 明光具眷屬이오 五는 陳光色相이오 六은 明光照遠近이오 七은 明大衆이 蒙光하야 彼此相見이오 八은 明光徧他方衆會오 九는 明光能出聲告衆이오 十은 明十方之衆이 聞告咸來니라

제2는 "그때 세존이 모든 보살의 마음속에 생각하는 바를 아셨다."는 구절로부터 아래 한 단락의 장항과 아울러 10행의 게송까지는 여래가 치아광명을 쏟아내어 시방세계의 대중에게 고하여 대중이 모두 법회에 모이게 하였고 법을 나타내어 앞에 마음속으로 물었던 바를 대답한 부분이다.

이 부분에는 10가지의 큰 뜻이 있다.

⑴ 여래가 대중의 마음속에 의심이 있다는 것을 앎이며,

⑵ 치아광명으로 널리 비춤이며,

⑶ 그 광명에는 10가지의 이름이 있으며,

⑷ 광명의 권속이 있음을 밝힘이며,

⑸ 광명의 색상을 말함이며,

⑹ 광명의 비춤에 遠近이 있음을 밝힘이며,

⑺ 대중이 부처님 광명을 받아 피차가 서로 봄을 밝힘이며,

⑻ 광명이 다른 지방 수많은 도량에 두루 함을 밝힘이며,

⑼ 광명이 소리를 내어 대중에게 고함을 밝힘이며,

⑽ 시방 대중이 광명의 소리로 고함을 듣고서 모두 도량에 모

임을 밝힌 것이다.

問曰何故로 如來이 面門齒間에 出光告衆이니잇고 答曰面門及齒는 明言音이 出於中故로 於中出光이니 今欲答衆所疑하샤 普告十方佛土大衆하샤 來集示法하샤 答前三十七問中에 云何是諸佛地佛境界佛加持佛行佛力等이실새 故須口中齒間放光이라 光者는 除暗義니 又答前云何是佛光明하샤 除現在未來의 衆心疑暗故오 口齒者는 吐納言音하야 說法表告之所由也라 故於中出光이니 於此에 光明이 說十行頌은 於中大意歟如來道滿利生에 光明이 出音告衆하야 令集聞法이라

다음과 같이 물었다. "무슨 까닭에 여래가 입의 치아 사이에서 광명을 내어 대중에게 일러준 것인가."

다음과 같이 대답하였다. "입과 치아는 언어의 음성이 울려 나오는 곳이기에 그곳에서 광명이 쏟아져 나옴을 밝힌 것이다. 여기에서 대중이 의심하는 바를 답하고자, 널리 시방 불토 대중에게 고하여 도량에 모이도록 하고 법을 보이면서 앞에서 말한 37問[29] 가운데 '어떤 것이 모든 부처님의 지위이며, 부처님의 경계이며, 부처님의 가피이며, 부처님의 행이며, 부처님의 힘입니까?' 등에 대해 답할 적에 입과 치아 사이에서 광명이 쏟아져 나온 것이다.

광명이란 어둠을 없애준다는 뜻이다. 또 앞에서 '어떤 것이 부처

----

29 37問: 通玄論에는 清凉本의 '云何是諸佛神通, 云何是諸佛自在, 云何是法界安立海' 3물음이 누락되어 이처럼 37문으로 말한 것이다.

님 광명입니까?'라는 물음에 답하여 현재와 미래의 대중 마음속의 의심과 어둠을 없애주기 때문이다. 입과 치아는 언어의 음성이 울려 나와 설법하여 일러줄 수 있도록 마련해주는 신체의 일부이다. 이 때문에 그곳에서 광명이 나온 것이다. 이에 광명이 10行의 게송을 말한 것으로, 그중의 大意는 여래의 도가 원만하여 중생에게 도움을 줄 적에 광명이 소리를 내어 시방 대중에게 고하여 대중으로 하여금 법회에 모여 불법을 듣도록 마련한 데에 대한 찬탄이다."

여래현상품 제2-1 　如來現相品 第二之一
화엄경소론찬요 제12권 　華嚴經疏論纂要 卷第十二

화엄경소론찬요 제13권
華嚴經疏論纂要 卷第十三

여래현상품 제2-2
如來現相品 第二之二

第三은 所召雲奔이라 文分爲三이니 第一은 同會道場이오 第二는 現自在用이오 第三은 聲光自述이라 今初는 文三이니 初는 總明이라

제3. 부처님이 불러들인 대중이 구름처럼 몰려오다

이의 경문은 3단락으로 나뉜다.
1. 하나의 도량에 다 함께 모이다.
2. 자재 묘용을 나타내다.
3. 광명의 음성이 스스로 말하다.
이의 첫 단락은 또한 3부분이니, 1) 총체로 밝힘이다.

經

爾時에 十方世界海一切衆會가 蒙佛光明의 所開覺已하고 各共來詣毘盧遮那如來所하야 親近供養하시니

그때 시방세계바다의 모든 대중 도량이 부처님의 광명으로 깨우쳐 주심을 입고서 각각 비로자나여래의 처소에 함께 찾아와 부처님을 가까이하고 공양하였다.

二所謂下는 別顯이오 三如是等下는 總結이라 別中十方은 卽爲十段이라 今初는 東方이라 ——方中에 皆有十事라 一은 定方이라

2) '所謂此華藏' 이하는 개별로 나타냄이며, 3) '如是等世界海'

97

이하는 총체로 끝맺음이다.

2) 개별로 나타낸 가운데 시방세계는 곧 10단락이다.

제1. 동방의 淸淨光세계

하나하나 방위 가운데에 모두 10가지의 일이 있다.

(1) 方位를 정하다

經

所謂此華藏莊嚴世界海東에

이른바 화장장엄세계바다 동쪽에

二 土海

(2) 국토의 바다

經

次有世界海하니 **名淸淨光蓮華莊嚴**이요

또 하나의 세계바다가 있으니, 그 이름이 청정광연화장엄이요,

三 世界

(3) 세계

> 經

彼世界種中에 **有國土**하니 **名摩尼瓔珞金剛藏**이요

그 세계바다[世界種]³⁰ 가운데 국토가 있으니, 그 이름이 마니영락금강장이요,

四 佛名

(4) 부처의 이름

> 經

佛號는 **法水覺虛空無邊王**이시며

부처님의 이름은 법수각허공무변왕이시며,

五 主菩薩

(5) 주보살

> 經

於彼如來大衆海中에 **有菩薩摩訶薩**하니 **名觀察勝法蓮華**

----
30 세계바다[世界種]: 세계 또한 種子가 있어야만 또 다른 하나의 세계를 낳는다고 하여 世界種이라 말한 것이다.

幢이라

저 여래의 대중바다 가운데 보살마하살이 있으니, 그 이름이 관찰승법연화당이다.

六 眷屬數

(6) 권속의 수효

經

與世界海微塵數諸菩薩로 **俱**하야

세계바다 셀 수 없는 무한수의 모든 보살들과 함께

七 至佛所

(7) 부처님 처소에 이르다

經

來詣佛所하사

부처님의 처소에 찾아와

八 興供雲

(8) 공양구름을 일으키다

經

各現十種菩薩身相雲하야 徧滿虛空하야 而不散滅하며
復現十種雨一切寶蓮華光明雲하며
復現十種須彌寶峰雲하며
復現十種日輪光雲하며
復現十種寶華瓔珞雲하며
復現十種一切音樂雲하며
復現十種末香樹雲하며
復現十種塗香燒香衆色相雲하며
復現十種一切香樹雲하며
如是等世界海微塵數諸供養雲이 悉徧虛空하야 而不散滅이러라

각각 열 가지 보살의 몸모양구름을 나타내어, 허공에 두루 가득하여 흩어지지 아니하며,

또 열 가지 온갖 보배연꽃을 비 내리는 광명구름을 나타내며,

또 열 가지 수미산 보배봉우리구름을 나타내며,

또 열 가지 햇빛구름을 나타내며,

또 열 가지 보배꽃 영락구름을 나타내며,

또 열 가지 온갖 음악구름을 나타내며,

또 열 가지 가루향나무구름을 나타내며,

또 열 가지 바르는 향, 사르는 향 여러 색상 구름을 나타내며,

또 열 가지 온갖 향나무구름을 나타내며,

이와 같은 세계바다 미진수의 모든 공양구름이 모두 허공에 두루 하여 흩어지지 않았다.

● 疏 ●

其東方供雲에 應有十種이로되 而但九者는 塗香燒香을 二文合故니라 言各現者는 主伴——皆現也라 重重無礙하야 各徧虛空하야 ——可觀을 名爲不散滅이니라

동방의 공양구름이 당연히 10가지가 있어야 하지만 단 9가지만 있는 것은 바르는 향[塗香]과 사르는 향[燒香], 2문장을 하나로 합하여 말하였기 때문이다. "각각 … 나타낸다."는 것은 주체와 종속이 하나하나 모두 나타남이다. 거듭거듭 걸림이 없어 각각 허공에 두루 가득하여 하나하나 볼만한 것을 "흩어지지 않았다."고 말한 것이다.

九 申禮獻供

(9) 절 올리고 공양 바치다

經

現是雲已에 向佛作禮하사 以爲供養하고

이러한 구름을 나타내고서 부처님을 향하여 절을 드리고는 공양 올리고

十化座安坐

(10) 사자좌를 만들어 그 위에 앉다

經

卽於東方에 **各化作種種華光明藏師子之座**하야 **於其座上**에 **結跏趺坐**하시니라

곧 동방에 각각 여러 가지 꽃의 광명장 사자좌를 변화하여 만들어, 그 사자좌 위에 가부좌를 맺고 앉았다.

◉ **疏** ◉

十方化座는 體相各異로되 而皆同名蓮華藏師子之座者는 師子之義 已見上文이로되 蓮華藏言은 通有三意하니 一은 約菩薩하야 表含藏開敷故오 二는 約所詮하야 將說依報故오 三은 約諸會하야 通顯華嚴故니라 上下 還於本方坐者는 佛圓廻身에 皆見面故며 異於餘宗에 但八方故니라

시방에 변화로 만든 사자좌의 모습이 각기 다름에도 모두 똑같이 '연화장 사자좌'라고 이름 붙인 것으로, '사자좌'에 관한 뜻은 이미 위의 문장에 나타나 있지만, '연화장'이란 말에는 모두 3가지의

뜻이 있다.

⑴ 보살을 가지고서 꽃봉오리가 머금고 피는 것을 나타냈기 때문이며,

⑵ 말해야 할 바를 가지고서 장차 依報를 말하려 함이기 때문이며,

⑶ 모든 법회를 가지고서 전체로 화엄을 밝히기 때문이다. 위와 아래에서도 또한 본래 방위에 앉는 것은 원만하게 두루 회전하는 부처의 몸으로 모두 정면을 보기 때문이며, 단 팔방만을 말하는 나머지 종파와 다르기 때문이다.

第二. 南方

제2. 남방의 일체보월세계

經

此華藏世界海南에 次有世界海하니 名一切寶月光明莊嚴藏이요 彼世界種中에 有國土하니 名無邊光圓滿莊嚴이요 佛號는 普智光明德須彌王이시며 於彼如來大衆海中에 有菩薩摩訶薩하니 名普照法海慧라 與世界海微塵數諸菩薩로 俱하야 來詣佛所하사 各現十種一切莊嚴光明藏摩尼王雲하야 徧滿虛空하야 而不散滅하며 復現十種雨一切寶莊嚴具普照耀摩尼王雲하며 復現十種寶焰熾然稱揚佛名號

摩尼王雲하며 復現十種說一切佛法摩尼王雲하며 復現十種衆妙樹莊嚴道場摩尼王雲하며 復現十種寶光普照現衆化佛摩尼王雲하며 復現十種普現一切道場莊嚴像摩尼王雲하며 復現十種密焰燈說諸佛境界摩尼王雲하며 復現十種不思議佛刹宮殿像摩尼王雲하며 復現十種普現三世佛身像摩尼王雲하시니 如是等世界海微塵數摩尼王雲이 悉徧虛空하야 而不散滅이러라 現是雲已에 向佛作禮하사 以爲供養하고 卽於南方에 各化作帝靑寶閣浮檀金蓮華藏師子之座하야 於其座上에 結跏趺坐하시니라

이 화장세계바다 남쪽에 또 하나의 세계바다가 있으니, 그 이름이 일체보월광명장엄장(一切寶月光明莊嚴藏)이요, 그 세계바다 가운데 국토가 있으니, 그 이름이 무변광원만장엄(無邊光圓滿莊嚴)이요, 부처님의 이름은 보지광명덕수미왕(普智光明德須彌王)이시다.

저 여래의 대중바다 가운데 보살마하살이 있으니, 그 이름이 보조법해혜(普照法海慧)이다. 세계바다 셀 수 없는 무한수의 모든 보살들과 함께 부처님의 처소에 찾아와 각각 열 가지 온갖 장엄의 광명장 마니왕구름을 나타내어, 허공에 두루 가득하여 흩어지지 아니하며,

또 열 가지 온갖 보배장엄거리를 내려 널리 비추는 마니왕구름을 나타내며,

또 열 가지 보배불꽃이 활활 타올라 부처님의 명호를 일컫는 마니왕구름을 나타내며,

또 열 가지 온갖 불법을 연설하는 마니왕구름을 나타내며,

또 열 가지 여러 미묘한 나무로 도량을 장엄하는 마니왕구름을 나타내며,

또 열 가지 보배광명이 널리 비쳐서 여러 화신 부처님을 나타내는 마니왕구름을 나타내며,

또 열 가지 온갖 도량을 장엄한 모습을 널리 나타내는 마니왕구름을 나타내며,

또 열 가지 비밀스러운 불꽃 등이 모든 부처님의 경계를 연설하는 마니왕구름을 나타내며,

또 열 가지 부사의한 부처님 세계의 궁전의 형상인 마니왕구름을 나타내며,

또 열 가지 삼세 부처님의 형상을 널리 나타내는 마니왕구름을 나타내어,

이와 같은 세계바다 미진수 마니왕구름이 모두 허공에 두루 하여 흩어지지 않았다.

이러한 구름을 나타내고서 부처님을 향하여 절을 드리고는 공양 올리고, 곧 남방에다 각각 제청보(帝靑寶) 염부단금(閻浮檀金) 연화장(蓮華藏) 사자좌를 변화하여 만들어, 그 사자좌 위에 가부좌를 맺고 앉았다.

第三 西方

제3. 서방의 가애락세계

經

此華藏世界海西에 次有世界海하니 名可愛樂寶光明이요 彼世界種中에 有國土하니 名出生上妙資身具요 佛號는 香焰功德寶莊嚴이시며 於彼如來大衆海中에 有菩薩摩訶薩하니 名月光香焰普莊嚴이라 與世界海微塵數諸菩薩로 俱하야 來詣佛所하사 各現十種一切寶香衆妙華樓閣雲하야 徧滿虛空하야 而不散滅하며 復現十種無邊色相衆寶王樓閣雲하며 復現十種寶燈香焰樓閣雲하며 復現十種一切眞珠樓閣雲하며 復現十種一切寶華樓閣雲하며 復現十種寶瓔珞莊嚴樓閣雲하며 復現十種普現十方一切莊嚴光明藏樓閣雲하며 復現十種衆寶末間錯莊嚴樓閣雲하며 復現十種衆寶周徧十方一切莊嚴樓閣雲하며 復現十種華門鐸網樓閣雲하시니 如是等世界海微塵數樓閣雲이 悉徧虛空하야 而不散滅이러라 現是雲已에 向佛作禮하사 以爲供養하고 卽於西方에 各化作眞金葉大寶藏師子之座하야 於其座上에 結跏趺坐하시니라

이 화장세계바다 서쪽에 또 하나의 세계바다가 있으니, 그 이름이 가애락보광명(可愛樂寶光明)이요, 그 세계바다 가운데 국토가 있으니, 그 이름이 출생상묘자신구(出生上妙資身具)요, 부처님의 이름은 향염공덕보장엄(香焰功德寶莊嚴)이시다.

저 여래의 대중바다 가운데 보살마하살이 있으니, 그 이름이 월광향염보장엄(月光香焰普莊嚴)이다. 세계바다 셀 수 없는 무한수의

모든 보살들과 함께 부처님의 처소에 찾아와 각각 열 가지의 온갖 보배향과 모든 미묘한 꽃누각구름을 나타내어, 허공에 두루 가득하여 흩어지지 아니하며,

또 열 가지 그지없는 색상의 온갖 보배왕누각구름을 나타내며,

또 열 가지 보배등불향기불꽃누각구름을 나타내며,

또 열 가지 온갖 진주누각구름을 나타내며,

또 열 가지 온갖 보배꽃누각구름을 나타내며,

또 열 가지 보배영락으로 장엄한 누각구름을 나타내며,

또 열 가지 시방에 널리 나타나는 온갖 장엄광명장누각구름을 나타내며,

또 열 가지 모든 보배 가루로 사이사이에 장엄한 누각구름을 나타내며,

또 열 가지 많은 보배로 시방에 가득한 온갖 장엄누각구름을 나타내며,

또 열 가지 꽃 대문에 방울그물인 누각구름을 나타내어,

이와 같은 세계바다 미진수 누각구름이 모두 허공에 두루 하여 흩어지지 않았다.

이러한 구름을 나타내고서 부처님을 향하여 절을 드리고는 공양 올리고, 곧 서방에다 각각 진금엽(眞金葉) 대보장(大寶藏) 사자좌를 변화하여 만들어, 그 사자좌 위에 가부좌를 맺고 앉았다.

第四 北方

제4. 북방의 비유리세계

經

此華藏世界海北에 次有世界海하니 名毘琉璃蓮華光圓滿藏이요 彼世界種中에 有國土하니 名優鉢羅華莊嚴이요 佛號는 普智幢音王이시며 於彼如來大衆海中에 有菩薩摩訶薩하니 名師子奮迅光明이라 與世界海微塵數諸菩薩로 俱하야 來詣佛所하사 各現十種一切香摩尼衆妙樹雲하야 徧滿虛空하야 而不散滅하며 復現十種蜜葉妙香莊嚴樹雲하며 復現十種化現一切無邊色相樹莊嚴樹雲하며 復現十種一切華周布莊嚴樹雲하며 復現十種一切寶焰圓滿光莊嚴樹雲하며 復現十種現一切栴檀香菩薩身莊嚴樹雲하며 復現十種現往昔道場處不思議莊嚴樹雲하며 復現十種衆寶衣服藏如日光明樹雲하며 復現十種普發一切悅意音聲樹雲하시니 如是等世界海微塵數樹雲이 悉徧虛空하야 而不散滅이러라 現是雲已에 向佛作禮하사 以爲供養하고 卽於北方에 各化作摩尼燈蓮華藏師子之座하야 於其座上에 結跏趺坐하시니라

이 화장세계바다 북쪽에 또 하나의 세계바다가 있으니, 그 이름이 비유리연화광원만장(毘琉璃蓮華光圓滿藏)이요, 그 세계바다 가운

데 국토가 있으니, 그 이름이 우바라화장엄(優鉢羅華莊嚴)이요, 부처님의 이름은 보지당음왕(普智幢音王)이시다.

저 여래의 대중바다 가운데 보살마하살이 있으니, 그 이름이 사자분신광명(師子奮迅光明)이다. 세계바다 셀 수 없는 무한수의 모든 보살들과 함께 부처님의 처소에 찾아와 각각 열 가지 온갖 향마니로 된 여러 묘한 나무구름을 나타내어, 허공에 두루 가득하여 흩어지지 아니하며,

또 열 가지 빽빽한 나뭇잎 묘한 향기로 장엄한 나무구름을 나타내며,

또 열 가지 온갖 그지없는 색상의 나무 장엄을 화현하는 나무구름을 나타내며,

또 열 가지 온갖 꽃이 두루 펼쳐 장엄한 나무구름을 나타내며,

또 열 가지 온갖 보배불꽃이 원만한 광명으로 장엄한 나무구름을 나타내며,

또 열 가지 온갖 전단향보살 몸을 나타내어 장엄하는 나무구름을 나타내며,

또 열 가지 지난 옛적 도량 처소가 부사의함을 나타내어 장엄하는 나무구름을 나타내며,

또 열 가지 온갖 보배 의복 창고가 햇빛처럼 밝은 나무구름을 나타내며,

또 열 가지 온갖 마음을 즐겁게 하는 음성을 널리 내는 나무구름을 나타내어,

이와 같은 세계바다 미진수 나무구름이 모두 허공에 두루 하여 흩어지지 않았다.

이러한 구름을 나타내고서 부처님을 향하여 절을 드리고는 공양 올리고, 곧 북방에다 각각 마니등(摩尼燈) 연화장(蓮華藏) 사자좌를 변화하여 만들어, 그 사자좌 위에 가부좌를 맺고 앉았다.

第五. 東北方
제5. 동북방의 염부단금세계

經

此華藏世界海東北方에 次有世界海하니 名閻浮檀金玻璃色幢이요 彼世界種中에 有國土하니 名衆寶莊嚴이요 佛號는 一切法無畏燈이시며 於彼如來大衆海中에 有菩薩摩訶薩하니 名最勝光明燈無盡功德藏이라 與世界海微塵數諸菩薩로 俱하야 來詣佛所하사 各現十種無邊色相寶蓮華藏師子座雲하야 徧滿虛空하야 而不散滅하며 復現十種摩尼王光明藏師子座雲하며 復現十種一切莊嚴具種種校飾師子座雲하며 復現十種衆寶鬘燈焰藏師子座雲하며 復現十種普雨寶瓔珞師子座雲하며 復現十種一切香華寶瓔珞藏師子座雲하며 復現十種示現一切佛座莊嚴摩尼王藏師子座雲하며 復現十種戶牖階砌及諸瓔珞一切莊嚴師子座雲

하며 復現十種一切摩尼樹寶枝莖藏師子座雲하며 復現十種寶香間飾日光明藏師子座雲하시니 如是等世界海微塵數師子座雲이 悉徧虛空하야 而不散滅이러라 現是雲已에 向佛作禮하사 以爲供養하고 卽於東北方에 各化作寶蓮華摩尼光幢師子之座하야 於其座上에 結跏趺坐하시니라

이 화장세계바다 동북방에 또 하나의 세계바다가 있으니, 그 이름이 염부단금파리색당(閻浮檀金玻璃色幢)이요, 그 세계바다 가운데 국토가 있으니, 그 이름이 중보장엄(衆寶莊嚴)이요, 부처님의 이름은 일체법무외등(一切法無畏燈)이시다.

저 여래의 대중바다 가운데 보살마하살이 있으니, 그 이름이 최승광명등무진공덕장(最勝光明燈無盡功德藏)이다. 세계바다 셀 수 없는 무한수의 모든 보살들과 함께 부처님의 처소에 찾아와 각각 열 가지 끝없는 색상의 보배연화장 사자좌구름을 나타내어, 허공에 두루 가득하여 흩어지지 아니하며,

또 열 가지 마니왕광명장인 사자좌구름을 나타내며,

또 열 가지 온갖 장엄거리로써 여러 가지로 꾸민 사자좌구름을 나타내며,

또 열 가지 온갖 보배로 된 화만등불꽃장인 사자좌구름을 나타내며,

또 열 가지 보배영락을 널리 내리는 사자좌구름을 나타내며,

또 열 가지 온갖 향기 나는 꽃보배영락장인 사자좌구름을 나타내며,

또 열 가지 모든 부처님자리의 장엄을 나타내 보이는 마니왕장(摩尼王藏)인 사자좌구름을 나타내며,

또 열 가지 문과 창과 섬돌과 모든 영락으로 온갖 것을 장엄한 사자좌구름을 나타내며,

또 열 가지 온갖 마니로 된 나무의 보배가지와 줄기장(藏)인 사자좌구름을 나타내며,

또 열 가지 보배향으로 사이사이에 꾸민 햇빛광명장인 사자좌구름을 나타내어,

이러한 세계바다 미진수 사자좌구름이 모두 허공에 두루 하여 흩어지지 않았다.

이러한 구름을 나타내고서 부처님을 향하여 절을 드리고는 공양 올리고, 곧 동북방에다 각각 보배연꽃마니빛깃대인 사자좌를 변화하여 만들어, 그 사자좌 위에 가부좌를 맺고 앉았다.

第六 東南方

제6. 동남방의 금장엄세계

經

此華藏世界海東南方에 次有世界海하니 名金莊嚴琉璃光普照요 彼世界種中에 有國土하니 名淸淨香光明이요 佛號는 普喜深信王이시며 於彼如來大衆海中에 有菩薩摩訶薩

하니 **名慧燈普明**이라 **與世界海微塵數諸菩薩**로 **俱**하야 **來詣佛所**하사 **各現十種一切如意王摩尼帳雲**하야 **徧滿虛空**하야 **而不散滅**하며 **復現十種帝靑寶一切華莊嚴帳雲**하며 **復現十種一切香摩尼帳雲**하며 **復現十種寶焰燈帳雲**하며 **復現十種示現佛神通說法摩尼王帳雲**하며 **復現十種現一切衣服莊嚴色像摩尼帳雲**하며 **復現十種一切寶華叢光明帳雲**하며 **復現十種寶網鈴鐸音帳雲**하며 **復現十種摩尼爲臺蓮華爲網帳雲**하며 **復現十種現一切不思議莊嚴具色像帳雲**하시니 **如是等世界海微塵數衆寶帳雲**이 **悉徧虛空**하야 **而不散滅**이러라 **現是雲已**에 **向佛作禮**하사 **以爲供養**하고 **卽於東南方**에 **各化作寶蓮華藏師子之座**하야 **於其座上**에 **結跏趺坐**하시니라

이 화장세계바다 동남방에 또 하나의 세계바다가 있으니, 그 이름이 금장엄유리광보조(金莊嚴琉璃光普照)요, 그 세계바다 가운데 국토가 있으니, 그 이름이 청정향광명(淸淨香光明)이요, 부처님의 이름은 보희심신왕(普喜深信王)이시다.

저 여래의 대중바다 가운데 보살마하살이 있으니, 그 이름이 혜등보명(慧燈普明)이다. 세계바다 셀 수 없는 무한수의 모든 보살들과 함께 부처님의 처소에 찾아와 각각 열 가지 온갖 여의왕마니로 된 휘장구름을 나타내어, 허공에 두루 가득하여 흩어지지 아니하며,

또 열 가지 제청(帝靑)보배와 온갖 꽃으로 장엄한 휘장구름을 나타내며,

또 열 가지 온갖 향마니인 휘장구름을 나타내며,

또 열 가지 보배불꽃등불인 휘장구름을 나타내며,

또 열 가지 부처님의 신통과 설법을 나타내 보이는 마니왕인 휘장구름을 나타내며,

또 열 가지 온갖 의복 장엄의 색상을 나타내는 마니인 휘장구름을 나타내며,

또 열 가지 온갖 보배꽃무더기의 광명인 휘장구름을 나타내며,

또 열 가지 보배그물풍경소리인 휘장구름을 나타내며,

또 열 가지 마니로 좌대가 되고 연꽃으로 그물이 된 휘장구름을 나타내며,

또 열 가지 온갖 부사의한 장엄거리의 색상을 나타내는 휘장구름을 나타내어,

이와 같은 세계바다 미진수의 온갖 보배로 된 휘장구름이 모두 허공에 두루 하여 흩어지지 않았다.

이러한 구름을 나타내고서 부처님을 향하여 절을 드리고는 공양 올리고, 곧 동남방에다 각각 보배연화장 사자좌를 변화하여 만들어, 그 사자좌 위에 가부좌를 맺고 앉았다.

第七 西南方

제7. 서남방의 일광변조세계

此華藏世界海西南方에 次有世界海하니 名日光徧照요 彼世界種中에 有國土하니 名師子日光明이요 佛號는 普智光明音이시며 於彼如來大衆海中에 有菩薩摩訶薩하니 名普華光焰髻라 與世界海微塵數諸菩薩로 俱하야 來詣佛所하사 各現十種衆妙莊嚴寶蓋雲하야 徧滿虛空하야 而不散滅하며 復現十種光明莊嚴華蓋雲하며 復現十種無邊色眞珠藏蓋雲하며 復現十種出一切菩薩悲愍音摩尼王蓋雲하며 復現十種衆妙寶焰鬘蓋雲하며 復現十種妙寶嚴飾垂網鐸蓋雲하며 復現十種摩尼樹枝莊嚴蓋雲하며 復現十種日光普照摩尼王蓋雲하며 復現十種一切塗香燒香蓋雲하며 復現十種栴檀藏蓋雲하며 復現十種廣大佛境界普光明莊嚴蓋雲하시니 如是等世界海微塵數衆寶蓋雲이 悉徧虛空하야 而不散滅이러라 現是雲已에 向佛作禮하사 以爲供養하고 卽於西南方에 各化作帝靑寶光焰莊嚴藏師子之座하야 於其座上에 結跏趺坐하시니라

이 화장세계바다 서남방에 또 하나의 세계바다가 있으니, 그 이름이 일광변조(日光遍照)요, 그 세계바다 가운데 국토가 있으니, 그 이름이 사자일광명(師子日光明)이요, 부처님의 이름은 보지광명음(普智光明音)이시다.

저 여래의 대중바다 가운데 보살마하살이 있으니, 그 이름이 보화광염계(普華光焰髻)이다. 세계바다 셀 수 없는 무한수의 모든 보

살들과 함께 부처님의 처소에 찾아와 각각 열 가지 온갖 묘하게 장엄한 보배일산구름을 나타내어, 허공에 두루 가득하여 흩어지지 아니하며,

또 열 가지 광명으로 장엄한 꽃일산구름을 나타내며,

또 열 가지 그지없는 빛진주 창고인 일산구름을 나타내며,

또 열 가지 온갖 보살의 불쌍히 여기는 음성을 내는 마니왕인 일산구름을 나타내며,

또 열 가지 온갖 미묘한 보배불꽃화만인 일산구름을 나타내며,

또 열 가지 묘한 보배로 꾸며진 그물방울을 드리운 일산구름을 나타내며,

또 열 가지 마니나뭇가지로 장엄된 일산구름을 나타내며,

또 열 가지 햇빛이 널리 비치는 마니왕인 일산구름을 나타내며,

또 열 가지 온갖 바르는 향과 사르는 향인 일산구름을 나타내며,

또 열 가지 전단 창고인 일산구름을 나타내며,

또 열 가지 넓고 큰 부처님의 경계의 넓은 광명으로 장엄한 일산구름을 나타내어,

이와 같은 세계바다 미진수의 온갖 보배일산구름이 모두 허공에 두루 하여 흩어지지 않았다.

이러한 구름을 나타내고서 부처님을 향하여 절을 드리고는 공양 올리고, 곧 서남방에다 각각 제청보배빛불꽃으로 장엄한 창고인 사자좌를 변화하여 만들어, 그 사자좌 위에 가부좌를 맺고 앉았다.

第八西北方
제8. 서북방의 보광조요세계

> 經

此華藏世界海西北方에 次有世界海하니 名寶光照耀요 彼世界種中에 有國土하니 名衆香莊嚴이요 佛號는 無量功德海光明이시며 於彼如來大衆海中에 有菩薩摩訶薩하니 名無盡光摩尼王이라 與世界海微塵數諸菩薩로 俱하야 來詣佛所하사 各現十種一切寶圓滿光雲하야 徧滿虛空하야 而不散滅하며 復現十種一切寶焰圓滿光雲하며 復現十種一切妙華圓滿光雲하며 復現十種一切化佛圓滿光雲하며 復現十種十方佛土圓滿光雲하며 復現十種佛境界雷聲寶樹圓滿光雲하며 復現十種一切琉璃寶摩尼王圓滿光雲하며 復現十種一念中現無邊衆生相圓滿光雲하며 復現十種演一切如來大願音圓滿光雲하며 復現十種演化一切衆生音摩尼王圓滿光雲하시니 如是等世界海微塵數圓滿光雲이 悉徧虛空하야 而不散滅이러라 現是雲已에 向佛作禮하사 以爲供養하고 卽於西北方에 各化作無盡光明威德藏師子之座하야 於其座上에 結跏趺坐하시니라

이 화장세계바다 서북방에 또 하나의 세계바다가 있으니, 그 이름이 보광조요(寶光照耀)요, 그 세계바다 가운데 국토가 있으니,

그 이름이 중향장엄(衆香莊嚴)이요, 부처님의 이름은 무량공덕해광명(無量功德海光明)이시다.

저 여래의 대중바다 가운데 보살마하살이 있으니, 그 이름이 무진광마니왕(無盡光摩尼王)이다. 세계바다 셀 수 없는 무한수의 모든 보살들과 함께 부처님의 처소에 찾아와 각각 열 가지 온갖 보배가 원만한 광명구름을 나타내어, 허공에 두루 가득하여 흩어지지 아니하며,

또 열 가지 온갖 보배불꽃이 원만한 광명구름을 나타내며,

또 열 가지 온갖 묘한 꽃이 원만한 광명구름을 나타내며,

또 열 가지 온갖 화신 부처님의 원만한 광명구름을 나타내며,

또 열 가지 시방의 부처님 국토가 원만한 광명구름을 나타내며,

또 열 가지 부처님 경계의 우레소리보배나무가 원만한 광명구름을 나타내며,

또 열 가지 온갖 유리보배와 마니왕이 원만한 광명구름을 나타내며,

또 열 가지 한 생각 속에 그지없는 중생들의 모습을 나타냄이 원만한 광명구름을 나타내며,

또 열 가지 일체 여래의 큰 서원의 소리를 냄이 원만한 광명구름을 나타내며,

또 열 가지 모든 중생을 교화하는 소리를 내는 마니왕이 원만한 광명구름을 나타내어,

이와 같은 세계바다 미진수의 원만한 광명구름이 모두 허공에

두루 하여 흩어지지 않았다.

　이러한 구름을 나타내고서 부처님을 향하여 절을 드리고는 공양 올리고, 곧 서북방에다 각각 그지없는 광명과 위덕(威德)의 창고인 사자좌를 변화하여 만들어, 그 사자좌 위에 가부좌를 맺고 앉았다.

第九 下方
제9. 아래의 연화향세계

經

此華藏世界海下方에 次有世界海하니 名蓮華香妙德藏이요 彼世界種中에 有國土하니 名寶師子光明照耀요 佛號는 法界光明이시며 於彼如來大衆海中에 有菩薩摩訶薩하니 名法界光焰慧라 與世界海微塵數諸菩薩로 俱하야 來詣佛所하사 各現十種一切摩尼藏光明雲하야 徧滿虛空하야 而不散滅하며 復現十種一切香光明雲하며 復現十種一切寶焰光明雲하며 復現十種出一切佛說法音光明雲하며 復現十種現一切佛土莊嚴光明雲하며 復現十種一切妙華樓閣光明雲하며 復現十種現一切劫中諸佛敎化衆生事光明雲하며 復現十種一切無盡寶華蘂光明雲하며 復現十種一切莊嚴座光明雲하시니 如是等世界海微塵數光明雲이 悉徧虛空하야 而不散滅이러라 現是雲已에 向佛作禮하사 以爲

供養하고 **卽於下方**에 **各化作寶焰燈蓮華藏師子之座**하야 **於其座上**에 **結跏趺坐**하시니라

이 화장세계바다 하방에 또 하나의 세계바다가 있으니, 그 이름이 연화향묘덕장(蓮華香妙德藏)이요, 그 세계바다 가운데 국토가 있으니, 그 이름이 보사자광명조요(寶師子光明照耀)요, 부처님의 이름은 법계광명(法界光明)이시다.

저 여래의 대중바다 가운데 보살마하살이 있으니, 그 이름이 법계광염혜(法界光焰慧)이다. 세계바다 셀 수 없는 무한수의 모든 보살들과 함께 부처님의 처소에 찾아와 각각 열 가지 온갖 마니창고 광명구름을 나타내어, 허공에 두루 가득하여 흩어지지 아니하며,

또 열 가지 온갖 향광명구름을 나타내며,

또 열 가지 온갖 보배불꽃광명구름을 나타내며,

또 열 가지 모든 부처님의 설법하는 소리를 내는 광명구름을 나타내며,

또 열 가지 모든 부처님 국토의 장엄을 나타내는 광명구름을 나타내며,

또 열 가지 온갖 미묘한 꽃누각광명구름을 나타내며,

또 열 가지 모든 겁 가운데 모든 부처님이 중생을 교화하는 일을 나타내는 광명구름을 나타내며,

또 열 가지 온갖 끝없는 보배꽃술광명구름을 나타내며,

또 열 가지 온갖 것으로 장엄한 자리의 광명구름을 나타내어,

이와 같은 세계바다 미진수 광명구름이 모두 허공에 두루 하여

흩어지지 않았다.

이러한 구름을 나타내고서 부처님을 향하여 절을 드리고는 공양 올리고, 곧 하방에다 각각 보배불꽃등연화장인 사자좌를 변화하여 만들어, 그 사자좌 위에 가부좌를 맺고 앉았다.

第十 上方
제10. 위의 마니보세계

經

此華藏世界海上方에 次有世界海하니 名摩尼寶照耀莊嚴이요 彼世界種中에 有國土하니 名無相妙光明이요 佛號는 無礙功德光明王이시며 於彼如來大衆海中에 有菩薩摩訶薩하니 名無礙力精進慧라 與世界海微塵數諸菩薩로 俱하야 來詣佛所하사 各現十種無邊色相寶光焰雲하야 徧滿虛空하야 而不散滅하며 復現十種摩尼寶網光焰雲하며 復現十種一切廣大佛土莊嚴光焰雲하며 復現十種一切妙香光焰雲하며 復現十種一切莊嚴光焰雲하며 復現十種諸佛變化光焰雲하며 復現十種衆妙樹華光焰雲하며 復現十種一切金剛光焰雲하며 復現十種說無邊菩薩行摩尼光焰雲하며 復現十種一切眞珠燈光焰雲하시니 如是等世界海微塵數光焰雲이 悉徧虛空하야 而不散滅이러라 現是雲已에 向

佛作禮하사 **以爲供養**하고 **卽於上方**에 **各化作演佛音聲光明蓮華藏師子之座**하야 **於其座上**에 **結跏趺坐**하시니라

이 화장세계바다 상방에 또 하나의 세계바다가 있으니, 그 이름이 마니보조요장엄(摩尼寶照耀莊嚴)이요, 그 세계바다 가운데 국토가 있으니, 그 이름이 무상묘광명(無相妙光明)이요, 부처님의 이름은 무애공덕광명왕(無礙功德光明王)이시다.

저 여래의 대중바다 가운데 보살마하살이 있으니, 그 이름이 무애력정진혜(無礙力精進慧)이다. 세계바다 셀 수 없는 무한수의 모든 보살들과 함께 부처님의 처소에 찾아와 각각 열 가지 그지없는 색상의 보배 빛나는 불꽃구름을 나타내어, 허공에 두루 가득하여 흩어지지 아니하며,

또 열 가지 마니보배그물 빛나는 불꽃구름을 나타내며,

또 열 가지 온갖 광대한 부처님의 국토 장엄 빛나는 불꽃구름을 나타내며,

또 열 가지 온갖 묘한 향 빛나는 불꽃구름을 나타내며,

또 열 가지 온갖 장엄 빛나는 불꽃구름을 나타내며,

또 열 가지 모든 부처님의 변화인 빛나는 불꽃구름을 나타내며,

또 열 가지 온갖 묘한 나무와 꽃 빛나는 불꽃 구름을 나타내며,

또 열 가지 모든 금강 빛나는 불꽃구름을 나타내며,

또 열 가지 그지없는 보살행을 연설하는 마니인 빛나는 불꽃구름을 나타내며,

또 열 가지 온갖 진주 등(燈) 빛나는 불꽃구름을 나타내어,

이와 같은 세계바다 미진수 빛나는 불꽃구름이 모두 허공에 두루 하여 흩어지지 않았다.

이러한 구름을 나타내고서 부처님을 향하여 절을 드리고는 공양 올리고, 곧 상방에다 각각 부처님 음성을 내는 광명인 연화장 사자좌를 변화하여 만들어, 그 사자좌 위에 가부좌를 맺고 앉았다.

第三 總結

3) 위의 세계들을 모두 끝맺다

經

如是等十億佛刹微塵數世界海中에 有十億佛刹微塵數菩薩摩訶薩이 一一各有世界海微塵數諸菩薩衆의 前後圍繞하야 以來集會하사 是諸菩薩이 一一各現世界海微塵數種種莊嚴諸供養雲하야 悉徧虛空하야 而不散滅이러라 現是雲已에 向佛作禮하사 以爲供養하고 隨所來方하야 各化作種種寶莊嚴師子之座하야 於其座上에 結跏趺坐하시니라

이와 같이 십억 부처님 세계의 셀 수 없는 무한수와 같은 세계바다 가운데, 십억 부처님 세계의 셀 수 없는 무한수의 보살마하살이 있는데 낱낱이 각각 세계바다 셀 수 없는 무한수의 모든 보살대중이 있어서 앞뒤에 둘러싸고 와서 모였으며, 이러한 모든 보살들

이 낱낱이 각각 세계바다 셀 수 없는 무한수의 갖가지 장엄과 여러 공양구름을 나타내어, 모두 허공에 두루 하여 흩어지지 않았다.

　이러한 구름을 나타내고서 부처님을 향하여 절을 드리고는 공양 올리고, 왔던 곳의 방위에 따라서 각각 갖가지 보배로 장엄한 사자좌를 변화하여 만들어, 그 사자좌 위에 가부좌를 맺고 앉았다.

◉ 疏 ◉

文有其八하니 一畧示니 前文에 云如是等이오 二總明海數니 謂十億刹塵이니 以上來所列는 是華藏鱗次之海니 口光이 各照一億十方故로 有十也라 上二段은 前別中所無니라 三結主오 四結伴이오 五結來至오 六結興供이오 七結禮獻이오 八結安坐니 旣爲總結일세 故缺定方이오 已至會中일세 故關初海等三事니라【 鈔_ '已至會中'者는 一土海·二世界海·三佛名은 非別從彼來일세 故此不說이니라 】

　이의 경문은 8단락이다.

　⑴ 간단하게 보여줌이니, 앞부분의 경문에서 '이와 같이[如是等]'를 말한다.

　⑵ 바다의 수효를 총괄하여 밝힘이니, '십억 세계의 셀 수 없는 무한수[十億刹塵]'를 말한다. 위에서 열거한 바는 '화장세계'를 시방의 차례로 말한 바다이다. 입에서 나온 광명이 각각 1억 시방세계를 비춘 까닭에 십억이 된다.

　위의 2단락은 앞의 별개로 말한 十海 가운데는 없는 부분이다.

　⑶ 主菩薩을 끝맺음이다.

(4) 伴屬을 끝맺음이다.

(5) 도량에 이르러 옴을 끝맺음이다.

(6) 공양 올림을 끝맺음이다.

(7) 절 올림을 끝맺음이다.

(8) 가부좌를 끝맺음이다.

위와 같이 모두 끝맺었기에 일정한 방위를 말하지 않았고, 이미 법회도량에 이르렀기에 처음 어느 방위의 바다 등 3가지의 일을 말하지 않았다. 【초_ "이미 법회도량에 이르렀다." 이하는 ① 어느 방위의 바다, ② 어느 세계의 바다, ③ 부처님의 이름 등 3가지가 별도의 다른 곳에서 오지 않았기에 여기에서는 말하지 않은 것이다.】

大科第二 現自在用

2. 자재 묘용을 나타내다

經

如是坐已에 其諸菩薩身毛孔中에 一一各現十世界海微塵數一切寶種種色光明하고 一一光中에 悉現十世界海微塵數諸菩薩이 皆坐蓮華藏師子之座하시니라

이와 같이 앉은 후에 그 모든 보살의 몸에 있는 모공 속에서 낱낱이 각각 열 세계바다 셀 수 없는 무한수와 같은 온갖 보배 갖가

지 색깔의 광명을 나타내고, 낱낱 광명 속에서 모두 열 세계바다 셀 수 없는 무한수의 모든 보살들이 다 연화장 사자좌에 앉아 있는 모습을 나타냈다.

◉ 疏 ◉

現自在用이니 卽爲歎德이니 謂塵塵近佛하고 念念益生이니라 文有其八하니 一明諸菩薩毛孔現光이오 二光現菩薩이오 三菩薩入塵이오 四塵含廣刹이오 五刹有如來오 六菩薩往供이오 七助佛揚化오 八所化成益이니라 初二는 可知라

自在 妙用을 나타냄이다. 곧 부처님의 덕을 찬탄함이니, 셀 수 없는 무한수의 세계에서 부처님을 가까이하고 모든 생각마다 중생에게 도움이 되고자 함을 말한다.

이의 경문은 8단락이다.

1. 모든 보살의 모공에서 광명이 나타남을 밝히다.

2. 광명 속에서 보살이 나타나다.

3. 보살이 작은 세계로 들어가다.

4. 작은 세계가 광대한 세계를 감싸다.

5. 세계마다 여래가 계시다.

6. 보살이 부처님에게 공양 올리다.

7. 부처님을 도와 교화를 펼치다.

8. 교화 받은 중생이 이익을 성취하다.

제1, 2단락(**毛孔現光**·**光現菩薩**)은 말하지 않아도 알 수 있다.

> **經**
>
> **此諸菩薩**이 **悉能徧入一切法界諸安立海**의 **所有微塵**하시니
>
> 이 모든 보살이 모두 일체 법계가 세워진 바다의 작은 티끌 속으로 두루 들어가시니

● 疏 ●

三中言安立海所有微塵者는 署有二義니 一은 一切施設依正等塵이 一一稱眞故오 二는 約觀心인댄 衆生意識所緣이 卽是法界오 例依名相分別而轉이 是謂安立이오 妄故爲塵이라하고 體皆可依일세 是名大刹이오 皆有覺性일세 是曰如來니 此明菩薩證入衆生性海니라

제3단락의 경문 가운데 "법계가 세워진 바다의 작은 티끌"이란 2가지의 뜻이 있다.

(1) 온갖 마련된 依報·正報 따위의 세계가 낱낱이 眞諦에 부합하기 때문이다.

(2) 마음을 觀하는 것으로 말하면 중생의 의식이 반연한 대상이 곧 법계이고, 名相分別에 의해 전변하는 것이 安立이다. 거짓[妄]이기에 塵이라 하고, 몸이 모두 의지할 곳이기에 그 이름을 광대한 세계[大刹]라 하고, 모두가 覺性이 있기에 이를 여래라 말한다. 이는 보살이 중생의 성품바다[性海]에 대해 증득함을 밝힌 것이다.

> **經**
>
> **彼一一塵中**에 **皆有十佛世界微塵數諸廣大刹**하고

그 낱낱 작은 세계 속에 모두 열 부처님 세계의 셀 수 없는 무한수의 모든 광대한 세계가 있고,

◉ 疏 ◉

四中은 可知라

제4단락의 경문은 말하지 않아도 알 수 있다.

經

一一刹中에 皆有三世諸佛世尊이어든

하나하나 세계 속에 모두 삼세의 모든 부처님 계시는데,

◉ 疏 ◉

五는 隨世俗故로 說有三世오 全稱性故로 竝在塵中이니라

제5단락은 세속을 따라 말한 까닭에 '삼세'가 있다 말하였고, 온전히 성품에 맞추어 말한 까닭에 모두 '세계 속에 있다'고 말한 것이다.

經

此諸菩薩이 悉能徧往하야 親近供養하시니라

이 모든 보살이 모두 다 제불세존에게 나아가 가까이하고 공양을 올렸다.

● 疏 ●

六中供養者는 通財及法이니라

　제6단락 가운데에서 말한 공양이란 재물보시 및 법보시를 통틀어 말한다.

經

於念念中에 以夢自在示現法門으로 開悟世界海微塵數衆生하며

念念中에 以示現一切諸天歿生法門으로 開悟世界海微塵數衆生하며

念念中에 以說一切菩薩行法門으로 開悟世界海微塵數衆生하며

念念中에 以普震動一切刹하야 歎佛功德神變法門으로 開悟世界海微塵數衆生하며

念念中에 以嚴淨一切佛國土하야 顯示一切大願海法門으로 開悟世界海微塵數衆生하며

念念中에 以普攝一切衆生言詞佛音聲法門으로 開悟世界海微塵數衆生하며

念念中에 以能雨一切佛法雲法門으로 開悟世界海微塵數衆生하며

念念中에 以光明普照十方國土하야 周徧法界에 示現神變法門으로 開悟世界海微塵數衆生하며

念念中에 以普現佛身充徧法界하는 一切如來解脫力法門으로 開悟世界海微塵數衆生하며
念念中에 以普賢菩薩의 建立一切衆會道場海法門으로 開悟世界海微塵數衆生하야 如是普徧一切法界하사 隨衆生心하야 悉令開悟케하시니라

　　모든 생각 속에서 꿈에 자유자재로 나타내 보이는 법문으로 세계바다 셀 수 없는 무한수의 중생을 깨우치며,

　　모든 생각 속에서 온갖 모든 천인(天人)들이 죽고 태어나는 것을 나타내 보이는 법문으로 세계바다 셀 수 없는 무한수의 중생을 깨우치며,

　　모든 생각 속에서 온갖 보살행을 설하는 법문(法門)으로 세계바다 셀 수 없는 무한수의 중생을 깨우치며,

　　모든 생각 속에서 온 세계를 널리 진동하여 부처님의 공덕과 신통을 찬탄하는 법문으로 세계바다 셀 수 없는 무한수의 중생을 깨우치며,

　　모든 생각 속에서 모든 부처님의 국토를 장엄, 청정케 하여 온갖 큰 서원(誓願)의 바다를 나타내 보이는 법문으로 세계바다 셀 수 없는 무한수의 중생을 깨우치며,

　　모든 생각 속에서 온갖 중생들의 말과 부처님의 음성을 널리 지닌 법문으로 세계바다 셀 수 없는 무한수의 중생을 깨우치며,

　　모든 생각 속에서 모든 부처님의 법구름을 내리는 법문으로 세계바다 셀 수 없는 무한수의 중생을 깨우치며,

모든 생각 속에서 광명으로 시방국토를 널리 비추어 법계에 두루 신통변화를 나타내 보이는 법문으로 세계바다 셀 수 없는 무한수의 중생을 깨우치며,

모든 생각 속에서 부처님의 몸이 법계에 충만하여 널리 나타내는 모든 여래의 해탈력(解脫力) 법문으로 세계바다 셀 수 없는 무한수의 중생을 깨우치며,

모든 생각 속에서 보현보살의 온갖 대중이 모인 도량을 건립하는 법문으로 세계바다 셀 수 없는 무한수의 중생을 깨우쳐주어, 이와 같이 모든 법계에 널리 두루두루 중생의 마음을 따라서 모두 깨닫게 하였다.

◉ 疏 ◉

七於念念下는 助佛揚化니라

제7단락의 '모든 생각' 이하는 부처님을 도와 교화를 펼침이다.

經

念念中에 一一國土에 各令如須彌山微塵數眾生의 墮惡道者로 永離其苦하며
各令如須彌山微塵數眾生의 住邪定者로 入正定聚하며
各令如須彌山微塵數眾生으로 隨其所樂하야 生於天上하며
各令如須彌山微塵數眾生으로 安住聲聞辟支佛地하며
各令如須彌山微塵數眾生으로 事善知識하야 具眾福行하며

各令如須彌山微塵數衆生으로 發於無上菩提之心하며
各令如須彌山微塵數衆生으로 趣於菩薩不退轉地하며
各令如須彌山微塵數衆生으로 得淨智眼하야 見於如來所見一切諸平等法하며
各令如須彌山微塵數衆生으로 安住諸力諸願海中하야 以無盡智로 而爲方便하야 淨諸佛國하며
各令如須彌山微塵數衆生으로 皆得安住毘盧遮那廣大願海하야 生如來家케하시니라

모든 생각 속에서 하나하나 국토의 각각 수미산 셀 수 없는 무한수와 같은 중생의 가운데 삼악도에 떨어진 이가 있다면 그로 하여금 그 고통에서 영원히 떠나게 하며,

각각 수미산 셀 수 없는 무한수와 같은 중생의 가운데 삿된 정(定)에 머문 이가 있다면 그로 하여금 바른 정에 들어가게 하며,

각각 수미산 셀 수 없는 무한수와 같은 중생의 그 좋아하는 바를 따라서 천상에 나게 하며,

각각 수미산 셀 수 없는 무한수와 같은 중생으로 하여금 성문·벽지불의 지위에 안주하게 하며,

각각 수미산 셀 수 없는 무한수와 같은 중생으로 하여금 선지식을 섬겨 많은 복행(福行)을 구족하게 하며,

각각 수미산 셀 수 없는 무한수와 같은 중생으로 하여금 위없는 보리심을 내게 하며,

각각 수미산 셀 수 없는 무한수와 같은 중생으로 하여금 보살

의 물러서지 않는 지위에 나아가게 하며,

　각각 수미산 셀 수 없는 무한수와 같은 중생으로 하여금 청정한 지혜의 눈을 얻어서 여래가 보았던 일체 모든 평등한 법을 보게 하며,

　각각 수미산 셀 수 없는 무한수와 같은 중생으로 하여금 모든 힘과 모든 서원의 바다에 안주하여 끝없는 지혜로써 방편을 삼아 모든 불국토를 청정하게 하며,

　각각 수미산 셀 수 없는 무한수와 같은 중생으로 하여금 모두 비로자나 부처님의 광대한 서원의 바다에 안주하여 여래의 집에 태어나게 하였다.

● 疏 ●

八念念中下는 所化成益이라 於中에 賢首 對前開悟하야 以三義釋之하나니 一別配釋이오 二圓通釋이오 三各別釋이라

初者는 謂以前十法門으로 對後所成十益인댄 一門이 得其一益이오 二三은 前卻이오 餘竝如次니라

一以夢自在門으로 夢中警覺造惡衆生하야 令得斷惡免苦益故오

二는 以菩薩行門으로 令入正定이오

三은 以現諸天歿生門으로 令生天受樂이니 以放逸則歿하고 剋念便生故니 上三은 人天乘이라

四는 以動刹現無常으로 令厭하고 以歎佛神變으로 令忻하야 成二乘益이라 下는 皆大乘이라

五는 以嚴刹大願으로 令修福求向이요

六는 以攝生言詞로 令發大心이니 以佛音聲이 卽同體大悲故요

七은 以佛雲雨法으로 令入菩薩不退之位니 已上三位는 在地前三賢이라

八은 以照徧滿法界土及神變으로 令得初地已上智眼하야 見平等法이요

九는 以佛普現徧法界解脫力으로 令得八地已上의 大力大願無盡智로 淨國土益이요

十은 以普賢建道場으로 令住佛果大願海니라 言'生如來家'者는 入佛果位故生이요 非是初地以上生佛家也니라

제8단락의 '모든 생각' 이하는 교화 받은 중생이 이익을 성취함이다. 그중에 賢首 스님은 앞의 깨달음에 대하여 3가지의 의의로 이를 해석하였다.

(1) 개별의 상대로 해석함이며,

(2) 두루 통하여 해석함이며,

(3) 각기 별도로 해석함이다.

'(1) 개별의 상대로 해석함'이란, 앞의 '10가지 법문'으로 뒤의 '10가지 이익 성취'를 상대로 말하면 하나의 법문에 하나의 이익이 성취됨을 말한다. 제7단락의 2(隨其所樂生於天上)와 3(住邪定者入正定)은 앞의 10법문과 짝하여 보면 전후의 순서가 바뀌었고, 나머지는 모두 차례와 같다.

① 꿈속에 자재한 법문으로써 꿈속에서 악을 지은 중생을 경각시켜 그들로 하여금 악을 버리고 괴로움에서 벗어나게 하는 이익을 얻도록 함이기 때문이다.

② 보살행의 법문으로써 중생으로 하여금 바른 定에 들어가게 함이다.

③ 諸天의 나고 죽는 것을 보여주는 법문으로써 중생으로 하여금 하늘에 태어나 즐거움을 받도록 함이다. 방일하면 죽고 생각하면 생을 받을 수 있기 때문이다.

위의 3가지 지위는 人天乘이다.

④ 세계를 진동함으로써 無常을 나타내어 중생으로 하여금 속세가 싫어서 떠나게 하며, 부처님의 신통변화를 찬탄하여 중생으로 하여금 法樂을 기뻐하도록 하여 二乘의 이익을 성취함이다.

아래는 모두 大乘이다.

⑤ 불국토를 장엄, 청정케 하고 하나의 큰 誓願을 세워 중생으로 하여금 복을 닦아 向上을 추구하도록 함이다.

⑥ 중생과 부처님의 음성을 가지고서 큰마음을 일으키도록 함이다. 부처님의 음성이 곧 한 몸처럼 생각하는 대자비이기 때문이다.

⑦ 부처님 법구름으로 비를 내려 중생으로 하여금 보살의 물러나지 않는 지위에 들어가도록 함이다.

위의 3가지 지위는 十地 이전의 10회향·10행·10주의 三賢位에 있다.

⑧ 광명이 법계 국토를 비춤과 신통변화로써 중생으로 하여금 初地 이상의 지혜의 눈을 얻어서 평등법을 보도록 함이다.

⑨ 부처님의 법계에 두루 나타난 해탈의 힘으로써 중생으로 하여금 八地 이상의 大力 大願인 그지없는 지혜로 국토를 청정하게

하는 이익을 얻도록 함이다.

⑩ 보현이 세운 도량으로써 중생으로 하여금 佛果의 大願바다에 머물게 함이다. '여래의 집안에 태어난다.'는 것은 佛果의 지위에 들어간 까닭에 여래의 집안에 태어난 것이며, 이는 初地 이상이 여래의 집안에 태어난 것이 아니다.

二圓通者는 此上十法이 於此十益에 一一徧通이니 謂或一法成十益하고 或十法成一益하야 如是互徧하야 無所障礙니라

'(2) 두루 통하여 해석함'이란, 위에서 말한 10가지의 법문이 여기에서 말한 10가지의 이익에 낱낱이 두루 통하고 있음을 말한다. 혹은 하나의 법문으로 10가지의 이익을 성취하거나, 혹은 10가지의 법문으로 하나의 이익을 성취하여, 이와 같이 두루 통하여 장애되는 바가 없다.

三各別者는 謂前十法門은 各自開悟世界海微塵數衆生이니 此以法爲益이오 後十益은 但言須彌塵數오 不言刹塵之國이니 則是己身以人爲益이니라 既各別釋인댄 則夢自在門은 亦顯一切皆如夢故로 延促等無礙일새 故云自在라하고 餘竝可知니라【鈔_ '三各別者는 前之二釋이 一則一一別對오 二則互相總對로되 今不對前이니 則七八兩段은 義不相關이라 七은 約法開悟오 八은 約身成益이니 身法不同일새 故不相對니라 上言對前爲三者는 前二는 相由일새 故名爲對어니와 今與前別도 亦是對前이니라】

'(3) 각기 별도로 해석함'이란, 위에서 말한 10가지의 법문이 각각 스스로 세계바다 셀 수 없는 무한수의 중생을 깨우쳐주었음을

말한다. 이는 법문으로써 이익을 삼은 것이다. 여기에서 말한 10가지의 이익은 다만 수미산 셀 수 없는 무한수를 말했을 뿐, 세계바다 셀 수 없는 무한수의 국토를 말하지 않았다. 이는 자기의 몸이 남들에게 이익이 되는 것이다.

이처럼 각기 별도로 해석하면 '① 夢自在法門'은 또한 모든 것이 다 꿈과 같은 까닭에 장수와 요절 등에 걸림이 없음을 밝힌 것이다. 이 때문에 '自在'라고 말한다. 나머지는 모두 말하지 않아도 알 수 있다. 【초_ '(3) 각기 별도로 해석함'이란, 앞의 2가지 해석 가운데 첫째는 낱낱이 개별로 상대하였고, 둘째는 상호 전체로 상대하였지만 여기에서는 앞에서 말한 것과 상대되지 않는다. 이는 ⑦, ⑧ 두 단락의 뜻이 서로 관련이 없기 때문이다. ⑦은 법문으로 깨우침이며, ⑧은 몸으로 이익을 성취시킨 까닭에 몸과 법문은 똑같지 않다. 이런 이유로 상대되지 않는다고 말한 것이다. 위에서 말한 "앞의 깨달음에 대하여 3가지의 의의로 이를 해석하였다."는 것은, 앞의 2가지는 서로 연유한 까닭에 '對(대칭 또는 상대)'라고 말하였지만 이는 앞의 2가지와 별개라는 것 또한 앞의 2가지와 상대가 되는 것이다.】

此上 菩薩法化 始從放光으로 終於得益히 順數댄 八段이어니와 逆推댄 十二라 重疊無盡하니라
一 其十須彌塵數衆生得益은 方在一國이니 餘一切土도 皆爾니라 故云 '一一國各令'等也니라
二 此一切土益은 在一念時中이니 餘一切念時도 皆爾니라 故云 念念

中也니라

三 如是念念之益은 方一法門所開悟니 一一法門도 皆爾니라

四 彼多法門은 方是一念所用이니 餘念念所用法門도 亦爾니라

五 彼多念法門은 方論一廣刹이니 如一廣刹如是이라 十刹塵數廣刹도 皆爾니라

六 彼多廣刹은 方論一塵內니 如一塵이라 一切安立中諸塵도 亦然이니라

七 如上諸塵은 方是一安立海니 如一安立海라 徧法界諸安立海도 亦然이니라

八 徧法界安立海中業用은 方是一化菩薩所化니 如一化菩薩라 十世界海化菩薩도 一一皆然이니라

九 諸化菩薩은 方是一光所現이니 如一光이라 一一光도 亦然이니라

十 彼十刹塵數光明은 方是一毛孔現이니 如一毛孔現이라 徧身一一毛孔皆然이니라

十一 彼徧身毛孔은 方是一菩薩이니 如一菩薩이라 有如是十億佛刹微塵數箇世界海에 微塵數菩薩의 徧身毛孔도 皆爾니라

十二 上來所明十一重作用은 方論來此一會니 如此一會라 於餘佛會도 亦復如是니라

此後一段은 偈文具之니라【鈔 此上菩薩下는 上約順釋일세 今乃逆收하야 以彰深妙耳니라】

이 위의 보살의 法化가 처음 방광으로부터 이익 성취의 끝까지 차례대로 세어 가면[順數] 8단락이지만 逆으로 미뤄 가면 12단락이

다. 이처럼 그지없이 거듭되어 있다.

⑴ 그 열 수미산 셀 수 없는 무한수의 중생이 이익을 얻음은 바야흐로 하나의 나라에 있다. 나머지 모든 국토[一切土] 또한 모두 그러하다. 이 때문에 "하나하나 국토의 … 중생으로 하여금…" 등이라고 말한 것이다.

⑵ 일체 국토의 이익은 한 생각의 사이[一念時]에 있다. 나머지 모든 생각의 사이[一切念]에도 모두 그러하다. 이 때문에 '모든 생각 가운데[念念中]'라고 말한 것이다.

⑶ 이와 같이 '모든 생각 가운데' 얻은 이익은 바야흐로 하나의 법문에 의해 깨달음이니 하나하나 법문도 모두 그러하다.

⑷ 저 수많은 법문은 바야흐로 한 생각에 의해 쓰인 것이다. 나머지 모든 생각에서 쓰이는 법문 또한 그러하다.

⑸ 수많은 생각의 법문은 바야흐로 하나의 드넓은 세계를 논한 것이다. 하나의 드넓은 세계처럼 열 세계의 셀 수 없는 무한수의 드넓은 세계도 모두 그러하다.

⑹ 저 수많은 드넓은 세계는 바야흐로 하나의 세계 속에서 논한 것이다. 하나의 세계[一塵]처럼 일체 안립한 가운데 모든 세계[諸塵] 또한 그러하다.

⑺ 위에서 말한 모든 세계는 바야흐로 하나의 안립바다[一安立海]이다. 하나의 안립바다처럼 법계에 두루 한 모든 안립바다 또한 그러하다.

⑻ 법계에 두루 한 안립바다 가운데 업의 묘용은 바야흐로 하

나의 중생을 제도하기 위해 모습을 바꾸어 나타나는 보살[化菩薩]이 교화한 바이다. 하나의 化菩薩처럼 열 세계바다 화보살도 하나하나가 모두 그러하다.

(9) 모든 화보살은 바야흐로 하나의 광명에서 나타난 바이다. 하나의 광명처럼 하나하나의 광명 또한 그러하다.

(10) 저 열 세계의 셀 수 없는 무한수의 광명은 바야흐로 하나의 모공에서 나타난 것이다. 하나의 모공에서 나타난 것처럼 온몸에 가득한 하나하나의 모공도 모두 그러하다.

(11) 저 온몸에 가득한 하나하나의 모공은 바야흐로 하나의 보살이다. 하나의 보살처럼 십억 불국토의 셀 수 없는 무한수의 세계바다에 셀 수 없는 무한수의 보살들의 온몸에 가득한 하나하나의 모공도 모두 그러하다.

(12) 위에서 밝힌 11겹의 묘용은 바야흐로 이 하나의 법회에서 논하고 있다. 이 하나의 법회처럼 나머지 부처님의 법회 또한 이와 같다.

이 뒤 1단락은 게송을 갖추고 있다.【초_ 이 위에서 말한 '보살' 이하는, 위에서는 차례에 따라 해석한 까닭에 여기에서는 거꾸로 끝맺으면서 심오한 미묘함을 나타낸 것이다.】

又上十二重을 一一開之爲二면 便成二十四重이오 且如一念望一切念이면 卽是二義로되 類例相似일세 合之爲一이니 餘十一重은 準此思之하라 如是重疊無盡하야 各周法界이니 唯智頓觀이오 非心識境이니 華嚴海會 大用이 皆然이니라

또 위의 12겁을 낱낱이 2로 나누면 곧 24겁이 이뤄진다. 또 저 一念을 一切念에 견줘보면 이는 2가지의 뜻이지만, 유례가 서로 비슷한 까닭에 이를 합하여 하나로 삼은 것이다. 나머지 11겁은 이에 준해 생각하면 알 수 있다. 이처럼 끝없이 거듭하여 각각 법계에 두루 하고 있다. 이는 오직 지혜로만 볼 수 있는 것이지, 心識의 경계가 아니다. 화엄바다 법회의 큰 묘용이 모두 이와 같다.

第三 聲光自述
3. 광명의 음성이 스스로 말하다

經

爾時에 諸菩薩光明中에 同時發聲하야 說此頌言하사대

그때 모든 보살의 광명 속에서 동시에 소리 울려 나와 이러한 게송을 설하였다.

諸光明中出妙音하야　　普徧十方一切國하사
演說佛子諸功德으로　　能入菩提之妙道로다

　모든 광명 속에서 미묘한 음성 울려 나와
　시방의 모든 국토에 널리 두루 하여
　불자의 모든 공덕 연설함으로
　보리의 미묘한 도를 깨닫게 하였네

● 疏 ●

前旣光聲召命이오 今亦光聲自述이라 菩薩位極에 用窮深廣이라 若非自述이면 時衆難知니라 十頌分二니 初一은 總明이오 兼陳說處니라

앞에서 이미 광명의 음성이 중생을 불러 명하였고, 여기에서도 또한 광명의 음성이 스스로 말하고 있다. 보살의 지위가 극에 이르러 묘용이 깊고도 드넓다. 만일 광명의 음성이 스스로 말하지 않는다면 당시의 대중들이 이를 알기 어려울 것이다.

10게송은 2단락으로 나뉜다. 첫 단락은 총체로 밝힘이며, 겸하여 설법한 장소를 말하고 있다.

經

劫海修行無厭倦하사　　令苦衆生得解脫하사대
心無下劣及勞疲하시니　佛子善入斯方便이로다

　　무량겁 게으름 없는 수행으로
　　고통받는 중생 해탈하여주되
　　마음에 못남이나 피로하단 생각 없으시니
　　불자들이 이런 방편문에 잘도 들어갔네

盡諸劫海修方便을　　　無量無邊無有餘하사
一切法門無不入하사대　而恒說彼性寂滅이로다

　　무량겁 다하도록 닦은 방편이
　　한량없고 끝도 없고 남음도 없이

8만 4천 온갖 법문 들어가되
그 성품 적멸이라 항상 설하네

三世諸佛所有願을　　　一切修治悉令盡하고
卽以利益諸衆生하사　　而爲自行淸淨業일세

삼세제불 세우신 서원
모두 닦아 다 원만하고
모든 중생 이익 주어
자신 위한 청정 선업 행하셨네

● 疏 ●

後九는 別顯德用殊勝이라 文分爲三이니 初三은 通顯體用自在니 初偈는 悲智相導할세 度衆生而不疲오【鈔_ 悲智相導者는 悲無大智면 卽成愛見이오 愛見悲者는 則於生死에 有疲厭心이어늘 今劫海修行而不疲厭은 明有智導니라 智若無悲면 則多趣寂일세 名爲下劣이어늘 今脫衆苦하야 心無下劣이니 卽有悲導矣니라 悲故能度오 智故無疲니라】次偈는 空有雙觀이니 入法門而常寂이오【鈔_ 次偈空有雙觀者는 空有雙觀은 卽是前半이니 空無分量이오 有無邊際니라 入法門而常寂은 卽是後半이니 由前觀有하야 入一切法門이오 由前觀空하야 而常寂滅이니라】後偈는 物我無滯일세 故化他而自淸이니라【鈔_ 後偈는 三世二利를 是願皆修니 斯則亦爲物我無滯일세 便成後半의 化他自淨이니라】

뒤의 9게송(제2~10)은 개별로 부처님 덕의 묘용이 훌륭함을 밝힌 것이다. 게송은 3부분으로 나뉜다. 첫 부분의 3게송은 본체와 묘용의 자재함을 통틀어 밝힌 것이다.

처음 제2게송은 大悲와 大智가 서로 이끌기에 중생을 제도하면서도 피로함이 없다.【초_ "大悲와 大智가 서로 이끈다."는 것은 大悲에 大智가 없으면 愛見을 이루게 됨을 말한다. 애견의 大悲는 곧 생사에 대한 피로함과 싫어하는 마음이 있기 마련이다. 그러나 제2게송에서 한량없는 겁해에 피곤하거나 싫어하지 않고서 수행한 것은 大智의 인도가 있음을 밝힌 것이다. 大智에 만일 大悲가 없으면 空寂만으로 추구함이 많기에 이를 용렬함이라고 말하는데, 여기에서 수많은 고통을 벗어나게 하여 마음에 용렬함이 없다. 이는 곧 大悲의 인도가 있음을 말한다. 大悲가 있는 까닭에 중생을 제도하고, 大智가 있는 까닭에 피로가 없다.】

다음 제3게송은 空과 有를 모두 보았기 때문에 법문에 들어가서도 항상 고요하다.【초_ "다음 제3게송은 空과 有를 모두 보았기…"에서, "공과 유를 모두 보았다."는 부분은 곧 앞의 제1, 2구이니 空도 한량이 없고 有도 끝이 없으며, "법문에 들어가서도 항상 고요하다."는 부분은 곧 뒤의 제3, 4구이니 앞에서 '유를 보았음'으로 이에 의해 모든 법문에 들어갈 수 있고, 앞에서 '공을 보았음'으로 이에 의해 항상 고요할 수 있다.】

뒤의 제4게송은 物我(彼我)가 막힘이 없기에 중생을 교화하면서도 스스로 청정하다.【초_ 뒤의 제4게송은 삼세의 자리이타를 이러한 誓願으로 모두 닦은 것이다. 이것이 곧 또한 물아가 막힘이 없기에 뒤의 제3, 4구에서 중생을 교화함과 스스로의 청정을 성취한 것이다.】

經

一切諸佛衆會中에　　　普徧十方無不往하사대
皆以甚深智慧海로　　　入彼如來寂滅法이로다

    일체 모든 부처님 대중 회상에
    시방에 두루두루 가시지 않은 곳 없으련만
    모두 매우 깊은 지혜의 바다로서
    여래의 적멸법에 들어가셨네

一一光明無有邊하야　　悉入難思諸國土하며
淸淨智眼普能見하시니　是諸菩薩所行境이로다

    하나하나 그지없는 광명
    생각하기 어려운 모든 국토 모두 들어가며
    청정한 지혜의 눈 널리 보시니
    이것이 모든 보살이 행한 경계이네

菩薩能住一毛端하야　　徧動十方諸國土하사대
不令衆生有怖想케하시니　是其淸淨方便地로다

    보살이 한 터럭 끝에 머물러

시방 모든 국토를 두루 진동하시되

중생에게 두려운 생각 없게 하시니

이것이 그 청정한 방편의 경지이네

一一塵中無量身이여　　復現種種莊嚴刹하사

一念沒生普令見케하시니　獲無礙慧莊嚴者로다

하나하나 티끌 속에 한량없는 몸이여

갖가지 장엄한 세계 또 나타내어

한 생각에 나고 죽음 널리 보여주시니

걸림 없는 지혜장엄 얻으신 분이네

三世所有一切劫을　　一刹那中悉能現하사

知身如幻無體相하시니　證明法性無礙者로다

삼세의 일체 겁을

한 찰나에 모두 나타내어

몸이 허깨비 같아 형상이 없는 줄 아시니

걸림 없는 법성을 증명하신 분이네

◉ 疏 ◉

次五頌은 別敍前現自在니 與前影畧이라【鈔_ '與前影畧'者는 前有 入塵이어늘 此中卽無오 此有住一毛端 徧動諸刹과 '塵塵多身 刹那 頓現'等이어늘 彼皆畧無니라】

다음 5게송(제5~9)은 앞에서 밝힌 자재함을 개별로 서술한 것이다. 앞의 부분과 더불어 한 부분을 생략하였다. 【초_ "앞의 부분과 더불어 한 부분을 생략하였다."는 것은, 앞의 경문에서는 微塵數를 말했는데 여기 게송에서는 없고, 게송에서는 "하나의 털끝에 머물면서 모든 세계를 진동하였다.", "셀 수 없는 무한수의 많은 몸을 찰나에 한꺼번에 나타냈다." 등이 있는데 앞의 경문에서는 모두 생략하였음을 말한다.】

一은 身徧十方호되 智觀寂滅은 即顯不唯來此會也오

二는 身光普入과 智眼徧觀이오

三은 住一毛端하야 徧動諸刹이온 況乎於上에 處寶蓮華아

四는 塵塵多身이 門門化異니 擧一殀生門하야 可以例諸오

五는 念劫無礙는 結由證深이니 念劫旣融일세 故於念念能作이니라 法性無礙者는 分與無分에 皆無礙故일세니라 謂證理는 不唯無分故니 在一切處而全在一法이오 一切法도 亦然이라 各有四句는 身等不唯分故오 常在此而無在니 思之어다 【鈔_ '分與無分'者는 總相而言이니 分은 即是事오 無分은 是理니 理事旣融일세 故無障礙니라 '各有四句'者는 事理皆四故니 理四句者는 一 無分限이니 以徧一切故오 二 非無分이니 以一法中 無不具故오 三 具分無分이니 謂分無分一味니 以全體在一法而一切處恆滿故라 如觀一塵中에 見一切處法界오 四 俱非分無分이니 以自體絶待故며 圓融故오 二義一相일세 非二門故니라 事四句者는 一 有分이니 以隨自事하야 相有分齊故오 二 無分이니 以全體即理故니 大品云 '色은 前際不可得이오 後際不可得이라'하

니 此卽無分也오 三俱니 以前二義無礙일세 是故로 具此二義라야 方是事故오 四俱非니 以二義融故며 平等故오 二相絕故니라 '身等不唯分故者는 謂由上諸義하야 理性 不唯無分故일세 在一切處나 而全體는 在於一內오 不唯分故일세 常在一中이나 而全在一切處오 事法 不唯分故일세 常在此處나 恆在他方이오 不唯無分故일세 偏一切處나 而不移本位오 又由理性 不唯無分故일세 不在一事外오 不唯分故일세 不在一事內오 事法不唯分故일세 常在此處而無在오 不唯無分故일세 常在他處나 而無不在니라 是故로 無在無不在로되 而在此在彼에 無有障礙也니라 然此中에 有兩對事理하야 各有二四句하야 乃成八句니라 疏中에 但出二句하야 謂上云證理不唯無分故는 卽初對約理一句오 其一切法皆爾者는 擧例耳어늘 今云 身等不唯分者는 卽是後對中 約事一句하야 以身等卽事也오 餘之六句는 畧而不出이라 故上總言이니 各二四句는 意中含取니라】

　첫째, 제5게송은 몸이 시방세계에 두루 하면서도 그 지혜가 적멸을 본 것은 곧 오직 이 법회에만 온 것이 아님을 밝힘이다.

　둘째, 제6게송은 몸의 광명이 두루 모든 국토에 들어감과 지혜의 눈으로 두루 봄이다.

　셋째, 제7게송은 하나의 털끝에 머물면서도 모든 세계를 두루 진동하였는데, 하물며 위에서 보배연꽃에 계실 적이야 오죽하겠는가.

　넷째, 제8게송은 하나하나 티끌 속에 수많은 몸으로 모든 법문에 변화하여 나타난 모습이 각기 다름을 말한다. 하나의 살고 죽는 법문을 들어, 이로써 모든 나머지를 예로 보여주었다.

다섯째, 제9게송은 생각과 영겁이 서로 걸림이 없음은 심오한 깨달음에 의한 것임을 끝맺은 것이다. 생각과 영겁이 이미 원융한 까닭에 하나하나의 생각마다 이처럼 할 수 있는 것이다. '法性無礙'란 分(事法界)과 無分(理法界)에 모두 걸림이 없기 때문이다. 진리를 깨닫는 것은 '無分의 理法界'만을 깨달음의 대상으로 삼는 것이 아니기 때문이다. 일체 모든 곳에 있지만 전체는 하나의 법에 있고, 일체의 법 또한 그처럼 하나의 법에 있다. "각기 4구가 있다."는 것은 몸 따위는 오직 '分의 事法界'만을 말한 게 아니기 때문이다. 항상 여기에 있지만 그렇다고 있는 것이 없다. 이 점을 생각해야 한다.【초_ "分과 無分에 모두 걸림이 없다."는 것은 總相[31]으로 말한 것이다. 分이란 곧 事法界요, 無分이란 理法界이다. 이법계와 사법계가 이미 원융한 까닭에 장애가 없다.

"각기 4구가 있다[各有四句]."는 것은 사법계와 이법계에 모두 4가지가 있기 때문이다.

이법계의 4구는 다음과 같다.

① 일정한 한계가 없다. 이는 일체에 두루 존재하기 때문이다.

② 일정한 한계가 없는 것이 아니다. 하나의 법 가운데에 갖춰 있지 않음이 없기 때문이다.

③ '일정한 한계'와 '일정한 한계가 없는 것'을 모두 갖추고 있

....
31 總相: ① 화엄종 6상의 하나. 만유 제법이 저마다 다른 일체 만유를 포함한 것. ② 일체 유위법에는 총상과 別相이 있다. 無常·無我와 같이 일체에 통하는 것을 총상, 땅의 굳은 것, 물의 젖는 것 같은 것은 별상이라 한다.

다. '일정한 한계'와 '일정한 한계가 없는 것'이 하나임을 말한다. 전체는 하나의 법에 있으면서도 모든 세계에 항상 가득하기 때문이다. 예를 들면 하나의 티끌 속에서도 모든 세계의 법계를 볼 수 있는 것과 같다.

④ '일정한 한계'도 아니요, '일정한 한계가 없는 것'도 아닌 것을 모두 갖추고 있다. 그 자체가 절대자이기 때문이며, 원융하기 때문이다. '일정한 한계'와 '일정한 한계가 없는 것' 2가지 의의는 하나의 모습이기에 2가지의 별개 부분이 아니기 때문이다.

사법계의 4구는 다음과 같다.

① 일정한 한계가 있다. 이는 그 자체의 일을 따라 형상에 구분과 한계가 있기 때문이다.

② 일정한 한계가 없다. 이는 전체가 곧 이치이기 때문이다. 대품경에 이르기를, "색은 앞에서도 얻을 수 없고, 뒤에서도 얻을 수 없다."라고 하니, 이것이 곧 일정한 한계가 없음이다.

③ 앞의 2가지, 즉 '일정한 한계'와 '일정한 한계가 없는 것'을 모두 갖추고 있다. 앞의 2가지 의의가 걸림이 없기 때문이다. 그러므로 이 2가지를 갖추어야만 바야흐로 사법계이기 때문이다.

④ 앞의 2가지, 즉 '일정한 한계'와 '일정한 한계가 없는 것'이 모두 아니다. 2가지 의의가 원융하기 때문이며, 평등하기 때문이다. 2가지의 형상이 끊어진 자리이기 때문이다.

"몸 따위는 오직 '分의 事法界'만을 말한 게 아니기 때문이다[身等不唯分故]."라는 것은, 위의 여러 가지 의의로 말미암아 이법계의 자성이 오직 '구분의 한계'가 없는 데에 그치지 않기 때문이다. 일체 모든 곳에 있으나 그 전체는 하나의 속에 있고, 오직 '구분의 한계'에 그치지 않기에 항상 하나의 가운데 있으나 그 전체는 일체 모든 곳에 있다. 사법계는 오직 '구분의 한계'에 그치지 않기에 항상 이곳에 있으면서도 항상 다른 곳에 있고, 오직 '구분의 한계'가 없는 데에 그치지 않기에 일체 모든 곳에 두루 하면서도 본래의 지위를 바꾸지 않는다. 또한 이법계의 자성이 오직 '구분의 한계'가 없는 데에 그치지 않기에 하나의 사법계 밖에 있지 않고, 오직 '구분의 한계'가 없는 데에 그치지 않기에 하나의 사법계 안에 있지 않는다. 사법계는 오직 '구분의 한계'가 없는 데에 그치지 않기에 항상 이곳에 있으나 있는 곳이 없고, 오직 '구분의 한계'가 없는 데에 그치지 않기에 항상 다른 곳에 있으나 있지 않음이 없다. 이 때문에 있는 것도 없고 있지 않은 것도 없지만, 이곳에 있어서나 저곳에 있어서나 장애가 없는 것이다. 그러나 이 가운데 사법계와 이법계를 2가지로 配對하여 각기 4구가 있기에 곧 8구가 된다.

청량 疏에서는 단 2구만을 말하여 위에서 "진리를 깨닫는 것은 '無分의 理法界'만을 깨달음의 대상으로 삼는 것이 아니기 때문이다[證理不唯無分故]."라고 말한 것은 곧 앞의 配對한 가운데 이법계 1구로 말함이니, 그 "일체의 법 또한 그처럼 하나의 법에 있다[一切法皆爾]."라는 것은 예를 들어 말한 것이다. 그러나 여기에서 "몸 따위는 오직 '分의 事法界'만을 말한 게 아니기 때문이다[身等不唯分]."라고 말한 것은 곧 뒤의 配對한 가운데 사법계 1구를 가지고서 말함이니, 몸 따위는 곧 사법계이며, 나머지 6구는 생략하여 말하지 않은 것이다. 이 때문에 위에서 총괄하여 말한 것이니, 각기 4구를 2가지로 한다는 것은 그 뜻 속에 포함되어 있다.】

經

普賢勝行皆能入이여　　**一切衆生悉樂見**이라
佛子能住此法門일새　　**諸光明中大音吼**로다

　　보현의 수승한 행에 모두 들어감이여
　　모든 중생이 다 즐겨 보았네
　　불자가 이런 법문 머물기에
　　온갖 광명 속에서 사자후 크게 울려오네

⦿ 疏 ⦿

後一偈는 結廣有歸니라 普賢勝行皆入은 非獨向來所陳일새 故能光中에 演斯自在니라

　　맨 끝의 이 게송은 널리 귀취를 끝맺음이다. "보현의 수승한 행에 모두 들어간다."는 것은 단순히 앞에서 말한 바에 그치지 않는다. 이 때문에 광명 속에서 이러한 자재를 연설한 것이다.

⦿ 論 ⦿

第三은 從爾時十方世界海已下 一段長行과 幷一偈頌은 是十方世界海이 蒙光所照하야 皆來雲集示法分이라 於此段中에 大意有十하니

一은 明佛光普照요 二는 明十方衆來요 三은 明來已興供이요 四는 明興供不同이요 五는 明衆影海像相參이요 六은 明大衆自他의 同異自在요 七은 明大衆毛孔出光이요 八은 明光出菩薩이요 九는 明菩薩이 同事利生이요 十은 明衆生으로 發心得果니 此之十事는 如文可知니라

제3 (所召雲奔)의 '그때 시방세계바다' 이하로부터 한 단락의 장항과 아울러 하나의 게송은 시방세계바다가 부처님의 광명을 받아 모두 운집하였기에 법을 보여주신 대목이다.

이 단락에는 10가지의 大義가 있다.

⑴ 부처님의 광명이 시방세계 널리 비춤을 밝힘이다.

⑵ 시방세계의 대중이 찾아옴을 밝힘이다.

⑶ 대중이 찾아온 뒤에 공양 올림을 밝힘이다.

⑷ 올린 공양이 똑같지 않음을 밝힘이다.

⑸ 대중바다의 그림자가 서로 함께함을 밝힘이다.

⑹ 대중의 自他가 똑같기도 하고 다르기도 함을 자재함이다.

⑺ 대중의 모공에서 광명을 쏟아냄을 밝힘이다.

⑻ 광명 속에서 보살을 나타냄을 밝힘이다.

⑼ 보살이 똑같은 일로 중생에게 이익을 줌을 밝힘이다.

⑽ 중생이 발심하여 佛果를 얻도록 함을 밝힘이다.

위의 10가지 일은 경문에서 보는 바와 같이 말하지 않아도 알 수 있다.

大文 第四 現瑞表法
上所現相은 但召有緣이니 衆集將陳일세 故重現斯瑞니라 瑞文有三이니 初 光示法主오 二 現華表義오 三 現衆表敎니라 法藉人弘일세 故先明主하고 義爲敎本일세 故在敎前이라 今初는 示主니라

제4. 상서를 나타내어 법을 밝히다

위에서 나타내신 상서의 현상은 단 인연 있는 중생을 불러왔을 뿐이다. 대중이 모였기에 장차 법문을 펼치고자 이런 상서를 거듭 보인 것이다. 상서에 관한 경문은 3단락이다.

1. 광명으로 法主를 보이다.
2. 연꽃을 나타내어 화엄의 의의를 밝히다.
3. 대중을 나타내어 가르침을 밝히다.

법이란 사람에 의해 커지고 넓어지기에 먼저 법주를 밝혔고, 화엄의 의의는 가르침의 근본이 되기에 가르침 앞에 말한 것이다.

1. 광명으로 法主를 보이다

經

爾時에 世尊이 欲令一切菩薩大衆으로 得於如來無邊境界神通力故로 放眉間光하시니 此光이 名一切菩薩智光明普照耀十方藏이라 其狀이 猶如寶色燈雲하야 徧照十方一切佛刹하사 其中國土와 及以衆生을 悉令顯現하시며 又普震

動諸世界網하야 **一一塵中**에 **現無數佛**하사 **隨諸衆生**의 **性欲不同**하야 **普雨三世一切諸佛妙法輪雲**하사 **顯示如來波羅蜜海**하시며 **又雨無量諸出離雲**하사 **令諸衆生**으로 **永度生死**케하시며 **復雨諸佛大願之雲**하사 **顯示十方諸世界中普賢菩薩道場衆會**하고 **作是事已**에 **右繞於佛**하야 **從足下入**하시니라

그때 세존께서 모든 보살대중으로 하여금 여래의 그지없는 경계와 신통력을 얻게 하기 위하여 눈썹 사이에서 광명을 쏟아내시니, 그 광명의 이름은 '모든 보살의 지혜광명으로 시방세계를 널리 비춰 밝혀주는 창고[一切菩薩智光明普照耀十方藏]'이다. 그 모양은 마치 보배빛 등불구름처럼 시방의 모든 부처님 세계를 두루 비춰주어 그 가운데의 국토와 중생들을 모두 나타나게 하였다.

또 모든 세계의 그물을 널리 진동하여 낱낱 티끌 속에서 수없는 부처님을 나타내어, 모든 중생의 각기 다른 근성과 욕망에 따라서 삼세 일체 모든 부처님의 미묘한 법륜구름을 널리 내려주어 여래의 바라밀바다를 나타내 보여주었으며, 또 세속을 떠난 한량없는 구름을 내려주어 모든 중생으로 하여금 영원히 생사를 떠나도록 해주었으며, 또 모든 부처님의 큰 서원구름을 내려주어 시방 모든 세계 가운데 보현보살 도량에 모인 대중들을 나타내 보여주었다. 눈썹 사이의 방광은 이처럼 불가사의한 일들을 마치고서 부처님의 오른쪽으로 한 바퀴 돌고 부처님 발밑으로 들어갔다.

● 疏 ●

文分爲六이니 一意. 二體. 三名. 四相. 五展. 六收니라
今初는 可知오

> 본문은 6단락으로 나뉜다.
> (1) 광명의 뜻,
> (2) 광명의 본체,
> (3) 광명의 이름,
> (4) 광명의 모습,
> (5) 광명의 펼쳐짐,
> (6) 광명의 수습이다.
> '(1) 광명의 뜻'은 말하지 않아도 알 수 있다.

二 放眉間光은 卽光體也라 眉間者는 表離二邊故니 於體에 不計有無二邊하고 於義에 不著常無常等諸法相邊하고 於行에 不習苦樂二邊하고 於道에 不住邪正二邊하고 於人에 不執因果二邊하고 於敎에 不說世出世二邊하고 於諦에 不見眞俗二邊하고 於化에 不定權實二邊이라 是故로 爲衆하야 放眉間光이니【鈔_ 於體不計有無'者는 一切法體는 不出有無니 於義에 不著常等이라 就一有上 自有常·無常之義하니 謂生滅은 是無常義오 不生滅은 是常義며 又不生滅은 是無常義 等이니 只要一有法上에 卽有 '常·無常' '我·無我' 苦之與樂 淨·非淨 等이라 故示諸法相徧이니라 '於行不習苦樂'者는 斷見으로 計樂行하고 常見으로 計苦行等이라 住正道者는 則不分別是邪是正하나니 因果交徹故니라 世間性空은 卽是出世오 隨順觀察世諦는 卽入第一義故니

157

라 於諦에 常自二로되 於解에 常自一이어늘 未堪實化일새 權爲說三이니 大根旣熟이면 便爲說實이니 權은 是卽實之權이오 實은 是卽權之實故니라】

(2) '눈썹 사이의 放光'은 곧 광명의 본체이다. 눈썹 사이[眉間]란 양쪽에 치우침[二邊]을 여의었음을 나타내기 때문이다. 法體에 있어서는 有와 無 양쪽을 헤아리지 않으며, 義에 있어서는 常과 無常 등의 모든 法相에 집착하지 않으며, 行에 있어서는 苦와 樂 양쪽을 익히지 않으며, 道에 있어서는 邪와 正 양쪽에 머물지 않으며, 사람에 있어서는 因果 양쪽에 집착하지 않으며, 敎에 있어서는 世와 출세 양쪽을 말하지 않으며, 諦에 있어서는 眞과 俗 양쪽을 보지 않으며, 교화에 있어서는 權과 實 양쪽에 정해 있지 않는다. 이 때문에 대중을 위해 눈썹 사이에 광명을 놓은 것이다.【초_ "法體에 있어서는 有와 無 양쪽을 헤아리지 않는다[於體不計有無]."는 것은, 일체 법체는 유·무에서 벗어나지 않지만 그 의의에 있어서는 상에 집착하지 않는다는 등이다. 하나의 '有'에는 그 자체에 '상·무상'의 의가 있으니, 생멸은 無常의 뜻이다. 생멸이 없는 것은 常의 뜻이며, 또한 생멸이 없는 것은 무상의 뜻 등이다. 단 하나의 '유'라는 법 위에 곧 '상·무상', '아·무아', '고·락', '정·비정' 등이 있다. 이 때문에 모든 법이 서로 두루 함을 보여준 것이다. "行에 있어서는 苦와 樂 양쪽을 익히지 않는다[於行不習苦樂]."는 것은 斷見을 樂行이라 잘못 생각하고 常見을 고행이라 잘못 생각하는 등이다. '正道에 머문다.'는 것은 사악함과 바름을 분별하지 않음이니, 인과가 서로

통하기 때문이다. 世間性空은 출세간이요, 世諦를 수순하여 관찰한 것은 곧 제1義諦에 들어가기 때문이다. 諦에는 항상 眞諦와 俗諦 두 가지가 있지만, 해석하는 데에는 항상 스스로 하나인데, 實化로 감당할 수 없기에 방편으로 3가지를 말한다. 큰 근기가 이미 성숙하면 곧 實이라고 말한다. 방편의 權이란 實道와 합치된 權道이며, 실도는 권도와 합치된 실도이기 때문이다.】

三'此光'下는 辨光名이니 菩薩智光者는 令得能知智也오 普照十方藏者는 令照所知境也니라 藏有三義하니 一은 智光이니 含德無盡故오 二는 以十方刹海 各於塵內에 重含諸刹故오 三은 亦通於五藏이니 以言智光故로 照初二藏하야 令菩薩證이오 照次二藏하야 令菩薩成이니 證則得於涅槃이오 成則得於菩提니라 照第五藏하야 令化令淨하고 三中後二는 如下業中이니라【鈔_ '照初二藏者는 一은 如來藏이니 在纏含果法故오 二는 自性淸淨藏이니 在纏不染故니 此二는 本有일세 故令其證이니라 '照次二藏者는 一은 法身藏이니 謂果位爲功德所依故오 二는 出世間上上藏이니 謂出纏超過二乘菩薩故며 竝已出纏일세 故致成言이니라 '照第五藏者는 以第五法界藏이니 通因通果하야 外持一切染淨有爲를 名爲法界오 內含一切恒沙功德일세 故復名藏이니라 以有因故로 化之오 以有染故로 淨之니 餘如前說이니라 '三中後二者'는 卽藏有三義中에 後二義니 下動刹網하야 一一塵中에 現無數佛은 卽第二義오 雨三法雨는 卽第三義라 妙法輪雲은 卽如來藏이니 便是所證이오 '一一出離雲'은 卽令化令淨이오 '三大願雲'은 令得令成義니라】

(3) '此光' 이하는 광명의 이름을 논변하였다. '보살의 지혜광명'이란 보살로 하여금 앎의 주체가 되는 지혜를 얻게 함이며, '시방세계를 널리 비춰주는 창고[普照十方藏]'란 알아야 할 대상의 경계를 비추도록 함이다.

'창고[藏]'에는 3가지의 뜻이 있다.

① 지혜광명이니 그지없는 덕을 지니고 있기 때문이며,

② 시방세계바다가 각각 하나의 티끌 속에 거듭 많은 세계를 지니고 있기 때문이며,

③ 또 5창고[五藏]에 통한다. 지혜광명을 말함으로써 제1如來藏, 제2自性淸淨藏을 비추어 보살로 하여금 증득하게 하고, 다음 2藏, 즉 法身藏·出世間上上藏을 비추어 보살로 하여금 성취하게 함이다. 증득하면 열반을 얻고 성취하면 보리를 얻는다. 제5法界藏을 비추어 보살로 하여금 변화하고 보살로 하여금 청정하게 함이다.

3가지의 뜻 가운데 뒤의 2가지는 아래의 업에서 말한 바와 같다. 【초_ '照初二藏'의 '初(제1)'란 如來藏이니, 중생의 번뇌 속에 佛果의 법을 함유하고 있기 때문이다. '二(제2)'란 自性淸淨藏이니, 중생의 번뇌 속에 있으나 더러움에 물들지 않기 때문이다. 이 2가지는 본래 고유한 것이기에 중생으로 하여금 증득하도록 하는 것이다.

'照次二藏'에서 제3은 法身藏이다. 果位가 공덕의 의지한 바가 되기 때문이다. 제4는 出世間上上藏이다. 중생의 번뇌를 벗어나 二乘과 보살의 지위를 뛰어넘기 때문이다. 아울러 이미 중생의 번뇌를 벗어났기에 '성취'라 말한 것이다.

'照第五藏'이란 제5法界藏이다. 因에 통하고 果에 통하여, 밖으로 일체 染淨有爲를 가지는 것을 법계라 하고, 안으로 일체 恒沙공덕을 지니고 있기에 이를 또한 藏이라고 말한다. 因이 있기 때문에 변화하고, 물듦이 있기 때문에 청정하게 하는 것이다. 나머지는 앞에서 말한 바와 같다.

'三中後二'란 곧 藏의 3가지 뜻 가운데 뒤의 2가지 뜻이다. 아래의 경문에 세계그물이 진동하여 하나하나의 티끌 가운데 셀 수 없는 부처님이 나타난 것은 곧 제2의 뜻이며, 3차례 法雨가 내린 것은 곧 제3의 뜻이다. '미묘한 법륜구름[妙法輪雲]'은 곧 여래장이니 증득해야 할 대상이고, '하나하나의 티끌 가운데 셀 수 없는 부처님이 나타난 것'은 곧 '보살로 하여금 변화하고 보살로 하여금 청정하게 함'이고, 세 번째 내린 '大願雲'은 보살로 하여금 열반을 증득하게 하고 보살로 하여금 보리를 성취하게 한다는 뜻이다.】

四'其狀'下는 顯相이니 謂色如燈雲은 猶日月洞照하고 周徧潤澤하야 雨法雨故니 如相海品이니라【鈔_謂色如燈雲者는 相海品云如來眉間에 有大人相하니 名徧法界光明雲이라 摩尼寶華로 以爲莊嚴하고 放大光明하야 具衆寶色호대 猶如日月이 洞徹淸淨하야 其光이 普照十方國土어든 於中에 顯現一切佛身하며 復出妙音하야 宣揚諸法이라하니라】

(4) '其狀' 이하는 광명의 모습을 밝힌 것이다. "보배빛 등불구름과 같다."는 것은 해와 달이 밝게 비치며 두루 하고 윤택하여 法雨를 내리는 것과 같기 때문이니, 제34 如來十身相海品에서 말한 바와 같다.【초_"보배빛 등불구름과 같다."는 것은 여래십신상해품

161

에 이르기를, "여래의 눈썹 사이에 대인의 모습이 있다. 그 이름을 '법계에 가득한 광명구름'이라고 한다. 마니주보배꽃으로 장엄을 하고 큰 광명을 쏟아놓아 온갖 보배빛깔을 갖추고 있다. 이는 마치 해와 달이 밝게 비치고 청정한 것과 같아서 그 광명이 널리 시방국토를 비추고 있다. 그 광명 가운데에 모든 부처님의 몸이 나타나고, 또한 미묘한 음성 울려 나와 모든 법을 선양한다."라고 하였다.】

五'徧照下는 展이니 卽光業用이라 於中에 分五니 一所照分齊니 謂盡十方一切佛刹이오 二其中下는 光所現이니 謂土及衆生이오 三又普下는 動刹網이니 以諸世界重疊影現하야 交互相當이 猶如網孔이오 四一一下는 塵現如來오 五隨諸下는 隨機雨法이니 畧擧三法하리니 皆下所顯이라 初法輪雲은 示其所行이오 二出離雲은 示其所度오 三大願雲은 示說法主니 謂將說普法에 令知法主大願이 普周刹塵內故니라

(5) '徧照' 이하는 광명의 펼쳐짐이니, 곧 광명의 業用이다. 이 가운데 5가지로 구분된다.

① 비추는 구분과 한계이다. 시방세계 모든 부처님 세계에 다 함을 말한다.

② '其中' 이하는 광명에 나타난 대상이다. 국토 및 중생을 말한다.

③ '又普' 이하는 세계그물이 진동함이다. 모든 세계가 거듭거듭 그림자처럼 나타나 서로 맞물려 있음이 마치 그물구멍과 같다.

④ '一一' 이하는 티끌마다 여래를 나타냄이다.

⑤ '隨諸' 이하는 중생의 근기를 따라 법을 비 내리듯 함이다. 간략하게 3가지 법을 들어 말한 것인 바, 모두 아래에서 밝힌 바와

같다. 첫째 법륜구름은 행하실 법의 대상을 보여줌이며, 둘째 세속을 떠난 구름은 제도할 대상을 보여줌이며, 셋째 大願구름은 설법의 주인을 보여줌이다. 장차 널리 법을 설하려 할 적에 모든 보살로 하여금 법주의 大願이 셀 수 없는 무한수의 세계 속에 널리 두루 함을 알도록 함이기 때문이다.

第六作是'下는 收니 則示有終歸니라 證從佛流일세 眉間出光이오 修因順果일세 故須右繞오. 自下升高일세 故從足入하야 履佛所行이라야 方證入故니라

(6) '作是' 이하는 광명을 거두어 끝맺음이니, 곧 끝마무리가 있음을 보여준 것이다. 증득은 부처님에게서 나온 것이기에 눈썹 사이에서 광명을 쏟아낸 것이며, 因을 닦음은 果를 따름이기에 반드시 오른쪽으로 빙빙 돈 것이며, 아래로부터 높은 곳으로 올라가기에 발밑으로 들어간 것이다. 부처님의 행하신 바를 밟아 나가야만 비로소 깨달음을 얻을 수 있기 때문이다.

第二. 現華表義

2. 연꽃을 나타내어 화엄의 의의를 밝히다

經

爾時 佛前에 有大蓮華 忽然出現하니 其華가 具有十種莊嚴하야 一切蓮華의 所不能及이니 所謂衆寶間錯으로 以爲

其莖하며 摩尼寶王으로 以爲其藏하며 法界衆寶로 普作其葉하며 諸香摩尼로 而作其鬚하며 閻浮檀金으로 莊嚴其臺하며 妙網覆上하야 光色淸淨하며 於一念中에 示現無邊諸佛神變하며 普能發起一切音聲하며 摩尼寶王이 影現佛身하며 於音聲中에 普能演說一切菩薩의 所修行願하시니라

그때 부처님 앞에 큰 연꽃이 갑자기 나타나니 그 연꽃은 열 가지의 장엄을 갖추고 있어서 모든 다른 연꽃으로서는 도저히 따라갈 수 없었다.

이른바 수많은 보배가 사이사이 뒤섞인 것이 연꽃의 줄기가 되고, 마니보배왕이 연밥이 되고, 법계의 온갖 보배가 수많은 잎이 되고, 모든 향기 나는 마니주가 꽃술이 되고, 염부단금(閻浮檀金)으로 연대(蓮臺)를 장엄하고, 미묘한 그물로 위를 덮어 빛깔이 청정하며, 한 생각 가운데 끝없는 모든 부처님의 신통변화를 나타내 보이며, 온갖 음성을 널리 일으키며, 마니보배왕이 부처님의 몸을 비추어 나타내며, 울려오는 음성에서 모든 보살이 수행하신 서원(誓願)을 널리 연설하였다.

● 疏 ●

文有二別이니 一은 總標華現이니 爲坐所現 中方衆故로 通表所詮佛華嚴故며 別表華藏佛所淨故일새 故於佛前에 出此蓮華니라 旣通表華嚴인댄 亦具同時具足等十門 及敎義等이로되 而其本意는 正表義耳니라 忽然現者는 依理起事 難測量故니라【鈔_ 亦具同時者는 十

門可思니 但法是所依體事中 一華事耳니라 言敎義等者는 卽是十
對所依體事니 由此華事 爲理所融일새 故具十對하야 令同時等이어늘
而賢首 約義釋成云 一敎義니 謂見此蓮華 能生解故오 二事理니 華
卽是事라 擧體同眞故오 三境智니 華是所觀이라 同智性故오 四行位
니 是萬行華 隨位別故오 五因果니 因事之華 覽成果故오 六依正이
니 全是所依며 亦能依故오 七體用이니 體同眞性이라 用應機故오 八
人法이니 恆覽於人하야 攝爲法故오 九逆順이니 逆同五熱며 順十度故
오 十感應이니 徧應一切며 亦能感故니라 而其本意者는 以十玄十對
凡擧一事에 必具十玄하고 凡一玄門에 必收十對하니 泛明一法이라도
一一圓收故니라 若作義者는 但是傍來니라 然其本意는 唯表義耳니라
'忽然現'者는 隨難牒釋이니라】

경문은 2단락으로 구별된다.

⑴ 연꽃의 출현을 총괄하여 나타냄이다. 부처님의 법좌에 나타
난, 중앙에 있는 대중인 까닭에 말씀하신 부처님의 화엄을 전체로
나타냈기 때문이며, 華藏佛의 청정한 바를 개별로 나타냈기 때문
이다. 이런 이유로 부처님 앞에 이러한 연꽃이 나타난 것이다. 이
미 화엄을 전체로 나타냈다면 또한 '동시에 갖췄다.' 등의 十門 및
敎義 등을 갖췄음이로되, 그 본의는 바로 그 의의를 나타냄이다.
'갑자기 나타났다.'는 것은 이법계에 의해 사법계를 일으킴이 헤아
리기 어렵기 때문이다.【초_ "동시에 갖췄다."는 것은 十門을 생각
해 볼 수 있다. 다만 법은 의지해야 할 자체의 일 가운데 하나의 연
꽃에 관한 일이다. '敎義等'이라 말한 것은 바로 이 十對가 의지해

165

야 할 자체의 일이다. 이 연꽃은 이법계의 원융한 바이기에 十對를 갖추어 동시에 나타나게 한다는 등이다. 그런데 賢首 스님은 이러한 뜻으로 다음과 같이 해석하였다.

① 敎義. 연꽃을 보고서 이해할 수 있기 때문이다.

② 事理. 연꽃은 곧 사법계라 모든 자체가 眞性과 같기 때문이다.

③ 境智. 연꽃은 곧 볼 수 있는 대상이라 智性과 같기 때문이다.

④ 行位. 이 萬行의 연꽃이 지위를 따라 각기 다르기 때문이다.

⑤ 因果. 因事의 연꽃은 성취된 果를 볼 수 있기 때문이다.

⑥ 依正. 모든 것이 所依이자 또한 能依이기 때문이다.

⑦ 體用. 본체가 眞性과 같아서 妙用이 기틀에 따라 감응하기 때문이다.

⑧ 人法. 항상 사람들에게 보여주면서 이를 가지고 법을 삼기 때문이다.

⑨ 逆順. 역으로는 五熱地獄과 같고, 順으로는 十度와 같기 때문이다.

⑩ 感應. 두루 일체에 응하며 또한 능히 感하는 주체이기 때문이다.

'其本意'란, 十玄의 十對가 무릇 하나의 일을 들어 말하면 반드시 十玄을 갖추고, 무릇 하나의 玄門에는 반드시 十對를 간직하고 있다는 것이다. 대충 하나의 법만을 밝혀도 하나하나 원만하게 갖추고 있기 때문이다.】

二「其華」下는 顯具德嚴이니 文亦有二라 先標十種하야 顯德無盡이오 後所謂下는 別列十句니 前六은 體備衆德이라

今初 蓮子住處에 有含藏之義일세 故名爲藏이니 表示法門 一含一切니 華藏之名이 由此而立이니라

後於一念下四句는 妙用自在라 '一念'은 況多오 '摩尼寶王'은 卽前藏體오 '影現佛身'은 卽依正無礙니 旣發多聲일세 聲皆演法이니라

⑵ '其華' 이하는 구족한 덕의 장엄을 밝힌 것이다. 경문은 또한 2단락이다.

앞에서는 10가지의 덕을 내세워 덕의 그지없음을 나타냈다.

뒤의 '所謂' 이하는 10句를 개별로 나열하였는데, 앞의 6구는 연꽃의 자체에 수많은 덕을 갖추고 있음을 말하였고, 뒤의 4구는 妙用이 자재함을 말하였다.

이의 앞 6구에서 연밥[蓮子]이 있는 곳에 含藏의 뜻이 있기에 이의 이름을 藏이라고 말한다. 법문이 하나에 일체를 함장함을 나타낸 것인 바, 華藏이라는 이름은 이러한 이유에서 만들어진 것이다.

뒤의 '於一念' 이하 4구는 妙用이 자재함이다. '一念'은 많은 것에 대비한 것이고, '摩尼寶王'은 곧 앞 6구에서 말한 '藏'의 본체이고, "부처님의 몸을 비추어 나타낸[影現佛身]" 것은 곧 의보와 정보에 걸림이 없는 것이다. 이미 많은 음성이 울려 나왔는바, 그 음성이 모두 법을 연설하였다.

第三 現衆表教

3. 대중을 나타내어 가르침을 밝히다

經

此華生已에 一念之間에 於如來白毫相中에 有菩薩摩訶薩하니 名一切法勝音이라 與世界海微塵數諸菩薩衆으로 俱時而出하사 右繞如來하야 經無量匝하고 禮佛足已에 時勝音菩薩은 坐蓮華臺하시며 諸菩薩衆은 坐蓮華鬚하야 各於其上에 次第而坐하시니라 其一切法勝音菩薩이 了深法界하야 生大歡喜하며 入佛所行하야 智無疑滯하며 入不可測佛法身海하며 往一切刹諸如來所하며 身諸毛孔에 悉現神通하며 念念普觀一切法界하며 十方諸佛이 共與其力하사 令普安住一切三昧하며 盡未來劫토록 常見諸佛無邊法界功德海身하며 乃至一切三昧解脫神通變化하시니라

이처럼 연꽃이 피어난 뒤, 한 생각의 찰나에 여래의 백호상(白毫相) 가운데 보살마하살이 나타났으니, 그 이름이 일체법승음(一切法勝音)이다. 세계바다 셀 수 없는 무한수의 모든 보살대중들과 한꺼번에 나와 여래의 오른편으로 그지없이 빙빙 맴돌고 부처님의 발에 절을 올렸다.

그때 승음보살은 연화대에 앉고, 다른 모든 보살대중은 연꽃 꽃술 위에 각각 차례대로 앉았다.

그 일체법승음보살은 깊은 법계를 깨달아 큰 기쁨을 내었으며, 부처님이 행하신 바에 들어가 지혜에 의심되고 막힘이 없으며, 헤아릴 수 없는 부처님의 법신바다에 들어가며, 온갖 세계 모든 여래의 처소에 나아가며, 몸의 모든 모공에서 모두 신통을 나타내며, 모든 생각에 일체 법계를 널리 관찰하며, 시방 모든 부처님이 다 함께 그 힘을 주어, 일체 삼매에 널리 안주하게 하며, 미래의 겁이 다하도록 모든 부처님의 끝없는 법계와 공덕바다의 몸 내지 온갖 삼매와 해탈과 신통변화를 항상 보았다.

● 疏 ●

文㸃有三이니 一現衆時라 言一念者는 華生無間이니 表敎義相應이오 二現衆處니 謂白毫中은 表敎從所證淨法界所流라 爲衆敎源이 如白爲色本이니라 三有菩薩下는 正明衆現이니 亦分爲三이라 一主屬齊現이니 徧詮諸法일새 故云一切오 所詮圓滿할새 是曰勝音이오 圓敎法門이 必攝眷屬일새 故下文云 世界海微塵數修多羅오 以爲眷屬이라하고 權實無礙일새 故曰俱時니라 二右繞下는 申敬就座니 主伴雖殊나 竝修因順果일새 故右繞如來오 文義相隨일새 故依華坐오 正助不等일새 臺鬚有差라 上義依理明일새 故忽然而現하고 今敎由人立일새 故衆從佛流니 亦如涅槃에 從牛出乳이니라【鈔_ 亦如涅槃等者는 卽第十四經 南本十三에 云 善男子여 譬如從牛出乳하고 從乳出酪하고 從酪出生酥하고 從生酥出熟酥하고 從熟酥出醍醐하니 醍醐最上이라 若人服者는 衆病皆除오 所有諸藥이 悉入其中이니라 善男子여 佛亦

169

如是니라 從佛出十二部經하고 從十二部經出修多羅하고 從修多羅出方等經하고 從方等經出般若波羅蜜하고 從般若波羅蜜出大涅槃하나니 猶如醍醐니라 言醍醐者는 喩於佛性이니 佛性者는 卽是如來니라 以是義故로 說言如來所有功德無量無邊하야 不可稱計라"하나라 釋曰 彼約講法勝能으로 從微至著어늘 今但依從佛出教로 以況眉間出衆이라 】

이의 경문은 대략 3가지이다.

(1) 보살대중이 現身한 시간이다. '一念'이라 말한 것은 연꽃이 끊임없이 피어남이니, 가르침과 의의가 상응함을 나타낸 것이다.

(2) 보살대중이 현신한 장소이다. '白毫中'이라 말한 것은 부처님의 가르침이 증득한 청정법계에서 흘러나온 것으로, 모든 가르침의 근원임을 나타낸다. 이는 마치 흰색이 모든 색깔의 근본이 되는 것과 같다.

(3) '有菩薩' 이하의 문장은 바로 보살대중의 현신을 밝힘이다. 또한 3단락으로 나뉜다.

① 주인과 권속이 한꺼번에 나타남이다. 두루 모든 법을 말하여 밝히려는 까닭에 '일체'라 말하고, 말한 바가 원만하기에 이를 '勝音'이라 말하고, 圓敎法門에 반드시 권속이 함께하기에 아래 문장에 이르기를, "세계바다 셀 수 없는 무한수의 수다라로 권속을 삼는다."고 하였다. 權道와 實道에 걸림이 없기에 '俱時'라고 말한 것이다.

② '右繞' 이하 문장은 공경하는 마음으로 법좌에 나아감이다.

주인과 권속이 비록 다르지만 아울러 因을 닦아 果를 따르기에 여래의 오른쪽으로 선회한 것이고, 경문과 뜻이 서로 따르기에 연꽃을 의지하여 앉고, 주인과 권속이 똑같지 않기에 연화대와 연꽃 꽃술의 차등이 있다. 위의 문장에서는 의의를 이치에 의해 밝혔기에 "갑자기 나타났다."고 말하고, 여기에서는 가르침이 사람에 의해 세워지기에 보살대중이 부처님에게서 나온 것이다. 이는 또한 열반경에서 말한 "소에서 우유가 나온다."는 것과 같다. 【초_ "또한 열반경에서 말한 바와 같다."는 등이란, 제14經 南本13에 이르기를, "선남자여, 비유하면 소에서 우유가 나오고, 우유에서 타락이 나오고, 타락에서 생연유가 나오고, 생연유에서 숙연유가 나오고, 숙연유에서 제가 나온다. 제호는 최상품이다. 제호를 복용한 자는 모든 병이 모두 사라진다. 있는 모든 약들이 모두 그 가운데 들어 있다. 선남자여, 부처님 또한 이와 같다. 부처님에게서 12部經이 나오고, 12부경에서 修多羅가 나오고, 수다라에서 方等經이 나오고, 방등경에서 반야바라밀이 나오고, 반야바라밀에서 大涅槃이 나오니, 이는 제호와 같다. 제호를 말한 것은 佛性을 비유한 것이다. 佛性이란 곧 여래이다. 이런 뜻 때문에 여래께서 지닌 공덕이 한량없고 그지없어 헤아릴 수 없다고 말한다."라고 하였다. 이에 대해 해석하여 이르기를, "저기에서는 법의 훌륭함을 들어 밝혔기에 은미한 것으로부터 현저한 것을 말했는데, 여기에서는 단 부처님에 의해 가르침이 나온다는 것으로 눈썹 사이의 방광에서 보살대중이 나옴을 비유한 것이다."라고 하였다.】

三其一切下는 彰其德業이니 主敎是宗이라 故偏歎主니라 文有十句하니 畧爲二解라 一은 竪配十地니 明此普攝十地功德이니 一句一地니라 初地歡喜는 得智證如요 二地性戒는 是佛所行이요 三地多聞은 入法身海요 四行道品은 善友是依요 五地雙行은 現通利物이요 六觀法界하야 般若現前이요 七功用已終이라 故佛與力이요 八無生無動하야 住三昧心이요 九爲法師하야 見無邊法이요 十具於大盡하야 三昧等圓이니라 初地도 尙攝諸地功德이온 況於後後 不具前前가

二는 橫就極位니 釋者인댄 一理智了眞이요 二量智入行이요 三證窮法身이요 四常觀受用이요 五毛現神變이요 六念觀法門이요 七外感佛加요 八內安深定이요 九竪見來際요 十橫無不圓이라 故此十句는 攝爲五對니 若橫若竪 能詮必具일새 故爲二釋이니라【鈔_ 故此十句者는 重收前釋이니 一如理如量對요 二法身報身對요 三身毛心念對요 四外感內安對요 五竪見橫圓對니라】

(3) '其一切' 이하의 문장은 승음보살의 덕업을 나타내고 있다. 主敎가 종주이기에 승음보살만을 찬탄한 것이다.

이 단락의 경문에는 10句가 있다. 이를 간단하게 2가지로 해석할 수 있다.

첫째는 시간적인 竪로 十地에 짝함이다. 이는 十地 공덕을 널리 들어 밝힌 것으로 1구가 하나의 지위이다.

初地, 환희는 지혜로 眞如를 증득함을 얻음이며,

2地, 性戒는 부처님이 행하신 바이며,

3地, 多聞은 법신바다에 들어감이며,

4地, 道品은 선한 벗을 의지함이며,

5地, 雙行은 신통을 나타내 중생에게 이익을 줌이며,

6地, 일체법계를 보았기에 반야가 앞에 나타남이며,

7地, 수행 공부를 이미 마쳤기에 부처님이 힘을 줌이며,

8地, 생겨남도 없고 움직임도 없어 삼매의 마음에 머묾이며,

9地, 법사가 되어 끝없는 법을 봄이며,

10地, 모두 구족하게 다하여 삼매가 평등 원만함이다.

초지에서도 오히려 모든 지위의 공덕을 지니는 법인데, 하물며 뒤에서 뒤로 갈수록 앞에 앞의 것을 갖추지 못할 턱이 있겠는가.

둘째는 공간의 橫으로 지극한 지위로 말함이다. 이를 해석하면 다음과 같다.

① 理智로 진여를 깨달음이며,

② 量智로 行에 들어감이며,

③ 法身을 모두 증득함이며,

④ 항상 受用을 봄이며,

⑤ 모공에 신통변화가 나타남이며,

⑥ 모든 생각마다 법문을 봄이며,

⑦ 밖으로 부처님의 가피를 얻음이며,

⑧ 안으로 깊은 선정에 머묾이며,

⑨ 시간으로 미래의 겁을 봄이며,

⑩ 공간으로 원만하지 않음이 없음이다.

그러므로 이 10구에는 5가지의 상대를 가지고 있다. 공간과 시

간으로 이처럼 말할 수 있는 이치를 갖추고 있기에 2가지로 해석한 것이다.【초_ "그러므로 이 10구"란 것은 거듭 앞의 해석을 끝맺은 것이다.

　　① 如理와 如量의 상대,
　　② 法身과 報身의 상대,
　　③ 身毛와 心念의 상대,
　　④ 外感과 內安의 상대,
　　⑤ 竪見과 橫圓의 상대이다.】

―

大文 第五. 稱揚佛德分

旣現旣至에 任力稱揚하야 自申罔極之情하야 顯佛無涯之德이라 文分爲二니 初一은 眉間菩薩贊이오 後十은 十方菩薩贊이라 新衆纔集에 佛便現瑞어늘 文不累書일세 故編成次에 以讚德相類로 結集하야 併之一處일세 乘現勝音之次니라 先擧勝音之偈하고 後十菩薩은 卽如次十方이어늘 昔人이 不曉斯文하고 便將後十하야 爲勝音眷屬하나니 非唯章疏之失이라 亦乃翻譯有違니라 何者오 且眉間出衆에도 卽主伴皆讚이어늘 十方來衆에 寂無一言인댄 主伴禮儀 一何疎索가 況準法界品例컨댄 來者는 皆有讚詞오 細尋菩薩之名과 與前十方컨댄 如次相似어늘 但由譯人不審하야 致令名小乖差니 至下文中에 一一對辨하리라【鈔_ '二新衆纔集'下는 明讚이니 亦二라 先은 正明이오 亦是通妨이라 謂有問言호되 若以後十으로 爲十方菩薩讚者인댄 十方 先來어늘 何

以後讚고 故今通云現瑞與讚은 二皆同時인댄 則勝音與十方 讚亦 同時니라 自是結集으로 集讚一處니라 又應問言호대 旣是結集排次인 댄 居然合排十方在前이어늘 何以向後오 故釋云乘前讚勝音德次일새 是故로 先擧勝音讚耳니라 】

제5. 부처님의 덕을 칭양하다

이미 승음보살의 찬이 나타나고 이미 시방보살의 찬이 보이는데, 각기 보살들의 힘에 따라 부처님의 덕을 칭양하여 그들 스스로 끝없는 마음을 전하여 부처님의 그지없는 덕을 밝힌 것이다.

경문은 2단락으로 나뉜다. 앞 단락 10게송은 미간보살의 찬탄이며, 뒤 단락의 10게송은 시방보살의 찬탄이다. 새로운 대중이 처음 모였을 때 부처님이 문득 상서를 보여주었으나 경문에서 누차 이를 기록하지 않았다. 이 때문에 화엄경을 편찬할 때 부처님 덕을 찬탄한 유들을 한데 모아서 이를 모두 한 부분에 수록하였다. 이런 이유로 승음보살이 나타난 그 부분에다가 이를 실어 편찬하게 된 것이다.

앞 단락에서 먼저 승음보살의 게송을 열거하였다. 뒤 단락에서 시방보살은 시방의 차례와 같은 것인데, 옛사람들이 이러한 경문을 이해하지 못한 채, 느닷없이 뒤 단락의 시방보살을 승음보살의 권속으로 생각하였다. 이는 문장을 잘못 이해했을 뿐 아니라, 또한 잘못 번역한 것이다.

무엇 때문인가? 미간에서 나온 대중들도 주와 객으로 나뉘어 모두 찬탄하였는데, 시방에서 오는 보살대중이 전혀 한마디가 없다는 것인 바, 어떻게 이처럼 주와 객의 예의가 삭막할 수 있을까? 더욱이 법계품의 예에 준하여 보면 찾아오는 대중마다 모두 찬사가 있었고, 보살의 이름을 미루어 살펴보면, 앞에서 말한 시방세계의 차례와 모두 똑같다. 이는 단 번역한 사람이 이러한 사실을 몰랐던 까닭에 마침내 보살의 명호를 다소 잘못 알게 된 것이다. 아래의 해당 지문에서 하나하나 대질하여 논변할 것이다.【**초**_ 뒤 단락의 "새로운 대중이 처음 모였을 때" 이하 문장은 부처님 덕의 찬탄을 밝힘이다. 이 또한 2가지이다. 앞에서는 바로 찬탄의 뜻을 밝혔고, 또한 시비 논란에 대해 말한 것이다.

어떤 사람이 묻기를, "만약 뒤 단락의 10게송을 시방보살의 찬탄이라고 한다면, 시방보살이 먼저 왔는데 어떻게 해서 뒤에 찬탄하였는가?"라고 하였다. 이 때문에 여기에서 다음과 같이 해석하였다. "상서를 나타내고 찬탄한 게송, 이 2가지의 일이 모두 동시에 이뤄진 것인 바, 승음보살과 시방보살의 찬탄 역시 동시에 이뤄진 것이다. 이는 화엄경을 한데 모아 편찬할 때부터 찬탄 부분을 한곳에다가 수록한 것이다."

또다시 묻기를, "이처럼 화엄경을 한데 모아 편찬할 때 차례대로 배열한 것이라면 당연히 시방보살의 찬탄이 앞에 있어야 하는데 어떻게 해서 뒤로 실리게 되었는가?"라고 하였다. 이런 물음 때문에 이에 대하여 다음과 같이 해석하였다. "앞에서 승음보살이 찬탄한 덕의 차례에다가 이를 실어 편찬한 까닭에 먼저 승음보살의 찬탄을 들어 말한 것이다."】

今初 眉間勝音菩薩讚
  1. 미간 승음보살의 찬탄

經

卽於衆中에 **承佛威神**하사 **觀察十方**하고 **而說頌曰**

곧 대중 가운데서 부처님의 헤아릴 수 없는 영묘하고도 불가사의한 힘을 받들어 시방세계를 살펴보고 게송으로 말하였다.

● 疏 ●

文分二라 先說偈儀하고 後正說偈니 下十은 例然이라 偈中總相讚佛도 亦含諸問이니 思之可知니라【鈔_ 亦含諸問者는 文含四十句어니와 且收十海니 初偈는 佛海요 次偈는 演說海요 三一偈는 變化海니 一毛示現故요 四一偈는 衆生海요 五一偈는 世界海요 六一偈는 法界安立海요 七一偈는 波羅蜜海요 八一偈는 佛壽量海니 已證佛地하야 必有壽故요 九一偈는 解脫海니 普賢開覺하야 已離障故며 已獲神通作用解脫故요 十一偈는 名號海니 身雲普徧하야 隨物立名故니라 十海旣爾댄 攝餘句問도 例然이라 故令思之라하니라】

이의 경문은 2단락으로 나뉜다. 앞에서는 게송을 할 때의 의식을 말하였고, 뒤에서는 바로 게송을 말하였다. 아래의 10게송은 앞의 예와 같다. 게송에 總相으로 부처님을 찬탄함 또한 많은 물음을 함축하고 있다. 이는 스스로 생각하면 말하지 않아도 알 수 있다.

【초_ "또한 많은 물음을 함축하고 있다."에서, 게송의 지문은 모두 40句이지만 또한 十海를 가지고 있다. 첫 게송은 佛海, 다음 게송은 演說海, 제3게송은 變化海이니 하나의 모공에 수많은 세계가 나타나기 때문이다. 제4게송은 衆生海, 제5게송은 世界海, 제6게송은 法界安立海, 제7게송은 波羅蜜海, 제8게송은 佛壽量海이니 이미 佛地를 증득하였기에 반드시 장수가 있기 때문이다. 제9게송은 解脫海이니 보현보살이 깨달음을 얻어 이미 장애를 여의었기 때문이며, 이미 신통작용해탈을 얻었기 때문이다. 제10게송은 名號海이니 부처님의 身雲이 널리 나타나 중생을 따라서 명호를 세웠기 때문이다. 十海가 이와 같다면 나머지 구절의 물음도 으레 그와 같은 까닭에 이를 스스로 생각하도록 말한 것이다.】

經

佛身充滿於法界하사　　普現一切衆生前하시니
隨緣赴感靡不周하사대　　而恒處此菩提座로다

　　부처님 몸, 법계에 충만하사
　　모든 중생 앞에 널리 나타나시네
　　인연 따라 두루 감응하지만
　　항상 보리좌에 계시네

● 疏 ●

十頌分三이니 初三은 直就佛歎이오 次六은 約衆歎佛이오 三有一偈는

雙結主伴이니라

初中三偈는 皆歎如來體用無礙니 於中에 初一은 不動本而周徧이니 則十身圓融하야 徧四法界니라【鈔_ '十身圓融'者는 以但言佛身일새 故通十身하고 但云法界일새 故通四界니 以體卽理오 用卽是事며 體用無礙는 卽事理無礙니 卽一卽徧이 卽事事無礙니라 又初句는 體徧이오 次句는 明用이오 第三句는 明用徧이오 第四句는 不動本也니라 本有二種하니 一眞身爲本이니 本體自徧이라 以用如體일새 故不動本而普徧'이라하니라 二는 應用之中에 自有本末하니 菩提座身은 卽本이오 周十方은 卽末이라 故下不起樹王而昇四天은 正明不動本而周徧이오 今明雖徧法界나 而處此座는 明不壞末而歸本이니 此二不相離일새 故疏에 以不動本而周徧으로 釋不壞徧而歸本이니라 】

10頌은 3단락으로 나뉜다. 처음 3송은 바로 부처님을 찬탄함이며, 다음 6송은 대중들이 부처님을 찬탄한 것으로 말하였고, 세 번째 마지막 하나의 게송은 주와 객을 모두 끝맺음이다.

처음 3송은 모두 여래의 體用에 걸림 없는 덕을 찬탄함이다. 그중에 제1게송은 근본자리에 떠나지 않고 두루 함이니, 곧 十身이 원융하여 四法界[32]에 두루 함을 말하고 있다.【초_ "十身이 원융

---

32 四法界: 四種法界. 화엄종에서 말하는 중요한 敎義. 전 우주를 네 방면으로 관찰한 것. ①事法界. 우주 만유가 낱낱 개별상이 있는 방면. ②理法界. 우주 만유의 근본에 일관한 본체, 곧 평등한 세계. ③理事無碍法界. 理·事는 낱낱이 독립된 것이 아니고, 事象이 곧 本體요, 본체가 곧 사상이라고 보는 방면. ④事事無碍法界. 위와 같이 사법계와 이법계가 서로 융통무애할 뿐 아니라, 현상 차별계 사이에도 융통무애한다고 보는 방면.

하다."는 것은 단 佛身만을 말한 까닭에 十身에 통한다 하였고, 단 법계만을 말한 까닭에 사법계에 통한다 하였다. 본체가 곧 理法界요, 작용이 곧 事法界이다. 體用無礙는 곧 事理無礙이니, 하나와 합치되고 두루 일체에 합치되는 것이 곧 事事無礙이다. 또 첫 구절(佛身充滿於法界)은 본체가 두루 함이며, 제2句(普現一切衆生前)는 작용을 밝힘이며, 제3구(隨緣赴感靡不周)는 작용이 두루 함을 밝힘이며, 제4구(而恒處此菩提座)는 근본자리에서 떠나지 않음을 말한다.

근본자리[本]에는 2가지가 있다. 하나는 眞身으로 근본자리를 삼음이다. 본체가 스스로 두루 하여 작용이 본체와 똑같은 까닭에 근본자리에서 떠나지 않고서도 널리 두루 한 것이다. 또 다른 하나는 응용하는 가운데 스스로 근본과 지말이 있다. 보리좌에 머문 몸은 곧 근본이며, 시방에 두루 한 몸은 곧 지말이다. 이 때문에 아래의 경문에서 "부처님이 보리수 아래에서 깨달음을 성취한 후, 보리수 아래를 떠나지 않고서도 도솔천 등 四天에 올라갔다."고 말한 것은 바로 근본자리에서 떠나지 않고서도 시방에 두루 함을 밝힌 것이다. 이의 경문에서 비록 부처님의 몸이 법계에 두루 하면서도 항상 보리좌에 머묾을 밝힌 것은 지말을 버리지 않고서 근본자리로 돌아옴을 밝힌 것이다. 이처럼 근본자리 2가지는 서로 분리될 수 없기에 청량 疏에서 "근본자리에서 떠나지 않고서도 널리 두루 한다."는 것으로 법계에 두루 함을 버리지 않고서 근본자리로 돌아옴을 해석한 것이다.】

如來一一毛孔中에　　一一刹塵諸佛坐하사
菩薩衆會共圍繞어든　　演說普賢之勝行이로다

　　여래의 하나하나 모공에
　　일체세계 한없는 부처님 앉아 계시어
　　보살대중이 모두 에워쌌는데
　　보현보살 수승한 행, 연설하시네

如來安處菩提座하사　　一毛示現多刹海하시며
一一毛現悉亦然하사　　如是普周於法界로다

　　여래께서 보리좌에 안주하여
　　하나의 모공에 많은 세계바다를 나타내 보이며
　　하나하나 모공마다 모두 그처럼 나타나
	이와 같이 시방법계 널리 두루 하였네

● 疏 ●

後二는 不壞小相而廣容이니 上則事如理故오 此則事含理故니라 於中에 前一偈半은 一毛攝三世間이오 後半은 類餘니 謂徧法界內에 皆有佛身하야 無有一毛不含刹海며 又一毛는 表解脫門이니 諸佛菩薩智所住故며 現多刹海者는 門門이 皆是淨土因故니라【鈔_ '上則事如理故'者는 菩提座身은 是事니 以如理故로 周徧이오 '此則事含理'者는 一毛는 是事니 無不包故이니라 由理有二義니 一無處不徧이오 二

無法不包이니 猶如虛空이 具包徧義니라 今事如理故로 具上二義니 卽事事無礙中에 事理融通門也라 又一毛者는 約觀心釋인댄 一毛內空에 能容受故니라】

　뒤의 제2, 3게송은 모공처럼 작은 형상도 버리지 않고 널리 포용함이다. 위의 제1게송은 사법계가 이법계와 똑같기 때문이며, 제2, 3게송은 사법계가 이법계를 포괄하기 때문이다.

　그 가운데 앞의 제2게송의 제1, 2구는 하나의 모공이 三世間을 지니고 있음이며, 제3, 4구는 나머지를 비견하여 유추할 수 있다. 법계에 가득 모두 부처님의 몸이 있어 하나의 모공도 세계바다를 포괄하지 않음이 없다. 또 하나의 모공은 해탈문을 나타냄이니 제불보살의 지혜에 머문 까닭이며, 수많은 세계바다가 나타난다는 것은 모든 법문이 모두 청정국토의 원인이기 때문이다.【초_ "위의 제1게송은 사법계가 이법계와 똑같기 때문이다."는 것은 보리좌에 앉은 몸은 사법계인데, 이는 이법계와 같은 까닭에 법계에 두루 가득한 것이다. "제2, 3게송은 사법계가 이법계를 포괄하기 때문이다."는 것은 하나의 모공이 사법계이지만 이법계를 포함하지 않음이 없기 때문이다. 이는 이법계에 2가지의 뜻이 있기 때문이다. ① 어느 곳이나 두루 하지 않음이 없으며, ② 모든 법마다 포괄하지 않음이 없다. 이는 마치 허공이 모든 곳을 포괄하고 두루 하는 의의와 같다. 여기에 사법계가 이법계와 똑같은 까닭에 위의 2가지의 뜻을 갖추고 있다. 이는 곧 事事無礙 가운데 事理融通門이다. 또 '一毛'란 마음을 관하는 것으로, 이를 해석한다면 '一毛'의 공

간 속에 이를 수용할 수 있기 때문이다.】

經

一一刹中悉安坐하사　　一切刹土皆周徧하시니
十方菩薩如雲集하야　　莫不咸來詣道場이로다

　　하나하나 세계 가운데 모두 편히 앉아
　　일체세계에 모두 두루 하시니
　　시방세계 보살들이 구름처럼 모여들어
　　모두 법회 도량으로 찾아드네

一切刹土微塵數의　　功德光明菩薩海가
普在如來衆會中하며　　乃至法界咸充徧이로다

　　모든 세계 셀 수 없는 무한수의
　　공덕이 빛나는 보살바다
　　여래의 대중 속에 널리 있고
　　법계까지 모두 충만하네

● 疏 ●

次六偈 約衆歎者는 聖賢輔翼이니 顯主勝故니라 六偈는 總明主伴皆徧이니 於中에 初二는 總身總相徧이니라

　　다음 6게송(제4~9)에서 대중의 찬탄으로 말한 것은 대중이란 성현을 돕는 이들이기에 법주의 훌륭함을 밝히기 위한 까닭이다.

6게송은 모두 主·伴이 두루 가득함을 밝힘이니, 그 가운데 제4, 5게송은 總身이 總相에 가득함이다.

經

法界微塵諸刹土의 　　一切衆中皆出現하시니
如是分身智境界를 　　普賢行中能建立이로다

　법계의 무한수 모든 세계
　모든 대중 속에 모두 나오시니
　이처럼 분신하신 지혜 경계
　보현행 가운데 세웠어라

一切諸佛衆會中에 　　勝智菩薩僉然坐하사
各各聽法生歡喜하야 　　處處修行無量劫이로다

　모든 부처님 수많은 법회 도량에
　지혜 높은 보살 모두 앉아
　제각기 법을 듣고 기뻐하여
　곳곳에서 한량없는 겁, 수행하여라

已入普賢廣大願하야 　　各各出生衆佛法하사
毘盧遮那法海中에 　　修行克證如來地로다

　이미 보현의 광대한 서원에 들어가서
　제각기 온갖 불법 출생시키며

비로자나불 법바다에서
수행하여 여래 지위 증득하였네

普賢菩薩所開覺을　　　**一切如來同讚喜**하시니
已獲諸佛大神通하사　　**法界周流無不徧**이로다

보현보살 깨달음을
모든 여래 다 같이 찬탄하고 기뻐하니
모든 부처님의 큰 신통 이미 얻으셔
시방법계 두루 펴서 가득하였네

● 疏 ●

後四는 總身徧別中이니 旣微細難思일세 故唯普智라야 方知오 普行이
라야 方立이니라【鈔_ 初二總身者는 然有四句하니 謂一總徧總中이오
二華徧別中이오 三別徧別中이오 四別徧總中이라 然所徧通依正하니
且約能徧爲正하고 所徧爲依이라 依正 各有總別하니 正總은 卽全身
이오 別은 卽眼耳 乃至一毛며 依總은 卽全一國土오 別은 卽若樹若石
乃至一塵이니라 初但云 刹中安坐일세 故是總身總相徧이어니와 後明
身徧塵中之土이니 總徧別中이니라 】

　　뒤의 4게송(제6~9)은 總身이 別相에 두루 함이다. 이미 미세하
여 생각으로, 의론으로 헤아리기 어렵기에 오직 보현보살의 지혜라
야 비로소 알 수 있고 보현보살의 행이라야 비로소 성립할 수 있다.
【초_ 初二 總身에는 4구가 있다.

① 총체로 총체 가운데 두루 함이며,
② 총체로 개별 가운데 두루 함이며,
③ 개별이 개별 가운데 두루 함이며,
④ 개별이 총체 가운데 두루 함이다.

그러나 두루 한 바는 의보 정보에 통한다. 또한 能徧은 정보이고, 所徧이 의보가 됨을 두루 함이다. 의보와 정보에는 각각 총체와 개별이 있다. 정보의 총체는 곧 全身이고, 개별은 곧 눈·귀 내지 一毛이다. 의보의 총체는 곧 全一국토이고, 개별은 곧 이렇듯 나무와 이렇듯 바위 내지 하나의 티끌까지이다. 뒤의 4게송 가운데 첫 부분인 제4, 5게송에서는 단 '刹中安坐'라고 말한 까닭에 이는 總身이 總相에 가득함이다. 그러나 뒤의 4게송(제6~9)은 總身이 微塵刹土에 가득함을 밝힘이니, 總身이 別相에 가득함이다.】

經

一切刹土微塵數에　　　常現身雲悉充滿하사
普爲衆生放大光하야　　各雨法雨稱其心이로다

　모든 세계 셀 수 없는 무한수에
　항상 현신의 구름 모두 가득하여
　널리 중생 위해 큰 광명 비추고
　법비를 각각 내려 중생 마음에 맞추었네

● 疏 ●

三은 雙結이니 可知니라

3은 모두 끝맺음이니 말하지 않아도 알 수 있다.

第二. 十方菩薩讚德

十方은 卽爲十段이니 今初는 東方蓮華光菩薩이라

2. 시방세계 보살이 덕을 찬탄하다

시방은 곧 10단락이다.

제1. 동방 연화광보살의 게송

經

爾時 衆中에 復有菩薩摩訶薩하니 名觀察一切勝法蓮華光慧王이라 承佛威力하사 觀察十方하고 而說頌曰

그때 대중 가운데 또 보살마하살이 있으니, 그 이름을 관찰일체승법연화광혜왕(觀察一切勝法蓮華光慧王)이라 한다. 부처님의 헤아릴 수 없는 영묘하고도 불가사의한 힘을 받들어 시방을 관찰하고 게송으로 말하였다.

● 疏 ●

言衆中者는 大衆海中이라 前列名處에 名觀察勝法蓮華幢은 幢相

高出이오 王是超勝이니 此喻相似니라 光慧는 卽是所喻幢體니라【鈔_ 言衆中者는 爲揀昔解니 以爲勝音眷屬讚故니 則是勝音衆中菩薩 故로 今明是新舊大衆海中이니라】

"대중 가운데[衆中]"라고 말한 것은 '대중바다 가운데'이다. 앞의 보살의 이름을 나열한 곳에서 '관찰승법연화당'이라 명명한 것은, 깃대의 모습은 높이 솟음이고, 王은 뛰어나고 훌륭함이니, 이 비유와 서로 유사하다. 光慧란 곧 비유의 대상인 깃대의 본체[幢體]이다.【초_ "대중 가운데"라 말한 것은 예전의 해석과 다르다는 것을 구별하기 위함이다. 승음보살 권속의 찬탄이라고 잘못 인식한 까닭이다. 곧 이는 권속이 아닌, 승음보살 대중 가운데 보살이기에 여기에서 새로 온 대중과 예전에 일찍이 온 대중바다임을 밝힌 것이다.】

如來甚深智로 　　　普入於法界하사
能隨三世轉하야 　　與世爲明導로다

　　여래의 매우 깊은 지혜로
　　법계에 널리 들어가
　　삼세 따라 변하면서
　　세간의 밝은 스승 되셨네

諸佛同法身하사 　　　無依無差別하사대

隨諸衆生意하야　　令見佛色形이로다

　　모든 부처님 법신 같으셔
　　의지함도 없고 차별도 없으나
　　여러 중생 뜻을 따라
　　부처님 모습 보게 하시네

具足一切智하사　　徧知一切法하시며
一切國土中에　　　一切無不現이로다

　　온갖 지혜 구족하여
　　모든 법 두루 아시며
　　일체 국토 가운데
　　모두 나타나시네

◉ 疏 ◉

偈中에 讚佛眞應二身하야 密答佛地니 如來智等이 攝佛地故니라 十頌은 分二니 初三은 讚眞이오 後七은 讚應이라 讚眞은 必體用雙美하고 讚應은 唯約用明이니 欲顯門差이언정 實非體外니라

　　게송에서 부처님의 眞身·應身을 찬탄하여 은밀하게 佛地를 답함이니, 如來智 등이 佛地를 지니고 있기 때문이다. 10頌은 2단락으로 나뉜다. 앞의 3게송은 진신을 찬탄함이며, 뒤의 7게송은 응신을 찬탄함이다. 진신의 찬탄은 반드시 본체와 작용이 모두 아름답고, 응신의 찬탄은 오직 작용만을 들어 밝힌 것이다. 진신과 응신

의 차이를 밝히고자 할 뿐, 실제 본체 밖에 있는 것은 아니다.

今은 初也니 於中에 初一은 讚智身이오 次一은 讚法身이며 後一은 雙結이라 智含四智오 法은 卽法界니 五法 具矣니라 智中에 上半은 正體證眞이오 下半은 後起隨俗이니라 又句各一智니 初句는 大圓鏡智니 行相深細故오 次句는 平等性智니 自他平等이 卽法界故오 次句는 妙觀察智니 於自共相에 無礙轉故오 末句는 成所作智니 成就利他導世事故니라【鈔_ '又句各一智'者는 上約二智오 此約四智니라】

이는 앞의 3게송이다 그중에 제1게송은 智身의 찬탄이고, 다음 제2게송은 법신의 찬탄이며, 뒤의 제3게송은 위의 2게송을 모두 끝맺음이다.

智身에는 4가지 지혜를 포함하고 있으며, 법신은 곧 法界이니 5가지의 법이 갖춰져 있다. 제1게송의 智身 가운데 위의 제1, 2구는 正體로 眞如를 증득함이며, 아래의 제3, 4구는 뒤에 일어나 세속을 따름이다.

또 제1게송의 구절마다 각각 하나의 지혜를 말하고 있다. 제1구는 大圓鏡智이다. 行相이 깊고 미세하기 때문이다. 제2구는 平等性智이다. 자타의 평등이 곧 법계이기 때문이다. 제3구는 妙觀察智이다. 自相·共相에 걸림 없이 전변하기 때문이다. 제4구는 成所作智이다. 利他導世의 일을 성취하기 때문이다.【초_ "또 제1게송의 구절마다 각각 하나의 지혜를 말하고 있다."는 것은 위에서는 二智로, 여기에서는 四智로 말한 것이다.】

二讚法身中에 上半은 體相皆同이라 同有二義니 一本性法身體同이

오 言'無依'者는 無住本故오 '無差別'者는 體無二故니라 二는 已證法身
相同이니 力無畏等이 皆無異故니라 此則無礙慧身이 不依一切하야 離
諸分別이 是無差別이니라【鈔_ '力無畏等'者는 卽問明品文이니 經云
"文殊法常爾하야 法王唯一法이니 一切無礙人이 一道出生死니라 一
切諸佛身이 唯是一法身이며 一心一智慧니 力無畏亦然이라"하니라 言
'相同'者는 卽相似名同이오 非謂共也니라 '此則無礙'者는 上以無住本
으로 釋無依니 無依는 是理故로 無住는 卽實相之異名이어니와 今以智
慧로 釋無依라 故出現品云 '一切佛法依慈悲오 慈悲復依方便立이며
方便依智智依慧어니와 無礙慧身은 無所依'라하니라 '離諸分別'者는 上
釋無差別은 約理無二오 今釋無差는 但心無分別耳라 故無差別與
無分別은 有通有局이니 局則無差別은 是理오 無分別은 約智어니와 通
則理亦得名無分別故로 問明品云 '佛刹無分別하야 無憎亦無愛'라하
다 智亦得名無有差別이니 謂無差別智로 爲能證故니라 今用通義일세
以無分別로 釋無差別이니라】

下半은 用同이니 能現能生身土智影은 皆無二故니 卽法身無色이나
應物現形일세니라【鈔_ '能現能生身土智影 皆無二故'者는 卽唯識
大圓鏡智之能이니 亦如上引이라 '卽法身'者는 引證此語니 正是肇論
이라 論云 '法身無色이나 應物現形이오 般若無知나 對緣而照'라하고 若
取本據댄 卽是經云 '佛眞法身은 猶若虛空이로되 應物現形이 如水中
月'이라하고 下經에 亦云 '佛以法爲身하야 淸淨如虛空이나 所現衆色形
이 令入此法中'이라하다】

　　　제2게송 法身의 찬탄 중에 위의 제1, 2구는 體相이 모두 같음

191

이다. '같다[同]'는 데에 2가지의 뜻이 있다.

⑴ 본성의 법신이 體가 같다. "의지함이 없다[無依]."는 것은 근본자리에 머묾이 없기 때문이며, "차별이 없다[無差別]."는 것은 본체에 두 가지가 없기 때문이다.

⑵ 이미 증득한 법신의 相이 같음이다. '힘'과 '두려움이 없다.'는 등이 모두 다름이 없기 때문이다. 이는 곧 걸림 없는 지혜의 몸이 일체에 의지하지 아니하여 모든 분별을 여읜 것이 바로 "차별이 없다."는 것이다. 【초_ '힘'과 '두려움이 없다.'는 등이란 제10 보살문명품의 경문이다. 보살문명품에서 다음과 같이 말하였다.

"문수여, 법이 항상 그러하여, 법왕은 오직 한 법이니, 모든 것에 걸림 없는 사람이, 한길로 생사를 벗어나게 된다. 일체 모든 부처님의 몸이, 오직 한 법신이며, 한마음 한 지혜이니, '힘'과 '두려움 없음' 또한 그와 같다."

"법신의 相이 같다."고 말한 것은 서로 유사한 이름이 같다는 것이지, 共相을 말함이 아니다.

"이는 곧 걸림 없는[此卽無礙]"이란, 위에서는 근본자리에 머물지 않는 것으로 無依를 해석하였다. 無依, 즉 의지함이 없다는 것은 理法界인 까닭에 無住는 곧 實相의 異名이라 할 수 있지만, 여기에서는 지혜로써 無依를 해석하였다. 이 때문에 여래출현품에서 "모든 불법이 자비에 의지하고, 자비는 또한 방편을 의지하여 성립하고, 방편은 智에 의지하고, 智는 慧를 의지하거니와 걸림 없는 慧身은 의지한 바가 없다."고 하였다.

"모든 분별을 여의었다[離諸分別]."는 것은 위에서 '차별이 없음'을 해석할 때 理法界에 두 가지가 없다는 것으로 말하였다. 여기에서 '차별이 없음'을 해석할 때에는 다만 마음에 차별이 없는 것으로 말하였다. 이 때문에 '차별이 없음'과 '분별이 없음'에는 전체로 보는 通과 부분적으로 해석하는 局이 있다. 부분적인 局으로 말하면 '차별이 없음'은 이법계이고, '분별이 없음'은 지혜로 말하였다. 하지만 전체적인 通으로 말하면 이법계 또한 '분별이 없다.'고 말해야 한다. 이 때문에 보살문명품에서 이르기를, "부처님 세계에 분별이 없어, 미움도 또한 사랑도 없다."고 하였다. 智 또한 '차별이 없다.'고 말해야 한다. 차별 없는 지혜로 증득할 수 있는 주체를 삼기 때문이다. 여기에서는 전체적인 通의 입장에서 '분별이 없다.'는 것으로 '차별이 없다.'는 것을 해석하였다.】

아래의 제3, 4구는 작용이 같다. 몸과 국토의 지혜와 그림자를 나타내고 생겨나게 하는 주체는 하나로서 둘이 없기 때문이다. 곧 법신은 색이 없으나 중생을 따라 감응하여 형상을 나타낸 것이다. 【초_ "몸과 국토의 지혜와 그림자를 나타내고 생겨나게 하는 주체는 하나로서 둘이 없기 때문이다."라는 것은 곧 유식론에서 말한 大圓鏡智의 주체이며, 또한 위에서 인용한 바와 같다. '法身無色'이란 이 말을 인증함이니, 바로 肇論이다. 조론에 이르기를, "법신은 색이 없으나 중생을 따라 감응하여 형상을 나타내고, 반야는 앎이 없으나 반연에 상대하여 비춘다."고 하였다. 만약 본 근거로 말한다면 곧 경문에서 이르기를, "부처의 참 법신은 허공과 같지만 중생을 따라 형상을 나타냄이 마치 물속의 달과 같다."고 하였고, 본 품의 아래 제7 西南方 華餤髻菩薩의 게송 또한 "부처님은 법으로 몸을 삼아 청정함이 허공 같으나, 나타난 수많은 색상과 형상이 이 법 가운데로 들어가도록 한다."고 하였다.】

三雙結者는 上半은 結智니 上句는 根本이오 下句는 後得이며 下半은 結 法이니 但擧其用이라 體通上下하니 以智契如故로 金光明說호되 如如 及如如智는 爲法身故라하니라

　　제3게송에서 위의 2게송을 모두 끝맺었다는 것은, 제1, 2구는 智身을 끝맺음이니, 제1구는 根本智이고, 제2구는 後得智이다. 제3, 4구는 법신을 끝맺음이니, 다만 그 작용만을 들어 말하였다. 본체는 상하에 통한다. 智로써 진여에 계합한 까닭에 金光明經에서 말하기를, "如如 및 如如智는 법신이기 때문이다."고 하였다.

經

佛身及光明과　　　　　色相不思議시니
衆生信樂者에　　　　　隨應悉令見이로다

　　부처님의 몸과 그리고 광명
　　빛깔과 형상이 불가사의라
　　중생이 믿고 즐거워하는 것에
　　따르며 맞추어서 모두 보도록 하시다

於一佛身上에　　　　　化爲無量佛하사

雷音徧衆刹하야　　　演法深如海로다
　　한 부처님의 몸 위에
　　한량없는 부처님 변화하여 나타나
　　우레 소리 온 세계 두루 하여
　　바다처럼 깊은 법 연설하시네

一一毛孔中에　　　　光網徧十方하사
演佛妙音聲하야　　　調彼難調者로다
　　하나하나 모공 가운데
　　광명그물 시방에 가득하여
　　부처님 미묘한 음성 울려 나와
　　저 조복하기 어려운 이들 조복하여라

如來光明中에　　　　常出深妙音하사
讚佛功德海와　　　　及菩薩所行이로다
　　여래의 광명 속에
　　항상 깊고 미묘한 소리 울려 나와
　　부처님의 공덕바다
　　보살의 행한 바를 찬탄하여라

佛轉正法輪이　　　　無量無有邊이라
所說法無等하야　　　淺智不能測이로다

부처님 굴리시는 바른 법륜이여
　　한량없고 끝도 없어라
　　설하시는 법마다 비할 데 없어
　　얕은 지혜로는 헤아릴 수 없네

一切世界中에　　　　　　**現身成正覺**하시고
各各起神變하사　　　　　　**法界悉充滿**이로다
　　모든 세계 가운데
　　몸을 나타내어 정각 이루시고
　　각각 신통변화 일으켜서
　　법계 가득 충만하여라

如來一一身에　　　　　　**現佛等衆生**하사
一切微塵刹에　　　　　　**普現神通力**이로다
　　여래의 낱낱 몸에
　　중생의 수만큼 부처님 화현하사
　　한량없는 모든 세계에
　　신통력 널리 나타내셨네

◉ **疏** ◉

後七은 讚應이니 分三이라

初一은 隨樂現應이라 不思議者는 隨緣無邊故니 光明覺云億那由劫

共思量 色相威德轉無邊等이라

뒤의 7게송(제4~10)은 응신을 찬탄함이니, 3단락으로 나눈다.

이의 첫 게송(제4)은 부처님에 대한 중생의 믿음과 좋아하는 마음에 따라서 응신을 나타냄이다. 불가사의[色相不思議]란 중생의 반연을 따라 그지없기 때문이다. 이는 제9 光明覺品에서 이르기를, "오랜 세월 모두가 생각해봐도 부처님의 모습과 위덕은 도리어 끝이 없다."는 등이다.

次四는 身光演法이니 初一은 化身演法이니 望前應身컨대 卽重化也라【鈔_ '望前應身'者는 應身을 對法報댄 應是化身이니 今於應身上에 起化일새 故云重化라하니 如釋迦是應身이어늘 涅槃受供할새 於其毛端에 現多化佛이 卽重化也니라】次二는 毛光演法이오 後一은 結歎難量이니 法輪은 義如別說이라

다음 4게송(제5~8)은 부처님 몸의 방광이 법을 연설함이다. 처음 1게송(제5)은 화신의 演法이다. 앞의 응신에 상대로 말하면 곧 거듭된 화신이다.【초_ "앞의 응신에 상대로 말하면 곧 거듭된 화신이다."란, 응신을 법신·보신에 상대로 말하면 응신은 화신이다. 여기에서는 응신 위에 화신을 내세워 말하였기에 '거듭된 화신'이라 말한 것이다. 석가모니불은 응신인데 열반 후 공양을 받을 때 석가모니불의 모공에서 수많은 화신불이 나타난 것이 곧 '거듭된 화신'이라는 것과 같다.】

다음 2게송(제6~7)은 모공의 광명이 법을 연설함이며, 뒤의 1게송(제8)은 헤아리기 어려움을 끝맺음이다. 제8게송의 법륜[佛轉正法

輪]의 의미는 별도로 말한 바와 같다.

後二偈는 成道起通이라 上皆圓融이니 亦有十身이어니와 且從一義耳니라

　뒤의 2게송(제9~10)은 정각의 도를 성취함[現身成正覺]과 신통변화를 일으킴[普現神通力]이다. 위의 게송은 모두 원융이다. 또한 十身이 있거니와 여기에서는 하나의 의의만을 따른 것이다.

第二 南方 法喜菩薩

　제2. 남방 법희보살의 게송

經

爾時 衆中에 復有菩薩摩訶薩하니 名法喜慧光明이라 承佛威神하사 觀察十方하고 而說頌曰

　그때 대중 가운데 또 보살마하살이 있으니, 그 이름을 법희혜광명(法喜慧光明)이라 한다. 부처님의 헤아릴 수 없는 영묘하고도 불가사의한 힘을 받들어 시방을 관찰하고 게송으로 말하였다.

● 疏 ●

前雲集中에 名普照法海慧니라 會義亦同하니 光明은 即照法故니라 十頌은 歎佛寂用應機德하야 答前境界니 法身顯現은 即分齊境이오 無生無體는 即所觀境이오 衆生國土는 皆所化境이니라

　앞의 운집한 대중 가운데 그 이름을 '보조법해혜'보살이라 하였

다. 법회의 의의 또한 똑같다. 광명이 곧 법을 비춰주었기 때문이다.

이의 10송은 부처님의 寂用(體用) 應機의 덕을 찬탄하여 앞에서 물었던 "어떤 것이 부처님의 경계인가[云何佛境界問]"에 대한 대답이다. 법신이 발현하여 나타남은 分位 차별, 즉 分齊의 경계이고, 생겨남도 없고 體相도 없다는 것은 곧 觀의 대상인 경계이고, 중생국토는 모두 교화의 대상인 경계이다.

經

佛身常顯現하사　　　　法界悉充滿하시며
恒演廣大音하사　　　　普震十方國이로다

　　부처님의 몸 항상 나타내어
　　법계에 모두 충만하시며
　　광대한 음성 항상 연설하여
　　시방국토 널리 울려 퍼지네

如來普現身하사　　　　徧入於世間이라
隨衆生樂欲하사　　　　顯示神通力이로다

　　여래의 몸 널리 나타내어
　　세간에 두루 들어가시어
　　중생의 원한 바에 따라
　　신통력 보여주시네

佛隨衆生心하사　　　普現於其前하시니
衆生所見者가　　　　皆是佛神力이로다

　　부처님이 중생의 마음 따라
　　그들 앞에 널리 나타나시니
　　중생이 보는 것은
　　모두 부처님의 신통한 힘이네

光明無有邊이오　　　說法亦無量이라
佛子隨其智하야　　　能入能觀察이로다

　　광명이 끝이 없고
　　설법 또한 한량없네
　　불자여, 부처님 지혜 따라
　　불법에 들어가고 관찰하여라

● 疏 ●

於中에 分三이라

初四는 依眞起應이니 於中에 分二니 先一은 顯眞이라 '佛身常'者는 第一義常이 出三世故로 智符於理하야 湛然常照니라 '顯'者는 離二障故오 '現'者는 常在前故니 不同衆生하야 自體常也일세니라【鈔_ 初一偈 '顯眞'者는 此約法報無礙之身하야 爲眞佛也오 '第一義常'者는 本有常也라 '智符於理 湛然常照'者는 修成合本有也라 若依法相인댄 後常은 是相續常이어늘 今依法性宗하야 冥符於理하나니 同理常也라】法

界悉充滿者는 諸根相好 一一無邊하야 無限福智所莊嚴故니라【鈔_諸根相好 一一無邊者는 卽自受用身果오 '無限福智所莊嚴'者는 卽自受用因이라 故唯識云'二 受用身이니 此有二種하니 一은 自受用이니 謂諸如來 三無數劫에 修集無量福慧資糧하야 所起無邊眞實功德과 及極圓淨常徧色身하야 相續湛然하야 盡未來際토록 恒自受用 廣大法樂이라하니 釋曰 以論對疏면 居然可知니라】次二句는 音恒用普니 恒自受用廣大法樂故니라

10송은 3단락으로 나뉜다.

처음 4게송(제1~4)은 眞身에 의해 應身을 일으킴이다. 4게송은 다시 2단락으로 나뉜다.

앞 단락의 제1게송은 진신을 밝힌 것이다.

제1구 佛身常顯現의 '佛身常'이란, 第一義常이 三世에 벗어난 까닭에 지혜가 이치에 부합하여 담담히 항상 비춤을 말한다. 顯이란 煩惱障과 所知障, 2가지 장애를 여의었기 때문이며, 現이란 '本有의 常'이 앞에 있기 때문이다. 이는 중생과 같지 아니하여 부처님은 그 자체가 영원하기 때문이다.【초_ "앞 단락의 제1게송은 진신을 밝힌 것이다."라는 것은 걸림 없는 법신·보신을 가지고서 진불을 삼은 것이다. '第一義常'이란 本有의 영원함[常]이다. "지혜가 이치에 부합하여 담담히 항상 비춘다."는 것은 후천적으로 닦아 도를 성취하여 '본유의 常'에 부합된 것이다. 만약 法相宗에 의해 말한다면 후천적인 常은 相續常(變化身)을 말한 것인데, 여기에서는 法性宗에 의해 보이지 않게 이치에 부합한 것으로 말하니, 이치와

똑같은 '본유의 常(自性身)'이다.】

　　제2구 法界悉充滿이란 諸根의 相好가 하나하나 끝이 없어 한없는 복덕과 지혜로 장엄하였기 때문이다.【초_ "諸根의 相好가 하나하나 끝이 없다."는 것은 곧 '自受用身의 果'이며, "한없는 복덕과 지혜로 장엄하였다."는 것은 '자수용신의 因'이다. 이 때문에 유식론에서 다음과 같이 말하였다.

　　"2. 受用身이다. 여기에는 2가지가 있다. ⑴ 自受用이다. 모든 여래께서 3무수겁에 한량없는 복덕과 지혜의 살림살이를 닦아 모아 끝없는 진실 공덕과 지극히 원만 청정한, 영원히 두루 한 색신을 일으켜 끊임없이 담담하여 미래의 즈음이 다하도록 항상 스스로 드넓고 큰 法樂을 수용한다."

　　이에 대해 해석하여 말하기를, "통현 論으로 청량 疏와 대비하여 보면 쉽사리 이러한 점을 알 수 있다."고 하였다.】

　　다음 제3, 4구는 광대한 법음이 항상 울려오고 妙用이 널리 두루 함이다. 이는 항상 스스로 광대한 法樂을 수용하기 때문이다. 下三偈는 起用이니 初一은 普隨物樂이오 次一은 感應道交오 後一은 法光無際이니라【鈔_ 初一普隨物樂下는 三義 皆通他受用身과 及變化身이라 故唯識云 二他受用이니 謂諸如來 由平等智하야 示現微妙淨功德身하고 居純淨土하야 爲住十地諸菩薩衆하야 現大神通하고 轉正法輪하며 決衆疑網하야 令彼受用大乘法樂이라하니라】

　　아래의 3게송(제2~4)은 묘용을 일으킴이다. 제2게송은 중생이 좋아하는 것을 널리 따름이며, 제3게송은 감응의 도가 서로 통함이며, 제4게송은 설법 광명이 끝없음이다. 【초_ "제2게송은 중생이 좋아하는 것을 널리 따른다." 이하의 문장은 3게송의 뜻이 모두 他受用身과 變化身에 통한다. 이 때문에 유식론에서 다음과 같이 말하였다.

"⑵ 他受用이다. 모든 여래께서 平等智를 말미암아 미묘한 청정 공덕의 몸을 보여주고 순수하고 청정한 국토에 거처하면서 十地에 머물러 모든 보살대중을 위해서 큰 신통력을 나타내고 바른 법륜을 굴리며 수많은 의심을 결정하여 그들로 하여금 大乘法樂을 수용하도록 함이다."】

經

佛身無有生호대　　　　而能示出生하시며
法性如虛空하니　　　　諸佛於中住로다

　부처님 몸, 태어남이 없지만
　태어남을 보이시며
　법성은 허공 같아
　모든 부처님이 그 가운데 머무시네

無住亦無去로대　　　　處處皆見佛하니
光明靡不周하야　　　　名稱悉遠聞이로다

　머묾도 또한 떠나감도 없으나
　곳곳에 모두 부처님 뵈니

광명이 두루 하여
그 명칭 모두 멀리 들리네

無體無住處며　　　　　**亦無生可得**이며
無相亦無形이라　　　　**所現皆如影**이로다

　몸도 없고 머묾도 없으며
　태어남 또한 없으며
　모습도 없고 형상도 없어
　나타난 것은 모두 그림자 같네

⊙ 疏 ⊙

二有三偈는 體用無礙니 於中에 初二句는 約相이니 無生現生이오 次二句는 約性이니 無住而住오 次一偈는 約用이니 無去住而普周오 後偈는 體用雙拂이니 謂無體는 拂上無生이니 無生은 爲佛法體故로 今體卽非體니라【鈔 '無生爲佛法體者는 諸經論中에 皆詮無生之理일세 故淨名不二라하야 發始明之하고 楞伽經說 一切不生이라하고 中論에 不生으로 爲論宗體하고 傳大士 亦云 '佛法은 以無生으로 爲體하고 無著으로 爲宗하고 忘相으로 爲因하고 涅槃으로 爲果'라하니 諸文 非一이라】無住處者는 拂約性二句오 亦無生可得은 拂示生句오 下半은 拂前第二偈約用이니 用如影故니라【鈔 '無住處者 拂約性二句者는 以約性인댄 云法性如虛空이어늘 諸佛於中住라하니 似有住處일세 今謂法性如空은 則無所住온 況體無生이어니 安有能住리오 不住諸法이라야

方住法性이라 故上文云"諸佛於中住"라고 金剛經云 "應無所住而生其心이라"하니 若心有住인댄 則爲非住니라 大品云"若住一切法인댄 不住般若波羅蜜이며 不住一切法이라야 方住般若波羅蜜"이라하니라 故大般若 會會之初에 皆先明無住니라】

제2단락의 3게송(제5~7)은 體用이 걸림이 없다. 그 가운데 제5게송의 제1, 2구는 相을 말함이니 無生으로 生을 나타냈고, 다음 제3, 4구는 性을 말함이니 無住로 住를 말하였다.

다음 제6게송은 用을 말함이니 오고 감이 없이 널리 두루 함이다. 뒤의 제7게송은 體用을 모두 떨쳐버림이니, 無體는 위의 無生을 떨쳐버림을 말한다. 無生이 불법의 體가 되기 때문에 여기에서 말한 無體의 體는 곧 본체의 體가 아니다.【초_ "無生이 불법의 體가 된다."는 것은 많은 경문에서 모두 '무생'의 이치를 말하였기에, 유마경에서는 '不二'라 하여 처음 이런 도리를 밝혔고, 능가경에서는 "모든 것은 생겨나지 않는다."고 하였고, 중론에서는 "생겨나지 않는다는 것으로 論宗의 본체를 삼는다."고 하였고, 부대사 또한 "불법은 생겨남이 없는 것으로 본체를 삼고, 집착이 없는 것으로 종지를 삼고, 형상을 잊은 것으로 因을 삼고, 열반으로 果를 삼는다."고 하였다. 이런 뜻을 말한 것이 여러 문장이며 하나가 아니다.】

제7게송 '無體無住處'의 無住處란 제5게송에서 性으로 말한 2구[法性如虛空 諸佛於中住]를 떨쳐버림이며, '亦無生可得'은 제5게송의 '而能示出生' 구를 떨쳐버림이며, 아래의 제3, 4구[無相亦無形 所現皆

如影는 앞의 제6게송에서 말한 用을 떨쳐버림이다. 用이 그림자와 같기 때문이다. 【초_ "無住處란 제5게송에서 性으로 말한 2구를 떨쳐버림"이란 性을 가지고 말하면 제5게송 제3, 4구에서 "법성은 허공 같아 모든 부처님이 그 가운데 머문다."고 하니 머문 곳이 있는 것처럼 보인다. 하지만 여기에서 '법성이 허공 같다.'고 말한 것은 머문 바가 없음을 말한다. 하물며 본체는 생겨남이 없다. 어떻게 머문 곳이 있을 수 있겠는가. 모든 법에 머물지 않아야만 비로소 법성에 머물 수 있다. 이 때문에 위의 경문에서 "모든 부처님이 그 가운데 머문다."고 하였고, 금강경에서는 "응당 머문 바가 없이 그 마음을 낸다."고 하였다. 만약 마음에 집착하는 바가 있다면 이것은 잘못된 집착이다. 대품경에 이르기를, "만약 일체 법에 머물면 반야바라밀에 머물지 못하고, 일체 법에 머물지 않아야만 비로소 반야바라밀에 머물 수 있다."고 하였다. 이 때문에 대반야경에서 모든 법회마다 맨 처음 모두 無住를 먼저 밝힌 것이다.】

佛隨衆生心하사　　　爲興大法雲하야
種種方便門으로　　　示悟而調伏이로다

　　부처님이 중생의 마음 따라
　　큰 법구름 일으켜
　　갖가지 방편문으로
　　보여주고 깨닫게 하고 조복하시네

一切世界中에　　　　見佛坐道場하사
大衆所圍繞로　　　　照耀十方國이로다

　　모든 세계 가운데
　　도량에 앉으신 부처님 뵈니
　　대중보살이 에워쌌는데
　　시방국토 밝게 비추시네

一切諸佛身이　　　　皆有無盡相하시니
示現雖無量이나　　　色相終不盡이로다

　　일체 모든 부처님의 몸
　　모두 그지없는 상호 있으시니
　　나타내 보이심 한량없으나
　　색상도 마침내 다하지 않네

● 疏 ●

三有三偈는 明眞應無盡이니 一法雲無盡이오 二衆會無盡이오 三身相無盡이라 無盡相言은 兼眞身故오 終不盡者는 全同體故니라【鈔_ '無盡相言 兼眞身故者는 一 應用無盡이니 若鏡對萬形이오 二 眞體無盡이니 此復二種이니 一은 十蓮華藏之色相故오 二는 一一色相體無窮盡하야 湛然不變故니라 經云"如來妙色常安穩하사 不爲時節劫數遷이라 大聖曠劫行慈悲하사 獲得金剛不壞體라"하고 勝鬘云"如來色無盡이오 智慧亦復然이라"하다 】

제3단락의 3게송(제8~10)은 진신·응신이 그지없음을 밝힘이다. 첫째 제8게송은 法雲이 그지없음이며, 둘째 제9게송은 대중의 법회가 그지없음이며, 셋째 제10게송은 身相이 그지없음이다. 제10게송 제2구의 '無盡相'이라는 말은 眞身을 겸하기 때문이다. 제4구의 '終不盡'이란 모두 똑같은 몸이기 때문이다.【초_ "無盡相이라는 말은 眞身을 겸하기 때문이다."라는 것은 첫째, 응용이 그지없음이니 마치 거울이 수많은 형상을 대하는 것과 같다. 둘째, 眞體가 그지없음이니 여기에는 또한 2가지가 있다. ① 십연화장의 색상 때문이며, ② 하나하나의 색상의 본체가 다함이 없어 담담하여 변하지 않기 때문이다. 勝鬘經에 이르기를, "여래의 묘한 색은 항상 안온하여, 시절과 영겁에 변하지 않는다. 대성인이 영겁에 자비를 행하셔 부서지지 않는 금강의 몸을 얻었다."고 하였고, 또 승만경에서 "여래의 색상은 그지없고 지혜 또한 그러하다."고 하였다.】

第三 西方 香燄菩薩
제3. 서방 향염보살의 게송

經

爾時 衆中에 復有菩薩摩訶薩하니 名香焰光普明慧라 承佛威神하사 觀察十方하고 而說頌曰

그때 대중 가운데 또 보살마하살이 있으니, 그 이름을 향염광

보명혜(香焰光普明慧)라 한다. 부처님의 헤아릴 수 없는 영묘하고도 불가사의한 힘을 받들어 시방을 관찰하고 게송으로 말하였다.

◉ 疏 ◉

前名月光香燄普莊嚴이니 此中光은 卽月光이오 明慧는 卽是智慧莊嚴이니라 十頌은 讚佛身含衆海니 卽答加持問이니 由加能入故니라

앞에서는 그 이름을 '월광향염보장엄'보살이라 하였는데, 여기에서 말한 '光'이란 곧 월광이며, '明慧'는 곧 지혜장엄이다.

10송은 부처님의 몸이 수많은 바다를 간직하고 있음을 찬탄한 것인 바, 곧 '부처님의 가피[加持]'에 대한 물음에 대답함이다. 가피로 말미암아 悟道의 법문에 들어갈 수 있기 때문이다.

經

此會諸菩薩이　　　　入佛難思地하사
一一皆能見　　　　　一切佛神力이로다

　여기 모인 모든 보살들이
　부처님 불가사의 지위에 들어가
　하나하나 모두 보았네
　모든 부처님의 신통한 힘을

智身能徧入　　　　　一切刹微塵하사
見身在彼中하야　　　普見於諸佛이로다

부처님 지혜의 몸

무한수의 모든 세계 두루 들어가

그 가운데 머문 몸을 보여주고

모든 부처님 설법 널리 보여주었네

如影現衆刹   **一切如來所**하사
於彼一切中에   **悉現神通事**로다

그림자와 같이 수많은 세계

여래 계신 모든 곳에 나타나

그 모든 곳에서

신통한 일을 모두 나타내셨네

普賢諸行願을   **修治已明潔**일세
能於一切刹에   **普見佛神變**이로다

보현의 모든 수행, 모든 서원을

갈고닦아 이미 밝히고 깨끗하여

모든 세계에서

부처님의 신통변화 널리 보았네

身住一切處하야   **一切皆平等**이라
智能如是行하야   **入佛之境界**로다

부처님 몸 온갖 곳에 머물며

일체에 모두 평등하여라
부처님 지혜 이처럼 행하여
부처님 경계에 들어갔다네

已證如來智하야 　　　等照於法界하고
普入佛毛孔과 　　　　一切諸刹海로다

　여래의 지혜 이미 증득하여
　광명이 법계 고루 비추고
　부처님의 모공과
　모든 세계바다 널리 들어가도다

一切佛國土에 　　　　皆現神通力하야
示現種種身과 　　　　及種種名號로다

　모든 부처님 국토에
　모두 신통력 나타내어
　갖가지의 몸과
　갖가지의 명호를 나타내 보이시네

能於一念頃에 　　　　普現諸神變하야
道場成正覺하고 　　　及轉妙法輪이로다

　한 생각 찰나에
　모든 신통변화 널리 나타내어

도량에서 정각 이루고
　　미묘한 법륜 굴리시네

一切廣大刹을　　　　　　**億劫不思議**어늘
菩薩三昧中에　　　　　　**一念皆能現**이로다
　　모든 광대한 세계
　　억겁에도 생각할 수 없거늘
　　보살은 삼매 가운데
　　한 생각 찰나에 모두 나타내네

一切諸佛土에　　　　　　**一一諸菩薩**이
普入於佛身호대　　　　　**無邊亦無盡**이로다
　　모든 부처님 국토에서
　　하나하나 모든 보살이
　　부처님 몸에 널리 들어가되
　　끝도 또한 다함도 없네

◉ **疏** ◉

於中에 前九는 讚衆海니 則佛德可知오 後一은 結德歸佛이라 前中初一은 總이오 餘八은 別이라 別中二니 前四는 平徧一切니 於中初一은 智身入刹塵이오 次一은 色身普現用이오 後二는 釋成前義니라 一은 普賢行圓故오 二는 身心平等故니라

後有四偈는 明微細入이니 於毛孔刹中而作用故니라 後一結中에 非唯一會라 一切菩薩이 皆入佛身이라야 方爲讚佛이니라

이의 10송 가운데 앞의 9게송(제1~9)은 대중바다를 찬탄함이니 부처님 공덕은 말하지 않아도 알 수 있다. 뒤의 1게송(제10)은 공덕을 끝맺으면서 부처님에게 귀결 지음이다.

앞의 9게송에서 제1게송은 총체이고, 나머지 8게송(제2~9)은 개별이다.

개별의 8게송은 2단락으로 나뉜다. 앞 단락의 4게송(제2~5)은 수평으로 일체에 두루 함이다. 그 가운데 제2게송은 부처님 지혜의 몸이 무한수의 세계에 들어감이며, 다음 제3게송은 色身이 널리 묘용을 나타냄이며, 뒤의 2게송, 제4, 5게송은 앞의 의의를 해석한 것이다. 제2게송은 보현행이 원만하기 때문이며, 제3게송은 몸과 마음이 평등하기 때문이다.

뒤의 4게송(제6~9)은 미세한 곳에 들어감을 밝힘이니, 모공의 세계 속에서 작용을 하기 때문이다.

맨 뒤의 1게송(제10)은 끝맺은 것으로, 그 가운데는 오직 하나의 법회뿐 아니라 모든 보살이 모두 부처님의 몸속으로 들어가야만 비로소 부처님의 공덕을 찬탄함이라고 말할 수 있다.

第四 北方 師子奮迅菩薩

제4. 북방 사자분신보살의 게송

經

爾時 衆中에 復有菩薩摩訶薩하니 名師子奮迅慧光明이라 承佛威神하사 徧觀十方하고 而說頌曰

그때 대중 가운데 또 보살마하살이 있으니, 그 이름을 사자분신혜광명(師子奮迅慧光明)이라 한다. 부처님의 헤아릴 수 없는 영묘하고도 불가사의한 힘을 받들어 시방을 두루 살피고 게송으로 말하였다.

◉ 疏 ◉

此同本名이로되 但加慧字니라 然此十頌은 歎佛依體起用하야 轉大法輪하야 答前佛行이니 佛以轉法化生으로 爲其行故일세니라

이는 본래 명호와 같은데 여기에 단 '慧' 자 하나만을 더하였다. 그러나 이의 10송은 부처님이 본체에 의해 묘용을 일으켜 큰 법륜을 굴림을 찬탄하면서 앞에서 '부처님의 行'을 물은 데 대한 대답이다. 부처님은 법륜을 굴려 중생을 교화하는 것으로 行을 삼기 때문이다.

經

毘盧遮那佛이　　　　能轉正法輪하시니
法界諸國土에　　　　如雲悉周徧이로다

　비로자나 부처님이
　바른 법륜 굴리시어
　법계의 모든 국토에

구름처럼 법신이 두루 임하셨네

十方中所有　　　　　諸大世界海에
佛神通願力으로　　　處處轉法輪이로다
　　시방에 있는
　　모든 큰 세계바다
　　부처님 신통력, 대원력으로
　　곳곳에서 법륜 굴리시네

一切諸剎土의　　　　廣大衆會中에
名號各不同하사　　　隨應演妙法이로다
　　일체 모든 세계의
　　광대한 법회 도량에
　　명호 각각 같지 않고
　　중생 따라 맞춰가며 미묘한 법 연설하네

如來大威力이　　　　普賢願所成이라
一切國土中에　　　　妙音無不至로다
　　여래의 크신 위신력은
　　보현의 행원으로 이루신 일
　　모든 국토 가운데
　　미묘한 음성 울리지 않는 데 없네

佛身等刹塵하사 　　普雨於法雨하사대
無生無差別하야 　　現一切世間이로다

　　부처님 몸 세계 티끌 같아서
　　법비 널리 쏟으시되
　　생겨남도 없고 차별도 없어
　　모든 세간에 나타나시네

無數諸億劫의 　　一切塵刹中에
往昔所行事를 　　妙音咸具演이로다

　　셀 수 없는 수많은 억겁
　　일체 티끌세계 가운데
　　지난 옛적 행한 일을
　　미묘한 음성으로 모두 연설하시네

十方塵國土에 　　光網悉周徧이어든
光中悉有佛하사 　　普化諸群生이로다

　　시방의 미진 국토에
　　광명그물 모두 두루 한데
　　광명 속에 모두 부처님 계시어
　　모든 중생 널리 교화하여라

佛身無差別하야 　　充滿於法界하사

能令見色身하야　　　　　隨機善調伏이로다
　　부처님 몸 차별이 없어
　　법계에 가득히
　　색신을 보도록 하여
　　근기 따라 잘도 조복하시네

三世一切刹에　　　　　所有衆導師의
種種名號殊를　　　　　爲說皆令見이로다
　　삼세 모든 세계
　　수없이 계신 스승님
　　갖가지 다른 이름
　　말해주어 모두 보게 하였네

過未及現在에　　　　　一切諸如來의
所轉妙法輪을　　　　　此會皆得聞이로다
　　과거 미래 현재
　　일체 모든 여래
　　굴리신 미묘한 법륜
　　이 법회에 모두 들을 수 있네

◉ 疏 ◉

文中分三이니 初二句는 總이오 次半偈는 幷後八偈하야 共八偈半은 別

이오 後一偈는 結이니라

別中에 讚佛十化라 前法界諸國土二句는 現受生化니 處處受生하야 身雲徧故오 今十方中所有等一偈는 讚神通化니 末句에 雖云轉法이나 意在通用이오

三有三句는 讚業果化니 一切諸刹 名號不同者는 示同趣類業報名字故니 上三은 依身이라

四에 隨應演妙法者는 卽辨揚化니 隨應則能斷彼疑故오

五一偈는 勸讚勵化니 妙音讚勵故오

六一偈는 慶慰化니 普雨法雨하야 令彼進修無生法故니 上三語業이오

七有一偈는 領受意化니 領問受取하야 演昔行故오

八有一偈는 決擇意化니 決擇有情心行差別과 及揀諸法性相不同이라야 方能普化故오

九一偈는 發起意化니 發起宿善과 及三乘大行하야 爲善調故오

十有一偈는 造作意化니 建立佛法事義하야 種種皆令見故니라 依實起用이 卽是化身일새 故說化身은 無別心色이니라 此之十化는 與佛地經으로 次第無違니 但令相融이면 不違經旨니라【鈔_ 十化者는 卽佛地經說이니 佛身에 有十化니라 初는 依身輪하야 起三種化니 一受生化니 謂受最後身이오 二神通化니 謂諸變等이오 三業果化니 謂受金鏘等이니라 次는 依語輪하야 起三種化니 一辨揚化니 謂轉法輪하야 斷疑答難이오 二讚勵化니 謂讚勝勸學이오 三慶慰化니 謂有進修어나 或能斷證하야 隨喜慶慰니라 意化有四하니 一領受意化니 謂領問受取等이오 二決擇意化니 謂觀有情心行差別하며 揀擇諸法性相不同이오 三

發起意化니 謂能發起宿世善根과 及令二乘發大行等이오 四는 造作意化니 謂能建立諸法事義니라 是故로 當知하라 依實起用이 卽是化身일새 故說化身은 無別心色이라하니라 釋曰 上卽論文이오 疏文具用이니 欲會釋經인댄 少有添減이로되 但觀向引이면 自分疏中主客之言이니라】末後一偈는 結歸斯會를 可知니라

이의 게송은 3단락으로 나뉜다. 제1게송의 제1, 2句는 總이요, 다음 제3, 4구는 뒤의 8게송(제2~9)과 아울러 함께 8게송 절반은 개별이요, 뒤의 제10게송은 끝맺음이다.

개별의 가운데 부처님의 十化를 찬탄함이다.

제1게송의 '法界諸國土 如雲悉周徧' 2구는 現受生의 화신이다. 어느 곳에서나 生을 받아 법신의 구름이 두루 펼쳐지기 때문이다.

제2게송 十方中所有 등은 신통변화의 화신을 찬탄함이다. 제4구에서 비록 轉法(處處轉法輪)이라고 말하지만 그 뜻은 通用에 있다.

제3게송 3구[一切諸刹土 …名號各不同]는 業果의 화신을 찬탄함이다. 일체 모든 세계에 명호가 같지 않다는 것은 趣類 업보의 名字와 같다는 것을 보여주기 때문이다. 위의 3구는 몸을 의지함이다. 제4구 "중생 따라 맞춰가며 미묘한 법 연설한다."는 것은 곧 辨揚의 화신이다. 중생 따라 맞춰가는 것은 곧 그 의심을 끊기 때문이다.

제5게송은 권면하고 찬탄하고 격려하는 화신이니, 묘음으로 찬탄하고 격려하기 때문이다.

제6게송은 경하하고 위로하는 화신이니, 널리 법비를 내려 중생으로 하여금 無生法을 닦아나가도록 하기 때문이다. 위의 3가지

(제4~6게송)는 語業이다.

제7게송은 領受意의 화신이다. 물음을 받고 받아들여 지난 겁에 수행한 법을 연설하기 때문이다.

제8게송은 決擇意의 화신이다. 有情의 갖가지 다른 마음을 決擇함과 모든 법의 性相이 똑같지 않음을 가려야만 바야흐로 널리 교화할 수 있기 때문이다.

제9게송은 發起意의 화신이다. 宿善 및 三乘의 大行을 일으켜 잘 조복하기 때문이다.

제10게송은 造作意의 화신이다. 불법의 일과 義를 내세워 갖가지로 모두 보도록 마련해주기 때문이다.

실상에 의해 묘용을 일으킴이 곧 화신이기에 화신을 말함은 별다른 心色이 없다. 이 10가지의 화신이 佛地經에서 말한 차례와 어긋남이 없다. 다만 서로 융합하여 보면 경문의 뜻에 어긋나지 않을 것이다.【초_ 十化란 佛地經에서 나온 말이다. "부처님의 몸에는 10가지의 화신이 있다. 첫째는 身輪에 의하여 3가지의 화신을 일으키는 것이다.

① 受生의 화신. 最後身 받음을 말한다.

② 神通의 화신. 모든 변화 등을 말한다.

③ 業果의 화신. 金鏘(鏘 자는 瘡의 오자가 아닌가 한다.) 받음 등을 말한다.

다음은 語輪에 의하여 3가지의 화신을 일으키는 것이다.

① 辨揚의 화신. 법륜을 굴려 의심을 끊고 물음에 답함이다.

② 讚勵의 화신. 훌륭함을 찬탄하여 학문을 권함이다.

③ 慶慰의 화신. 닦아나가거나 혹은 의혹을 끊고 증득함에 따라 기뻐하고 경하하고 위로함이다.

意輪에 의하여 일으키는 화신에 4가지가 있다.

① 領受意의 화신. 물음을 받아주는 등이다.

② 決擇意의 화신. 유정의 각기 다른 마음을 보고서 모든 법의 性相이 똑같지 않음을 가려주는 것이다.

③ 發起意의 화신. 宿世의 선근을 일으켜줌과 二乘으로 하여금 大行을 일으키도록 하는 등이다.

④ 造作意의 화신. 모든 불법의 일과 의의를 세워주는 것이다. 이 때문에 마땅히 알아야 한다. 실상에 의해 묘용을 일으킴이 곧 화신이기에 화신을 말함은 별다른 心色이 없다." 이에 대해 다음과 같이 해석하였다. "위는 곧 논술한 문장이며, 청량 疏에서는 用을 갖추고 있다. 이 경문을 해석하여 알고자 한다면 조금은 첨삭을 해야 할 것이지만 단 위의 인용문을 살펴보면 절로 청량 疏에 나타난 主客의 말을 알 수 있다."】

맨 끝 제10게송은 이 會의 끝맺음임을 말하지 않아도 알 수 있다.

第五 東北方 法海菩薩

제5. 동북방 법해보살의 게송

爾時 衆中에 復有菩薩摩訶薩하니 名法海慧功德藏이라 承佛威神하사 觀察十方하고 而說頌曰

그때 대중 가운데 또 보살마하살이 있으니, 그 이름을 법해혜공덕장(法海慧功德藏)이라 한다. 부처님의 헤아릴 수 없는 영묘하고도 불가사의한 힘을 받들어 시방을 관찰하고 게송으로 말하였다.

● 疏 ●

前衆集中에 名最勝光明燈無盡功德藏이니 法海는 可當最勝이오 光明義는 與慧同이오 功德藏名은 前後無別이오 無盡二字는 前有後無니라 十頌은 讚佛攝勝眷屬하야 答佛力問이니 寄讚菩薩이 實由佛力일세 故結云住力地中이라하니라

앞의 보살대중이 모인 데에서는 그 이름을 最勝光明燈無盡功德藏이라 하였다. 여기에서의 '법해'는 '最勝'에 해당하고, '光明'이라는 뜻은 '慧'와 같고, '功德藏'이라는 이름은 전후가 다르지 않고, '無盡' 2글자는 앞에는 있으나 뒤에는 없다.

10송은 부처님에게 훌륭한 권속이 있음을 찬탄하여 '부처님의 힘'에 대한 물음에 답한 것이다. 보살에 대해 찬탄함이 실로 '부처님의 힘'에 의한 것이기에 제10게송에서 이를 끝맺으면서 "力地 가운데 머문다."고 하였다.

此會諸佛子가 　　善修衆智慧하니
斯人已能入　　如是方便門이로다

　이 도량에 모인 모든 불자여
　온갖 지혜 잘도 닦아
　이런 사람들이 이미
　이와 같은 방편문에 들어갔도다

一一國土中에　　普演廣大音하야
說佛所行處하니　周聞十方刹이로다

　하나하나 모든 국토에
　광대한 법음 널리 울려 퍼져
　부처님 수행한 경지 연설하니
　시방세계 두루 들리네

一一心念中에　　普觀一切法하고
安住眞如地하야　了達諸法海로다

　하나하나 모든 생각에
　모든 법 널리 살피고
　진여 자리에 안주하여
　모든 법바다 깨달았네

一一佛身中　　　　　億劫不思議에
修習波羅蜜하며　　　及嚴淨國土로다

  하나하나 모든 부처님 몸에
  불가사의 억겁 동안
  바라밀을 갈고닦아
  국토를 장엄, 청정히 하였네

一一微塵中에　　　　能證一切法하고
如是無所礙하야　　　周行十方國이로다

  하나하나 모든 티끌에
  모든 법 증득하고
  이와 같이 걸림 없어
  시방국토 두루 행하네

一一佛刹中에　　　　往詣悉無餘하야
見佛神通力하고　　　入佛所行處로다

  하나하나 모든 부처님 세계에
  남김없이 모두 찾아가
  부처님의 신통력 보고서
  부처님 수행 경지 들어갔네

諸佛廣大音을　　　　法界靡不聞하나니

菩薩能了知하야　　　　善入音聲海로다
　　모든 부처님 넓고 큰 소리
　　법계에 들리지 않은 데 없나니
　　보살이 잘 알아서
　　음성바다 잘도 들어가네

劫海演妙音에　　　　其音等無別하시니
智周三世者가　　　　入彼音聲地로다
　　오랜 겁 미묘한 법음 연설하되
　　그 소리 모두 같아 차별 없으니
　　삼세에 두루 한 지혜로
　　저 음성 지위에 들어갔네

衆生所有音과　　　　及佛自在聲에
獲得音聲智하야　　　一切皆能了로다
　　중생이 지닌 음성
　　부처님의 자재하신 법음
　　음성지혜 얻어
　　일체 모두 깨달았네

從地而得地하야　　　住於力地中하니
億劫勤修行하야　　　所獲法如是로다

지위에서 지위 얻어
역지(力地) 가운데 머물면서
억겁 동안 부지런히 수행하여
얻은 법 이와 같네

● 疏 ●

文中初一은 智滿得法이니 卽爲總相이라 如是方便門者는 此有二意하니 一은 指前이니 謂具前三輪之化일세 故能周徧一一國土오 二는 卽下九別이 爲如是方便也니라

餘九別相은 共讚七事니 一은 讚普演大音에 有三種大하니 一者는 處大니 一一國故오 二者는 義大니 說佛行故오 三者는 體大니 周聞十方故니라 二는 讚時無空過니 念念觀法하야 證眞實故오 三은 能入勝處니 諸佛身中에 修淨國故오 四는 於染無礙니 塵中證法而周行故오 五는 能入佛境이니 見佛神力하야 入行處故니라 行處有二하니 一智行處니 謂十力境이오 二佛化處니 謂器及衆生이니라 六有三頌은 善入音聲이니 初入大音이오 次入妙音이오 後入一切音이라 七一頌은 善知諸地니라 言從地者는 卽出心也오 而得地者는 卽住入也오 '力地中'者는 卽佛地也오 所獲法者는 結上方便이니라

이의 경문에 제1게송은 지혜가 원만하여 법을 얻음이니, 곧 總相이다.

'如是方便門'이란 2가지의 뜻이 있다.

⑴ 앞의 경문을 가리킴이니, 앞에서 身口意 三輪에 의해 화신

을 넉넉히 갖추고 있기에 하나하나 모든 국토에 두루 함이다.

⑵ 아래 게송의 9가지의 別相이 '이와 같은 방편'이다.

나머지 9게송(제2~10)의 別相은 모두 7가지의 일[七事]을 찬탄하고 있다.

⑴ 광대한 법음을 널리 연설함을 찬탄함에 3가지의 큰 것[三種大]이 있다. ① 處大. 하나하나 모든 국토에 두루 하기 때문이다. ② 義大. 부처님이 수행하셨던 것을 말씀하셨기 때문이다. ③ 體大. 시방세계에 두루 들리기 때문이다.

⑵ 시간을 헛되이 보냄이 없음을 찬탄함이다. 모든 생각마다 법을 관하여 진실을 증득했기 때문이다.

⑶ 훌륭한 곳에 들어감이다. 모든 부처님 몸 가운데 行을 닦고 국토를 청정하게 했기 때문이다.

⑷ 세속에 장애가 없음이다. 세속의 법을 증득하여 두루 행했기 때문이다.

⑸ 부처님의 경계에 들어감이다. 부처님의 신통력을 보고서 수행하신 곳에 들어가기 때문이다. 수행하신 곳에는 2가지가 있다.

① 지혜로 행한 곳[智行處]이다. 十力의 경계를 이름이다.

② 부처님이 교화하신 곳[佛化處]이다. 器界 및 중생을 말한다.

⑹ 3게송(제7~9)은 음성에 잘 들어감이다. 처음 제7게송은 大音에 들어감이며, 다음 제8게송은 묘음에 들어감이며, 뒤 제9게송은 모든 음성에 들어감이다.

⑺ 제10게송은 모든 지위를 잘 안 것이다. '從地'라 말한 것은

곧 마음을 냄이며, '得地'란 곧 머물러 들어감이며, '力地中'이란 곧 佛地이며, '얻은 바의 법'이란 위에서 말한 방편을 끝맺음이다.

第六 東南方 慧燈菩薩
제6. 동남방 혜등보살의 게송

經

爾時 衆中에 **復有菩薩摩訶薩**하니 **名慧燈普明**이라 **承佛威神**하사 **觀察十方**하고 **而說頌曰**

그때 대중 가운데 또 보살마하살이 있으니, 그 이름을 혜등보명(慧燈普明)이라 한다. 부처님의 헤아릴 수 없는 영묘하고도 불가사의한 힘을 받들어 시방을 관찰하고 게송으로 말하였다.

◉ 疏 ◉

名全同前이라 十頌은 讚諸菩薩悟入深廣이라 由三昧力하야 見佛三昧니 卽答三昧問也니라

명호는 모두 앞에서 말한 바와 같다.

10송은 모든 보살이 깊고 광대한 경지를 깨달음에 대해 찬탄함이다. 삼매의 힘으로 말미암아 부처님의 삼매를 봄이니, 곧 삼매의 물음에 대한 대답이다.

一切諸如來 遠離於衆相하시니
若能知是法하면 乃見世導師로다

    일체 모든 여래여
    온갖 형상 멀리 떠나시니
    만약 이러한 법 알면
    이에 세간의 스승 부처님을 보리라

菩薩三昧中에 慧光普明了하사
能知一切佛의 自在之體性이로다

    보살이 삼매 가운데
    지혜의 빛 널리 밝아
    모든 부처님의
    자재하신 체성(體性) 아셨네

見佛眞實體하면 則悟甚深法이니
普觀於法界하고 隨願而受身이로다

    부처님의 진실한 체성 보면
    매우 깊은 법 깨달으니
    법계 널리 살피고
    서원 따라 몸을 받네

從於福海生하야 安住於智地하고
觀察一切法하야 修行最勝道로다
 복바다에 태어나
 지혜 땅에 안주하고
 모든 법을 관찰하여
 가장 훌륭한 도 수행하였네

一切佛刹中에 一切如來所라
如是徧法界하야 悉見眞實體로다
 모든 부처님 세계
 모든 여래의 처소
 이와 같이 법계에 두루 하여
 진실한 체성 모두 보네

十方廣大刹에 億劫勤修行하야
能遊正徧知의 一切諸法海로다
 광대한 시방세계
 억겁 동안 부지런히 수행하여
 정변지(正徧知)의
 모든 법바다에 노니네

唯一堅密身을 一切塵中見하나니

無生亦無相이로대　　　　普現於諸國이로다
　유일한 견고하고 비밀스러운 몸
　일체세계 티끌 속에 보이나니
　생겨남도 또한 모양도 없으나
　모든 국토에 널리 나타나네

隨諸衆生心하야　　　　　普現於其前하사
種種示調伏하야　　　　　速令向佛道로다
　모든 중생의 마음 따라
　그들 앞에 널리 나타나
　갖가지 조복 보여
　속히 불도에 향하게 하네

以佛威神故로　　　　　　出現諸菩薩하시니
佛力所加持로　　　　　　普見諸如來로다
　부처님 위신력으로
　모든 보살 나타내시니
　부처님의 힘 가피로
　모든 여래 널리 보여주었네

一切衆導師가　　　　　　無量威神力으로
開悟諸菩薩하사　　　　　法界悉周徧이로다

온갖 수많은 부처님
한량없는 위신력으로
모든 보살 깨우쳐
법계에 두루 하였네

◉ 疏 ◉

於中에 分四니 初二는 歎見佛眞體니 一見佛離相이오 二見佛自在라 言離衆相者는 般若云 "離一切諸相則名諸佛이라"하고 慈氏論云 "但離四相이면 卽離一切라"하니 謂名義自性及差別也라 言自在者는 由菩薩定慧雙運일새 故見佛自在也니라

次四頌은 明悟法이니 一證深理法하야 願力而現이오 二悟多行法하야 福智成形이오 三達果法 體無不徧이오 四了敎法 深廣難知니라

三有二頌은 歎身業普應이니 一深 二廣이라 云堅密者는 齊佛體用이니 堅은 卽金剛之身이오 密은 謂三密之一이니 卽一而多일새 故徧一切오 卽大而小일새 故現塵中이오 無功之應일새 故無相而現이니라 若約法門인댄 此身이 卽如來藏性也라 不可破壞故堅이오 深而難見故密이니라 衆生塵心이 無不皆具하야 本自有之일새 故曰 '無生'이오 體絶百非일새 故曰 '無相'이오 衆生六根은 是謂諸國이니라

四後二頌은 歎得佛加持니 一此佛力이오 二餘佛力이니라

이의 10송은 4단락으로 나뉜다.

첫 단락의 2게송(제1~2)은 부처님의 **眞體**를 봄에 대해 찬탄함이다. 제1게송은 형상을 떠난 부처님을 봄이며, 제2게송은 자재한

부처님을 봄이다. '離衆相'이란 반야경에서 이르기를, "일체 모든 相을 여읨을 곧 제불이라 말한다."고 하며, 慈氏論에 이르기를, "단 四相(名·義·名義自性·名義差別)을 여의면 곧 모든 것을 여윈다."고 하였다.

제2단락의 4송(제3~6)은 법을 깨달음을 밝힘이다. 제3게송은 심오한 理法을 증득하여 願力으로 보여줌이며, 제4게송은 많은 行法을 깨달아 福智로 형상을 성취함이며, 제5게송은 果法의 體가 두루 하지 않음이 없음을 통달함이며, 제6게송은 教法의 깊고도 드넓어 알기 어려움을 깨달음이다.

제3단락의 2송(제7~8)은 身業의 널리 응함을 찬탄함이다. 제7게송은 신업의 심오함이며, 제8게송은 신업의 광대함이다. '堅密'이라 말한 것은 부처님의 體用과 똑같음이니, 堅은 곧 금강의 몸이고, 密은 三密(身·語·意)의 하나이다. 하나에 합치하되 수많은 까닭에 일체에 두루 하고, 큰 것에 합치하되 작은 까닭에 티끌 속에 나타나고, 하는 일이 없이 응하기에 相이 없이 나타난다. 만일 법문으로 말한다면 이 몸이 곧 如來藏性이다. 파괴하지 못한 까닭에 견고하고, 심오하여 보기 어려운 까닭에 비밀스럽고, 중생의 塵心에 모두 갖춰 있지 않음이 없는, 본래 고유한 까닭에 '無生'이라 말하고, 몸에 百非가 없는 까닭에 '無相'이라 말하고, 중생의 六根을 '諸國'이라고 말한다.

제4단락의 2송(제9~10)은 부처님의 가피 얻음을 찬탄함이다. 제9게송은 부처님의 힘이며, 제10게송은 나머지 부처님의 힘이다.

第七 西南方 華焰髻菩薩
제7. 서남방 화염계보살의 게송

經

爾時 衆中에 復有菩薩摩訶薩하니 名華焰髻普明智라 承佛威神하사 觀察十方하고 而說頌曰

그때 대중 가운데 또 보살마하살이 있으니, 그 이름을 화염계보명지(華焰髻普明智)라 한다. 부처님의 헤아릴 수 없는 영묘하고도 불가사의한 힘을 받들어 시방을 관찰하고 게송으로 말하였다.

◉ 疏 ◉

前列名處에 云普華嚴髻라하니 少同多異니라 十頌은 歎佛攝生自在德하야 答前自在問이라

앞의 보살의 명호를 나열한 곳에서는 '普華嚴髻'라 하니 조금은 같고 많이 다르다.

10송은 부처님의 攝生自在의 덕을 찬탄하여 앞의 '부처님의 자재'에 관한 물음에 답한 것이다.

經

一切國土中에　　普演微妙音하사
稱揚佛功德하야　　法界悉充滿이로다

모든 국토 가운데
　　미묘한 법음 널리 울려
　　부처님 공덕 찬탄하여
　　시방법계 충만하여라

佛以法爲身하시니　　**淸淨如虛空**이라
所現衆色形으로　　　**令入此法中**이로다
　　부처님은 법으로 몸을 삼아
　　허공처럼 청정하여
　　나타내신 온갖 색과 형상으로
　　불법에 들어가도록 하시네

若有深信喜와　　　　**及爲佛攝受**면
當知如是人은　　　　**能生了佛智**로다
　　깊은 신심과 환희 있어
　　부처님이 받아주시면
　　알아라, 이와 같은 사람은
　　부처님 알아보는 지혜 얻으리라

諸有少智者는　　　　**不能知此法**하나니
慧眼淸淨人이라야　　**於此乃能見**이로다
　　지혜가 적은 이들은

불법을 알지 못하나니
지혜의 눈이 청정한 자만이
이에 볼 수 있으리라

以佛威神力으로   **觀察一切法**호대
入住及出時를   **所見皆明了**로다

    부처님의 위신력으로
    모든 법을 살펴보되
    들어감과 머묾과 나오는 모든 시절에
    보는 바가 모두 밝도다

一切諸法中에   **法門無有邊**하니
成就一切智하사   **入於深法海**로다

    일체 모든 법 가운데
    법문이 그지없으니
    일체지(一切智) 성취하여
    깊은 법바다에 들어가셨네

◉ **疏** ◉

文分爲三이니 **初六**은 **攝生無遺**오 **次二**는 **寂用無礙**오 **後二**는 **大用無涯**니라

    이의 10송은 3단락으로 나뉜다.

첫 단락의 6게송(제1~6)은 중생을 하나도 버리지 않고 받아들임이며,

제2단락의 2게송(제7~8)은 寂과 用이 걸림 없음이며,

제3단락의 2게송(제9~10)은 大用이 끝이 없음이다.

今初文二니 初二는 能攝이니 謂身語深廣이니 前偈는 語요 後偈는 身이니 身中上半은 體니 客塵不染故요 下半은 用이니 隨物見異故니라 亦是釋疑니 爲物現相이나 不乖如空이니라【鈔 亦是釋疑者는 疑云旣以法爲佛身이오 淸淨如虛空인댄 何緣現金色等이며 云何令人悟於虛空고 答有三意하니 一은 體雖無相이나 爲物現相하나니 物宜見故로 隨他意耳요 二는 若不見相인댄 云何令人悟於無相이며 如不因言인댄 豈顯無言之理아 上二意는 卽爲物現相句中에 通之니라 三은 如虛空言은 取其淸淨無相이니 非離相求니라 相은 卽無相이라 故不乖空이니라 故下經云 "佛住甚深眞法性하사 寂滅無相同虛空이나 而於第一實義中에 示現種種所行事어와 所行利益衆生事 皆因法性而得有어니 相與無相無差別이라 入於究竟皆無相이라"하니 故不乖無相이니 相이 卽無相耳니라】後四偈는 所攝이니 初偈는 何人能了오 內信外攝者니라 次偈는 以何眼見고 唯勝非劣이니라 次偈는 了見何法고 謂一切法의 地地三心이니라【鈔 地地三心 者는 卽入·住·出이니 下當廣說호리라】後偈는 何位究竟고 菩薩地盡하야 至入佛海니라

이의 첫 단락의 6게송(제1~6)은 둘로 나뉜다. 앞의 2게송(제1~2)은 중생을 받아들이는 주체이다. 身業·語業의 심오하고 광대함을 말하니, 제1게송은 어업이고, 제2게송은 신업이다. 신업 가운데

제1, 2구는 본체를 말하니, 客塵이 물들이지 못하기 때문이며, 제3, 4구는 妙用이니, 중생에 따라 달리 보이기 때문이다. 또한 의심을 해석함이니, 중생을 위하여 형상을 나타내나 허공과 같다는 의의에 어긋남이 없다. 【초_ "또한 의심을 해석함[亦是釋疑]"이란, 어느 사람이 다음과 같이 의심하여 말하였다. "이미 법으로 부처님의 몸을 삼아 허공처럼 청정하다면 무슨 인연으로 금색 등을 나타냈을까? 어떻게 사람으로 하여금 허공과 같음을 깨닫게 할 수 있을까?"

이에 대한 답에는 3가지의 뜻이 있다.

첫째, 본체는 비록 형상이 없으나 중생을 위하여 형상을 나타낸 것이다. 중생은 형상을 보아야 하기 때문에 그들의 뜻을 따른 것이다.

둘째, 만약 형상을 보지 못한다면 어떻게 사람들에게 형상이 없는 것을 깨닫게 할 수 있겠는가. 만약 말을 하지 않는다면 어떻게 말이 없는 이치를 나타낼 수 있겠는가. 위의 2가지의 뜻은 "중생을 위하여 형상을 나타냈다."는 구절에 통하는 말이다.

셋째, "허공과 같다."는 말은 청정하여 형상이 없다는 뜻을 취한 것이지, 형상을 떠나 추구할 수 없기 때문이다. 그 형상은 곧 형상이 없는 것이다. 그러므로 공을 말한 도리에 어긋남이 없다.

이 때문에 아래의 十地品에서 이르기를, "부처님은 깊고 참된 법의 성품에 머무시어 적멸하고 모양 없어 허공 같으시되 제일의 진실한 이치 안에서 갖가지 일을 행하여 보이시거니와 중생에게 이익 되는 그 일들이 모두 법의 성품 따른 터라 相과 無相이 다름없으니 구경에는 모두가 無相이다."고 하였다. 이 때문에 無相에 어긋남이 없는 것인 바, 형상이 곧 형상이 없는 것이다.】

뒤의 4게송(제3~6)은 받아들이는 대상, 즉 중생이다. 제3게송은 어떤 사람이 깨달을 수 있을까? 안으로는 신심이 있고, 밖으로는 부처님이 받아주는 자이다.

다음 제4게송은 어떤 눈으로 볼 수 있을까? 오직 殊勝한 慧眼으로 할 수 있을 뿐, 용렬한 눈으로 볼 수 있는 게 아니다.

다음 제5게송은 어떤 법을 깨달아야 할까? 모든 법의 지위마다 三心을 말한다.【초_ "지위마다 三心"이란 곧 入·住·出이다. 아래의 해당 부분에서 자세히 말할 것이다.】

뒤의 제6게송은 어떤 지위가 究竟일까? 보살 지위가 다하여 佛海에 들어가는 데 이르러야 한다.

經

安住佛國土하야　　　　出興一切處하사대
無去亦無來하시니　　　諸佛法如是로다

　　부처님 국토에 안주하여
　　모든 곳에 나타나시되
　　떠나감도 또한 옴도 없으니
　　모든 부처님의 법 이와 같네

一切衆生海에　　　　　佛身如影現하시니

隨其解差別하야　　　　如是見導師로다

　　모든 중생바다에
　　부처님의 몸, 그림자처럼 나타나시니
　　그들의 이해 차별에 따라
　　이와 같이 부처님 친견하네

◉ 疏 ◉

次二 寂用無礙中에 初偈는 用徧出興이나 體無來往이오 後偈는 卽用
恆寂이나 隨解自差니라

　제2단락(제7, 8게송)의 寂과 用이 걸림 없는 가운데, 제7게송은 妙用이 두루 나타나지만 본체는 오고 감이 없으며, 제8게송은 묘용을 함께하면서도 항상 고요하나 견해를 따라 스스로 차이가 있다.

經

一切毛孔中에　　　　各各現神通하시니
修行普賢願하야　　　淸淨者能見이로다

　　모든 모공 가운데
　　각각 신통력 나타내니
　　보현 서원 수행하여
　　청정한 불자 이런 모습 본다네

佛以一一身으로　　　處處轉法輪하사

法界悉周徧하시니　　　思議莫能及이로다
　　부처님이 하나하나 몸으로
　　곳곳에서 법륜 굴리어
　　법계에 모두 두루 하니
　　생각으로 미칠 수 없네

◉ 疏 ◉

後二大用無涯者는 初'一一毛'에 皆普現通이오 後'一一身'에 各徧轉法이니라

　　제3단락(제9, 10게송)의 大用이 끝이 없다는 것이란, 제9게송은 하나하나의 모공에 모두 널리 신통력이 나타남이며, 제10게송은 하나하나의 몸에 각각 두루 법륜을 굴리는 것이다.

第八 西北方 無盡光菩薩

　　제8. 서북방 무진광보살의 게송

經

爾時 衆中에 復有菩薩摩訶薩하니 名威德慧無盡光이라 承佛威神하사 觀察十方하고 而說頌曰

　　그때 대중 가운데 또 보살마하살이 있으니, 그 이름을 위덕혜무진광(威德慧無盡光)이라 한다. 부처님의 헤아릴 수 없는 영묘하고

도 불가사의한 힘을 받들어 시방을 관찰하고 게송으로 말하였다.

◉ 疏 ◉

前名無盡光摩尼王은 此云威德慧니 即摩尼王은 法喩異耳니라 十頌은 歎佛出現說法이 皆周徧德하야 答無畏問이니 說法無畏故일세니라

앞의 보살 명호에서 '무진광마니왕'은 여기에서는 '위덕혜'라 말하니, 곧 마니왕은 법의 비유가 다르다.

10頌은 부처님의 출현과 설법이 모두 두루 한 공덕을 찬탄하여, '부처님의 두려움이 없음'에 대한 물음에 답함이니, 설법이 곧 無畏이기 때문이다.

經

一一佛刹中에　　　　　　處處坐道場하니
衆會共圍繞하야　　　　　魔軍悉摧伏이로다

　하나하나 부처님 세계 가운데
　곳곳의 도량에 앉으시니
　대중이 함께 둘러싸고
　마군을 모두 꺾어 항복받네

佛身放光明하사　　　　　徧滿於十方하야
隨應而示現하시니　　　　色相非一種이로다

　부처님 몸에서 광명이 쏟아져

시방세계 두루 가득히
중생 따라 맞추어 나타내시니
빛과 모양이 한 가지 아니어라

● 疏 ●

於中分三이니 初二는 總顯身光徧應이오 次七은 辨其所作이오 後一은 結用歸本이니라

10송은 3단락으로 나뉜다. 처음 2게송(제1~2)은 몸의 광명이 두루 나타남을 전체로 밝힘이며, 다음 7게송(제3~9)은 그 광명이 만든 바를 논변함이며, 뒤의 1게송(제10)은 묘용을 끝맺으면서 본체에 귀결 지음이다.

經

一一微塵內에   光明悉充滿하사
普見十方土호되 種種各差別이로다

하나하나 국토 티끌 속에
광명이 모두 충만하여
시방국토 널리 나타나되
갖가지 다른 모습이네

十方諸刹海에   種種無量刹이
悉平坦淸淨하야 帝靑寶所成이라

시방의 모든 세계바다
갖가지 한량없는 세계
모두 평탄하고 청정하여
제청보배로 이뤄졌네

或覆或傍住며 　　或似蓮華合이며
或圓或四方인 　　種種衆形相이로다

   혹은 엎어지고 혹은 곁에 붙은 것
   혹은 연꽃이 오므린 것
   혹은 둥글고 혹은 네모난 것
   갖가지 수많은 모습이네

法界諸刹土에 　　周行無所礙하사
一切衆會中에 　　常轉妙法輪이로다

   법계의 모든 세계
   걸림 없이 두루 다니며
   온갖 대중 모임에
   항상 미묘한 법륜 굴리시네

佛身不思議여 　　國土悉在中이라
於其一切處에 　　導世演眞法이로다

   부처님의 몸 불가사의여

모든 국토에 계시며
그 모든 곳에
세상 인도하는 이, 참다운 법 연설하네

所轉妙法輪이여　　　　　法性無差別이라
依於一實理하사　　　　　演說諸法相이로다

　굴리시는 미묘한 법륜
　그 법성 차별이 없네
　하나의 진실한 이치에 의하여
　모든 법상 연설하였네

佛以圓滿音으로　　　　　闡明眞實理하사
隨其解差別하야　　　　　現無盡法門이로다

　부처님 원만한 음성으로
　진실한 이치 밝혀
　중생의 각기 다른 이해 따라
　그지없는 법문 나타내시네

◉ 疏 ◉

辨所作中分二니 初三은 明光照無遺오 後四는 演法周徧이니 一은 徧塵內外法界刹中이오 二는 徧佛身中一切刹內오 三은 明所轉性相이오 四는 卽能轉圓音이니라

그 광명이 만든 바를 논변한 7게송(제3~9)은 2단락으로 나뉜다. 처음 3게송(제3~5)은 빠뜨림 없이 광명이 비침을 밝힘이다. 뒤의 4게송(제6~9)은 법의 연설이 두루 함이니, 제6게송은 티끌의 내외, 법계 세계에 가득함이며, 제7게송은 부처님 몸 가운데 일체 세계에 두루 함이며, 제8게송은 굴려야 할 대상인 *法相*을 밝힘이며, 제9게송은 굴릴 주체인 圓音을 말한다.

經

一切刹土中에　　　　　**見佛坐道場**하니
佛身如影現이라　　　　**生滅不可得**이로다

　모든 세계 가운데
　도량에 앉으신 부처님 뵈니
　부처님의 몸 그림자처럼 나타나
　생겨나거나 사라짐이 없네

● 疏 ●

後一은 結用歸本이니 不可得故니라

맨 끝의 제10게송은 묘용을 끝맺으면서 본체로 귀결 지음이니, 생겨나거나 사라짐이 없기 때문이다.

第九 下方 普明菩薩

제9. 아래의 보명보살의 게송

經

爾時 衆中에 復有菩薩摩訶薩하니 名法界普明慧라 承佛威神하사 觀察十方하고 而說頌曰

그때 대중 가운데 또 보살마하살이 있으니, 그 이름을 법계보명혜(法界普明慧)라 한다. 부처님의 헤아릴 수 없는 영묘하고도 불가사의한 힘을 받들어 시방을 관찰하고 게송으로 말하였다.

● 疏 ●

前名法界光燄慧는 此云普明이니 卽前光燄이라 十頌은 讚佛境勝用과 菩薩能入하야 答神通問이니 文云各各現故일세니라

앞의 보살 명호에서 법계광염혜는 여기에서 '보명'이라 말하니, 곧 앞에서 말한 '광염'이다.

10송은 부처님 경계의 훌륭한 묘용과 보살이 부처님의 경계에 들어감을 찬탄하여 '부처님의 신통'에 관한 물음에 답함이다. 본 게송에서 "각각 신통을 나타낸다."고 말하였기 때문이다.

經

如來微妙身이여 色相不思議라
見者生歡喜하야 恭敬信樂法이로다

여래의 미묘한 몸

빛과 모양이여, 불가사의여라
보는 이 모두 기뻐하여
공경하고 법을 믿고 좋아하네

佛身一切相에　　　　　**悉現無量佛**하사
普入十方界의　　　　　**一一微塵中**이로다

    부처님의 몸 여러 모습에서
    모두 한량없는 부처님 나타나
    시방세계 널리널리
    하나하나 작은 티끌 속에 계시네

十方國土海에　　　　　**無量無邊佛**이여
咸於念念中에　　　　　**各各現神通**이로다

    시방세계 국토바다
    한량없고 그지없는 부처님
    모두 한 생각 한 생각 속에
    각각 신통력 나타내네

● **疏** ●

於中二니 **前三**은 **顯佛境勝用**이니 **先半偈**는 **標其體**니 **謂妙身色相**이오 **後二頌半**은 **辨其用**이니라

    10송은 2단락으로 나뉜다. 앞의 3계송(제1~3)은 부처님 경계의

훌륭한 묘용을 밝힌 것이다. 제1게송의 제1, 2구는 부처님의 본체를 밝힘이니, 미묘한 몸의 빛과 모양을 말하고, 제1게송의 제3, 4구와 제2, 3게송은 부처님의 묘용을 논변하였다.

經

大智諸菩薩이 　　　　　深入於法海하사
佛力所加持로 　　　　　能知此方便이로다

　　큰 지혜 지닌 모든 보살이
　　법바다에 깊이 들어가
　　부처님 힘으로 가피 입어
　　이런 방편 알았다네

若有已安住 　　　　　　普賢諸行願이면
見彼衆國土의 　　　　　一切佛神力이로다

　　만약 보현보살 모든 수행과 서원에
　　이미 안주했다면
　　저 수많은 국토의
　　모든 부처님의 신통한 힘 보리라

若人有信解와 　　　　　及以諸大願이면
具足深智慧하야 　　　　通達一切法이로다

　　만약 신심과 견해

그리고 큰 서원이 있는 불자라면
깊은 지혜 갖추어
모든 법을 통달하리라

能於諸佛身에 　　　　**一一而觀察**하면
色聲無所礙하야 　　　　**了達於諸境**이로다
　모든 부처님의 몸에서
　하나하나 제불 성불(成佛) 살펴보면
　빛과 소리에 걸림 없어
　모든 경계 밝게 통달하리라

能於諸佛身에 　　　　**安住智所行**하면
速入如來地하야 　　　　**普攝於法界**로다
　모든 부처님의 몸에서
　지혜와 수행하신 바에 안주하면
　여래 경지에 빨리 들어가
　법계를 널리 섭수하리라

佛刹微塵數의 　　　　**如是諸國土**를
能令一念中에 　　　　**一一塵中現**이로다
　부처님 세계 무한수의
　이와 같은 모든 국토를

한 생각의 찰나에
하나하나 티끌 속에 나타나게 하네

一切諸國土와　　　　及以神通事를
悉現一刹中하시니　　菩薩力如是로다

일체 모든 국토와
신통한 일들을
한 세계 속에 모두 나타내시니
보살의 힘 이와 같네

● 疏 ●

後七은 菩薩能入이니 謂入佛境界니라 於中三이니 初二具德일세 故知見이오 次三은 知見成益이오 後二는 結用速疾이니 竝可知니라

뒤의 7게송(제4~10)은 보살이 들어감이니, 이는 부처님의 경계에 들어감을 말한다.

이는 3단락으로 나뉜다.

앞의 2게송(제4~5)은 덕을 갖춘 까닭에 방편법문을 알고 부처님의 신통력을 본 것이다.

다음 3게송(제6~8)은 방편법문을 알고 부처님의 신통력을 봄으로써 이익을 성취함이다.

끝의 2게송(제9~10)은 신속한 묘용을 끝맺음이다. 모두 말하지 않아도 알 수 있다.

第十 上方 精進力菩薩

제10. 위의 정진력보살의 게송

經

爾時 衆中에 復有菩薩摩訶薩하니 名精進力無礙慧라 承佛威神하사 觀察十方하고 而說頌曰

그때 대중 가운데 또 보살마하살이 있으니, 그 이름을 정진력무애혜(精進力無礙慧)라 한다. 부처님의 헤아릴 수 없는 영묘하고도 불가사의한 힘을 받들어 시방을 관찰하고 게송으로 말하였다.

● 疏 ●

此與前名으로 顚倒而已니라 十頌은 讚佛圓音·現身·神變自在하야 答無能攝取問이니 謂此願力普周하야 無能令不取故일세니라

이는 앞의 보살 명호를 거꾸로 썼을 뿐이다.

10송은 부처님의 圓音·現身·신통변화 자재를 찬탄하여, '부처님 하신 일을 그 누구도 제재할 수 없다.'는 물음에 관한 답이다. 이는 원력이 널리 두루 하여 그 누구도 마음대로 하지 않음이 없도록 하기 위함이다.

經

佛演一妙音하사대　　　周聞十方刹하시며

衆音悉具足하야　　　　　法雨皆充徧이로다

 부처님의 한마디 미묘한 음성
 시방세계 두루 울려
 온갖 음성 모두 갖추어
 법비 모두 가득하네

一切言詞海와　　　　　一切隨類音으로
一切佛刹中에　　　　　轉於淨法輪이로다

 모든 말씀의 바다
 중생 따라 말씀하신 모든 음성이여
 모든 부처님 세계에
 청정한 법륜 굴리시네

一切諸國土에　　　　　悉見佛神變하며
聽佛說法音하고　　　　聞已趣菩提로다

 일체 모든 국토에
 부처님 신통변화 모두 나타내며
 부처님 설법 음성 모두 듣고
 그 음성 들으면 보리 얻도다

● 疏 ●

於中分三이니 初三은 頌歎佛圓音雨法德이니라 然具十義하니 一은 唯

一妙音이니 一梵音故오 二는 徧聞一切니 稱法性故오 三은 此一卽多니 事理融故오 四는 彼一一音이 雨多法雨오【鈔_ 四多法雨者는 隨前一音하야 卽說四諦·十二因緣·六波羅蜜·因果等法이라】五는 彼法各具一切文詞오 六은 各同一切衆生之音이오 七은 此音各各徧一切處오 八은 所說이 各顯性淨之理오 九는 三句 各令一切普得見聞이오 十은 一句 各各皆得究竟之益이라 上之十義는 從一妙音하야 展轉開之하야 具十無盡이라야 方曰圓音이니 文處可見이라【鈔_ 文處可見者는 上之八義는 句各一義로되 唯第九義는 具於三句오 十亦一句라 故十二句而有十義니라】

10송은 3단락으로 나뉜다.

첫 단락의 3게송(제1~3)은 부처님의 원만한 음성으로 법을 내려주는 공덕을 찬탄함이다. 그러나 여기에는 10가지의 뜻이 담겨 있다.

⑴ 유일하게 미묘한 음성이다. 하나의 梵音이기 때문이다.

⑵ 두루 일체 세계에 들린다. 법성에 칭합하기 때문이다.

⑶ 하나의 음성이 곧 수많은 음성이다. 사법계와 이법계가 원융하기 때문이다.

⑷ 하나하나의 음성이 많은 법비를 내려줌이다.【초_ ⑷에서 많은 법비를 내려준다는 것은 앞의 '하나하나의 음성'을 따라서 四諦·十二因緣·六波羅蜜·因果의 법 등을 말한 것이다.】

⑸ 그 법이 각각 모든 문장을 갖추고 있기 때문이다.

⑹ 각각 일체중생의 음성이 같기 때문이다.

⑺ 이 음성 각각 모든 곳에 두루 하기 때문이다.

⑻ 설법의 대상이 각각 청정한 본성의 이치를 밝히기 때문이다.

⑼ 게송마다 앞의 제1~3구는 각각 일체중생으로 하여금 널리 보고 듣도록 함이기 때문이다.

⑽ 게송마다 뒤의 제4구는 각각 모두 究竟의 이익을 얻게 하기 위함이다.

위에서 말한 10가지의 뜻은 하나의 미묘한 음성을 따라 전전하여 나뉘면서 10가지의 그지없는 뜻을 갖추어야만 비로소 '원만한 음성'이라고 말할 수 있다. 게송의 해당 부분에서 이러한 점을 찾아볼 수 있다. 【초_ "게송의 해당 부분에서 이러한 점을 찾아볼 수 있다."는 것은, 위의 ⑴~⑻까지 뜻은 구절마다 각기 하나의 뜻을 지니고 있지만, 오직 ⑼의 의미는 게송마다 앞의 제1~3구절에 갖추어져 있고, ⑽의 의미 또한 게송마다 뒤의 1구절(제4구)에 담겨 있다. 이 때문에 12구이지만 10가지의 뜻이다.】

經

法界諸國土의　　　　一一微塵中에
如來解脫力으로　　　於彼普現身이로다

    법계 모든 국토의
    하나하나 작은 티끌 가운데
    여래의 해탈력으로
    그곳에 모두 몸을 나타내시네

法身同虛空하야　　　　　無礙無差別하사대
色形如影像하야　　　　　種種衆相現이로다

　　법신은 허공 같아서
　　걸림도 차별도 없으나
　　빛과 형상은 그림자와 같아
　　갖가지 온갖 모양 나타내시네

影像無方所하야　　　　　如空無體性하니
智慧廣大人은　　　　　　了達其平等이로다

　　그림자는 일정한 곳이 없어
　　허공처럼 체성이 없으니
　　광대한 지혜를 지닌 사람은
　　그 평등한 법 밝게 통달하리라

佛身不可取며　　　　　　無生無起作이라
應物普現前하사대　　　　平等如虛空이로다

　　부처님의 몸은 취할 수도 없으며
　　생겨남도 없고 일으킴도 없으나
　　중생을 따라 앞에 나타나되
　　평등함이 허공과 같아라

◉ 疏 ◉

次四는 歎佛現身無礙德이니 初偈는 解脫力이라 故現處周細하고 次偈는 法身力이라 故現相卽虛며 後二偈는 以般若德으로 發揮前偈니라

다음 4게송(제4~7)은 부처님의 걸림 없는 現身의 공덕을 찬탄함이다. 제4게송은 해탈력인 까닭에 현신한 곳이 두루 자세하고, 다음 제5게송은 법신력인 까닭에 현신의 모습이 곧 공허하고, 뒤의 제6, 7게송은 반야덕으로 앞의 게송을 밝힌 것이다.

初偈는 釋下半이어늘 言'影像'者는 顯無方所故니 謂光東則影西오 光西則影東이며 質對像生이라 來無所從이오 質謝像亡이라 去無所至일세 故此影像은 卽空無體니라【鈔 '言影像者'는 此句標라 下別釋之니라 離其影像하야 以爲二喩니 影은 取光影喩라 故云'光東影西'等이라하다 然光影喩에 自有二意하니 一은 以若身若樹等으로 以喩物機니 日月之光은 以喩佛智오 所見之影은 喩物色形이니 如瞿師羅之短質을 佛智에 對之면 爲三尺之影이오 無邊身之長質을 佛智에 對之면 爲窮上界而有餘之影이로되 今不取此義니라 二質은 喩法身이니 無二相故오 光은 喩機感이니 隨其東西所感異故오 影은 喩色形이니 隨機感光而東西故니라 今取此義하야 云'無方所'니라 二는 以像一種으로 爲鏡像喩라 故云'質對像生'에 無從無去이라하니라 卽無方所일세 故此影像下에 雙結二喩니라 '無方所'言은 意明空耳라】

앞 게송의 뜻은 아래의 절반을 해석한 것인데, '影像'이라 말한 것은 일정한 장소가 없음을 밝히기 위한 까닭이다. 광채가 동쪽에 있으면 그림자는 서쪽으로 비춰지고, 광채가 서쪽에 있으면 그림

자는 동쪽으로 비춰지며, 형질을 마주하면 형상이 생겨나기에 앞에 보이지만 유래한 바가 없고, 형질이 사라지면 형상이 없어지기에 떠나가되 이를 바가 없다. 그러므로 이처럼 영상이란 공허하여 본체가 없다.【초_ "影像이라 말한 것"이란 구절은 주제를 내세운 지표이기에 아래에서 별개로 해석하였다. 그 影·像을 분리하여 2가지로 비유하였다. 影이란 광채와 그림자의 비유이다. 이 때문에 "광채가 동쪽에 있으면 그림자는 서쪽으로 비춰진다." 등을 말한 것이다.

그러나 광채와 그림자의 비유에는 그 나름 2가지의 뜻이 있다.

① 몸과 나무 등으로 만물의 근기를, 태양과 달의 광명은 부처님의 지혜를, 나타난 그림자는 물색의 형체를 비유한 것이다. 瞿師羅의 작은 키의 몸을 부처님의 지혜에 대비하여 말하면 3척의 그림자가 되고, 끝없이 큰 키의 몸을 부처님의 지혜에 대비하여 말하면 上界를 다하고도 남는 그림자가 있지만, 여기에서는 이러한 뜻을 취하지 않았다. 작은 키와 큰 키의 두 몸은 법신을 비유함이니, 2가지의 형상이 없기 때문이며, 광채는 기틀의 감응을 비유함이니, 광채가 동서 어느 쪽에 있느냐에 따라서 감응한 바가 다르기 때문이며, 그림자는 色形을 비유함이니, 기틀을 따라 광채에 감응하여 그 그림자가 동서 어느 쪽에 생겨나느냐가 다르기 때문이다. 여기에서는 이러한 뜻을 취하여 "일정한 장소가 없다[無方所]."고 말한 것이다.

② 像이라는 한 가지로 거울과 형상[鏡·像]의 비유를 삼은 것이

다. 이 때문에 형질을 마주하면 형상이 생겨나기에 유래한 바도 없고 떠나감도 없다고 말한 것이다. "일정한 장소가 없기에" 이 影·像의 아래에 이 두 가지의 비유를 한꺼번에 끝맺은 것이다. "일정한 장소가 없다."는 것은 空의 뜻을 밝힌 데에 있다.】

後偈는 釋上半이어늘 言如空者는 不可取等故니라 故雖現形이나 猶如水月하야 平等如空이니라【鈔_ 言如空者는 等取四義니 謂此偈中에 五義如空이라 一不可取니 無物可取는 智覽無性故요 二無生이니 非從無之有故요 三無起作이니 非新成故요 四應物現前이나 無有一物不對空故며 隨器大小孔隙之異故요 五平等이니 十方虛空을 皆不可量이며 三際虛空이 同一相故니라 如來五義者는 一 離相故요 二 眞常故요 三 湛寂故니 上三은 寂然不動이요 四 卽感而遂通이요 五 體相用等이니 佛佛相望하야 平等無二故니라 雖現形者는 經云"佛眞法身이 猶若虛空이요 應物現形이 如水中月이라"하니 此義는 佛佛平等이라 是故로 經云平等如空이라하나라】

뒤 게송의 뜻은 위의 절반을 해석한 것인데, '如空'(如空無體性)이라 말한 것은 "취할 수 없다[不可取: 佛身不可取]."는 등의 이유 때문이다. 그러므로 아무리 부처님의 모습이 나타난다 할지라도 그것은 마치 물에 비친 달[水月]과 같아서 허공과 같기 때문이다.【초_ "허공과 같다고 말한 것"은 똑같이 4가지의 뜻을 취하였다. 이 게송 가운데서 말한 5가지의 뜻이 허공과 같다.

① 취할 수 없다. 어느 물건도 취할 수 없다는 것은 지혜로 성품이 없음을 봤기 때문이다.

② 생겨남이 없다[無生]. 無에서 有가 생겨남이 아니기 때문이다.

③ 일으키는 일이 없다. 새로 만들어진 것이 아니기 때문이다.

④ 중생에 감응하여 앞에 나타남이다. 어느 물건도 허공과 대비하지 못할 것이 없기 때문이며, 그릇의 크고 작은 공간의 차이를 따르기 때문이다.

⑤ 평등하다. 시방 허공을 모두 헤아릴 수 없으며, 삼세 허공이 똑같이 하나의 모습이기 때문이다.

여래의 5가지의 뜻은 다음과 같다.

① 형상을 여읜 때문이다.

② 眞常이기 때문이다.

③ 湛寂이기 때문이다.

위의 3가지는 寂然不動의 근본자리이다.

④ 감촉으로 마침내 통하기 때문이다.

⑤ 體·相·用이 평등함이다. 부처와 부처가 서로 이어 평등하여 차이가 없기 때문이다.

"아무리 부처님의 모습이 나타난다 할지라도[雖現形]"라는 것은 大乘玄論(제2권)에서 말하기를, "부처님의 참다운 법신이 허공과 같으나 모든 물건에 감응하여 형체를 나타냄은 물에 비친 달과 같다."고 하였다. 이 뜻은 모든 부처님이 평등함을 말한다. 이 때문에 게송에서 "평등함이 허공과 같다."고 말한 것이다.】

十方所有佛이 　　　　**盡入一毛孔**하사
各各現神通을 　　　　**智眼能觀見**이로다

　　시방세계 부처님이
　　모두 하나의 모공으로 들어가
　　각각 신통력 나타내는 것을
　　지혜의 눈으로 보네

毘盧遮那佛이 　　　　**願力周法界**하사
一切國土中에 　　　　**恒轉無上輪**이로다

　　비로자나 부처님의
　　원력이 법계에 두루 하여
　　모든 국토 가운데
　　위없는 법륜 항상 굴리시네

一毛現神變을 　　　　**一切佛同說**하사
經於無量劫토록 　　　**不得其邊際**로다

　　하나의 모공에 신통변화 나타냄을
　　모든 부처님 똑같이 말씀하여
　　한량없는 겁 지나도록
　　그 끝을 알 수 없네

● 疏 ●

後三는 歎佛神變自在德이니 一則毛孔廣容이오 二則願能普徧이오 三擧少況多니라 又上畧配十句니 其中에 具有四十句意로되 不能繁指니라

뒤의 3게송(제8~10)은 부처님의 신통변화 자재한 공덕을 찬탄함이다.

제8게송은 하나의 모공이 광대한 세계를 포용함이며,

제9게송은 비로자나불의 서원이 널리 두루 함이며,

제10게송은 적은 것을 들어 많은 것을 비유하였다.

또한 위는 간단하게 10句에 배대함이니, 그 가운데 40句의 뜻이 담겨 있으나 워낙 번거로워 하나하나 지적할 수 없다.

第六 大科 結通無窮

제6. 무궁함을 모두 끝맺다

經

如此四天下道場中에 以佛神力으로 十方各有一億世界海微塵數諸菩薩衆이 而來集會하야 應知一切世界海一一四天下諸道場中에도 悉亦如是하니라

이처럼 4대주(四大洲)의 천하 법회 도량에 부처님의 헤아릴 수 없는 영묘하고도 불가사의한 힘으로 시방에서 각각 1억 세계바다

의 셀 수 없는 무한수의 모든 보살들이 와서 모이듯이, 일체 세계 바다 하나하나 4대주 천하의 모든 도량 또한 모두 이와 같은 줄을 알아야 할 것이다.

◉ 疏 ◉

分二니 初는 擧此오 二應知下는 類彼니라 言'四天下'者는 意在閻浮니 言總意別이니라 旣以結通菩薩雲集인댄 尤顯上歎이 是彼十方이니라 遠方便을 竟하다【鈔_ 旣以結通者는 謂若是勝音眷屬이어늘 何以歎 後結云如此四天下道場中에 以佛神力으로 十方에 各有一億世界 海微塵數諸菩薩衆而來集會耶아 明知하라 上은 是十方菩薩이 歎佛 德耳니라】

이의 경문은 2단락으로 나뉜다. 제1단락[如此四天下… 而來集會]은 여기에 모인 보살대중을 들어 말함이며, 제2단락 '應知一切' 이하는 말하지 않은 다른 보살대중도 이와 같음을 말한 것이다.

'四天下'를 말한 의도는 閻浮提에 있다. 총체를 말하여 개별을 뜻한 것이다. 앞서 보살의 운집을 전체로 끝맺은 바, 위의 찬탄이 저 시방세계를 대상으로 했다는 것이 더욱 뚜렷하다.

'遠方便'을 끝마치다.【초_ "앞서 보살의 운집을 전체로 끝맺었다[旣以結通]."는 것은 이와 같이 승음보살의 권속을 말한 것인데, 어찌하여 찬탄한 뒤에 끝맺어 말하기를, "이처럼 4대주의 천하 법회 도량에 부처님의 헤아릴 수 없는 영묘하고도 불가사의한 힘으로 시방에서 각각 1억 세계바다의 셀 수 없는 무한수의 모든 보살들이 와서 모이듯이"라고 말한 것일까? 이에 대해 분명히 알아야 한다. 위에서는 시방세계 보살이 부처님의 덕을 찬탄한 것이다.】

● 論 ●

第四는 從爾時世尊欲令一切菩薩大衆得如來無邊境界已下에 一段長行이 有二十八行半經(484言)은 於中에 分爲兩段호리니 一은 從初十行經은 明光之德이오 第二는 十八行半經은 明蓮華出現이라 第一從初明光之德은 大意有十하니 一은 令衆除疑獲益이오 二는 顯光出處오 三은 顯光之名이오 四는 顯光之色이오 五는 明光所照遠近이오 六은 明光所照에 威動世界오 七은 光照塵中에 現無數佛하야 隨根與益이오 八은 光雨十種法輪雲이오 九는 光明遶佛이오 十은 光入佛足輪하야 以成大衆信心이니 明足下이 是初信入일세 故說十種智佛하사 以爲自己信心이 以不動智로 爲首라

제4는 '爾時世尊欲令一切菩薩大衆得如來無邊境界'로부터 아래의 한 단락의 장항이 28行 절반의 484자로, 이는 2단락으로 나뉜다.

제1단락의 처음으로부터 10行의 경문은 방광의 공덕을 밝힌 것이며, 제2단락의 18行 절반은 연꽃이 출현함을 밝힌 것이다.

제1단락에서 처음으로부터 방광의 공덕을 밝혔다는 것에는 10가지의 큰 뜻이 있다.

(1) 대중으로 하여금 의심을 제해 이익을 얻게 함이다.

(2) 광명의 출처를 밝힘이다.

(3) 광명의 이름을 밝힘이다.

⑷ 광명의 색상을 밝힘이다.

⑸ 광명이 비친 원근의 거리를 밝힘이다.

⑹ 광명이 비친 곳의 위엄이 세계를 진동함을 밝힘이다.

⑺ 광명이 티끌에 비침에 수없는 부처님이 나타나 중생의 근기를 따라 이익을 줌이다.

⑻ 광명이 10가지 법륜구름을 비 내리듯 함이다.

⑼ 광명이 부처님의 오른쪽으로 선회함이다.

⑽ 광명이 부처님의 足輪으로 들어가 대중의 신심을 성취함이다. 발바닥이 최초의 신심이 들어간 곳이기에 十種智佛을 말하여**(아래의 勸信 부분에서 설명할 것이다.)** 자기 신심이 不動智로 으뜸을 삼음을 밝힌 것이다.

第二 爾時佛前已下 十八行半經에 明蓮華出現은 於此一段文中에 大意有十하니 一은 明華現所由오 二는 明華具十種嚴飾이오 三은 明毫光出衆來坐오 四는 明勝音菩薩爲主하고 餘者爲伴이오 五는 明上首菩薩勝音之德이오 六은 明諸佛與勝音之力이오 七은 明勝音常見諸佛이오 八은 明勝音神變自在오 九는 明勝音觀衆說頌이오 十은 明正申頌意라

제2단락 '爾時佛前' 이하 18行 절반 부분에서 연꽃의 출현을 밝힌 것은 이 단락의 경문에 10가지의 큰 뜻이 있다.

⑴ 연꽃 출현의 유래를 밝힘이다.

⑵ 연꽃에 10가지의 장엄 수식이 있음을 밝힘이다.

⑶ 백호광에서 출현한 보살대중이 도량을 찾아옴을 밝힘이다.

⑷ 승음보살이 주가 되고 나머지 보살이 도반이 됨을 밝힘이다.

⑸ 上首보살인 승음의 덕을 밝힘이다.

⑹ 여러 부처님과 승음보살의 법력을 밝힘이다.

⑺ 승음보살이 언제나 여러 부처님을 봄을 밝힘이다.

⑻ 승음보살의 신통변화 자재를 밝힘이다.

⑼ 승음보살이 대중을 보고서 게송을 설함을 밝힘이다.

⑽ 게송의 뜻을 밝힘이다.

此之一段經文에 如來眉間毫出光明이 名一切菩薩光明普照耀十方藏者는 明是十地菩薩智滿中道敎行之光이오 又毫相中에 出衆菩薩이 有世界海微塵數하야 上首名曰一切法勝音은 卽是其十地滿足中道果行이니 將此中道覺行悲智圓滿法界行門인 毫塵刹海無障礙法하야 答前大衆의 三十七問하사 使令現在와 及以未來로 信此十地法界因果法門行滿十方하야 使令得益이라 是故로 經에 云欲令一切菩薩大衆으로 得於如來無邊境界神通力故로 放眉間光이라 하시니라 又光體는 是法界之理며 勝音大衆之海는 是其法界之行用故니 明從十住初心하야 以理智萬行이 體用不相離也라 故從十信하야 卽與果行으로 令修理智體用하야 法合然故로 從果行信進이니라

한 단락의 경문에 여래의 눈썹 사이 백호에서 나타난 광명을 '一切菩薩光明普照耀十方藏'이라 명명한 것은 십지보살의 지혜가 원만한 中道敎行의 광명임을 밝힌 것이다. 또 백호상 광명 가운데 수많은 보살이 세계바다 무한수로 나타났는데 그 가운데 상수보살을 '일체법승음'이라 명명한 것은 十地가 만족한 中道果行이다.

이처럼 中道覺行의 大悲大智가 원만한 법계행문인 毫塵과 刹海의 걸림 없는 법을 가지고서 앞에 모인 대중의 37가지의 물음에 대답하여 현재 및 미래 중생으로 하여금 이 십지법계 인과법문의 行이 시방세계에 가득함을 믿어 그들로 하여금 이익을 얻도록 하였다. 이 때문에 경문에 이르기를, "일체 보살대중으로 하여금 여래의 끝없는 신통력의 경계를 얻게 하고자 함이다."라고 하였다. 이 때문에 눈썹 사이에서 광명을 쏟아낸 것이다.

또한 광명의 본체는 법계의 이치이며, 승음보살 대중의 바다는 법계 行의 작용이기 때문이다. 十住初心으로부터 理智의 萬行은 體用이 서로 떠나지 않기 때문이다. 이 때문에 十信으로부터 곧 果行과 함께하여 理智의 體用을 닦아서 법이 그와 같은 까닭에 果行으로부터 믿고 닦아나가는 것이다.

又勝音菩薩이 坐蓮華臺하고 諸菩薩衆이 坐蓮華鬚는 明主伴萬行이니 明勝音一行이 徧一切行이라 一切萬行이 是勝音一行이니 明法界理智中圓滿無礙한 自在行故라 還如前菩薩毛孔流光에 出菩薩行相似하니 體性一多이 重重自在하야 無體可礙하야 諸波羅蜜이 一中具十하며 乃至無盡故로 緣起이 互爲因果하야 主伴自在故라 以理智로 照之하면 可見이니 大意이 明法界行門에 一行이 徧一切行故로 同別自在니라

또한 승음보살이 연화대에 앉아 있고 수많은 보살대중이 연꽃 꽃술에 앉아 있음은 주인공과 도반의 萬行을 밝힌 것이다. 승음보살의 일행이 모든 행에 두루 한 터라 일체 만행이 승음보살의 하나

의 행임을 밝힘이니, 법계의 理智 가운데 원만하고 걸림 없는 自在行을 밝힌 것이기 때문이다.

또한 앞에서 말한 보살의 모공에서 광명이 흘러나와 보살행을 나타낸 것과 같다. 體性의 하나 자리와 수많은 것이 거듭거듭 자재하여 걸림 없는 체성으로 모든 바라밀이 하나의 속에서 10을 구하고, 내지 끝이 없는 까닭에 緣起가 서로 인과가 되어 주인공과 도반이 자재하기 때문이다.

理智로 비춰보면 이를 볼 수 있다. 이의 큰 뜻은 법계의 행문에 하나의 행이 일체 만행에 두루 한 까닭에 같거나 다르거나 자재함을 밝힌 것이다.

十은 正申頌意니 如文具明이라 無煩更釋이오 大體는 得大綱紀라야 卽得이니라 最下에 有三行經(51言)하니 明都結十方世界同然이니라 如來現相品 竟하다

(10)은 바로 게송의 뜻을 밝힘이니, 경문에서 말한 바와 같이 분명하기에 굳이 번거롭게 다시 해석할 게 없다. 대체는 큰 기강을 얻어야만 이를 알 수 있다.

가장 아래에 3항의 51자는 모두 시방세계가 똑같음을 밝힌 것이다.

여래현상품을 끝마치다.

여래현상품 제2-2　　如來現相品 第二之二
화엄경소론찬요 제13권　　華嚴經疏論纂要 卷第十三

화엄경소론찬요 제14권
華嚴經疏論纂要 卷第十四

●

보현삼매품 제3
普賢三昧品 第三

一
將釋此品할세 四門同前이니 初는 來意라

장차 본 품을 해석할 때 네 분야(來意·釋名·宗趣·釋文)로 구분함은 앞의 여래현상품에서 말한 바와 같다.

1. 유래한 뜻

◉ 疏 ◉

來意者는 前衆旣集에 光示法主어늘 今將說法일세 是故로 法主入定受加하니 爲近方便이라 故次來也니라

유래한 뜻이란 앞의 경문에서 이미 보살대중이 모였을 때 광명으로 법주를 보여주었는데, 본 품에서는 장차 설법하기 위한 까닭에 법주가 선정에 들어 가피를 받음이다. 이는 '近方便'이다. 이 때문에 여래현상품의 다음 차례가 된 것이다.

二 釋名

2. 품명에 대한 해석

◉ 疏 ◉

釋名者는 普賢은 明說法主니 以說普法故오 三昧는 是業用이니 以非證不宣故니 此則人法合擧니 普賢之三昧도 亦此三昧니 是普賢所有오 又三昧境界를 名爲普賢이니 一切如來藏身이 爲普賢故니라 此

271

則普賢이 卽三昧니 揀餘定也니라

　명호의 해석이란 보현보살이 설법주임을 밝힘이다. 널리 법을 설하였기 때문이다. 三昧는 불법의 행동과 작용이다. 증득하지 않고서는 이를 말할 수 없기 때문이다. 여기에서는 사람과 불법을 종합하여 말함이다.

　보현의 삼매 또한 이런 삼매이다. 이는 보현보살이 지닌 바이며, 또한 삼매경계를 보현이라 말하기도 한다. 이는 일체 여래장의 법신이 보현이기 때문이다. 이는 보현보살이 곧 삼매임을 말하니, 나머지 다른 선정과는 다르다.

三 宗趣
3. 종취

● 疏 ●

宗趣者는 入法界定하야 法界佛加爲宗하고 令法界衆으로 成法界德 爲趣니 望於後品컨대 亦說世界海爲趣니라

　종취란 법계의 선정에 들어 법계 부처님의 가피로 종지를 삼고, 법계의 대중으로 하여금 나아갈 바를 삼는다. 뒤의 품과 대조하여 보면 또한 세계의 바다로 나아갈 바를 삼는다.

◉論◉

將釋此品에 畧作三門分別호리니 一은 釋品之名이요 二는 釋品來意요 三은 隨文釋義라

장차 본 품의 해석은 간추려 3부분으로 나뉜다.

⑴ 품의 명제를 해석함이며,

⑵ 품의 유래한 뜻을 해석함이며,

⑶ 경문을 따라 의의를 해석함이다.

一釋品名者는 理智無邊을 名之爲普요 智隨根益을 稱之曰賢이라 三之云은 正이오 昧之云은 定이며 亦云正受니 爲正定不亂에 能受諸法하야 憶持簡擇일새 故名正受며 亦云等持니 爲正定이 能發生正慧하야 等持諸法일새 是故로 名之等持也라 爲普賢이 爲佛紹法界大智之家하야 諸佛萬行徧周之長子로 以答前所問三十七問中에 云何一切菩薩行海出離海神通海波羅蜜海世界海等일새 故須入定하사 善簡衆法하야 答前所問하사 令衆迷解故로 須入定이라 然普賢菩薩은 恆無定亂이언마는 以示法則이실새 故須如是라 又以初擧果勸修中엔 以入定으로 爲法則이어니와 後十定品中엔 明十地道滿하야 起諸想念하야사 方眞이니라

'⑴ 품의 명제를 해석한다.'는 것은 그지없는 如理智를 普라 말하고, 如理智로 중생의 근기에 따라 이익을 주는 것을 賢이라고 말한다. 三(samā)이란 正을, 昧(dhi)란 定을 말하며, 또한 正受라고도 말한다. 正定이 어지럽지 않아 모든 법을 받아들여 기억하여 지니고 간택하기에 이를 正受, 또는 等持라 말한다. 바른 선정[正定]이 바른 지혜[正慧]를 발생하여 모든 법을 평등하게 유지하기에 이를

273

等持라 말한다.

보현보살이 부처님을 위해 법계 大智의 집안을 계승하여 제불의 모든 행을 두루 갖춘 長子로서 앞의 여래현상품에서 물었던 37가지의 물음 가운데, "어떤 것이 일체 보살행바다이며, 세속을 벗어난 바다이며, 신통바다이며, 바라밀바다이며, 세계바다인가." 등에 대해 대답하려는 까닭이다. 그러므로 반드시 선정에 들어 많은 법을 잘 간택하여 앞에서 물었던 바를 답해줌으로써 대중의 혼미를 풀어주려는 의도 때문이다. 따라서 반드시 선정에 들어간 것이다. 그러나 보현보살은 언제나 선정이랄 것도 산란이랄 것도 없다. 하지만 법칙을 보이려는 까닭에 반드시 이처럼 말할 수밖에 없는 것이다. 또한 최초의 '결과를 들어 수행을 권한 부분' 가운데 入定으로 법칙을 삼았거니와 최후의 十定品 가운데 十地의 도가 충만할 때 모든 생각을 일으켜야만 비로소 진실임을 밝힌 것이다.

二釋品來意者는 明普賢菩薩이 常在三昧하야 靜亂總眞이나 然教化衆生이실새 故成法則하야 答所問疑故니 爲善簡擇諸三昧出入同異相故며 爲善擇衆生業海果報와 佛行業海果報일새 故須入定하사 從定起已에 說世界成就品과 華藏世界品과 毘盧遮那品하사 答前所問故로 此品이 須來意니 明初入法엔 須加定業하야 以顯眞門이오 後十定品中엔 明十地眞智已終에 智隨一切衆生想念하야 應根接物하야사 方是니 修道者는 應如是知니라

'(2) 품의 유래한 뜻을 해석한다.'는 것은 보현보살이 항상 삼매에 있어 선정이나 산란이 모두 진실하다. 그러나 중생을 교화할 때에는

반드시 법칙을 마련하여 의문되는 부분에 대답해야 하기 때문이다.

이는 모든 삼매의 出入 同異의 양상을 잘 간택하기 위함이며, 중생의 業海 과보와 부처님의 업해 과보를 잘 간택하기 위함이다. 따라서 반드시 선정에 들어 선정의 세계 속에서 모든 것을 일으켜 세계성취품·화장세계품·비로자나품을 연설하여 앞에서 물은 바를 대답함이다. 이 때문에 보현삼매품을 여기에 쓰게 된 것이다.

이러한 의도는 처음 법에 들어갈 때에는 반드시 定業을 더하여 眞門을 밝혀야 함을 알린 것이다. 뒤의 十定品 가운데 十地의 참 지혜[眞智]가 이미 성취되면 참 지혜가 일체중생의 생각을 따라서 근기에 맞춰 중생을 맞이해야 바야흐로 옳은 일임을 밝힌 것이다. 도를 닦는 이들은 반드시 이처럼 알아야 한다.

三隨文釋義者는 如下니라

'⑶ 경문을 따라 의의를 해석한다.'는 것은 아래에서 말한 바와 같다.

四釋文者는 文有六分이니 一三昧分이오 二加持分이오 三起定分이오 四作證分이오 五毛光讚德分이오 六大衆偈請分이니라
初中有二하니 一明此界入定이오 二類通十方이라 就初分三이니 一承力入定이오 二彰定名字이오 三明定體用이니라 今은 初라

4. 경문의 해석

275

경문은 6단락으로 나뉜다. 제1. 三昧分, 제2. 加持分, 제3. 起定分, 제4. 作證分, 제5. 毛光讚德分, 제6. 大衆偈請分이다.

제1. 선정에 들다

삼매분 가운데 또 2가지가 있다. 1. 이 경계의 入定을 밝힘이며, 2. 시방세계 모든 유에 통함을 말한다.

처음 '1. 이 경계의 入定'은 다시 3가지로 나뉜다. ⑴ 부처님 가피의 힘을 받아 선정에 듦이며, ⑵ 선정의 명제를 나타냄이며, ⑶ 선정의 體用을 밝힘이다.

經

爾時에 普賢菩薩摩訶薩이 於如來前에 坐蓮華藏師子之座하사 承佛神力하야 入于三昧하시니

그때 보현보살마하살이 여래의 앞 연화장 사자좌에 앉아서, 부처님의 헤아릴 수 없는 영묘하고도 불가사의한 힘을 받들어 삼매에 들어갔다.

● 疏 ●

文六이니 一時니 說偈竟時오 二主니 顯佛普德이 唯普賢故오 三處니 依如來者는 常對佛故오 四는 所依座니 大集云菩薩得蓮華陀羅尼일세 故說法處에 皆有蓮華라하니 表所入三昧 自性無染하야 含果法故오 五는 所依因이니 謂所入深廣하야 要承力故오 六은 正入三昧니 心境冥故니라

경문은 6단락이다.

① 시기. 게송을 모두 끝마친 시기이다.

② 법주. 부처님의 普德이 오직 보현임을 나타내기 때문이다.

③ 처소. 여래에게 의지함은 언제나 부처님을 마주하기 때문이다.

④ 앉은 자리. 大集經에 이르기를, "보살이 蓮華陀羅尼를 얻은 까닭에 설법한 곳에 모두 연꽃이 피어난다."고 한다. 이는 들어간 삼매의 自性이 물듦이 없어 果法을 함유하고 있음을 나타내기 때문이다.

⑤ 의지할 원인. 들어간 바의 경지가 깊고 광대하여 부처님의 가피력을 받아야 하기 때문이다.

⑥ 삼매에 듦. 마음과 경계가 하나가 되기 때문이다.

二 彰定名字

(2) 선정의 명제를 나타내다

經

此三昧가 **名一切諸佛毘盧遮那如來藏身**이라

이 삼매는 일체제불 비로자나 여래장신이라고 말한다.

● 疏 ●

毘盧遮那는 前已廣釋이어니와 復有釋言하니 廣·大·生息이니라 具此三

義일세 名如來藏身이니 身은 卽體也며 依也라 此有二種하니 一者는 修成이오 二者는 本性이니라 本性者는 凡聖俱成이로되 修成者는 唯諸佛有니라 諸佛有者는 慈悲無邊일세 故名爲廣智慧無上이오 故稱爲大니라 生相已盡일세 故云生息이오 涅槃云離有常住일세 故名如來오 萬德含攝을 是謂藏身이라하니 卽是出纏之法身也니라 言本性者는 謂卽藏識이 包含種子하야 建立趣生일세 故名爲廣이오 本覺現量이 與佛等故로 名之爲大오 新新生故로 名之爲生이오 染淨苦樂 所不能動일세 故名爲息이니 卽上法身在纏을 名藏이라 謂空不空이니 空爲能藏하야 藏不空故니라 【鈔】 復有釋下는 先總釋中에 毘는 廣大也오 盧遮는 生也오 那者는 息也니 卽安國意며 諸佛下는 初釋修成三義니 卽是三德은 謂恩·智·斷이며 言生相盡者는 卽起信意니 彼有三細니 謂業·轉·現이니 總名生相이라 在賴耶識이어늘 今言盡者는 論云菩薩地盡에 覺心初起하야 心無初相은 以遠離微細念故니 得見心性하야 心卽常住를 名究竟覺이라하고 釋曰 遠離細念은 卽生相盡也라 故次引涅槃 '離有常住'하야 釋如來義니 卽第四經라 離有는 卽生息也오 常住之義는 同上起信이라

'言本性'下는 釋本性이오 '本覺現量'者는 本覺은 卽是所證本性이니 惟眞現量이라야 方能證故니라 '與佛等'者는 起信論云 '所言覺義者는 謂心體離念이니 離念相者는 等虛空界하야 無所不徧이니 卽是如來平等法身일세 說名本覺이라 故以等佛而釋大也라

'新新生'者는 釋生息義니 雖別明二字나 意取는 卽生而息이라 上約本淨이나 今日隨染이라 言'染淨苦樂 所不能動'者는 上約隨緣이나 此明

不變이오 又上約生滅이나 此約眞如故라 約生滅인댄 隨緣常生이오 約眞如댄 不變常息이니라

卽上法身下는 別釋藏字오 兼釋如來 非報身也라 謂空不空은 標二藏名이니 起信論云 復次眞如는 依言說分別하면 有二種義이니 一者는 如實空이니 以能究竟顯實故며 二者는 如實不空이니 以有自體具足無漏性功德故니라 釋曰 上은 卽雙標니라

空爲能藏者는 卽次論意니 論云 "所言空者는 從本已來로 一切染法이 不相應故니 謂離一切法差別之相이라 以無虛妄心念故니라 當知하라 眞如自性은 非有相·非無相이며 非非有相·非非無相이며 非有無俱相이며 非一相·非異相이며 非非一相·非非異相이며 非一異俱相이며 乃至總說이면 一切衆生이 以有妄心으로 念念分別은 皆不相應이라 故說爲空이라 若離妄心이면 實無可空故니라"

所言 '不空'者는 以顯法體空無妄故니 卽是眞心은 常恆不變하야 淸淨滿足하나니 則名不空이오 亦無有相可取니 以離念境界로 唯證相應故니라 釋曰 上引論文은 卽雙釋二藏이나 而疏引意釋於空藏不空이라 意猶難見이니 此有二意라

一者는 據論標中本意니 自性淸淨心이 不與妄合을 則名爲空이오 性具萬德을 卽名不空이오 及至釋文에 乃云 若離妄心 實無可空은 則顯空藏이니 因妄而顯이어늘 而不空藏은 要由翻染이라야 方顯不空일세 故云 '以顯法體 空無妄故'라하니라 卽是眞心等은 如本有檀德이어늘 今爲慳貪이오 本有尸德이어늘 今隨五欲이오 本有忍德이어늘 今爲嗔恚오 本有進德이어늘 今爲懈怠오 本有寂定이어늘 今爲亂想이오 本有大智

【어늘 今爲愚癡藏於慧라 是故로 論云"以知法性 無慳貪故로 隨順修行檀波羅蜜等이라"하니 萬行例然이라 故下論에 釋本有眞實識知義하야 云"若心有動이면 非眞識知라"하니 明妄心之動이라 藏其眞知일새 是以로 卽妄之空이오 藏不空之萬德일새 故經云"知妄本自眞이면 見佛則淸淨이라"하니 故上論云"以能究竟顯實라 故名爲空이며 故知空藏은 能藏不空이오 能藏旣空은 則顯不空之藏이 本來具矣니라

二者는 自性心上에 無妄爲空이니 隨所無者는 卽不空德이니 如空無慳悋은 卽顯有檀이오 空無妄動은 顯有性空이라 故是空藏藏不空也니라】

비로자나에 대해서는 앞에서 이미 자세히 해석하였지만 다시 해석할 말이 있다. 廣·大·生息이다. 이처럼 3가지의 의미를 갖추고 있기에 이를 '여래장신'이라고 말한다. '여래장신'이 곧 본체이자 의지처이다. 여기에는 2가지의 뜻이 있다.

① 후천적으로 닦아서 성취함이며,

② 선천적인 본성이다.

'선천적인 본성'이란 범인과 성인이 다 함께 지녔지만, '후천적으로 닦아서 성취함'이란 오직 여러 부처님에게만 있다.

"여러 부처님에게만 있다."는 것은 자비의 마음이 끝이 없는 까닭에 '廣'이라 말하고, 지혜가 더할 수 없이 가장 높기에 '大'라 말하고, 生相[33]이 이미 다한 까닭에 生息이라고 말한다. 열반경에 이르기를, "有를 여의어 영원히 머문 까닭에 여래라 하고, 많은 덕을

....
33 生相: 만유의 생멸 변화를 설명하는 데 4相을 말하는 중, 만유가 생기는 모양을 말함.

지니고 있는 것을 藏身이라 말한다."고 하니, 이는 곧 세속에서 벗어난 법신이다.

'본성'이라 말한 것은 곧 藏識이 종자를 함유하여 여러 갈래 길에 태어나기에[趣生] 이를 廣이라 하고, 本覺의 現量[34]이 부처님과 똑같은 까닭에 이를 大라 말하고, 새롭게 또 새롭게 생겨나는 까닭에 이를 生이라 말하고, 染淨과 苦樂에 흔들리지 않기에 이를 息이라고 말한다. 곧 위의 법신이 세속에 있는 것을 藏이라고 말한다. 空·不空을 말하니 空이 藏의 주체로서 不空을 간직하고 있기 때문이다. 【쵸_ "다시 해석할 말이 있다." 이하의 문장은 먼저 총체로 해석한 가운데 '毘'는 광대함이며, '盧遮'는 生이며, '那'는 息이니, 곧 '나라를 평안히 하다.'의 뜻이다.

'諸佛有者' 이하는 처음 '후천적으로 닦아서 성취함[修成]'을 해석하는 데에 3가지의 뜻이 있다. 이는 곧 3가지의 덕이니 恩·智·斷을 말한다.

"生相이 이미 다했다."는 것은 신심을 일으킨다는 뜻이니, 거기에는 3가지 미세한 점이 있다. 業·轉·現을 말한다. 이를 총괄하여 生相이라고 한다. 이는 아뢰야식에 있는 것인데 여기에서 "이미 다했다."고 말함은 논에 이르기를, "보살지위가 다함에 깨달음의

---

34 現量: 因明 3량인 現量·比量·非量의 하나. 心識 3량의 하나. 비판하고 분별함을 떠나서 외경계의 事象을 그대로 覺知하는 것. 예를 들면, 맑은 거울이 어떤 형상이든 그대로 비치듯, 꽃은 꽃으로 보고, 노래는 노래로 듣고, 냄새는 냄새로 맡고, 매운 것은 매운 대로 맛보고, 굳은 것은 굳은 대로 느껴서, 조금도 분별하고 미루어 추구하는 생각이 없는 것을 말한다.

마음이 처음으로 일어나 마음에 初相이 없는 것은 미세한 생각을 멀리 여읜 때문이다. 心性을 보고서 마음이 곧 常住한 것을 究竟覺이라 말한다."고 하였고, 이의 해석에서 이르기를, "미세한 생각을 멀리 여읜 것은 곧 生相이 다한 것이다."고 하였다. 이 때문에 다음으로 열반경의 '離有常住'를 인용하여 여래의 뜻을 해석하였다. 離有는 곧 生息이며, 常住의 뜻은 위의 기신론에서 말한 바와 같다.

'言本性' 이하는 본성을 해석함이며, '本覺現量'이란, 본각은 증득해야 할 대상으로서의 본성을 말한다. 오직 참 現量만이 비로소 증득할 수 있기 때문이다. "부처님과 똑같다."는 것은 기신론에 이르기를, "覺의 뜻은 마음의 본체에 망념을 여의었음을 말한다. 망념을 여읜 모습은 허공계와 같아서 어느 곳이라도 두루 하지 않음이 없다. 곧 여래의 평등한 법신이다. 이 법신을 본각이라고 말한다."고 하였다. 이 때문에 "부처님과 똑같다."라는 것으로 '大' 자를 해석하였다.

"새롭게 또 새롭게 생겨난다."는 것은 生息의 뜻을 해석함이다. 비록 별도로 生息 2글자의 뜻을 밝히고 있으나, 生息이라는 그 뜻을 취한 것은 곧 생겨나면서도 흔들리지 않는다[生而息]는 의미이다. 위에서는 本淨으로 말했으나 여기에서는 隨染을 말한다. "染淨과 苦樂에 흔들리지 않는다."고 말한 것은 위에서는 隨緣으로 말했으나 여기에서는 不變을 밝힘이며, 또한 위에서는 생멸로 말했으나 여기에서는 진여를 말했기 때문이다. 생멸로 말하면 반연 따라 항상 생겨나지만, 진여로 말하면 변하지 않고 항상 고요하다.

'卽上法身在纏' 이하는 별도로 '藏' 자를 해석함이며, 겸하여 여래는 報身이 아님을 해석한 것이다. "空·不空을 말한다."는 것은 二藏에 대한 명제를 해석하였다. 기신론에 이르기를, "또한 진여는 言說을 따라 분별하면 2가지의 뜻이 있다. 하나는 如實空[35]이다. 마침내 진여의 자체가 나타나기 때문이다. 또 다른 하나는 如實不空이다. 진여 자체는 번뇌가 없는 청정한 성품의 공덕이 구족하기 때문이다."고 하였다. 이에 대한 해석에 이르기를, "위에서는 곧 2가지를 한꺼번에 나타낸 것이다."고 하였다.

"空이 藏의 주체이다."라는 것은 곧 아래 논지에서 말한 뜻과 같다.

기신론에서 다음과 같이 말하였다.

"空이란 말은 본래부터 지금까지 오염된 모든 법과 서로 함께 하지 않기 때문이다. 모든 법의 차별된 모습에서 벗어남을 말한다. 허망한 마음과 허망한 생각이 없기 때문이다. 眞如自性은 모습이 있는 것도 아니고, 모습이 없는 것도 아니다. 모습이 있지 않은 것도 아니고, 모습이 없지 않은 것도 아니다. 유무를 함께하는 모습도 아니다. 또한 모습이 같은 것도 아니고, 모습이 다른 것도 아니다. 모습이 같지 않은 것도 아니고, 모습이 다르지 않은 것도 아니다. 같음과 다름을 함께하는 모습도 아니다. 그러므로 총괄적으로 말한

....

35 如實空: 진여의 자체 내용을 표현하는 말. 진여의 체성은 온갖 사상을 초월하여 절대적인 것이므로 일체의 언설·思慮를 부정하여 버렸다는 뜻으로 空이라 함. 단순히 한 물건도 없는 공이란 의미는 아님. 이 공이란 뜻이 진여의 진실한 내용을 표시하므로 여실한 공이라 함.

다면 일체중생은 허망한 마음으로 한 생각 한 생각 분별하는 헛된 것들은 모두 진여자성에 상응하지 못한 까닭에 空을 말하였다. 만약 허망한 마음을 여의면 실로 공이라고 할 것도 없기 때문이다."

'空이 아니다[不空].'고 말한 것은 법체가 공하여 거짓이 없음을 나타내려는 까닭이다. 곧 진심은 항상 영원히 변치 아니하여 청정하고 만족하기에 이를 '空이 아니다.'고 말하며, 또한 형상으로도 취할 수 없다. 허망한 생각을 여읜 경계로써 오직 진여자성에 상응함을 증득하였기 때문이다. 이에 대한 해석에 이르기를, 위에서 기신론을 인용한 것은 二藏을 모두 해석한 부분이지만, 청량 疏에서 인용한 뜻은 '空은 不空을 간직하고 있다.'는 것만을 말하였다. 이 때문에 오히려 그 뜻을 이해하기 어렵게 만든 것이다. 여기에는 2가지의 뜻이 담겨 있다.

첫째는 표제 가운데 본의에 근거하여 논함이니, 자성청정의 마음이 거짓과 부합되지 않는 것을 '空'이라 말하고, 자성에 많은 덕이 넉넉한 것을 '不空'이라 말한다. 이에 문장을 해석함에 있어서 '만약 허망한 마음을 여의면 실로 공이라고 할 것도 없다.'는 것은 '空藏'을 나타냄이다. 거짓으로 인하여 '空藏'을 나타낸 것인데 '不空藏'은 요컨대 물듦을 뒤집어야만 비로소 '不空'을 나타낼 수 있다. 이 때문에 "法體가 공하여 거짓이 없음을 나타내기 때문이다."고 말하였다.

곧 진심 등은 본래 보시의 덕이 있었는데 오늘날 慳貪이 되었고, 본래 尸德이 있었는데 오늘날 五欲을 따르게 되었고, 본래 忍

德이 있었는데 오늘날 嗔恚가 되었고, 본래 進德이 있었는데 오늘날 게으름이 되었고, 본래 寂定이 있었는데 오늘날 亂想이 되었고, 본래는 大智가 있었는데 오늘날 지혜에 어리석음의 藏[愚癡藏]으로 탈바꿈이 된 것이다.

이 때문에 기신론에 이르기를, "법성에 간탐심이 없기 때문에 단바라밀 등을 따라 닦음을 알 수 있다."고 하니 모든 행이 으레 똑같다. 이 때문에 아래의 기신론에서 本有의 眞實한 앎의 의의를 해석하면서 이르기를, "마음에 움직임이 있으면 참다운 앎이 아니다."고 하니, 거짓 마음이 일어남을 밝힌 것이다. 그러나 참다운 앎을 간직하고 있기에 거짓 마음속에 공이 있고, 공이 아닌[不空] 수많은 덕을 간직하고 있기에, 경에 이르기를, "거짓 마음이 본래 진실임을 알면 부처님이 곧 청정함을 볼 수 있다."고 한다. 이 때문에 위의 논지에서 이르기를, "마침내 진실을 드러낼 수 있다."고 하기에 空이라 말한다. 따라서 空藏은 공이 아닌 수많은 덕을 간직하고 있음을 알 수 있으며, 이미 공을 간직하면 공이 아닌 藏이 본래 구족한 것임을 나타냄이다.

둘째는 자성의 마음에 거짓 마음이 없다는 것이 空이다. 거짓 마음이 없는 바를 따라 말하면 이는 공이 아닌 덕이다. 예컨대 공에 탐욕과 인색함이 없다는 것은 곧 보시가 있음을 나타냄이며, 공에 허튼 행동이 없다는 것은 자성이 공임을 나타냄이다. 이 때문에 空藏에는 不空을 간직하고 있다.】

若以光明徧照로 解毘盧遮那댄 毘盧遮那는 卽是能觀大智오 如來

藏身은 卽所觀深理니 凡雖理有나 佛智方照니라 又毘盧遮那는 亦通本有하니 本有眞實識知하야 偏照法界義故니 斯卽本覺이어늘 迷而不知하야 不得其用이오 唯佛覺此하야 能無不爲라 故云 '一切諸佛'이라하니 揀非凡也오 亦非因也니라

賢首 釋云 諸佛偏於一切는 卽顯諸佛無不周徧法界刹海와 及彼塵中所有諸刹이오 諸刹塵中에 復有諸刹하야 如是重重하야 不可窮盡이라 言如來藏身者는 明卽此徧刹之身이 包容所徧法界刹海하야 無不皆在如來身中일새 故名藏身이니라 是故로 融通에 總有四句하니 一 身徧刹海오 二 刹在身中이오 三 身徧身內刹이오 四 刹入徧刹身이니 卽內·卽外에 依正混融하야 無礙無障이니 是此三昧所作이라 故以爲名이오 將說此法일새 故入玆定이니라【鈔_ 賢首云 下는 敍昔異同이니 意以身包刹海하고 塵容法身하야 得藏身名이로되 但是下文 用中一義는 攝義不周하니 不爲正釋이로되 順經宗意일새 故存而不論이니라】

만일 광명이 두루 비치는 것으로 비로자나를 해석한다면 비로자나는 곧 볼 수 있는 주체로서의 큰 지혜[大智]이며, 여래장신은 곧 보아야 할 대상으로서의 심오한 이치[深理]이다. 범부에게 아무리 심오한 이치가 있을지라도 부처님의 큰 지혜가 있어야 만이 비로소 법계를 비춰볼 수 있다. 비로자나는 또한 本有와도 通한다. 본래 진실한 앎이 있어 법계를 두루 비춘다는 의의이기 때문이다. 이것이 本覺임에도 혼미하여 알지 못하기에 그 작용을 얻지 못한다. 하지만 오직 부처님만이 이를 깨달아 행하지 못하는 일이 없기에 '일체 모든 부처님'이라고 말하니, 이는 범부가 아니며, 또한 因地

도 아님을 구별하려는 것이다.

현수 스님은 이에 대해 다음과 같이 해석하였다.

모든 부처님이 일체에 두루 한다는 것은 곧 모든 부처님이 법계의 세계바다 및 저 티끌 가운데 있는 모든 세계에 두루 하지 않음이 없고, 모든 세계 티끌 가운데 또다시 수많은 세계가 있어 이와 같이 거듭거듭 다함이 없음을 나타낸 것이다. '如來藏身'이라 말한 것은 이 세계에 가득한 몸이 두루 법계 세계바다를 포용하여 모두 여래의 몸속에 있지 않음이 없기에 이를 '여래장신'이라 말한다. 이 때문에 융통에는 모두 4구가 있다.

① 몸이 세계바다에 두루 하다.
② 세계는 몸 가운데에 있다.
③ 몸은 몸속의 세계에 두루 하다.
④ 세계는 세계를 두루 한 몸속으로 들어온다.

안팎으로 依報와 正報가 혼용하여 걸림이 없고 가림이 없다. 이는 삼매에 의해 이뤄짐이다. 이 때문에 이로 이름을 삼음이며, 장차 이러한 법을 말하려고 한 까닭에 이러한 선정에 듦이다. 【초_ '현수 스님의 해석' 이하는 옛적과 다르고 같은 점을 서술하였다. 그 뜻은 몸으로 세계바다를 포용하고 티끌에 법신을 포용하여 '여래장신'이라는 이름을 얻었지만, 단 아래의 경문에서 '작용 중의 하나'라는 뜻으로 말한 것은 여기에 담긴 뜻이 원만하지 못하기에 바른 해석이라고 말할 수는 없다. 하지만 경문의 종지를 따른 까닭에 이를 여기에 수록할 뿐, 이에 대해 논하지는 않는다.】

三 明定體用
  (3) 선정의 體用을 밝히다

經

普入一切佛平等性하야 **能於法界**에 **示衆影像**하며

모든 부처님의 평등한 성품에 널리 들어가 법계에서 수많은 그림자 보이며,

● 疏 ●

此是定相이라 無量無邊은 皆悉依於如來藏說이니 畧擧其要댄 句有十三이나 門乃有十이라 以後二門ㅇ 收五句故ㅇ 攝爲六對니 後之二門이 各一對故니라 文有四節이나 義唯有三이니 至下當明호리라
言六對者는 初二句는 明體用一對이니 謂無分別智 證平等性으로 以爲定體하고 影現法界로 爲勝用也라 佛平等性은 卽如來藏이라 是故로 但入如來藏身이 卽是已入佛平等性이니 此爲第一契合佛性門也니라 言勝用者는 卽示衆影像門이니 謂能現能生身土智影也니라

이는 선정의 양상이다. 한량없고 그지없음은 모두 여래장을 따라 말한 것이다. 간단하게 그 요체를 들어 말하면 구절은 13구이지만 법문은 10가지이다. 뒤의 2법문에 5구를 수록한 까닭에 6對를 가지고 있다. 뒤의 2법문이 각각 상대를 이루고 있기 때문이다. 경문에 4절이 있지만 그 뜻에는 오직 3가지가 있다. 아래의 해당 부

분에서 이러한 점을 밝혀주고자 한다.

6對라 말한 것은 처음 2구는 체용의 상대를 밝힘이니, 분별없는 지혜가 평등성을 증득함으로써 선정의 본체를 삼고, 법계에 수많은 그림자가 나타남으로써 훌륭한 묘용을 삼은 것이다.

"부처님의 평등한 성품"은 바로 여래장이다. 이 때문에 단 여래장의 몸에 들어간 것이 바로 부처님의 평등한 성품에 들어간 법문이다. 이는 '불성에 계합'한 제1 법문이다.

'훌륭한 묘용[勝用]'이라 말한 것은 수많은 영상을 보여준 부분이다. 수많은 영상을 나타내고 생겨나는 주체로서의 몸과 국토의 지혜 영상이다.

經

廣大無礙하야 同於虛空하고 法界海漩에 靡不隨入하며

넓고 크며 걸림 없어 허공과 같고, 법계바다의 소용돌이에 따라 들어가지 않음이 없으며,

◉ 疏 ◉

次二句는 深廣一對니라 廣者는 無邊이니 不在內外故오 大者는 無上이니 究竟實際故오 無礙者는 無所障故오 同於虛空은 成上三義니 通爲廣大無礙門이며 後句는 卽入法旋澓門이니 漩은 卽深也니라

다음 제2구는 깊이와 너비[深·廣]의 상대이다. 廣이란 끝이 없다. 안팎이 없기 때문이다. 大란 더 이상의 것이 없다. 究竟의 실제

이기 때문이다. '걸림이 없다[無礙].'는 것은 장애가 없기 때문이다.
'허공과 같다.'는 것은 위의 廣·大·無礙 3가지의 뜻을 성취함이니,
이를 총괄하면 '廣大無礙門'이다. 뒤 구절(法界~隨入)은 곧 법계바다
의 소용돌이 법문에 들어감이다. 澵이란 곧 깊음을 말한다.

經

出生一切諸三昧法하고 普能包納十方法界하며

　일체 모든 삼매의 법을 낳아주고 널리 시방 법계를 감싸며,

◉ 疏 ◉

三 有二句는 出納一對라 初는 出生三昧門이니 謂若自相若共相等
一切三昧 皆從此生하니 此爲諸定本故오 後는 攝受法界門이니 終
歸此故오 法界體性故니라【鈔_ 謂若自相等者는 謂觀色等 六塵이
入正定者를 名爲自相이오 若觀無常空等 入定은 則名共相이니 竝皆
不離如來藏性이니 性은 卽眞如라 故起信云"眞如三昧는 是諸三昧之
根本이라"하니 上은 釋出生一切諸三昧法이오 後攝受下는 卽釋普能包
納十方法界오 終歸此者는 約事法界오 法界體性은 約理法界니라】

　제3절에는 2구가 있다. 이는 出·納의 상대이다.

　첫 구절(出生~三昧法)은 삼매를 낳아주는 부분이다. 自相·共相
등 일체 모든 삼매가 다 여기에서 나온다. 이는 모든 禪定의 근본
이 되기 때문이다.

　뒤 구절(普能~法界)은 법계를 섭수한 부분이다. 결국 여기에 귀

결되기 때문이며, 법계의 체성이기 때문이다.【초_ "자상·공상 등"이란, 색 등 六塵이 正定에 들어감을 觀한 것을 自相이라 이름하고, 無常·空 등이 正定에 들어감을 관한 것을 共相이라고 말한다. 이는 모두 여래장성에서 벗어나지 못한다. 여래장성은 바로 진여이다. 이 때문에 기신론에서, "진여삼매는 모든 삼매의 근본이다."고 말하였다. 첫 구절은 "일체 모든 삼매의 법을 낳아줌"에 대해 해석한 것이며, 뒤의 '攝受' 이하 구절은 "널리 시방 법계를 감쌈"에 대해 해석한 것이다. "결국 여기에 귀결된다."는 것은 사법계를, "법계의 體性"이란 이법계를 들어 말한 것이다.】

經

三世諸佛의 智光明海가 皆從此生하고 十方所有諸安立海를 悉能示現하며

    삼세 모든 부처님의 지혜광명바다가 모두 여기에서 나오고, 시방세계에 널려 있는 바다들을 모조리 나타내 보이며,

● 疏 ●

四有二句니 境智一對니라 初句는 能成佛智門이니 謂不體此理면 非佛智故며 後는 示現諸境門이라 然 '安立'言은 總有三種하니 一者는 世界니 安立依報오 二者는 聖教니 安立妙義오 三者는 觀智니 安立諦相이니 皆法界藏이 顯示現前이니라【鈔_ 四有二句니 初句는 卽三世諸佛의 智光明海 皆從此生이니 謂不體此理下라 體는 謂體達이니 若能

證入藏身之性이면 卽名佛智요 正用起信始覺同本을 名究竟覺이라 故生公이 立體理成照義에 云"理不待照而自了면 智必資理而成照라 故知理無廢興요 弘之由人이니 智雖人用이나 不在人出矣라 故人有照分이면 功由理發이니 失理則失照故니 要見此理라야 方成佛耳니라" 後句示現者는 釋經"十方所有 諸安立海 悉能示現"이니 上攝受法界는 卽言終歸此故어늘 今此卽言此能現者는 文影畧耳니 皆自此生이요 皆歸於此라 故知萬物 依地而生이요 終歸於地니라】

제4절에 2구가 있다. 이는 境·智의 상대이다.

첫 구절(三世~此生)은 부처님의 大智를 성취한 부분이다. 이러한 이치를 체득하여 통달하지 못하면 부처님의 큰 지혜가 아니기 때문이다.

뒤 구절(十方~示現)은 시방세계의 모든 경계를 보여주는 부분이다.

그러나 安立이라는 말에는 모두 3가지의 뜻이 있다.

① 世界. 依報를 세움이다.
② 聖敎. 妙義를 세움이다.
③ 觀智. 諦相을 세움이다.

이는 모두 법계장이 나타나 앞에 보임이다. 【초_ 제4절에 2구가 있는데, 첫 구절(三世~此生)은 삼세제불의 지혜광명의 바다가 모두 여기에서 생겨남을 말한다. 이는 "이러한 이치를 체득하여 통달하지 못하면[不體此理]" 이하의 문장을 말한다. '不體此理'의 體는 체득·통달을 말한다. 여래장신의 자성을 증득하면 곧 '부처님의 큰 지혜'라 이름하고, 바로 기신론에서 말한 "시각이 본각과 같음"을 究竟覺이라고 말한다. 이 때문에 竺道生(?~434)이 '이치를 체득하여 관조를 성취한다.'는 의의를 내세워 다음과 같이 말하였다.

 "이치를 굳이 비춰보지 않고서도 스스로 깨달으면 그 지혜는 반드시 이치를 힘입어 비춰보는 것을 성취하게 된다. 이 때문에 이치에는 興廢가 없으며 이를 키워나감은 사람에 따라서 결정됨을 알 수 있다. 지혜는 비록 사람이 쓰는 것이나 사람에게서 벗어나지 않는다. 이 때문에 사람에게 비춰볼 수 있는 분수가 있으면 공부는 이치에 의하여 생겨나게 된다. 이치를 잃으면 비춤을 잃기 때문이다. 요컨대 이러한 이치를 보아야만 비로소 성불할 수 있다."

 뒤 구절(十方~示現)의 "시방세계의 모든 경계를 보여주는 부분이다."라는 것은 경문의 "시방세계에 널려 있는 바다들을 모조리 나타내 보임"을 해석함이다. 위에서 "법계를 섭수한 부분이다."라는 것은 "결국 여기에 귀결되기 때문"이라고 말했는데, 여기에서 이를 곧장 "모조리 나타내 보여주는 주체[能現]"라고 말한 것은 한쪽을 생략한 문장이다. 모두 여기에서 생겨나고 모두 여기로 귀결되는 것이다. 이 때문에 만물이란 땅에서 생겨나고 끝내 땅으로 돌아가는 줄을 알 수 있다.】

經

含藏一切佛力解脫과 諸菩薩智하고 能令一切國土微塵으로 普能容受無邊法界하며

모든 부처님의 힘과 해탈, 모든 보살의 지혜를 모두 포함하여 간직하고, 모든 국토의 미세한 티끌로 하여금 그지없이 크나큰 법계를 널리 수용하도록 하며,

● 疏 ●

五有二句하니 卽依正含容門이니 爲內外含容對니 謂內含因果智力하고 外令塵容法界이니 由塵全依法界藏現하야 同眞性故일세니라

제5절에 2구가 있다. 곧 依報와 正報를 포함하고 간직한 부분인 바, 안으로의 포함과 밖으로의 수용에 관한 상대이다. 안으로는 인과의 지혜와 힘을 간직하고, 밖으로는 미세한 티끌로 하여금 크나큰 법계를 수용하도록 함이다. 미세한 티끌이 모두 법계장에 의해 나타나 眞性과 같기 때문이다.

經

成就一切佛功德海하고 顯示如來諸大願海하고 一切諸佛의 所有法輪을 流通護持하야 使無斷絶케하시니라

모든 부처님의 공덕바다를 성취하고, 여래의 모든 큰 서원바다를 나타내 보이며, 모든 부처님이 지닌 법륜을 유통하고 보호하여 끊이지 않도록 하였다.

● 疏 ●

六有三句니 卽成就攝持門이니 爲成持人法對니 謂初는 成果人의

功德大願이오 後는 持法輪하야 令不斷絕이니 由斯玄理하야 法眼常全故니라

제6절에 3구가 있다. 이는 곧 성취와 攝持(護持)의 법문이다. '성취의 사람'과 '섭지의 法'이 상대가 된다. 앞 구절(成就~大願海)은 佛果를 성취한 사람의 공덕과 大願이며, 뒤 구절(一切~使無斷絕)은 법륜을 보호하여 끊이지 않도록 유통시킴이다. 이러한 현묘한 이치에 의해 法眼이 항상 온전하기 때문이다.

上言四節者는 初四句는 明無幽不入이니 釋上毘盧遮那徧照之義오 次四句는 無德不生이니 釋上一切諸佛之義오 次二句는 內外含容이니 釋上藏義오 後三句는 成德持法이니 釋上身義니라
言義唯有三者는 入平等性은 是定體也오 廣大同空은 是定相也오 餘皆定用이니 此三圓融하야 總爲無礙普賢三昧니라

위에서 말한 "경문에 4절이 있다[文有四節]."는 것은, 제1절의 4句(普入一切~靡不隨入)는 보이지 않게 들어가지 않음이 없음을 밝힘이니, 위의 "비로자나불이 시방세계를 두루 비춘다."는 뜻을 해석함이다. 다음 제2절의 4구(出生一切~悉能示現)는 모든 공덕이 생겨나지 않음이 없음이니, 위의 '一切諸佛'의 뜻을 해석함이다. 다음 제3절의 2구(含藏一切~無邊法界)는 안으로 함축하고 밖으로 수용함이니, 위 如來藏身의 '藏' 자의 뜻을 해석함이다. 맨 뒤의 제4절 3구(成就一切~使無斷絕)는 공덕을 성취하여 불법을 보호, 유지함이니, 위 如來藏身의 '身' 자의 뜻을 해석함이다.

위에서 말한 "그 뜻에는 오직 3가지가 있다."란, "평등성에 들

어간다."는 것은 삼매의 본체[定體]이며, "넓고 커서 허공과 같다." 는 것은 삼매의 양상[定相]이며, 나머지는 모두 삼매의 작용[定用]이 다. 이 3가지가 원만하게 하나가 되어 모두 '걸림 없는 보현보살의 삼매'이다.

二 類通十方 及諸塵道
   2. 시방 및 수많은 微塵數의 모든 도에 통하다

經
如此世界中에 普賢菩薩이 於世尊前에 入此三昧하야 如是 盡法界虛空界와 十方三世와 微細無礙와 廣大光明과 佛 眼所見과 佛力能到와 佛身所現인 一切國土와 及此國土의 所有微塵인 一一塵中에 有世界海微塵數佛刹하고 一一刹 中에 有世界海微塵數諸佛이어시든 一一佛前에 有世界海 微塵數普賢菩薩도 皆亦入此一切諸佛毘盧遮那如來藏身 三昧하시니라

이 세계 가운데 보현보살이 세존 앞에서 이러한 삼매에 들었던 것처럼 온 법계의 허공계, 시방삼세, 미세한 존재, 걸림이 없는 곳, 광대한 곳, 광명이 있는 곳, 부처님의 눈으로 보시는 곳, 부처님의 힘이 이르는 곳, 부처님의 몸을 나타낸 모든 국토, 그리고 이 국토 에 있는 티끌의 하나하나 수없는 미세한 티끌 속에 셀 수 없는 세

계바다 무한수와 같은 부처님 세계가 있다. 그리고 하나하나 모든 세계 속에 셀 수 없는 세계바다 무한수와 같은 모든 부처님이 계시며, 하나하나 모든 부처님 앞에 셀 수 없는 세계바다 무한수와 같은 보현보살이 있는데, 모두가 또한 이런 '일체제불 비로자나 여래장신의 삼매'에 들어갔다.

◉ 疏 ◉

於中有二니 初는 舉此오 後如是下는 類彼中二니 初는 明平徧法界오 後明重疊無盡이니라 前中은 十一句니 初一은 總明이니 謂盡窮法界오 後十은 別指니 以彰曲盡이라 一盡虛空界오 二於空中에 盡十方處오 三於十方中에 徧三世時오 四於三世中에 微細物處니 謂毛端等이오 五凡諸小隙無礙之處오 六或廣大百千由旬等處오 七人天日月光明等處오 八盡佛眼見處오 九盡神力到處오 十佛身能現之處니라 此第十句에 有二義하니 一者는 結上國土之言이니 通十一段이오 二者는 成下니 以是身內之刹 爲微細故니라【鈔_ 第十句有二義者는 昔人唯有後義니 則是佛身中塵에 有諸佛刹이라하야 遂令普賢不徧如來身外刹也니라】

여기에는 2단락이 있다. 앞에서는 '이 삼매[此三昧]'를 들어 말하였고, 뒤의 '如是' 이하는 그 유별로 전체를 말한 가운데 2가지로 나뉜다.

뒤의 앞(如是盡法界~一切國土)에서는 법계에 평등하게 두루 함을 밝혔고, 뒤(及此國土~身三昧)에서는 거듭거듭 그지없음을 밝혔다. 앞

(如是盡法界~一切國土)은 11구로, 제1구(如是盡法界)는 총체로 밝힘이니, 법계에 모조리 다함을 말하였고, 뒤의 10구(虛空界~一切國土)는 개별로 말함이니, 곡진하게 나타낸 것이다.

(1)**(虛空界)** 허공계를 다함이며,

(2)**(十方)** 허공계 가운데 시방 공간을 다함이며,

(3)**(三世)** 시방 공간 가운데 삼세 시간에 두루 함이며,

(4)**(微細)** 삼세 시간 가운데 미세한 존재, 즉 털끝 등을 말하며,

(5)**(無礙)** 모든 미세한 존재의 작은 틈새에서도 걸림 없음이며,

(6)**(廣大)** 혹은 광대한 百千由旬 등이며,

(7)**(光明)** 人天의 日月光明 등이며,

(8)**(佛眼所見)** 부처님 눈으로 볼 수 있는 곳을 다함이며,

(9)**(佛力能到)** 부처님의 威神力으로 이를 수 있는 곳을 다함이며,

(10)**(佛身所現 一切國土)** 부처님의 몸으로 현신하는 곳이다.

제10구(佛身所現 一切國土)에 2가지의 뜻이 있다.

① 위의 문장을 끝맺음이다. '일체국토'란 11구를 통틀어 말한다.

② 아래의 문장이 이뤄지고 있다. 부처님 몸속의 세계가 미세하기 때문이다.【초_ "제10구에 2가지의 뜻이 있다."는 데에 대해 옛사람들은 '② 부처님 몸속의 세계'만을 들어 말하였다. 이는 부처님 몸속의 세계에만 모든 부처의 세계가 있다고 생각한 나머지, 마침내 보현보살은 부처님 몸 밖의 세계에 두루 할 수 없다고 인식하였다.】

二‘及此下는 重疊徧中에 畧有四重하니 一盡法界塵이니 言及此國土者는 指前十處之國也오 二塵中多剎이오 三剎中多佛이오 四一一佛

前에 有多普賢이니라 於上諸處에 皆入此定일세 故普賢身不分하고 普
徧麤細深廣 平滿重疊이니라 此處入定이 類通既然인댄 法界入定의
類通亦爾니라 故約主定인댄 佛前에 唯一普賢이니 一切는 一故어니와 若
就類通인댄 佛前에 各有塵數하나니 一이 一切故니라【鈔_ 三故約主
定下는 解妨이라 謂難云'別明入定이오 佛前唯一普賢은 今此結通이
어늘 何以一一佛前에 各有多耶아 疏含二義하나니 一 約主伴이오 二
明卽入이라 初主伴中에 謂爲主須一이오 爲伴必多일세니라 難云'此中
普賢은 應不爲伴이니라 應答云若爲伴時에 亦得有多니라 二者는 卽
由上義故니 此一은 是卽多之一이라 故疏에 云一切之一故라하고 彼
類通中에 多는 是全一之多라 故疏에 云一一切故라하니 前是擧一結
多오 此是卽一卽多며 前是通辨緣起相由오 今明力用交徹하야 一有
一切等이라 故普賢身 不可思議는 畧有三類니 一 隨類身이니 隨人
天等見不同故오 二 漸勝身이니 乘六牙象等하야 相莊嚴故오 三 窮
盡法界身이니 帝網重重無有盡故니라 今當第三하야 含有前二니 所
由에 有三等이니라 】

뒤의 '及此國土' 이하는 "거듭거듭 그지없음을 밝힌" 가운데 간단하게 4중이 있다.

⑴ **(及此國土 所有微塵)** 모든 법계의 微塵이다. '及此國土'라 말한 것은 앞 10구에서 말한 국토를 가리킴이며,

⑵ **(一一塵中~佛刹)** 미세한 티끌 속에 수많은 세계가 있음이며,

⑶ **(一一刹中~諸佛)** 수많은 세계 속에 수많은 부처님이 있음이며,

⑷ **(一一佛前~普賢菩薩)** 하나하나의 부처님 앞에 수많은 보현보살

이 있다.

　이곳의 보살이 이러한 삼매에 들어갔기에 보현보살의 몸을 구분하지 않고서 크고 작고 깊고 넓은 공간에 두루 하여 평등하게 거듭거듭 존재한 것이다. 이곳의 보살이 이러한 삼매에 들었고 모든 유가 똑같이 그러하다면, 모든 법계가 삼매에 들어 유별로 모두 또한 똑같이 그처럼 될 수 있다.

　이 때문에 삼매의 주체로 말한다면 부처님 앞에 오직 보현보살 한 분이다. 이는 일체가 하나이기 때문이다. 만일 유별로 모두가 그러한 것으로 말한다면, 부처님 앞에 각각 셀 수 없는 무한수의 보살이 있다. 이는 하나가 일체이기 때문이다. 【초_ 셋째, "삼매의 주체로 말한다면" 이하는 이해하기 어렵다. 어떤 사람이 논란하여 말하였다.

　"개별로 선정에 들었음을 밝히고 부처님 앞에 오직 보현보살 한 분만을 말한 것은 여기에서 종합하여 끝맺은 것이다. 그럼에도 어찌하여 하나하나의 부처님 앞에 각기 수많은 보현보살이 있을 수 있을까?"

　청량 疏에서는 이에 대해 2가지의 뜻을 담고 있다. 첫째 주체와 도반을 가지고 말하였으며, 둘째 삼매에 들었음을 밝힘이다. 첫째 주체와 도반 가운데에는 주체는 반드시 하나이고, 도반은 반드시 많기 때문임을 말한다.

　어떤 사람이 논란하여 말하였다.

　"여기에서의 보현보살은 당연히 수많은 도반이 될 수 없을 것이다."

이에 대해 답하였다.

"도반이 되었을 때에는 또한 많을 수밖에 없다."

"둘째 삼매에 들었음을 밝혔다."는 것은 위에서 말한 뜻을 따름이다. 여기에서 말한 '하나[一]'는 곧 '많은[多]' 것 가운데 '하나'이다. 이 때문에 청량 疏에서 "일체가 하나이기 때문"이라 하였고, 그 유별로 모두가 그러한 것 가운데 수많음은 전체 하나의 많음이다. 이 때문에 청량 疏에서 "하나가 일체이기 때문"이라고 말하였다.

앞에서는 '하나'를 들어 '많은' 것으로 끝맺었는데 여기에서는 하나와 많은 것으로 말하였고, 앞에서는 緣起가 서로 유래함을 통틀어 말했는데 여기에서는 부처님 힘의 妙用이 서로 통하여 "하나에는 일체가 있다."는 등을 밝혔다. 이 때문에 보현보살 몸의 불가사의는 대략 3가지이다.

① 다양한 근기에 따라 나타내는 몸[隨類身]이다. 人天 등의 견해가 똑같지 않음을 따르기 때문이다.

② 점점 나아지는 몸[漸勝身]이다. 여섯 어금니를 지닌 코끼리를 타는 등 모습이 장엄하기 때문이다.

③ 법계에 다하는 몸[窮盡法界身]이다. 帝釋의 寶網이 겹겹으로 그지없기 때문이다.

여기에서는 ③에 해당된 부분으로 앞의 2가지를 포함하고 있다. 유래한 바에 3가지 등이 있다.】

一

第二加分

有三이니 初口加요 次意加요 後身加니 今은 初라

제2. 가피를 내리다

加持分에는 3가지의 가피가 있다.

1. 말씀의 가피[口加].

2. 마음의 가피[意加].

3. 몸의 가피[身加]이다.

이는 1. 말씀의 가피이다.

經

爾時 一一普賢菩薩에 皆有十方一切諸佛이 而現其前하사 彼諸如來가 同聲讚言하사대 善哉善哉라 善男子야 汝能入此一切諸佛毘盧遮那如來藏身菩薩三昧로다 佛子야 此是十方一切諸佛이 共加於汝시니 以毘盧遮那如來本願力故며 亦以汝修一切諸佛行願力故니 所謂能轉一切佛法輪故며 開顯一切如來智慧海故며 普照十方諸安立海하야 悉無餘故며 令一切衆生으로 淨治雜染하야 得淸淨故며 普攝一切諸大國土하야 無所着故며 深入一切諸佛境界하야 無障礙故며 普示一切佛功德故며 能入一切諸法實相하야 增智慧故며 觀察一切諸法門故며 了知一切衆生根故며 能持一切諸佛如來의 教文海故니라

그때 하나하나 보현보살에게 모두 시방의 모든 부처님이 그 앞에 나타나 그 모든 부처님께서 같은 음성으로 찬탄하였다.

"훌륭하고 훌륭하다. 선남자여, 그대가 이 '일체제불 비로자나 여래장신 삼매'에 들어갔도다.

불자여, 이는 시방 모든 부처님이 다 함께 그대에게 가피를 주심이니 비로자나 여래의 본래 원력인 때문이며, 또한 그대가 일체 모든 부처님의 행과 원력을 닦은 때문이다.

이른바 모든 부처님의 법륜을 굴린 때문이며, 모든 여래의 지혜바다를 열어서 나타낸 때문이며,

시방에 있는 모든 바다를 남김없이 널리 모두 비춘 때문이며,

온갖 중생들에게 잡되고 물든 것을 깨끗이 다스려 청정함을 얻게 한 때문이며,

일체 모든 큰 국토를 널리 받아들여 집착이 없게 한 때문이며,

일체 모든 부처님의 경계에 깊이 들어가 장애가 없는 때문이며,

모든 부처님의 공덕을 널리 보인 때문이며,

일체 모든 법의 실상에 들어가 지혜를 증장한 때문이며,

일체 모든 법문을 관찰한 때문이며,

모든 중생의 근기를 잘 알기 때문이며,

일체 모든 부처님 여래의 가르침의 바다를 지닌 때문이다."

◉ 疏 ◉

文四니 一諸佛現身이니 以此口加 後無結通일세 故此總擧重重時處

一一普賢前也니라

二彼諸下는 讚其得定이니 此雖果定이나 菩薩門入일세 故云菩薩三昧라하니라

三佛子下는 明得定所由니 所由有三이라 一伴佛同加니 佛佛道同故오 二主佛本願이니 此二는 爲緣이오 三自修行願이니 是入定因이라

四所謂下는 辨加所爲니 此文二勢니 一辨加所爲오 二顯上行願之相이라 故云所謂也니라 所爲謂何오 爲轉法輪故니라 有十一句하니 初總餘別이라 別中初一은 總攝十智오 餘九는 卽有十海니 一卽安立海오 二卽衆生及業海오 三卽世界海오 四卽佛海오 五卽名號壽量及解脫海니 變化大用 皆功德故오 六卽波羅蜜海니 到實相岸故오 七轉法輪海오 八卽根海오 九卽演說海니 與下十智로 令知此十이니라

【鈔_ 餘九卽是十海者는 就十海名은 二處具出이오 影帶鈎鎖는 文該五處라 言二處者는 一現相品衆海問中十海오 二成就品初의 標章答中十海라 然文小異오 開合不次니라 言文該五處者는 二處는 如前이오 三은 卽此所爲中이니 是爲十海故오 四者는 卽下意加與智니 卽十海智故오 五는 世界成就品答中에 稱歎十智니 卽是知此十海之智라 正是此中諸佛所與十智也라 此上五處에 三處는 是海오 二處는 是智라 其所爲中에 雖無海言이나 而是海義라 然其五處는 決定相承이니 謂由問十海故니 加所爲中에 爲於十海라 佛與十智는 令知十海니 普賢得智하야 將欲說之일세 故觀察十海에 知海難思오 唯佛智能知라 故稱讚十智니 亦是讚所得之智라야 方能遂佛所爲하야 答前問也어늘 而其五處 開合廣畧者는 顯義無方故니라】

이의 경문은 4단락으로 나뉜다.

(1)(爾時一一~而現其前) 제불의 현신이다. 이 말씀의 가피[口加]에 대해서 아래에 끝맺는 말이 없다. 이 때문에 여기에서 어느 시간이든 어느 공간이든 하나하나 보현보살의 앞에 부처님이 현신함을 모두 거듭거듭 들어 말함이다.

(2)(彼諸如來~菩薩三昧) '彼諸如來' 이하는 하나하나 보현보살이 삼매를 얻음에 대해 찬탄함이다. 이는 비록 '깨달음의 선정[果定]'이나 보살문에 들어간 까닭에 이를 '보살삼매'라고 말한다.

(3)(佛子~行願力故) '佛子' 이하는 이러한 선정을 얻게 된 유래를 밝힘이다. 이의 유래에는 3가지가 있다.

① 함께한 부처님[伴佛]이 똑같이 가피를 줌이다. 모든 부처님의 도가 똑같기 때문이다.

② 主佛의 근본 願이다. 위의 2가지는 반연이다.

③ 스스로 닦아온 行과 願이다. 이는 入定의 원인이다.

(4)(所謂能轉~敎文海故) '所謂能轉' 이하는 가피를 내려주는 대상에 대한 논변이다. 이의 문장은 2단락이다.

① 가피를 내려주는 대상을 논변함이며,

② 위에서 말한 行과 願의 양상을 밝힘이다. 이 때문에 '所謂'라고 말한다. 가피를 내려주는 대상은 무얼 말하는가. 법륜을 굴리기 위한 까닭이다.

여기(所謂能轉~敎文海故)에는 11구가 있다. 제1구(所謂能轉一切佛法輪故)는 총체이며, 나머지 10구절(開顯一切~敎文海故)은 개별이다. 개별의 10구절 가운데 첫 구절(開顯一切如來智慧海故)은 十智를 총체로 포괄하고 있으며, 나머지 9구(普照十方~敎文海故)는 곧 十海로 말하고 있다. ① 安立海, ② 衆生海 및 業海, ③ 世界海, ④ 佛海, ⑤ 名號壽量海 및 解脫海, 이는 변화의 大用이 모두 공덕인 때문이다. ⑥ 波羅蜜海, 實相의 피안에 이르기 때문이다. ⑦ 轉法輪海, ⑧ 根海, ⑨ 演說海이다. 아래의 '十智를 내려준' 것과 견주어 볼 때, 이는 十海로 말하고 있음을 알 수 있다. 【초_ "나머지 9구는 곧 十海로 말하고 있다."란, 十海의 이름은 2곳에서 모두 나온 것이며, 서로 연결 지어 있는 경문은 모두 5곳이다.

2곳이라 말한 것은 ① 여래현상품의 衆海의 물음 속에 있는 십해이며, ② 세계성취품 첫 부분 標章의 대답 중에서 말한 십해이다. 그러나 문장에 약간의 차이가 있고 구분하는 데에도 차례가 맞지 않다.

경문 5곳에 갖춰져 있다는 것은, 2곳은 앞에서 말한 바와 같고, ③ 여기에서 말한 가피에 있다. 이는 십해가 되기 때문이다. ④ 아래의 마음의 가피[意加]로 지혜를 내려줌이니 곧 十海智이기 때문이다. ⑤ 세계성취품의 대답 가운데에 十智를 찬탄함이다. 이는 이러한 십해의 지혜는 바로 여기의 제불이 내려준 십지임을 알 수 있다.

위에서 말한 5곳 가운데 3곳은 바다이며, 2곳은 지혜로 말하였다. 그처럼 가피를 내려준 가운데 비록 '바다'라는 말은 직접적으로 없지만 바다라는 뜻으로 말하였다. 그러나 그처럼 5곳은 반드시 서로 연결 지어 있다. 이는 십해의 물음 때문이다. 가피를 내린 가운데 십해로 이뤄졌는 바, 부처님이 가피로 내려준 十智는 십해임을 알도록 함이다. 보현보살이 지혜를 얻어 장차 이를 설법하고자 한 까닭에 십해를 살펴보니 지혜의 바다는 생각하기 어렵고 오직 부처님의 지혜만이 이를 알 수 있기에 십지를 찬탄한 것이다. 또한 얻은 바의 지혜를 찬탄하여야 만이 비로소 부처님이 하신 일을 이루어 앞의 물음에 답할 수 있다. 하지만 5곳에서 구분하는 데에 詳略의 차이가 있는 것은 그 뜻이 원만하여 딱히 일정함이 없다는 점을 나타내기 위한 까닭이다.】

第二. 意加
2. 마음의 가피

經
爾時에 十方一切諸佛이 卽與普賢菩薩摩訶薩에 能入一切智性力智하며 與入法界無邊量智하며 與成就一切佛境界智하며 與知一切世界海成壞智하며 與知一切衆生界廣大智하며 與住諸佛甚深解脫無差別諸三昧智하며 與入一切菩薩諸根海智하며 與知一切衆生語言海로 轉法輪詞辯智하며 與普入法界一切世界海身智하며 與得一切佛音聲智하시니 如此世界中如來前普賢菩薩이 蒙諸佛의 與如是智하야 如是一切世界海와 及彼世界海一一塵中의 所有普

賢도 悉亦如是하니 **何以故**오 **證彼三昧**에 **法如是故**니라

그때 시방의 모든 부처님이 곧 보현보살마하살에게 모든 지혜성품의 힘에 들어갈 수 있는 지혜를 주었으며,

법계의 끝없고 한량없는 데에 들어가는 지혜를 주었으며,

모든 부처님의 경계를 성취하는 지혜를 주었으며,

모든 세계바다의 이뤄지고 무너짐을 아는 지혜를 주었으며,

모든 중생세계의 광대함을 아는 지혜를 주었으며,

모든 부처님의 매우 깊은 해탈과 차별 없는 모든 삼매에 머무는 지혜를 주었으며,

온갖 보살의 모든 근성(根性)바다에 들어가는 지혜를 주었으며,

온갖 중생들의 언어바다를 알아서 법륜을 굴리는 변재의 지혜를 주었으며,

법계 모든 세계바다의 몸에 널리 들어가는 지혜를 주었으며,

모든 부처님의 음성을 얻는 지혜를 주시었다.

이 세계의 여래 앞에 있는 보현보살이 모든 부처님의 이처럼 지혜를 내려주신 가피를 입었던 것처럼 이러한 모든 세계바다와 그 세계 바다의 낱낱 티끌 속에 있는 보현보살 또한 이처럼 가피를 입었다.

이는 무엇 때문일까? 저 삼매를 증득하면 법이 이와 같기 때문이다.

◉ **疏** ◉

文二니 **先加後釋**이라 **前中**은 **亦二**니 **先**은 **此土**오 **後**는 **類通**이라

前中은 與十種智니 初一은 總이니 謂與果海之智어늘 而言'與'者는 佛力灌注하야 令增故니 一切智性이 卽果海也며 智性이 卽力이니 無傾動故며 具十力故오 末後智字는 卽能入也니라

餘九는 爲別이니 卽是成就品中十智니 由與此智일새 故後能說彼智하야 觀彼十海로되 而文少不次니라 一은 卽第三法界安立海智니 安立無邊量故오 二는 卽第四佛海니 佛海는 唯佛分齊之境이오 三은 卽第一이오 四는 卽第二衆生業海니 業因微細일새 故云廣大라하고 五는 含二句니 一卽第八佛神變海니 解脫作用이 卽是神變이오 神變은 依定일새 加三昧言이며 二含三世智니 下文에 "一念知三世이 由佛不思議解脫力故라"하니 由加總句일새 故合此二니라 六은 卽第五오 七은 卽第九오 八은 卽第七願海니 以願力故로 入法界中一切世界오 九는 卽第十建立演說이니라【鈔_ 二意加中에 二는 別別對釋이니 欲對下智댄 須知十智名字次第니라 彼云'諸佛子 諸佛世尊이 知一切世界海成壞淸淨智 不可思議하고 知一切衆生業海智不可思議하고 下畧不可思議而加次第니라' 三은 知一切法界安立海智오 四는 說一切無邊佛海智오 五는 入一切欲解根海智오 六은 一念普知一切三世智오 七은 顯示一切如來無量願海智오 八은 示現一切佛神變海智오 九는 轉法輪智오 十은 建立演說海不可思議(經脫智字)니라】然疏中易者는 則但對次第오 難者는 已爲會釋을 竝可知也라

이의 경문은 2단락이다. 앞은 가피, 뒤는 해석이다.

앞의 가피 또한 2가지이다. 앞의 제1구절은 이 국토를, 뒤의 구절(如此世界~悉亦如是)들은 나머지 세계 모든 유에 통함을 말한다.

앞의 가피 가운데 10가지 지혜를 내려주는 첫 구절(即與普賢~智性力智)은 총체이다. 果海의 지혜를 내려줌을 말한다. 그러나 여기에서 '내려준다[與]'고 말함은 부처님의 힘을 쏟아부어 보살로 하여금 지혜가 더욱 훌륭하도록 만들어주기 때문이다. 一切智性이 곧 果海이며, 일체지성이 곧 '부처님의 힘'이다. 이는 기울거나 흔들림이 없기 때문이며, 十力을 갖추고 있기 때문이다. 맨 끝 '如是智'의 智 자는 곧 깨달음을 얻을 수 있는 지혜의 주체[能]이다.

나머지 9구절(與入法界~佛音聲智)은 개별로 말함이다. 이는 세계성취품에서 말한 十智이다. 이런 지혜를 내려준 까닭에 아래의 경문에서 그런 지혜를 말하여 앞에서 말한 十海를 보도록 한 것이다. 그러나 十智와 十海에 관한 차례는 다소 어긋남이 있다.

(1) 제3 法界安立海智. 그지없고 한량없이 존재하기 때문이다.

(2) 제4 佛海. 부처님바다는 오직 부처님에게만 국한되는 경계이다.

(3) 제1 智慧海.

(4) 제2 衆生業海. 業因이 미세한 까닭에 '廣大'하다고 말한다.

(5) 2句를 포괄하고 있다. ① 제8 佛神變海. 해탈작용이 바로 부처님의 신통변화이다. 신통변화는 禪定에 의한 까닭에 '삼매'라는 글자를 쓴 것이다. ② 三世智海를 포괄하고 있다. 아래의 경문에 "한 생각의 찰나에 三世를 아는 것은 부처님의 불가사의한 해탈의 힘에 의한 때문이다. 총체로 말한 구절을 더한 까닭에 여기에서 2가지를 종합하였다.

⑥ 제5 名號壽量 解脫海.

⑦ 제9 根海.

⑧ 제7 願海. 願力 때문에 법계 가운데 일체 세계에 들어갈 수 있다.

⑨ 제10 建立演說海이다.【초_ '2. 마음의 가피' 가운데 둘째는 개별과 개별로 상대하여 해석하였다. 아래의 지혜에 짝하여 알고자 한다면 반드시 十智에 관한 명제와 그 차례를 알아야 한다. 세계성취품에서 다음과 같이 말하였다.

"많은 불자여, ① 모든 부처님 세존께서 온갖 세계바다의 이루어지고 무너지는 것을 아는 청정한 지혜가 불가사의하고, ② 온갖 중생들의 업바다를 아는 지혜가 불가사의하다."

아래에서는 '불가사의' 구절을 생략하고 차례대로 서술하고자 한다.

③ 모든 법계가 안립한 바다를 아는 지혜,

④ 일체 끝없는 부처님바다를 연설하는 지혜,

⑤ 온갖 욕망과 이해와 근성바다에 들어가는 지혜,

⑥ 한 생각에 모든 삼세를 널리 아는 지혜,

⑦ 일체 여래의 한량없는 서원바다를 나타내 보이는 지혜,

⑧ 일체 부처님의 신통변화바다를 나타내 보이는 지혜,

⑨ 법륜을 굴리는 지혜,

⑩ 연설바다를 건립하는 지혜이다.】

그러나 청량 疏에서 순서가 뒤바뀜은 단 차례를 따른 것인바,

논란한 자가 이미 이를 한데 모아 해석한 것임을 아울러 말하지 않아도 알 수 있다.

又菩薩根은 更有多義니 修十善道에 有三善根하고 修諸地度에 精進爲根이오 攝受正法에 信慧爲根이오 攝養衆生에 慈悲爲根이오 爲成佛道에 悲智爲根이니 種種差別을 皆善知故니라

또 '菩薩根'에는 여러 가지의 뜻이 담겨 있다. 十善道[36]를 닦는 데는 3가지의 선근[三善根][37]이 있고, 여러 지위의 바라밀을 닦는 데에는 정진이 근본이 되고, 正法을 지닌 데에는 신심과 제혜가 근본이 되고, 중생을 보살피는 데에는 자비가 근본이 되고, 불도를 성취한 데에는 大悲와 大智가 근본이 된다. 갖가지 차별을 모두 잘 알기 때문이다.

二如此下는 類通可知니라

第二何以故下는 釋所因中二니 先徵意云諸佛이 有力能與하고 有慈能普인댄 何以十智로 偏加普賢가 釋云普賢得此三昧일세 法爾應與니라

둘째, '如此' 이하는 모든 유에 통함이니 이는 말하지 않아도 알 수 있다.

제2단락의 '何以故' 이하는 원인이 되는 바를 해석함이다. 여기

....

36 十善道: 十惡과 반대의 의미. 또는 十善戒. 不殺生·不偸盜·不邪婬·不妄語·不兩舌·不惡口·不綺語·不貪欲·不瞋恚·不邪見.

37 3가지의 선근[三善根]: 수행의 요체가 되는 3가지의 선근, 無貪·無瞋·無癡. 즉 탐욕이 없고, 성냄이 없으며, 어리석음이 없는 것이다.

에는 2가지 뜻이 있다. 먼저 묻기를, "여러 부처님이 힘이 있어 지혜를 내려주고 자비의 마음으로 널리 베푸는 것인바, 어찌하여 十智를 보현보살에게만 가피를 내린 것일까?" 이에 대해 다음과 같이 해석하였다.

"보현보살이 이러한 삼매를 얻었기에 이러한 법의 가피가 있는 것이다."

第三 身加
3. 몸의 가피

經

是時에 十方諸佛이 各舒右手하사 摩普賢菩薩頂하시니 其手가 皆以相好莊嚴하고 妙網光舒하고 香流焰發하며 復出諸佛種種妙音과 及以自在神通之事하야 過現未來一切菩薩의 普賢願海와 一切如來의 清淨法輪과 及三世佛의 所有影像을 皆於中現하시니 如此世界中普賢菩薩이 爲十方佛의 所共摩頂하야 如是一切世界海와 及彼世界海一一塵中의 所有普賢도 悉亦如是하야 爲十方佛之所摩頂하시니라

이때 시방의 여러 부처님이 각각 오른손을 펴시어 보현보살의 이마를 만지시니, 그 손은 모두 모습이 아름답고 장엄하였으며, 미묘한 그물광명이 퍼지고 향기가 흐르고 불꽃이 피어나며, 또한 모

313

든 부처님의 갖가지 미묘한 음성과 자재하고 신통한 일을 내시니, 과거 현재 미래 모든 보살의 보현행원바다, 모든 여래의 청정한 법륜, 삼세 부처님의 영상을 모두 그 가운데 나타내었다.

이러한 세계 가운데 보현보살의 이마를 시방 부처님이 다 함께 어루만지는 것처럼 일체 세계바다와 그 세계바다 하나하나 티끌 속에 있는 보현보살 또한 모두 이처럼 시방의 부처님이 이마를 어루만져주었다.

◉ 疏 ◉

文二니 初此土오 後如此下는 類通이라 前中復二니 先은 佛手摩頂이니 明加被攝受니라 又準梵本컨대 明十方佛身이 皆不來此며 舒臂不必長이로되 而同時摩頂하야 各全觸頂이나 互不相礙니 皆是如來自在業用이니라 二'其手'下는 辨手相用이니 於中十句는 以顯無盡이니라 前五는 德相圓備니 謂䏶纖直等이라 故云'相好莊嚴'이라하니라【 鈔_ 謂䏶圓者는 䏶纖之言에 言兼相好니라 按大般若컨대 三十二相中에'第九는 雙臂 修直䏶圓하야 如象王鼻'라하니 斯則䏶直이 是相이니 手連臂故니라 纖者는 三十二中云'五世尊手足의 所有諸指 圓滿纖長하야 甚可愛樂'이라하니라 言兼好者는 八十好中에 手足指爲二十이니 以一指로 爲一好니 謂十指端이 皆圓纖可喜故로되 而云'等'者는 即妙網光舒니라 此言顯故니 三十二中云'四世尊手足 二指中間이 猶如鵝王하야 咸有網鞔하고 金色交絡하야 文同綺畫'라하니 即是相也니라 畧舉此五어니와 廣如十身相海品하다 】

이의 경문 또한 2단락이다. 앞에서는 이 국토를, 뒤의 '如此世界' 이하에서는 나머지 세계 모든 유에 통함을 말한다.

앞의 국토 또한 2가지로 나뉜다.

⑴**(是時~摩普賢菩薩頂)** 부처님의 손으로 보현보살의 이마를 어루만져줌이다. 부처님의 가피 받음을 밝힘이다. 또 梵本에 준하여 보면, 시방세계 부처님이 모두 여기에 온 것이 아니며, 팔을 펼침이 반드시 길게 늘어난 것이 아니지만 동시에 수많은 보현보살의 이마를 어루만져줌이다. 각각 모든 보현의 이마를 만져주면서도 서로 장애가 없다. 이는 모두 여래의 자재한 일을 밝혀줌이다.

⑵**(其手~所摩頂)** '其手' 이하는 부처님 손의 모습을 말한다. 이 단락의 10구는 이를 통해 그지없는 모습을 밝힘이다. 앞의 5구(**其手~香流焰發**)는 덕스러운 모습이 원만하게 갖춰 있음을 말한다. 팔이 통통하고 둥글며, 섬세하고 길쭉하며, 반듯하게 곧은 모습 등을 말한다. 이 때문에 "모습이 아름답고 장엄하다."고 말한다. 【초_ "통통하고 둥글다."는 것은 "통통하고 둥글다."는 말에 부처님의 훌륭한 모습을 겸하여 말한 것이다. 大般若經을 살펴보니 부처님의 32相 가운데 "제9는 두 팔뚝이 길고 곧으며 통통하고 둥근 모습이 코끼리의 코와 같다."고 하였다. 이는 곧 "통통하고 곧음"이 부처님의 모습인바, 손이 팔뚝에 이어져 있기 때문이다. "섬세하다."는 것은 32상 가운데 "제5는 세존의 모든 손가락과 발가락이 원만하고 섬세하고 길쭉하여 매우 사랑스럽다."고 하였다.

"훌륭한 모습을 겸했다."는 것은 80好相 가운데 손가락과 발가

315

락 20개가 하나하나 모두 아름다운 모습임을 말한다. 따라서 열 개의 손가락이 모두 원만하고 섬세하여 사랑스럽기 때문이다.

"… 등"이라고 말한 것은 바로 "미묘한 그물광명이 퍼지는" 것이다. 이는 "그지없는 모습을 밝힘" 때문이다. 32상 가운데 "제4는 세존 손발의 두 번째 손가락, 발가락의 가운데 마디가 마치 거위처럼 손발가락 사이에 膜이 있어 모두 손금이 서로 얽혀 있고 황금빛이 서로 연결되어 그 광채가 비단결 같다."고 하니, 바로 이런 모습이다. 여기에서는 간단하게 5가지를 들어 말했지만 자세히 말한다면 十身相海品에서 말한 바와 같다.】

後復出下五句는 明妙用自在니 意明此手 亘十方而包三世하고 收因果而該人法하며 深廣體用이 無邊自在하야 非言能說也니라【鈔_ 亘十方者는 一切諸言이 卽橫亘十方也라 過·現·未來는 卽三世也라 菩薩은 因也오 諸佛은 果也라 上二는 皆人이오 法輪은 法也라 頓具爲深이오 橫該爲廣이며 相好는 卽體오 出生等은 用이니 皆悉圓融을 名無邊自在니 謂卽橫卽竪오 卽人卽法等이니라】

다음 '復出' 이하 5구는 妙用이 자재함을 밝힘이다. 여기에서 말한 뜻은 부처님의 손이 시방세계에 뻗어가고 三世를 포괄하며, 因果를 모두 지니고 사람과 법을 갖추고 있으며, 깊고 넓은 본체와 작용이 그지없이 자재하여 말로 표현할 수 있음이 아님을 밝힘이다.【초_ "시방세계에 뻗어간다."는 것은 '일체'라는 모든 말이 공간으로 시방세계에 뻗어감을 말하고, 과거·현재·미래는 三世이다. 보살은 因이요 제불은 果이다. 위에서 말한 보살과 제불은 모두 사람이고, 법륜은 법이다. 시간으로 구족함이 深이고 공간으로 모두 갖춤이 廣이며, 相好는 곧 본체이고, '…나타내는[出生]' 등은 작용이다. 이 모두가 원융함을 "그지없이 자재함"이라고 말한다. 공간으로 시간으로 하나가 되고 사람과 법이 하나가 됨 등을 말한다.】

後는 結通可知니라

맨 뒤의 단락(如此世界~所摩頂)은 모두 끝맺음임을 말하지 않아도 알 수 있다.

第三 起定分

所作事竟故라 於中二니 初此界요 後類通이라 前中亦二니 初起定이오 後衆益이라 今은 初라

제3. 선정에서 일어나다

해야 할 일을 끝마쳤기 때문이다. 이는 2단락으로 나뉜다. 앞에서는 이 경계를, 뒤에서는 모든 유에 통함을 말한다.

앞의 경계 또한 2가지로 나뉜다. (1) 선정에서 일어남이며, (2) 대중이 이익을 얻음이다.

經

爾時에 普賢菩薩이 卽從是三昧而起할새 從此三昧起時에 卽從一切世界海微塵數三昧海門起하시니 所謂從知三世念念無差別善巧智三昧門起며 從知三世一切法界所

317

有微塵三昧門起며 從現三世一切佛刹三昧門起며 從現一切衆生舍宅三昧門起며 從知一切衆生心海三昧門起며 從知一切衆生 各別名字三昧門起며 從知十方法界處所各差別三昧門起며 從知一切微塵中各有無邊廣大佛身雲三昧門起며 從演說一切法理趣海三昧門起니라

그때 보현보살이 곧 삼매에서 일어났다.

이 삼매에서 일어날 적에 곧 온갖 세계바다 셀 수 없는 무한수의 삼매바다문에서 일어났다.

이른바 삼세의 모든 생각이 차별 없는 훌륭한 지혜를 아는 삼매문에서 일어나며,

삼세 모든 법계에 있는 티끌을 아는 삼매문에서 일어나며,

삼세 모든 부처님 세계를 나타내는 삼매문에서 일어나며,

모든 중생의 집을 나타내는 삼매문에서 일어나며,

모든 중생의 마음바다를 아는 삼매문에서 일어나며,

모든 중생의 각각 이름을 아는 삼매문에서 일어나며,

시방법계의 처소가 각각 차별을 아는 삼매문에서 일어나며,

온갖 티끌 가운데 각각 끝없이 광대한 부처님 몸구름을 아는 삼매문에서 일어나며,

모든 법의 이취(理趣)바다를 연설하는 삼매문에서 일어났다.

◉ 疏 ◉

初起主定이오 二從此三下는 起眷屬定이니 於中亦二니 初總이니 謂

一起一切起니 由此妙定이 卽是一切三昧海故며 餘定爲門하야 皆入此故며 彼全同此일세 亦受海名이니라
二所謂下는 別辨이니 塵數旣多일세 畧列其十이라
一卽能知智三昧니 謂無一念暫差일세 故云念念無差오 而不廢偏知는 爲善巧智니라 二卽所知塵境이니 上은 能·所一對니라 三現廣刹이오 四現居處니 卽於世界에 總別一對니라 楞伽經云如來藏識이 頓現一切身器와 及諸受用이라하니 器는 卽廣刹이오 受用은 卽是舍宅이니라 五知心念差別이오 六知身相名字니 卽衆生色心一對니라 七知廣處오 八知廣身이니 卽依正一對니라 九從知一切法理趣者는 上八約事니 別別門顯이어니와 此約理趣하야 總該諸法이라 故云一切라하니라
大般若經理趣分에 說호되 諸法皆空하야 無生無滅하고 無自性性하며 離一切相하야 不可願求나 然第一義는 湛然常住라하니 當知하라 卽是此如來藏이니라 上來九句는 唯第三四는 從現得名이오 餘七은 皆從所知立稱니라 如此等類는 有一切世界海微塵數니 合爲一定이니 卽知此定이 是一切定耳니라

첫째(爾時~三昧而起)는 주보살(보현)이 선정에서 일어남이며, 둘째 '從此三昧' 이하(從此三昧~理趣海三昧門起)는 권속들이 선정에서 일어남이다.

'從此三昧' 이하는 또한 2단락으로 나뉜다.

제1단락(從此三昧~微塵數三昧海門起)은 총체이다. 하나에서 일어나면 일체가 일어남을 말한다. 이처럼 미묘한 선정이 바로 일체 삼매바다에 의하기 때문이며, 나머지 선정이 문을 삼아서 모두 여기

로 들어가기 때문이며, 저 선정이 모두 이 선정과 같기에 또한 '바다[海]'라는 이름을 붙인 것이다.

제2단락 '所謂從知' 이하(**所謂從知~理趣海三昧門起**)는 개별로 말함이다. 티끌 수처럼 많기에 대충 그 가운데 10가지만을 열거하였다.

① 알 수 있는 주체 지혜로서의 삼매이다. 한 생각의 찰나에도 차별이 없기에 "모든 생각이 차별 없다."고 말하였고, 두루 아는 것을 버리지 않음이 '훌륭한 지혜[善巧智]'이다.

② 알아야 할 대상으로서의 六塵 경계이다.

이상은 주체(能: 能知)와 객체(所: 所知)를 상대로 말하였다.

③ 드넓은 세계[廣刹]를 나타냄이다.

④ 거처[舍宅]를 나타냄이다.

이는 곧 세계에 총체(廣刹)와 개별(舍宅)을 상대로 말하였다. 능가경에 이르기를, "여래장식이 일체 身器 및 모든 受用을 한꺼번에 나타낸다."고 하였다. 身器는 곧 드넓은 세계[廣刹]이며, 受用은 곧 거처[舍宅]이다.

⑤ 마음 생각의 차별을 앎이다.

⑥ 몸 모습의 명호를 앎이다.

위는 중생의 色身과 마음을 상대로 말하였다.

⑦ 드넓은 곳을 앎이다.

⑧ 드넓은 몸을 앎이다.

위는 依報와 正報를 상대로 말하였다.

⑨ 일체 법의 이취(理趣)바다를 앎이란, 위에서 말한 8가지는 事

法界를 가지고서 개별의 삼매문을 나타냄이지만, 여기에서는 理趣를 가지고서 모든 법을 총체로 포괄하여 말한 까닭에 '일체(一切法理趣海)'라고 하였다.

大般若經 理趣分에서 말하기를, "모든 법이 모두 空하여 생겨남도 없고 사라짐도 없고, 自性(自體)의 성품도 없으며, 일체 형상을 여의어서 원할 수도 구할 수도 없다. 그러나 第一義는 담담하게 항상 머물러 있다."고 하였다. 여기에서 알아야 할 것은 바로 이것이 여래장이다.

위의 9구 가운데 오직 제3, 4구(廣刹·舍宅)는 나타내는 것으로 그 이름을 얻었고, 나머지 7구는 알아야 할 대상[所知]으로 그 명제를 내세운 것이다. 이와 같은 유가 일체 세계바다 셀 수 없는 무한 수만큼 많으나 이를 종합하면 하나의 선정이다. 여기에서 알아야 할 것은 하나의 선정이 바로 일체의 선정이라는 점이다.

二 大衆得益
  (2) 대중이 이익을 얻다

經

普賢菩薩이 從如是等三昧門起時에 其諸菩薩이 一一各得世界海微塵數三昧海雲과 世界海微塵數陀羅尼海雲과 世界海微塵數諸法方便海雲과 世界海微塵數辯才門海雲과

과 **世界海微塵數修行海雲**과 **世界海微塵數普照法界一切如來功德藏智光明海雲**과 **世界海微塵數一切如來諸力智慧無差別方便海雲**과 **世界海微塵數一切如來一一毛孔中各現衆刹海雲**과 **世界海微塵數一一菩薩**이 **示現從兜率天宮歿**하사 **下生·成佛·轉正法輪·般涅槃等海雲**하시니

 보현보살이 이와 같은 삼매문에서 일어날 때에

 그 모든 보살들이 하나하나 각각 세계바다 미진수의 삼매바다 구름,

 세계바다 셀 수 없는 무한수의 다라니바다구름,

 세계바다 셀 수 없는 무한수의 모든 법 방편바다구름,

 세계바다 셀 수 없는 무한수의 변재문(辯才門)바다구름,

 세계바다 셀 수 없는 무한수의 수행(修行)바다구름,

 세계바다 셀 수 없는 무한수의 법계 모든 여래의 공덕장을 널리 비추는 지혜광명바다구름,

 세계바다 셀 수 없는 무한수의 일체여래의 모든 힘과 지혜가 차별이 없는 방편바다구름,

 세계바다 셀 수 없는 무한수의 모든 여래가 낱낱 모공 속에서 각각 여러 세계를 나타내는 바다구름,

 세계바다 셀 수 없는 무한수의 낱낱 보살이 도솔천궁을 떠나 이곳으로 내려와서 탄생하며 성불하여 바른 법륜을 굴리며 열반에 드는 등의 모습을 나타내 보여주는 바다구름을 얻었다.

◉ 疏 ◉

初標益時分이오 亦是得益所由이며 後其諸下는 正明得益이니 減數說九니라 初五는 得菩薩法門이니 句各一義이니 皆以前定이 含此諸義故니라 又此五句는 後後成前前이며 後四는 得佛果法이니 卽如來三業이니 一은 得照藏身之實智며 二는 得藏身力用之權智며 三은 身毛現刹이며 四는 應垂八相이니 義兼口轉이니 亦以藏身 含此義故니라

普賢出定에 他人益者는 感應道交故니 如春萌芽에 陽氣久滿하고 東風一拂에 衆蕊齊敷라 諸菩薩衆이 積善已深에 久同行願일새 纔觀勝境에 萬德頓圓이라 冥顯雙資어니 于何不可리오【鈔_ 冥顯雙資者는 謂宿善爲冥資니 以暗成故오 現業爲顯資니 事昭著故니 今當俱句며 亦有冥而非顯이니 但有宿善故니라 復有顯而非冥하니 現身精勤이라도 宿無因故며 其非冥非顯은 此非機感이니 設欲成機라도 乃是大悲通相所被니라 此上四句는 但約於機어니와 對機說應도 亦有四句니 一冥應이니 令所得功德 不自覺知오 二顯應이니 現形說法과 光照現相等이오 三俱오 四俱非니 俱非는 不名爲應이어니와 若取大聖無心인댄 卽應無應이라도 亦得名應이니라】

앞부분은 이익을 얻은 시기를 나타냄이며, 또한 이익을 얻게 된 유래이다.

뒷부분의 '其諸菩薩' 이하는 이익을 얻음에 대해 밝힌 것이다. 이는 10가지에서 하나를 줄여 9가지만을 말하였다. 제1~5구는 보살의 법문을 얻은 것으로 1구마다 각각 하나의 뜻을 가지고 있다. 이는 모두 앞의 선정이 많은 의의를 포괄하기 때문이다. 또한 이 5

구는 뒤로 가면 갈수록 앞의 부분을 성취하고 있다.

뒤의 제6~9구는 佛果의 법을 얻음이니 곧 여래의 三業이다.

① 여래장신을 비추는 如實智를 얻음이며,

② 여래장신 力用의 權智를 얻음이며,

③ 모공에 세계를 나타냄이며,

④ 부처님의 八相을 보여줌이며, 그 의의는 口轉을 겸함이니, 또한 여래장신이 이러한 의의를 간직하기 때문이다.

보현보살이 선정에서 나오자, 남들이 이익을 얻은 것은 감응의 도가 교감하기 때문이다. 마치 봄에 싹이 트면 陽氣가 오래 충만하고 동풍이 한번 불면 수많은 꽃들이 한꺼번에 피는 것과 같다. 모든 보살대중이 선을 쌓아온 지 이미 깊은 터라, 오랫동안 行願을 같이했기에 수승한 경계를 보자마자 수많은 덕이 단번에 원만하게 된다. 보이지 않는 것과 또렷이 나타난 것이 서로 힘입으니 그 무엇이 안 될 일이 있겠는가. 【초_ "보이지 않는 것과 또렷이 나타난 것이 서로 힘입는다."는 것은 전생의 선[宿善]이 보이지 않는 가피의 힘이다. 이는 보이지 않게 이뤄지기 때문이다. 현재의 업[現業]은 또렷하게 보이는 가피의 힘이다. 이는 분명하게 나타난 일이기 때문이다. 이의 문장은 모든 구절에 해당한다.

또한 보이지 않는 가피는 있으나 또렷이 나타난 가피가 없는 부분이 있다. 이는 '전생의 선'만이 있었기 때문이다. 또한 또렷이 나타난 가피는 있으나 보이지 않는 가피가 없는 부분이 있다. 현재의 몸으로 부지런히 정진했을 뿐, 전생에 쌓은 원인이 없었기 때문이다. 그 보이지 않는 가피가 있는 것도 아니고 또렷이 나타난 가피가 있는 것도 아닌 게 있다. 이는 중생이 부처나 보살의 교화를 받지 못한 까닭이다. 설사 근기를 이루고자 할지라도 그것은 곧 부처님 大悲의 通相으로 입혀주어야 할 일이다.

이의 4구는 다만 중생의 근기를 가지고 말하였지만 중생의 근기를 대해 가피의 감응을 말한 것 또한 4구가 있다.

① 보이지 않는 가피의 감응이다. 얻은 바의 공덕을 스스로 깨닫지 못함이다.

② 또렷이 나타난 가피의 감응이다. 몸을 나타내어 설법함과 방광으로 형상을 나타내는 등이다.

③ 보이지 않는 가피의 감응과 또렷이 나타난 가피의 감응을 모두 함께 얻음이다.

④ 보이지 않는 가피의 감응과 또렷이 나타난 가피의 감응을 모두 다 얻지 못함이다.

보이지 않거나 또렷이 나타난 가피의 감응을 모두 다 얻지 못한다는 것은 가피의 감응이라고 말할 수 없다. 하지만 부처님의 無心으로 말한다면 가피의 감응에 감응이 없을지라도 또한 이를 가피의 감응이라고 말한다.】

二 類通

2. 모든 유에 통하다

經

如此世界中 普賢菩薩이 從三昧起에 諸菩薩衆이 獲如是益하야 如是一切世界海와 及彼世界海所有微塵의 一一塵中에도 悉亦如是하니라

　이런 세계 속에 보현보살이 삼매에서 일어날 때에 모든 보살대중이 이와 같은 이익을 얻은 것처럼 이와 같이 온갖 세계바다와 그 세계바다에 있는 티끌의 하나하나 티끌 속에서도 또한 모두 이와 같았다.

⊙ 疏 ⊙

可知니라

　설명하지 않아도 알 수 있다.

第四 現相作證分

　제4. 모습을 나타내어 증명하다

經

爾時에 十方一切世界海가 以諸佛威神力과 及普賢菩薩三昧力故로 悉皆微動하며 一一世界가 衆寶莊嚴하며 及出妙音하야 演說諸法하며 復於一切如來衆會道場海中에 普雨十種大摩尼王雲하시니 何等이 爲十고 所謂 妙金星幢摩

尼王雲과 光明照耀摩尼王雲과 寶輪垂下摩尼王雲과 衆寶藏現菩薩像摩尼王雲과 稱揚佛名摩尼王雲과 光明熾盛普照一切佛刹道場摩尼王雲과 光照十方種種變化摩尼王雲과 稱讚一切菩薩功德摩尼王雲과 如日光熾盛摩尼王雲과 悅意樂音周聞十方摩尼王雲이러라

그때 시방의 일체 세계바다가 모든 부처님의 헤아릴 수 없는 영묘하고도 불가사의한 힘과 보현보살의 삼매의 힘으로 모두 가볍게 흔들렸고 하나하나 세계가 온갖 보배로 장엄하고 미묘한 음성을 울려내어 모든 법을 연설하며,

또 모든 여래의 대중이 모인 도량바다 가운데, 열 가지 큰 마니왕구름을 널리 쏟아 내리셨다. 무엇이 열 가지일까?

이른바 미묘한 금성(金星)깃대마니왕구름,

광명이 밝게 비치는 마니왕구름,

보배바퀴가 아래로 드리운 마니왕구름,

온갖 보배창고가 보살의 형상을 나타내는 마니왕구름,

부처님의 이름을 부르는 마니왕구름,

광명이 빛나 모든 부처님 세계의 도량을 널리 비추는 마니왕구름,

광명이 시방을 비추어 갖가지로 변화하는 마니왕구름,

모든 보살의 공덕을 칭찬하는 마니왕구름,

햇빛처럼 빛나는 마니왕구름,

마음에 즐거운 음악소리가 시방에 두루 들리는 마니왕구름이

었다.

● 疏 ●

得益心喜라 喜則地動하며 及有諸瑞니라 諸會에 聞竟得益이라 故現相居後어니와 此會는 雖卽未聞이나 已先得益이라 故先現瑞니 以此會辨果顯殊勝故니라
文中有四하니 一은 世界微動이오 兼出瑞因이니 由因果二力이니라 言微動者는 是前相故오 二는 衆寶莊嚴이오 三은 出音說法이오 四復於下는 佛會雨寶니 畧擧十種하야 以顯無盡이니라 前三은 事相寶오 後七은 法化傳通寶니 竝是出世善根所生이니라

이익을 얻으면 마음이 기쁘다. 기쁘면 땅이 진동하며 많은 상서가 있다. 모든 법회 도량에서 법문을 들은 후엔 이익을 얻은 까닭에 여래현상품이 뒤에 있다. 하지만 이번 법회에서는 비록 부처님의 법문을 듣지 못했으나 이미 먼저 이익을 얻은 까닭에 상서가 먼저 나타난 것이다. 이번 법회에서 佛果를 논변함이 수승함을 나타내기 위함이다.

이의 경문은 4단락으로 나뉜다.

⑴ 세계가 가볍게 흔들림이다. 겸하여 상서의 원인을 나타냄이다. 이는 因·果 두 힘에 의한 것이다. 세계가 가볍게 흔들림은 앞서 보여준 조짐의 양상이기 때문이다.

⑵ 온갖 보배로 장엄함이다.

⑶ 미묘한 음성을 울려내어 모든 법을 연설함이다.

⑷ '復於一切' 이하는 부처님의 도량에 보배를 뿌려줌이다.

간략히 10가지의 마니왕구름을 들어 그지없음을 나타냈다. 10가지의 마니왕구름 가운데 앞의 3가지는 事法界 양상의 보배를 말하였고, 뒤의 7가지는 불법 교화가 널리 전하는 보배를 말한 것으로 아울러 출세간의 선근에 의해 이처럼 나타냄이다.

第五 毛光讚德分
제5. 모공의 방광이 공덕을 찬탄하다

經

普雨如是十種大摩尼王雲已에 一切如來가 諸毛孔中에 咸放光明하사 於光明中에 而說頌言하사대

이처럼 열 가지 큰 마니왕구름을 널리 내린 뒤에 모든 여래의 수많은 모공에서 모두 광명을 쏟아냈고 그 광명 가운데서 게송으로 설하였다.

◉ 疏 ◉

於中二니 初結前生後이오 後正顯偈詞니라

이의 경문은 2단락으로 나뉜다. 앞에서는 위의 경문을 끝맺고, 뒤에서는 게송을 나타냄이다.

經

普賢徧住於諸刹하야　　坐寶蓮華衆所觀이라
一切神通靡不現하며　　無量三昧皆能入이로다

　　보현보살 모든 세계 두루 머무시며
　　보배연꽃에 앉아 계심을 대중이 보았네
　　온갖 신통력 모두 나타내고
　　한량없는 삼매에 모두 들어갔네

● 疏 ●

詞中十頌은 分三이니 初一은 總述前定이오 次八은 別顯徧相이오 後一은 結讚所由니라

　　게송 가운데 10송은 3단락으로 나뉜다.
　　제1단락의 제1게송은 총체로 앞에서 말한 선정을 서술함이며,
　　제2단락의 제2~9게송은 개별로 모든 시공에 두루 한 양상을 나타냄이며,
　　제3단락의 제10게송은 유래된 바를 끝맺으면서 찬탄함이다.

經

普賢恒以種種身으로　　法界周流悉充滿하야
三昧神通方便力을　　圓音廣說皆無礙로다

　　보현보살 언제나 갖가지 현신으로
　　법계에 두루 모두 충만하여

삼매와 신통과 방편의 힘을
원만한 법음으로 걸림 없이 널리 연설하네

一切刹中諸佛所에　　　種種三昧現神通하니
一一神通悉周徧하야　　十方國土無遺者로
온갖 세계 모든 부처님 처소에
갖가지 삼매로 신통력 나타내니
온갖 신통력 모두 두루 하여
시방국토 없는 데 없다

如一切刹如來所하야　　彼刹塵中悉亦然하니
모든 세계 여래 계신 곳처럼
시방세계 티끌까지도 모두 똑같으니

 疏 ●

別顯中二니 前二偈半은 直述前徧이니라
　개별로 밝힌 제2~9게송은 2단락으로 나뉜다. 앞의 제2~3 두 게송과 제4게송 제1, 2구는 목전에 두루 나타남을 서술함이다.

經

所現三昧神通事가　　　毘盧遮那之願力이로다
　나타내신 삼매와 신통의 일

비로자나 부처님의 원력이어라

◉ 疏 ◉

後五偈半은 舉因顯徧이니 於中二니 初半偈는 緣力徧이니라

뒤의 제4게송 제3, 4구 및 제5~9 다섯 게송은 원인을 들어서 두루 하게 됨을 밝힌 것이다. 여기에는 다시 2가지로 나뉜다. 제4게송의 제3, 4구는 緣力의 두루 함을 말한다.

◉ 經 ◉

普賢身相如虛空하야 依眞而住非國土로대
隨諸衆生心所欲하야 示現普身等一切로다

보현의 몸, 허공 같아
진여에 머문 터라 국토는 아니지만
모든 중생 원하는 마음 따라
일체에 평등하게 널리 몸 나타내네

◉ 疏 ◉

後五는 因力徧이니 於中四니 初偈는 卽體而用일새 故徧이니 前半體오 後半用이라 '身相如空'은 法性身也오 依眞而住는 法性土也오 隨機普應은 受用化也니라

뒤의 제5~9게송은 因力의 두루 함을 말한다. 제5~9게송은 다시 4가지로 나뉜다.

이의 첫 제5게송은 본체에 합치된 작용인 까닭에 두루 함이니, 제1, 2구는 본체를, 제3, 4구는 작용을 말하고 있다. "보현의 몸, 허공 같다."는 것은 法性身을, "진여에 머문다."는 것은 法性土를, "중생 원하는 마음 따라 널리 현신함"은 他受用化身을 말한다.

問法性身土는 爲別가 不別가 別則不名法性이니 性無二故어니와 不別則無能依·所依니라 答호되 經論異說을 統收法身인댄 畧有十種하고 土隨身顯일세 乃有五重이니라

一은 佛地論은 唯以淸淨法界而爲法身하고 亦以法性而爲其土니 性雖一味나 隨身土相而分二別이니라 智論云"在有情數中을 名爲佛性이오 在非情數中을 名爲法性이오 假說能所이나 而實無差"라 하고 唯識云"雖此身土 體無差別이나 而屬佛·法에 性相異故"라 하니 謂法性屬佛에 爲法性身이오 法性屬法에 爲法性土니 性隨相異일세 故云爾也어늘 今言'如虛空'者는 唯識論云"此之身土 俱非色攝이라 雖不可說形量大小나 然隨事相하야 其量無邊하니 譬如虛空이 徧一切處故"라 하니라 '如虛空'言은 通喩身土니라

물었다. "'법성의 몸'과 '법성의 土'가 별개일까? 별개가 아닐까? 별개라면 법성이라고 말할 수 없다. 법성은 둘이 없기 때문이다. 하지만 별개가 아니라면 의지할 주체와 의지할 대상이 없을 것이다."

이에 대해 대답하였다.

경전과 論疏에 다른 말들을 법신으로 종합하여 말하면 대략 10가지가 있고, 국토는 몸을 따라 나타나는 터라, 여기에 5가지가 있다.

⑴ 불지론에 의하면, 오직 청정법계로 법신을 삼고 또한 법성

으로 그 국토를 삼는다. 법성은 비록 하나이지만 '법성의 몸'과 '법성의 土'의 형상을 따라 2가지로 구분한 것이다.

大智論에서 다음과 같이 말하였다.

"有情數(有情物) 가운데 있어서는 佛性이라 하고, 非情數(無情物) 가운데 있어서는 법성이라 한다. 能·所의 주객을 임시로 말했지만 실은 차이가 없다."

유식론에서 다음과 같이 말하였다.

"비록 '법성의 몸'과 '법성의 土'의 본체에는 차별이 없으나, '佛'과 '法'에 속함에 따라서 법성의 양상이 달라지기 때문이다."

이는 법성이 佛에 속하면 '법성의 몸'이라 하고, 법성이 법에 속하면 '법성의 토'라고 한다. 법성의 양상에 따라 다르기 때문에 이처럼 말하였다. 그러나 여기에서 "법성이 허공 같다."고 말한 것은 유식론에 이르기를, "'법성의 몸'과 '법성의 土'를 모두 드러나는 모습으로 받아들일 게 아니다. 비록 그 모습과 부피에 크고 작음을 말할 수 없을지라도 그 드러난 일의 양상[事相]을 따라 그 한량이 끝이 없다. 비유하면 허공이 모든 곳에 두루 한 것과 같기 때문이다."고 하였다. 그러므로 "법성이 허공 같다."는 말은 '법성의 몸'과 '법성의 土'에 모두 통하는 비유이다.

二는 或唯大智而爲法身하고 所證眞如爲法性土니라 無性攝論云 "無垢無罣礙智로 爲法身故"라하니 若爾댄 云何言相如虛空가 智體無礙하야 同虛空故일세니라

(2) 혹은 오직 大智로 법신을 삼고, 증득해야 할 대상으로서의

眞如로 법성토를 삼는다. 무성섭론에 이르기를, "때가 없고 걸림 없는 지혜로 '법성의 몸'을 삼기 때문이다."고 하였다. 만약 그러하다면 어찌하여 "그 모습이 허공과 같다."고 말했을까? 지혜의 본체가 걸림이 없어 허공과 같기 때문이다.

三은 亦智亦如而爲法身이니라 梁攝論과 及金光明에 皆云"唯如如 及 如如智獨存을 名法身故"라하니 此則身含如智로되 土則唯如니라

(3) 또한 大智와 또한 眞如로 법신을 삼는다. 양섭론 및 금광명경에서 모두 이르기를, "오직 如如 및 如如智의 獨存을 '법성의 몸'이라고 말하기 때문이다."고 하였다. 이는 '법성의 몸'은 如如智를 포괄하지만 '법성의 土'는 如如만이 있을 뿐이기 때문이다.

四는 境智雙泯而爲法身이니라 經云"如來法身은 非心非境이오 土亦隨爾"라하니 依於此義컨대 諸契經中에 皆說如來身土無二니 此則依眞之言으로 顯無能所니 方曰依眞일세 成如空義니라

(4) 경계와 지혜가 모두 사라진 것으로 법신을 삼는다. 경문에 이르기를, "여래법신은 마음도 아니며 경계도 아니다. 국토 또한 그러하다."고 하니, 이 의의에 의하면 모든 경문에서는 모두 '법성의 몸'과 '법성의 토'는 둘이 없다[身土無二]고 말하였다. 이는 곧 진여에 의해 말한 것으로 能·所가 없음을 밝힘이다. 이런 경지에 이르러야 비로소 '허공과 같다'는 의의가 형성되는 것이다.

五는 此上四句를 合爲一無礙法身이니 隨說皆得이오 土亦如之니라

(5) 이 위의 4가지를 종합하여 하나의 걸림 없는 법신을 삼는다. 어느 말을 따라서도 모두 옳고 국토 또한 이와 같다.

六은 此上總別五句는 相融形奪이라 泯茲五說하야 迥然無寄로 以爲法身하고 土亦如也니라 此上은 單就境智以辨이니라

(6) 위에서 말한 총체와 개별에 관한 5가지는 양상이 융합하고 형체가 없다. 이 5가지의 말이 사라져 아득히 붙일 자리가 없는 것으로 법신을 삼고, 국토 또한 이와 같다. 위에서는 單으로 경계와 지혜의 자리에서 논변하였다.

七은 通攝五分 及悲願等所行과 恆沙功德하야 無不皆是此法身收니 以修生功德으로 必證理故로 融攝無礙라 卽此所證眞如體大로 爲法性土니라 依於此義댄 身土迥異어늘 今言身相은 卽諸功德이오 言如虛空은 卽身之性이니라 下經에 亦云 "解如來身非如虛空이니 一切功德과 無量妙法이 所圓滿故"라하니라

(7) 五分(相·名·分別思惟·聖智·如如) 및 悲願 등 행한 바와 恒沙 공덕을 모두 받아들여 이 법신으로 거둬들이지 아님이 없다. 수행에서 생겨난 공덕으로 반드시 진리를 증득한 까닭에 모두 원만하게 받아들여 걸림이 없다. 이는 곧 증득한 바의 眞如의 體大[38]로 '법성의 토'를 삼은 것이다. 이런 의의로 살펴보면 '법성의 몸'과 '법성의 토'는 전혀 다르다. 그럼에도 여기에서 '身相(普賢身相)'이라 말함은 곧 '모든 공덕'을 말하며, '허공과 같다'고 말함은 곧 '법성의 몸'의 自性이다. 아래의 경문에서 또한 "여래의 몸은 허공과 같지 않음을

....

38 體大: 3大의 하나. 만유의 본체. 이는 유일 절대의 존재로서 우주에 두루 가득 차 있기에 이를 大라고 말한다.

알아야 한다. 일체 공덕과 한량없는 미묘한 법이 원만한 바이기 때문이다."고 하였다.

八은 通收報化色相功德이니 無不皆是此法身收라 故攝論中 三十二相等이 皆法身攝이라 然有三義하니 一은 相卽如故로 歸理法身하고 二는 智所現故로 屬智法身하고 三은 當相이 竝是功德法故로 名爲法身이니라 其所依土는 則通性相하야 淨穢無礙라 我此土淨이어늘 而汝不見이오 衆生見燒나 淨土不毁니 色卽是如오 相卽非相이라 身·土·事·理 交互依持하야 通有四句하니 謂色身은 依色相土하고 色身은 依法性土하고 法身은 依法性土 及依色相故니라 又以單雙互望으로 亦成五句하니 謂色相身이 依法性色相土等이니 準以思之하라 【鈔 _ 我此土淨 而汝不見은 卽淨名第一이오 '衆生見燒 淨土不毁'는 卽法華第五이어늘 竝如下引이며 '色卽是如 相卽非相'은 卽義引大品等經이라 '身土事理 互交徹故'로 結前生後니라 然結前三文하야 成上三義니 謂引淨名하야 成'第三當相卽是功德身土'이니 則具妙莊嚴하야 通自他受用이오 二는 引法華하야 成'智 法身土'니 亦通性相하야 智所現身者니 若大圓鏡智는 現自受用身이오 平等性智는 現他受用身이오 成所作智는 現變化身이니 此三身融이면 則三土亦融이오 變化則毁어니와 自他受用이 皆悉不毁니 我此土安穩은 卽自受用이오 天人常充滿은 卽他受用이라 三은 義引大品이니 色卽是如는 成第一義니 相卽如故니라 如는 卽法性土오 相通諸土는 卽法性身이 與色相身으로 無礙오 依土도 亦性相無礙라 是故로 結云'皆事理交互'라하니라 言'生後'者는 生後四句니 文有兩重四句라 初四는 唯單相對니 其色相言인댄

337

通於報化니 自受用報化와 他受用報는 皆色相故오 二는 又以單對
로 複成四句니 唯出其一하야 令準思於五라 上은 卽第一이오 二는 法性
身이 依色相法性土오 三은 法性色相身이 依色相土오 四는 法性色相
身이 依法性土오 第五는 有一俱句니 謂法性色相身이 依法性色相
土니 則是性相無礙之身이 依性相無礙之土니라】
此上은 猶通諸大乘教니라

⑻ 報身·化身의 색상공덕을 전체로 거둬들임이다. 이는 모두
법신으로 거둬들이지 않음이 없다. 이 때문에 攝論에서는 32상 등
이 모두 법신에 포괄된다. 그러나 여기에는 3가지의 뜻이 있다.

① 형상이 곧 여여인 까닭에 理法身에 귀결되고,

② 지혜의 나타난 바이기에 智法身에 속하고,

③ 당면한 事相이 모두 공덕법이기에 이를 법신이라고 말한다.

법신이 의지한 바의 국토는 性·相에 통하여 청정함과 더러움
에 걸림이 없다. 부처님의 불국토는 청정하다. 그러나 중생이 이를
보지 못했을 뿐이며, 중생이 모든 것이 불에 타서 사라지는 것을
보아 왔지만 정토는 훼손하지 못한다. 色이 곧 진여이며, 相이 곧
相이 아니다. '법성의 몸'·'법성의 토'·事法界·理法界가 서로서로
의지하여 모두 4구가 있다. 色身이 '色相의 토'를 의지하고 색신이
'법성의 토'를 의지하며, 법신이 법성의 토를 의지하고 색상의 토를
의지하기 때문이다.

또 單과 雙으로 서로를 바라보면 이는 또한 5구를 형성한다.
"색상의 몸이 법성색상의 토를 의지하다." 등이니 이에 준하여 생

각해야 한다. 【초_ "부처님의 이 불국토는 청정하다. 그러나 중생이 보지 못했을 뿐이다."는 것은 곧 정명경 제1의 문장이며, "중생이 모든 것이 불에 타서 사라지는 것을 보아 왔지만 정토는 훼손하지 못한다."는 것은 법화경 제5의 경문인데, 이는 모두 아래에 인용한 바와 같으며, "色이 곧 진여이며, 相이 곧 相이 아니다."는 뜻은 대품경 등에서 인용한 것이다.

'법성의 몸'·'법성의 토'·事法界·理法界는 서로 통하기 때문에 앞의 문장을 끝맺은 것이다. 그러나 앞의 3문장을 끝맺어 위의 3가지의 일을 이루고 있다.

첫째, 정명경을 인용하여 "③ 당면한 事相이 모두 공덕법이기에 이를 법신이라고 말한다[第三當相 卽是功德身土]."를 끝맺음이니, 미묘한 장엄을 갖추고서 自受用과 他受用에 통한다.

둘째, 법화경을 인용하여 "② 지혜의 나타난 바이기에 智法身에 속한다[智法身土]."를 끝맺음이다. 또한 性·相을 두루 통하여 지혜로 現身한 것이다. 大圓鏡智는 자수용신을, 平等性智는 타수용신을, 成所作智는 變化身을 나타냄이다. 이 3가지의 몸이 원융하면 3가지의 국토 또한 원융하다. 변화하는 것은 부서지기 마련이지만 자수용과 타수용은 모두 훼손되지 않는다. 나의 이 국토가 편안함은 자수용이며, 天人이 항상 충만함은 타수용이다.

셋째, 대품경의 뜻을 인용한 것인바, '색이 곧 진여'라는 것은 "① 형상이 곧 여여인 까닭에 理法身에 귀결됨"을 끝맺음이다. 이는 형상이 곧 진여이기 때문이다. 진여는 곧 '법성의 토'이며, 형상이 많은 국토와 통함은 곧 '법성의 몸'이 色相의 몸에 걸림이 없기 때문이며, 의지한 국토 또한 性·相에 걸림이 없기에 이를 끝맺어 "모두 사법계와 이법계가 서로 함께한다."고 말하였다.

'뒤의 문장을 낳는다[生後].'는 것은 뒤에서 말한 4구의 발생을 말한다. 경문에서 이 4구를 2가지로 중복하여 말하였다.

① 4구는 오직 單數로 상대하여 말함이다. 그 색상으로 말하면 보신·화신에 통한다. 자수용 보신·화신과 타수용 보신은 모두 색상이기 때문이다.

② 또한 단수를 상대로 중복하여 4구를 이루고 있다. 오직 그 중 하나를 들어 준하여 5가지를 생각해 볼 수 있다.

㉠ 색상의 몸이 법성색상의 토를 의지하다.

㉡ 법성의 몸이 색상법성의 토에 의지하다.

㉢ 법성색상의 몸이 색상의 토에 의지하다.

㉣ 법성색상의 몸이 법성의 토에 의지하다.

㉤ 하나의 함께하는 구[俱句]가 있다. 법성색상의 몸이 법성색상의 국토에 의지함이다. 이는 性·相에 걸림 없는 몸이 性·相에 걸림 없는 국토에 의지한 것이다.】

위는 오히려 모든 대승교에 통한다.

九는 通攝三種世間하야 皆爲一大法身이니 具十身故며 其三身等이 竝此中智正覺攝故니 土亦如之니라 卽如空身而示普身이어니 于何不具리오 此唯華嚴이니라【鈔_ '九通攝'者는 如八地中에 十身이니 卽三世間故니 謂衆生身·國土身等이니 已見玄文이라 '卽如空身'者는

會釋經文이니 謂經但云身相如空等이어늘 何有十身之義오 故今釋云如虛空言은 卽十身中虛空身也라 八地之中에 十身相作이어늘 今云示現普身은 則兩重十身이 皆悉具矣라 如下云以虛空身으로 作衆生身하고 作國土身하고 作業報身하고 作聲聞身하고 作緣覺身하고 作菩薩身하고 作如來身이니 是爲虛空으로 示餘九身이라 其如來身上에 旣具菩提身 願身 化身 法身 智身等이니 則有百身千身과 一一類身이 復各攝多라 故云示現普身等一切也라하니라 又如虛空言은 含法身智身이 卽是眞身이니 卽眞而現이면 何不具矣리오】

(9) 3가지 세간을 전체로 통하여 모두 하나의 큰 법신이 된다. 이는 十身을 갖추고 있기 때문이다. 십신 가운데 三身 등이 아울러 이의 智正覺에 포괄되어 있기 때문인바, 국토 또한 이와 같다. 곧 십신 가운데 虛空身과 같은 것으로 普身을 보임이니 그 어떤 몸인들 갖춰 있지 않음이 있겠는가. 이것이 오직 화엄이다. 【초_ "(9) 3가지 세간을 전체로 통한다."는 것은 八地 가운데 十身과 같다. 곧 三世間이기 때문이니 중생신·국토신 등을 말한다. 이는 이미 玄文[39]에 보인다. "곧 십신 가운데 虛空身과 같다."는 것은 여러 경문을 모아 해석함이다. 게송의 경문에서는 단 '身相如空' 등이라고 말했을 뿐인데, 어찌하여 십신의 뜻이 있는 것일까? 이 때문에 여기에서 해석하여 '허공과 같다'는 말은 십신 가운데 虛空身이다. 八地

----
[39] 玄文: 隋代 天台宗의 창시자 智顗가 쓴 玄義를 말한다. 지의는 만년에 玉泉寺에 머물면서 妙法蓮華經 5자를 여러 가지 관점에서 해석하여 天台敎學의 교리적 원리를 전개한 것을 그의 제자인 灌頂이 筆錄한 책으로, 10권이다.

가운데 십신의 형상이 만들어지는데, 여기에서 普身을 나타냄은 2가지로 거듭된 십신이 모두 다 갖춰져 있기 때문이다. 아래에서 허공신으로 衆生身, 國土身, 業報身, 聲聞身, 緣覺身, 菩薩身, 如來身이 이뤄진다. 이는 허공신으로 나머지 9가지의 몸을 보여줌이다.

여래신상에 이미 菩提身·願身·化身·法身·智身 등을 갖추고 있음과 같다. 이처럼 백 가지의 몸, 천 가지의 몸, 하나하나의 몸들이 다시 각기 수많은 몸을 가지고 있기에 普身 등 일체를 보여줌이라고 말한다. 또한 '허공과 같다'는 말은 法身·智身이 곧 眞身임을 함축하고 있는바, 진신으로 나타나면 어떤 몸인들 갖추지 않음이 있겠는가.】

十은 上分權實에 唯有第九 屬於此經이어니와 若據融攝 及攝同教인댄 總前九義爲一總句니 是謂如來無礙身土니 普賢亦爾로되 義隨隱顯하야 不可累安니 達者尋文에 無生局見이어다【鈔_ 十上分權實者는 爲揀淺深하야 以分權實故니 前八은 非實이니 若不攝權이면 亦非眞實이니 如說海水 異於百川이오 不攝百川이면 非海水矣라 隨義布列에 有十不同이로되 得意而談이면 一一融攝이라】

(10) 위의 權·實에 따라 구분하면 오직 위의 (9)만이 이 경문의 뜻에 속하지만 만일 융섭 및 같은 가르침을 가지고서 말한다면 앞에서 말한 9가지의 의의를 총체로 종합한 하나의 총괄적인 구절이다. 이는 여래의 걸림 없는 법성의 몸과 법성의 토를 말한다. 보현 또한 그와 같다. 그러나 그 의의는 보이고 보이지 않는 데에 따라서 자주 말할 수 없기에 생략한 것인바, 달관한 자는 경문을 보

면서 국집된 견해를 내지 말아야 한다.【초_ "(10) 위의 權·實에 따라 구분한다."는 것은 淺深의 깊이에 가려서 權·實을 구분하기 때문이다. 앞의 8가지는 實이 아니다. 만일 權을 받아들이지 않으면 또한 진실이 아니기 때문이다. 바다의 물은 수많은 시내와 다르다. 수많은 시냇물을 모두 받아들이지 않는다면 이는 바닷물이 아니라는 것과 같다. 의의에 따라 열거함에 10가지의 다른 점이 있지만, 그 의의를 알고서 말하면 하나하나를 모두 원만하게 받아들일 수 있다.】

上言土有五重者는 一은 唯法性이니 屬前三身하고 二者는 雙泯이니 屬於第四하고 三은 具性相하니 五·六·七·八所依이며 四는 融三世間이니 屬於第九하고 五는 總前諸義니 卽第十依니라【鈔_ 上言土有五重下는 三別示土相이니 謂前三如智에 有離合之殊라 故分三身하야 其所依土는 唯一法性이니 餘可思準이라】

위에서 "토에 5가지가 있다."고 말함은 다음과 같다.

① 오직 법성이니 앞의 제1~3의 三身에 속하고,

② 경계와 지혜가 모두 사라짐이니 제4에 속하고,

③ 性·相을 갖춤이니 제5~8이 의지한 바이며,

④ 三世間을 융합함이니 제9에 속하고,

⑤ 앞의 모든 의의를 총괄함이니 곧 제10이 의지한 곳이다.

【초_ "위에서 '토에 5가지가 있다.'고 말함" 이하는 셋째 별도로 국토의 모습을 보여줌이다. 앞의 세 가지 如如智에 구분과 종합의 차이가 있기 때문이다. 그러므로 3가지의 몸으로 나누어 그들이 의

지한 바의 국토는 오직 하나의 법성에 있다. 나머지는 이에 준하여 생각해야 한다.】

經

普賢安住諸大願하야　　獲此無量神通力이라
一切佛身所有刹에　　　悉現其形而詣彼로다

　　보현은 모든 큰 서원에 안주하여

　　한량없는 신통력 얻고

　　모든 부처님의 몸에 있는 세계에

　　모조리 보현 모습 나타내어 부처님 처소 찾아가네

一切衆海無有邊일세　　分身住彼亦無量이라

　　일체 대중바다 끝없기에

　　그곳에 계신 보현 분신 또한 한량없어라

● 疏 ●

二一偈半은 大願故徧이오 兼顯徧於正中之依也라 重重皆徧이어늘 今不見者는 機不應故며 不見이 卽是虛空身故며 亦徧不見處故일세니라【鈔_ '重重皆徧'下는 通其妨難이라 難云如上所說인댄 則無一處無有普賢이어늘 今何不見고 釋有三意니 一約機不見이니 是盲者過니라 二不見是見이라 見虛空身이니 謂以虛空不可見故니라 若不見者는 眞見虛空이니라 三亦徧不見處故者는 明見則不徧이니 何者오 以

可見不可見이 皆是普賢身이니 要令可見爲身인댄 則普賢身이 不周萬有어니와 如智不可見인댄 豈非智身耶아 明知하라 由有不見之處라야 方知徧耳니라 此第三身을 何人能見고 慧眼方見이오 非肉眼所見이니 慧眼은 無見無不見故일세니라 】

제5~9게송 가운데 둘째, 제6게송 '普賢安住' 이하 제7게송의 제1, 2구는 큰 서원이 있기 때문에 두루 몸을 나타냄이다. 겸하여 正中의 의보에 두루 함을 나타내고 있다. 이처럼 갖가지로 두루 몸을 나타내고 있지만, 이를 보지 못한 것은 중생의 근기가 이에 응하지 못하기 때문이며, 볼 수 없는 것은 곧 이 虛空身이기 때문이며, 또한 볼 수 없는 곳에 두루 나타내기 때문이다. 【초_ "이처럼 갖가지로 두루 몸을 나타내고 있다." 이하의 문장은 논란에 대한 해석이다. 어느 사람이 다음과 같이 논란하였다.

"위에서 말한 바와 같다면 보현보살이 있지 않은 데가 한 곳도 없는데 오늘날 어찌하여 보지 못하는 것일까?"

이의 물음에 대해 3가지로 해석할 수 있다.

① 보지 못하는 중생의 근기로 말함이니 이는 소경의 잘못이다.

② 볼 수 없는 존재를 본 것이다. 이는 허공과 같은 몸임을 봄이다. 허공이란 볼 수 없기 때문이다. 보지 못하는 것이 제대로 허공을 봄이다.

③ 또한 볼 수 없는 곳에 두루 나타나기 때문이다. 이는 분명히 볼 수 있는 것이라면 몸을 두루 나타낼 수 없기 때문이다. 무슨 까닭일까? 볼 수 있는 것과 볼 수 없는 것이 모두 보현보살의 몸이

기 때문이다. 요컨대 볼 수 있는 것만으로 보현보살의 몸이라고 말한다면 보현의 現身은 萬有에 두루 나타날 수 없지만, 만일 지혜의 눈으로도 볼 수 없는 것이 어찌 '지혜의 몸[智慧身]'이 아니겠는가.

분명히 알아야 할 것은 볼 수 없는 부분이 있어야만 비로소 두루 나타내는 몸을 알 수 있다는 사실이다. 이처럼 '③ 볼 수 없는 곳에 두루 나타나는 몸'을 그 누가 볼 수 있을까? 지혜의 눈으로만 비로소 볼 수 있는 것이지, 육안으로는 볼 수 있는 바가 아니다. 지혜의 눈이란 보는 것도 없고 보지 못할 것도 없기 때문이다.】

經

所現國土皆嚴淨하야　　**一刹那中見多劫**이로다
　　현신한 국토 모두 장엄, 청정하여
　　한 찰나에 많은 겁을 보여주네

普賢安住一切刹하니　　**所現神通勝無比**라
震動十方靡不周하야　　**令其觀者悉得見**이로다
　　보현보살 일체 세계 안주하니
　　나타낸 신통력, 비할 데 없이 훌륭하다
　　시방세계 두루 진동하여
　　보는 이마다 모두 친견토록 마련해주네

◉ 疏 ◉

三有一偈半은 明所現超勝이니라

    제5~9게송 가운데 셋째, 제7게송의 제3, 4구와 제8게송은 보현보살의 현신이 훌륭함을 밝힘이다.

經

一切佛智功德力과　　　種種大法皆成滿하야
以諸三昧方便門으로　　示已往昔菩提行이로다

    모든 부처님의 지혜, 그리고 공덕의 힘
    갖가지 큰 법을 모두 원만 성취하여
    모든 삼매의 방편법문으로
    지난날 닦았던 보리행을 보이셨네

◉ 疏 ◉

四有一偈는 果德已滿이나 不捨因門이니라

    제5~9게송 가운데 넷째, 제9게송은 果德이 이미 원만함에도 因門을 버리지 않음을 말한다.

經

如是自在不思議로　　　十方國土皆示現이
爲顯普入諸三昧일세　　佛光雲中讚功德이로다

    이처럼 자재한 불가사의여

시방국토에 모두 몸을 나타내어
모든 삼매에 널리 들어감을 밝혀주기 위해
부처님 광명구름 속에서 공덕을 찬탄하네

● 疏 ●

第三一偈 結讚所由者는 自在難思로 現無不普 標入一定이나 實則普游니 非佛光雲이면 安能讚述이리오

게송의 마지막 제3단락 제10게송은 보현보살이 현신할 수 있는 유래를 찬탄한 것으로 끝을 맺었다. 자유자재의 불가사의로 시방세계에 널리 현신하지 않음이 없다는 것은 선정삼매에 들었음을 내세워 말한 바이지만 실상은 시방세계에 널리 노닒이다. 부처님의 광명구름이 아니라면 어떻게 찬탄하여 말할 수 있겠는가.

第六 大衆讚請分

제6. 대중보살이 찬탄하며 법을 청하다

經

爾時에 一切菩薩衆이 皆向普賢하사 合掌瞻仰하고 承佛神力하야 同聲讚言하사대

그때 일체 보살대중이 모두 보현보살을 향하여 합장하고 우러러보면서 부처님의 헤아릴 수 없는 영묘하고도 불가사의한 힘을

받들어 하나같은 음성으로 찬탄하였다.

◉ 疏 ◉

前衆問佛에 佛示法主니 衆覩定起일세 故讚請普賢이니 前但舊衆이오 此通新舊일세 故云一切며 所問同前일세 故但畧擧니라

앞에서 말한 보살대중이 부처님께 법을 물음에 부처님이 법주를 보이시니 대중이 선정에서 일어남을 보았기에 보현보살에게 찬탄하고 법문을 청함이다. 앞에서는 단 예전에 모인 대중이었지만 여기에서는 처음 찾아온 대중과 예전에 왔던 대중을 모두 들어 말하였기에 '一切菩薩衆'이라고 말하였고, 물은 바가 예전과 같은 까닭에 간단하게 말했을 뿐이다.

經

從諸佛法而出生하며   亦因如來願力起라
眞如平等虛空藏에   汝已嚴淨此法身이로다

　보현은 일체 불법에 의해 나오셨고
　또한 삼세 여래 원력의 성취로 나오셨네
　진여의 평등한 허공창고여
　보현은 이미 법신이 장엄, 청정하였네

◉ 疏 ◉

十頌分三이니 初八은 歎主請이니 彰其能說이오 次一은 擧法請이니 正

陳所疑ɪ오 後一은 歎衆請이니 明有堪聞之器니라

　　10송은 3단락으로 나뉜다.

　　제1단락의 8송(제1~8)은 법주를 찬탄하여 청함이니 설법의 주체를 밝힘이며,

　　제2단락의 1송(제9)은 법을 들어 청함이니 의문의 대상을 말함이며,

　　제3단락의 1송(제10)은 대중의 훌륭함을 찬탄함이니 법문을 들을 만한 根器가 됨을 밝힘이다.

前中二니 初五頌은 歎普賢因果深廣德이니 明有說因이오 後三은 歎能徧塵刹雨法德이니 明有說果라

今初는 偈各一義니 初一은 讚已淨法身이니 三句明因이오 一句明果라 因有三義하니 一因修法生이니 義通緣了오 二由大願起니 卽是緣因이오 三依如來藏證眞平等이니 此爲正因이라 眞如는 卽是不空이오 虛空은 卽是空藏이오 平等與藏은 通上二義니라【鈔_ '一因修法生'等者나 然準涅槃이면 緣因은 對於正因이오 了因은 對於生因이로되 而緣亦名了니 如酵煖等은 爲酪緣因이니 卽能了彼乳中之酪하야 令得成酪이어늘 而今開異하야 義小殊故니라 了는 謂照了니 不通於生이오 緣은 謂衆緣이니 義通生了어늘 今從別義하야 又對正因是眞如라 故云通緣了오 如不可生이라 故但名了라 偈云'出生'者는 出於二障일새 故曰出生이니 非生眞如니라 '諸佛法'言은 通敎理行果니라 通於二因은 義如上說이오 '眞如卽是不空'者는 此言不空이 自有二義니 一空者는 所謂生死오 不空者는 是謂眞如涅槃이며 二對下空藏하야 是不空藏이니

妙有之中에 含性德故니라 平等與藏者는 藏通眞如일세 是不空如來藏이어니와 藏通虛空일세 是空如來藏이니라 '平等通二'者는 一眞如體性平等이오 二虛空無相平等이라 此二不二 是眞平等이니 悟法性空이 是眞如故니라 經云汝已嚴淨此法身者는 對上眞如니 卽是法身이니 出障名淨이오 因華行滿이 是已莊嚴이니 易故不釋이니라】

처음 8송(제1~8)은 2단락으로 나뉜다.

제1단락의 5송(제1~5)은 보현 인과의 심오하고 광대한 공덕을 찬탄함인바, 설법의 원인[說因]이 있음을 밝힘이며,

제2단락의 3송(제6~8)은 한량없는 세계에 두루 법을 내려준 공덕을 찬탄함이니 설법의 결과[說果]가 있음을 밝힘이다.

제1단락의 5송(제1~5)은 게송마다 각각 하나의 뜻을 가지고 있다.

제1게송은 이미 법신을 장엄, 청정하였음을 찬탄함이니 제1~3구는 원인을 밝힘이며, 제4구는 결과를 밝힘이다. 원인에는 3가지의 뜻이 있다. 제1구는 법을 닦음으로 인하여 나옴이니 그 뜻은 緣因[40]과 了因[41]에 통하고, 제2구는 大願에 의해 나옴이니 곧 緣因이며, 제3구는 여래장에 의해 진여평등을 증득함이니 이는 正因[42]이 된다. 진여는 곧 空이 아니며, 허공은 곧 空藏이며, 평등과 藏은 위의 두 뜻에 모두 통한다. 【초_ "제1구는 법을 닦음으로 인

....

40 緣因: 지혜를 도와 正因을 개발하는 6바라밀의 수행.

41 了因: 진여의 이치를 비추는 지혜.

42 正因: 본연의 진여 이치.

하여 나왔다." 등을 말했으나 열반경에 준하여 살펴보면 緣因은 正因을 상대로 말함이며, 了因은 生因을 상대로 말함이지만, 인연 또한 了因이라고 말한다. 酵煖 등이 타락[酪]의 緣因이 되는 것과 같다. 곧 저 우유로 타락이 만들어진다는 사실을 알아야 타락을 만들 수 있는데, 여기에서는 이 2가지를 달리 구분하여 그 뜻이 조금 달라졌기 때문이다. 了는 비춰보다[照了]라는 뜻인바, 生因의 뜻에는 통하지 않는다. 緣이란 수많은 인연[衆緣]을 말한 것이기에 그 뜻은 生因·了因에 통하는데, 여기에서는 또 다른 별개의 뜻을 따라 또한 正因을 상대로 진여를 말하였다. 이 때문에 緣因·了因에 통한다고 말하였다. 이는 生因이 아니기에 단 了因이라고 말한다.

게송의 제1구(從諸佛法'而'出生')에서 '出生'을 말한 것은 二障에서 超出하기에 고로 출생을 이르니, 진여를 생함이 아니다. '諸佛法'이란 말은 教理·行果에 모두 통틀어 말함이며, "緣因·了因에 통한다[通於二因: 義通緣了]."는 뜻은 위에서 말한 바와 같다.

"진여는 곧 공이 아니다[眞如卽是不空]."에서 '不空'에는 그 나름 2가지의 뜻이 있다.

① 空이란 이른바 生死이며, 不空이란 진여열반을 말한다.

② 아래에서 말한 空藏을 상대로 말하면 이는 '공하지 않은 창고', 즉 不空藏이다. 妙有의 가운데 性德을 지녔기 때문이다.

'평등과 藏'이란 藏이 진여에 통하기에 이는 '공이 아닌 여래장[不空如來藏]'이라 말하지만 藏이 허공에 통하기에 이는 '공한 여래장[空如來藏]'이다.

평등이 "위의 두 뜻에 모두 통한다."는 것은 ① 진여의 체성이 평등함이며, ② 허공의 無相이 평등함이다. 이는 2가지이지만 2가지가 아닌 것이 참다운 평등이다. 법성의 공함이 진여임을 깨달음 때문이다.

게송에서 "보현은 이미 법신이 장엄, 청정하였다."는 것은 위에서 말한 진여[眞如平等虛空藏]를 상대로 말하면 곧 법신이다. 두 장애에서 벗어나면 청정[淨]이라 말하고, 씨앗이 되는 꽃[因華]의 行門이 원만함이 佛果를 장엄함이다. 이러한 의의는 쉽게 이해할 수 있기에 굳이 해석하지 않았다.】

經

一切佛刹衆會中에　　　　普賢徧住於其所라
功德智海光明者가　　　　等照十方無不見이로다

　　모든 부처님 세계 대중 법회
　　보현보살 두루 그곳에 머물고
　　공덕과 지혜바다광명이
　　시방 고루 비춰 모두 보게 해주네

● 疏 ●

二는 讚徧住佛刹이라 第三句는 徧因이오 餘皆徧相이니 因中에 具智莊嚴일세 故能等照하고 具功德嚴일세 令無不覩니라
　　제2게송은 모든 부처세계에 두루 계심을 찬탄함이다. 제3구는

두루 계심의 원인이며, 나머지 구절은 모두 두루 계심의 현상이다. 원인의 가운데 지혜장엄을 갖추고 있기에 평등하게 비춰주고, 공덕장엄을 갖추고 있기에 모두가 보도록 마련해줌이다.

經

普賢廣大功德海가　　徧往十方親近佛하사
一切塵中所有刹에　　悉能詣彼而明現이로다

　보현보살 광대한 공덕바다
　시방세계 두루 찾아가 부처님 친근하고
　온갖 티끌 가운데 있는 세계
　그곳 모두 가서 밝게 나타나시네

◉ 疏 ◉

三讚近佛이라
　제3게송은 부처님께 친근함을 찬탄하였다.

經

佛子我曹常見汝호니　　諸如來所悉親近하야
住於三昧實境中을　　一切國土微塵劫이로다

　불자여, 우리는 항상 그대 보나니
　모든 여래 처소 모두 친근하고
　삼매의 진실 경계 가운데

모든 국토 미진겁에 머무시네

◉ 疏 ◉

四讚常定이라 實境中者는 不隨想轉故니라 曹者는 輩也라
　제4게송은 영원한 선정을 찬탄하였다. "진실 경계 가운데"란 생각을 따라 전변하지 않기 때문이다. '我曹'의 曹는 무리이다.

經

佛子能以普徧身으로　　　悉詣十方諸國土하사
衆生大海咸濟度하야　　　法界微塵無不入이로다

　불자여, 보변신으로
　시방세계 모든 국토 모두 나아가
　중생의 큰 바다 모두 제도하여
　법계 작은 티끌까지 들어가지 않음이 없어라

◉ 疏 ◉

五讚度生이라 曲盡微塵者는 細處有多衆生故니라【鈔_ 細處有多衆生'者는 卽離世間品五十五經에 十種은 如金剛大乘誓願心中에 第二心에 云"菩薩摩訶薩이 又作是念호되 於一毛端處에 有無量無邊衆生이온 何況一切法界에 我當盡以無上涅槃而滅度之아" 是爲 第二如金剛大乘誓願心이어늘 今云法界微塵無不入이라하니 與一毛端處로 大意同也라】

355

제5게송은 중생 제도를 찬탄하였다. 작은 티끌까지 모두 다함은 미세한 곳까지 많은 중생이 있기 때문이다. 【초_"미세한 곳까지 많은 중생이 있다."는 것은 이세간품 55경에서 말한 10종의 如金剛大乘誓願心 가운데 제2의 서원심에 이르기를, "보살마하살이 또다시 이런 생각을 하였다. 하나의 털끝에도 한량없고 끝없는 중생이 있다. 하물며 일체 세계에 나는 더할 수 없는 보리로써 모두 제도할 수 없겠는가."라고 하였다. 이는 제2 如金剛大乘誓願心인데, 여기에서 "법계 작은 티끌까지 들어가지 않음이 없다."고 하니 하나의 터럭 끝이라는 말과 큰 뜻이 같다.】

經

入於法界一切塵하니　　其身無盡無差別이라
譬如虛空悉周徧하야　　演說如來廣大法이로다

　　법계의 모든 티끌에 들어가니
　　그 몸이 끝도 없고 차별도 없다
　　허공이 일체에 두루 한 것처럼
　　여래의 크신 법을 연설하여라

一切功德光明者가　　　如雲廣大力殊勝하야
衆生海中皆往詣하사　　說佛所行無等法이로다

　　일체 공덕과 광명이여
　　구름처럼 광대하고 힘이 수승하여

중생바다 속에 모두 찾아가

부처님 행하신 더할 나위 없는 법 연설하시네

爲度衆生於劫海에　　普賢勝行皆修習하사
演一切法如大雲하니　　其音廣大靡不聞이로다

중생 제도 위해 수없는 세월 동안

보현의 훌륭한 행 모두 닦고

온갖 법 연설하심 큰 구름 같아

그 법음 광대하여 들리지 않은 곳 없네

◉ 疏 ◉

二有三頌說法果中에 初一은 讚常演大法이라 如空之言은 下喩廣大오 前喩無盡無差니라【鈔_ 明有說果者는 此有二意니 一說法卽果니 對上說因하야 名爲說果오 二稱根令喜니 是說法果니라 今具二意하니 謂具功德光明廣大勝力等은 卽說法因이며 今能徧說은 卽是說果니 是初意也오 二는 由上徧說勝法하야 能度衆生이 卽是後義니 以稱根故니라】

처음 8송(제1~8) 가운데 둘째 단락의 3게송(제6~8)은 설법의 결과이다. 이 가운데 첫 번째 제6게송은 큰 법을 항상 연설함을 찬탄한 것이다. 제6게송에서 '허공과 같다'는 말은 아래의 게송에서 '廣大'로 비유하였고, 앞의 제6게송에서는 '無盡無差'를 비유하였다. 【초_ 설법의 결과가 있음을 밝혔다는 것에는 2가지의 뜻이 있다.

① 설법이 곧 결과이다. 위의 '설법 원인'을 상대로 '설법의 결과'라고 말한다.

② 중생의 근기에 맞추어 기쁨을 줌이니 이는 '설법의 결과'이다.

여기에서는 2가지의 뜻을 갖추고 있다. "공덕광명의 광대한 수승한 힘을 갖추고 있다." 등은 곧 '설법의 원인'이며, 여기에서 "두루 설법하였다."는 것은 곧 '설법의 결과'이다. 이는 ①의 뜻이다. ②는 위의 게송에서 "수승한 법을 두루 설법"함으로 말미암아 중생을 제도하였다는 것은 곧 뒤에서 말한 뜻이다. 이는 중생의 근기에 맞춰 설법하기 때문이다.】

次一은 讚說無等法이라 無等有二니 一能說力勝이니 具二嚴故오 二는 所說無等이니 說佛所行故니라

제7게송은 더할 나위 없는 법[無等]을 연설함을 찬탄한 것이다. '더할 나위 없는 법'에는 2가지의 뜻이 있다.

⑴ 설법할 수 있는 주체의 힘이 수승함이다. 복과 지혜, 2가지의 장엄을 갖추었기 때문이다.

⑵ 설법할 대상이 '더할 나위 없는 법'이다. 부처님이 행한 바를 연설하기 때문이다.

後一頌은 舉因結果하야 顯德有由니 曠劫因圓故일세 故能雲雨說法이니라

제8게송은 원인을 들어 결과를 끝맺어 공덕의 원인이 있음을 나타냄이다. 오랜 세월 동안 '설법의 원인'이 원만한 까닭에 구름처럼 설법할 수 있다.

經

國土云何得成立과 諸佛云何而出現과
及以一切衆生海를 願隨其義如實說하소서

국토는 어떻게 성립되며
모든 부처님은 어떻게 출현하며
일체 중생바다에
그들의 뜻을 따라 여실히 설하소서

⊙ 疏 ⊙

二一頌은 擧法請中에 前品所問이 雖有多門이나 統其要歸컨대 莫過
三種世間일새 故今三句는 各顯其一이오 又前問을 總該諸會오 此令
當會答故니라

둘째 1송(제9)은 법을 들어 청한 가운데 앞의 品에서 물은 바가 비록 많은 부분이 있으나 그 요체를 종합하면 3가지의 세간에 지나지 않는다. 이 때문에 여기에서 3구가 각각 그 하나의 뜻을 밝혀 주었다. 또 앞에서 물은 바는 모두 모든 법회에서 포괄하고 있는데, 當會에서 대답하려는 때문이다.

經

此中無量大衆海가 悉在尊前恭敬住하니
爲轉淸淨妙法輪하사 一切諸佛皆隨喜케하소서

이 가운데 한량없는 대중바다여

모두 보현보살 앞에 공경히 머무니

대중 위해 청정 미묘한 법륜 굴려

일체 모든 부처님 모두 따라 기쁘게 하소서

◉ 疏 ◉

末後一頌은 歎衆請이며 亦名自述이니 此有二義니라 一恭敬一心이니 內堪受法이오 二諸佛隨喜니 外有勝緣이라 故應說也니라 說則上順佛心하고 下隨物欲이니라

마지막 1송(제10)은 대중의 청법을 찬탄함이며, 또한 自述이라고도 말한다. 여기에는 2가지의 뜻이 있다.

⑴ 공경의 마음이다. 안으로 법문을 받아들일 수 있다.

⑵ 모든 부처님이 따라 기뻐함이다. 밖으로 좋은 반연이 있기에 당연히 설법을 한 것이다. 설법을 하면 위로는 부처님 서원의 마음을 따르고, 아래로는 중생이 원하는 바를 따름이다.

◉ 論 ◉

問曰何故로 前世主妙嚴品末엔 其地이 六種十八相으로 大動이어늘 此品엔 何故로 其地微動이니잇고 答曰前明如來始成正覺에 大衆賀佛과 及自皆得佛果之益이니 其益이 廣大하야 明位極行終일새 以此로 其地大動이어니와 此品엔 答世主所問之疑하야 爲成初信故로 其地微動이라 於中菩薩이 示有疑問하야 寄同得益은 皆是成其凡夫의 始信之心일새 是故로 名爲擧果勸修生信分이니 仍是信他佛과 及菩薩得然이요

未是信自心得也어니와 第二會中金色世界不動智佛已去라야 方明信自心得도 亦然也며 至第十二卷中諸世間主이 更作二十八問이라야 方明信自心이 是佛不動智等이니 至文方明호리라

다음과 같이 물었다. "무슨 까닭에 앞의 세주묘엄품 말미에서는 그 땅에서 6種 18相이 크게 진동하였는데, 본 품에서는 무슨 까닭에 그 땅이 살짝만 진동했는가?"

이에 대해 다음과 같이 답하였다.

"앞의 세주묘엄품에서는 여래께서 처음 正覺을 이루시어 대중이 부처님께 慶賀함과 그들 자신이 모두 佛果를 얻은 이익을 밝힘이다. 그 이익이 광대하여 지위가 다하고 행이 다함을 밝힌 까닭에 이런 이유로 그 땅이 크게 진동하였지만, 본 품에서는 세주가 물었던 의심에 답하여 初信을 성취하기 위한 까닭에 그 땅이 살포시 진동하였다."

그 가운데 보살이 의문을 내보여 똑같은 이익을 얻을 수 있음을 덧붙여 말함은 범부 初信의 마음을 성취시켜주기 위한 까닭에, 이를 舉果勸修生信分이라고 말한다. 이는 다른 부처님 및 보살도 똑같음을 믿지만 자신의 마음이 똑같다는 것은 믿지 않는다. 그러나 제2회에서 金色世界不動智佛이 이미 떠나가야만 비로소 자신의 마음 또한 그와 같음을 믿는다는 점을 밝힘이며, 제12권에서 모든 世間主가 다시 28問을 일으킨 대목에 이르러서야 비로소 자신의 마음이 부처님의 不動智와 같다는 믿음을 밝힘이다. 해당 경문 부분에서 이런 뜻을 밝히고자 한다.

此經은 直至法界品覺城東已來히 菩薩及一切大衆이 皆是寄法同迷하야 示行修證이로대 唯覺城人間에 五百童子童女와 優婆塞優婆夷各具五百과 一萬諸龍은 寄位是凡하야 表其凡夫의 有得入者故니라 若無實得者면 佛敎이 豈是虛行者哉아 聖者立樣하사 令凡實得이 終不虛施시니 應如是知하며 應如是信하야 不自欺誑이니라 若有人言호대 此經은 非是凡夫境界요 是菩薩所行이라하면 是人은 當知하라 滅佛知見하며 破滅正法하야 令其正敎로 世不流通하며 令其世間으로 正見不生하야 斷滅佛種이니 諸有智者는 不應如是하야 不勸修行이니 設行不得이라도 不失善種하야 猶成來世積習勝緣故니라

이 경문은 곧장 법계품의 제11회 覺城東 이하의 경문까지는 보살 및 일체대중이 모두 이 법을 알지 못한다는 뜻을 가지고서 解行 修證을 보여주었다. 오직 세존께서 정각을 이루신 都城(覺城) 사람들 사이에 5백 명의 동남동녀와 우바새·우바이의 각각 5백 명, 그리고 1만의 수많은 용들은 범부의 지위에다가 가탁하여, 범부도 깨달을 수 있다는 사실을 나타냈기 때문이다.

만일 실제로 깨달음을 얻은 자가 없다면 부처님의 가르침이 어떻게 이처럼 아무런 보람이 없을 수 있겠는가. 부처님께서 수행의 본보기를 마련하여 범부로 하여금 실제 깨달음을 얻도록 마련해주어 마침내 헛된 일이 없는 것인바, 마땅히 이와 같이 알며 마땅히 이와 같이 믿어야 하는 것이며 스스로 속지 않아야 한다.

만일 어떤 사람이, "이 화엄경은 범부의 경계가 아니다. 보살이 행할 바이다."라고 말한다면 그 사람은 이런 사실을 알아야 한

다. 그는 부처님의 지견을 파멸하고 바른 법을 파멸하여 부처님의 바른 가르침을 세간에 유통하지 못하도록 방해하며, 세간 사람들에게 바른 지견이 나오지 못하도록 하여 부처의 종자를 끊어버린 자이다. 지혜로운 모든 이들은 당연히 화엄경에서 말한 것처럼 수행하도록 권하지 않으면 안 된다. 설령 화엄경에서 말한 것처럼 수행하지 못할지라도 선한 종자를 잃지 아니하여 오히려 내세의 積習勝緣을 성취할 수 있기 때문이다.

於此佛毛孔光明說頌中已下에 有兩段頌하니 於初二十行頌은 明佛毛孔光明으로 讚普賢德이니 如文具明이라 毛孔光은 是萬行光이니 還歎普賢萬行이요 二는 爾時一切諸菩薩已下에 有二十行頌은 明大衆이 歎普賢과 幷請說後三品之法이니 亦如文具明이니라.

"모든 여래의 수많은 모공에서 모두 광명을 쏟아내고 게송으로 설하였다." 이하에는 2단락의 게송이 있다.

앞 단락의 20行 게송은 모든 여래의 수많은 모공에서 쏟아내는 광명으로 보현보살 공덕의 찬탄함을 밝힘이다. 게송에서 말한 바와 같이 그 의의를 잘 밝혀주고 있다.

뒤 단락의 "그때 일체 모든 보살" 이하 20行 게송은 대중보살이 보현보살을 찬탄함과 아울러 아래 3품(世界成就品·華藏世界品·毘盧遮那品)의 請法을 밝힘이다. 이 또한 게송에서 말한 바와 같이 그 의의를 잘 밝혀주고 있다.

釋三昧之名者는 於此三昧名中에 義分爲三호리니 一은 釋三昧名이오 二는 釋三昧體用이오 三은 歎三昧之德이라 一은 釋三昧之名者는 名

毘盧遮那如來藏身은 毘盧云光이오 遮那云種種徧照오 如來는 是法性之體오 藏身은 是含容衆法之智니 明以理智種種教行之光으로 照燭衆生之器하야 隨根與益이니 如經歎德中具明이라

"삼매의 이름을 해석한다."는 것은 삼매라는 이름에 담긴 뜻을 3가지로 나누어 해석할 수 있다.

(1) 삼매의 이름을 해석함이며,

(2) 삼매의 體用을 해석함이며,

(3) 삼매의 덕을 찬탄함이다.

'(1) 삼매의 이름을 해석함'에서 毘盧遮那如來藏身이라고 이름 붙인 것은, 毘盧는 광명을, 遮那는 갖가지로 두루 비춤을 말하고, 如來는 법성의 본체이고 藏身은 수많은 법을 함유한 지혜를 말한다. 이는 如理智의 온갖 가르침과 수행의 광명으로써 중생의 근기를 비춰주되 근기에 따라 이익을 준다는 점을 밝힘이니, 공덕을 찬양하는 게송에 그 뜻이 모두 갖춰져 있다.

二는 釋三昧之體用者는 此三昧體者는 以法界根本智로 爲體요 以差別智로 爲大用이며 又以法界根本智로 爲體요 隨衆生智로 爲用이며 又以三昧로 爲體요 出定으로 爲用이며 又以無入無出로 爲體요 又入出俱로 爲用이며 又以入出俱로 爲體니 以義準之하면 可見이라 大要言之컨대 且以爲化衆生法則之中엔 以入定으로 明體요 後從定起하야 顯示十種定名이 是用이라 於十箇定名中에 總以法界無依住智性으로 爲體니 此體이 亦名首楞嚴定이라 與不可說一切諸三昧諸智慧門으로 爲體니 如歎德中具明이요 如經에 云世界海漩에 無不隨入者는 三

昧之用이 徹徧一切衆法之名故라 海者는 廣大義요 漩者는 甚深義니 明此三昧이 體用廣大하야 甚深無盡일새 諸佛菩薩과 及一切十方六道衆生中에 行皆徧故니 此一三昧로 答前三十七問總盡이니라.

'(2) 삼매의 體用을 해석함'이란, 삼매의 본체는 법계 根本智로써 본체를, 差別智로써 大用을 삼고, 또한 법계 근본지로써 본체를, 중생을 따르는 지혜로 대용을 삼고, 또한 선정에 듦으로써 본체를, 선정에서 나오는 것으로써 대용을 삼고, 또한 선정에 들어가고 나옴도 없는 것으로 본체를, 그리고 선정에 들어가고 나옴을 모두 함께하는 것으로써 대용을 삼고, 또한 선정에 들어가고 나옴을 모두 함께하는 것으로써 본체를 삼기도 한다. 이러한 뜻에 준하여 보면 체용의 의의를 찾아볼 수 있다.

큰 요지로 말한다면 또한 중생을 교화하기 위한 법칙 가운데 선정에 들어가는 것으로써 본체를 밝히고, 그 뒤 선정에서 일어나서 10가지 선정의 이름을 보여줌이 대용이다. 10가지 선정의 이름 가운데에는 모두가 법계의 '그 무엇에도 의지함이 없고 머묾이 없는 지혜[無依住智]' 자성으로 본체를 삼는다. 이 본체를 또한 '수능엄선정[首楞嚴定]'이라고 말하기도 한다. 이는 말로 표현할 수 없는, 일체제불 삼매의 모든 지혜문과도 같은 본체이다.

공덕을 찬탄한 게송에서 이러한 뜻을 잘 밝혀주고 있다. 게송의 "법계바다의 소용돌이에 따라 들어가지 않음이 없다[法界海漩 靡不隨入]."는 것은 삼매의 대용이 일체중생의 법에 두루 통함을 말함이기 때문이다. 海는 넓고도 크다는 뜻이며, 漩은 매우 깊다는 뜻이다. 이처럼 삼매의 체용이 광대하고 매우 깊어 끝이 없기에 제불보살 및 일체 시방세계 육도중생 가운데 모든 수행에 두루 통함을 밝혔기 때문이다. 이 하나의 삼매로 앞에서 물었던 37가지의 물음에 모두 대답한 것이다.

向前엔 以佛神力으로 答前三十七問中云何是佛地佛海佛眼佛耳鼻等이요 今엔 普賢三昧로 答前三十七問中云何菩薩行海三昧海等問이니 爲欲明佛行菩薩行이 體用徹故라 以佛로 爲體요 普賢行海로 爲用이니 以此體用이 該通諸法하야 無法不盡故라 佛眼耳鼻舌身意이 爲體요 能 徧知衆生事業이 爲用이니 已下如來이 與普賢智는 明普賢智가 契合佛根本智하야 二智不殊일새 令後信者로 信自智佛根本智이 一體無二無疑故라 十方諸佛이 手摩其頂者는 明接引忍可요 言普賢이 從三昧起者는 明定體이 隨根用處에 彼復依根獲益이 名起니 其用이 無盡일새 畧擧其十하야 以表無盡故라 餘義는 經文이 自具意明이라 佛根本智이 是定體요 普賢이 是用이니라

普賢三昧品 竟하다

앞에서는 부처님의 신통력으로써 '앞서 물었던 37가지의 물음' 가운데 "어떤 것이 부처님의 지혜이며, 부처님의 바다이며, 부처님의 눈이며, 부처님의 귀·코입니까?" 등에 대해 답하였고, 여기에서는 보현삼매로써 '앞서 물었던 37가지의 물음' 가운데 "어떤 것이 보살행바다이며, 삼매바다입니까?" 등에 대해 답하였다. 이는 부처님의 행과 보살의 행이 체용에 모두 통함을 밝히고자 했기 때문이다.

부처님으로 본체를, 보현행으로 대용을 삼음이다. 이러한 체용이 모든 법에 통하여 법마다 다하지 않음이 없기 때문이다. 부처님의 눈·귀·코·혀·몸·뜻이 본체가 되고 중생의 일을 두루 앎이 대용이다.

아래의 경문에서 여래께서 보현보살에게 지혜를 내려줌은 보현보살의 지혜가 부처님의 근본지와 똑같아서 두 지혜가 조금도 다르지 않기에 후세의 불자로 하여금 그 자신의 지혜와 부처님의 근본지가 一體요 둘이 없다는 사실을 믿어 의심이 없도록 마련해 줌을 밝힌 때문이다. 시방제불이 손수 그 이마를 어루만져줌은 그들을 이끌어 인가함을 밝힘이며, 보현보살이 삼매에서 일어났다고 말함은 선정의 본체가 중생의 근기를 따라 쓰는 곳에, 중생이 또한 자신의 근기에 따라 이익을 얻음을 "선정에서 일어났다."고 말한 것이다. 그 대용이 그지없기에 이를 간추려 10가지만을 들어서 끝이 없는 선정을 나타냈기 때문이다. 나머지의 의의는 경문이 잘 갖추어져 그 뜻을 모두 밝혀주고 있다. 부처님의 근본지는 선정의 본체요, 보현보살의 선정지혜는 대용임을 밝힌 것이다.

보현삼매품을 끝마치다.

보현삼매품 제3 　普賢三昧品 第三
화엄경소론찬요 제14권 　華嚴經疏論纂要 卷第十四

화엄경소론찬요 제15권
華嚴經疏論纂要 卷第十五

●

세계성취품 제4
世界成就品 第四

四門中에 初는 來意라

본 품을 4분야(來意·釋名·宗趣·釋文)로 구분한다.

1. 유래한 뜻

● 疏 ●

來意者는 前說緣旣具일세 此下는 正陳所說이니 總明果相하야 答法界安立海問일세 故此品來니라【鈔_ 初來意者는 疏文有二니 初는 總明分來니 對前二品하야 以爲說緣하야 生下三品하야 爲正所說이니 總明果相下라 二는 別明品來니 此句는 對下華藏爲別이니 別明本師之所嚴淨일세 故指此品以爲總하야 明諸佛果相이니라】

'유래한 뜻'이란 이전의 품(여래현상품·보현삼매품)에서 설법의 인연을 이미 구체적으로 밝혔기에 이 아래에서는 설법해야 할 내용을 말하였다. 모든 부처님의 果相을 총괄하여 밝혀 '법계가 정돈되어 펼쳐진 바다'에 관한 물음에 답한 까닭에 본 품이 쓰이게 된 것이다.【초_ '유래한 뜻'이란 청량 疏에서 2가지로 밝히고 있다.

첫째는 본 품의 유래를 총괄하여 밝힘이다. 앞의 2품(여래현상품·보현삼매품)을 상대로 설법의 인연을 삼았고, 뒤이어서 아래 3품(화장세계품·비로자나품·사성제품)이 나오는 것으로 바로 설법해야 할 내용을 삼음이니, 諸佛 果相 이하를 총괄하여 밝힘이다.

둘째는 품의 유래를 개별로 밝힘이다. 이 구절은 아래의 화장세계품을 상대로 하여 별개로 말한 것이다. 本師의 장엄, 청정한

바를 별개로 밝힘이다. 이 때문에 본 품으로 총체를 삼아 제불의 果相을 밝히고 있다.】

二 釋名

2. 품명에 대한 해석

● 疏 ●

釋名者는 世는 謂三世니 墮去來今故오 界는 謂方分이니 有彼此故라 又世는 謂隱覆이오 界亦分齊니 謂諸有爲可破壞世는 卽隱覆無爲不可壞法이오 從眞性起同無爲法은 卽隱覆有爲可破壞世로되 各不相雜이 是其分齊라 是故로 感娑婆者는 對華藏而見娑婆오 感華藏者는 對娑婆而見華藏이오 成就者는 卽能成之緣이오 謂十緣等은 能所合目이라 若以世界之成就를 卽依主釋也댄 準梵本中云世界海成就하야 下文辨海어늘 譯人略也라 意云佛果依正은 聞修方起어니와 衆生業報는 本自有之라 故但標世界耳라 【鈔_ 世界에 有其二釋이니 一은 以破壞釋世오 二는 以隱覆釋世라 若唯前解댄 令華藏刹로 是可破壞어니와 今爲此釋인댄 令華藏刹로 從無爲起하야 同於眞極不可破壞라 故感娑婆下는 雙出不雜隱覆之義오 言成就下는 二釋成就二字니 能成之緣은 通因及果하야 起具因緣이니 此一是因이오 體性依住等 是果故니 總具十門世界成立이라 意云佛果下는 出無海意니 以刹海莊嚴은 是佛修起어늘 直語世界는 衆生業成이 無始有之라 故但云世

界니라 雖爲譯家出理나 實則海言切要니라 】

'세계성취품의 품명에 대한 해석'에서 말한 世는 삼세를 말한다. 과거, 미래, 현재에 떨어진 때문이다. 界는 사방의 구분을 말한다. 이곳저곳의 차이가 있기 때문이다. 또한 世에는 숨겨두고 덮어줌이 있고, 界에는 또한 分位의 차별이 있음을 말한다. 모든 有爲로서 파괴되는 세간은 곧 無爲로서 파괴될 수 없는 법을 덮어주고, 眞性에서 일어난 똑같은 무위의 법은 곧 유위로서 파괴되는 세간을 덮어주되 각기 서로 뒤섞이지 않음이 바로 '分位의 차별'이다. 이 때문에 사바세계에 감촉한 자는 화장세계를 상대로 사바세계를 보여주고, 화장세계에 감촉한 자는 사바세계를 상대로 화장세계를 보여주는 것이다.

'성취'란 능히 성취할 수 있는 주체의 인연이다. 十緣 등은 能所의 주객을 종합한 조목이다. 만약 세계의 성취를 法主에 따라 해석한다면 범본 가운데 '世界海成就'에 준하여 아래의 경문에서 '바다[海]'를 논변했어야 할 것인데, 번역한 사람이 이를 생략하였다. 그 뜻은 佛果의 의보와 정보는 듣고 수행함에 따라서 일어나지만 중생의 업보는 본래 스스로 있기 때문이다. 따라서 '世界海'라 말하지 않고 단 '세계'만을 나타낸 것이다. 【초_ '세계'에 대해 2가지의 해석이 있다. ① 파괴로써 세계를 해석함이며, ② 숨겨두고 덮은 것으로 세계를 해석한 것이다. 앞의 해석과 같이 말한다면 화장세계도 파괴될 수 있지만, 여기에서 말한 것처럼 해석하면 화장세계는 무위에서 일어나 똑같이 眞性의 극치로서 파괴될 수 없다.

"이 때문에 사바세계에 감촉한 자[故感娑婆]" 이하는 사바세계와 화장세계가 서로 혼잡하지 않으면서 서로 덮어주고 있다는 뜻을 말함이다.

'成就' 이하는 2가지로, 성취 2글자를 해석하였다. 성취할 수 있는 주체의 인연은 원인과 결과를 통하여 생겨나게 만드는 인연이다. 이는 하나의 원인이며, 體性依住 등은 결과이기 때문이다. 총체로 十門 世界의 성립을 갖추고 있다. 그 뜻은 '佛果' 이하는 바다가 없다[無海]는 뜻을 나타냄이다. 刹海莊嚴은 부처님이 닦은 수행에서 생겨난 것임에도 곧바로 '세계'라 말한 것은 중생의 업보가 이뤄짐이 無始로부터 있었기 때문이다. 이런 이유로 단 '세계'라고 말했을 뿐이다. 비록 번역가가 말한 뜻이지만 실제 '바다'에 대해 간절하고 요긴하게 말하였다.】

三宗趣

3. 종취

● 疏 ●

宗趣者는 標列無邊勝德이니 廣釋인댄 所知世界海로 爲宗이라 然其意趣는 乃有多種이라 一은 令諸菩薩로 發大信解悟入爲趣니 謂令知佛及菩薩大悲行海 廣覆無盡衆生界하야 倣而行故며 世界無邊悉嚴淨故며 衆生無邊悉化度故며 刹由心異일새 當淨自心及他心故며 世

界重重하야 無盡無盡일세 以大行願으로 悉充滿故며 佛界生界는 非一非異하니 能正了知하야 成大智故며 未能了者를 熏成種故니 皆意趣也니라 亦爲顯此深意일세 故此品來니 故下頌云離諸諂誑心淸淨하고 常樂慈悲性歡喜하며 志欲廣大深信人은 彼聞此法生欣悅이로다 若不聞此無邊無盡無二之境하고 滯於權小면 普賢行願을 何由可成가 故普賢自說호되 '爲令衆生'等文은 皆是此品之意趣也니라

　종취란 끝없는 훌륭한 덕을 나열하여 나타낸 것이다. 이를 자세히 해석하면, 알아야 할 대상의 '세계바다[世界海]'로 종지를 삼았다. 그러나 그 뜻은 여러 가지가 있다. 첫째는 많은 보살로 하여금 큰 믿음과 깨달음을 일으킴으로 나아갈 길을 삼는다.

　이는 부처와 보살의 大悲行 바다가 끝없는 중생세계를 널리 덮어줌을 알고서 이를 모방하여 행하게 하려는 때문이며,

　그지없는 세계를 모두 장엄하고 청정하게 하려는 때문이며,

　그지없는 중생을 모두 교화하고 제도하려는 때문이며,

　세계는 마음에 따라서 달라지기에 당연히 자기의 마음과 남들의 마음을 청정하게 해야 하기 때문이며,

　세계는 거듭거듭 끝없기에 大行願으로 모두 충만해야 하기 때문이며,

　부처의 세계와 중생세계는 하나도 아니고 다르지도 않기에 바르게 이를 깨달아 큰 지혜를 이뤄야 하기 때문이며,

　깨닫지 못한 자를 가르쳐 부처의 종자를 성취시켜주려는 때문이다. 이것이 모두 그 뜻[意趣]이다.

또한 이러한 깊은 뜻을 밝히기 위해 본 품을 쓰게 된 것이다. 이 때문에 아래의 게송에서 "모든 아첨과 거짓 떠나 마음이 청정하고, 항상 자비 좋아하여 성품이 환희하며, 뜻과 원함이 광대하고 신심 깊은 사람, 그런 그가 이 법 듣고 기뻐하리라."고 하였다.

만약 이처럼 끝없고 그지없는 둘이 없는 경계를 듣지 못하고서 방편의 작은 도에 집착하면 어떻게 보현보살의 수행과 誓願을 성취할 수 있겠는가. 그러므로 보현보살이 스스로 "중생으로 하여금 부처님의 지혜바다에 들어가도록 하기 위한 때문[爲令衆生 入佛智慧海故]" 등을 말한 것은 모두 본 품에 담긴 깊은 뜻이다.

● 論 ●

今釋此品에 畧作三門分別호리니 一은 釋品名目이오 二는 釋品來意오 三은 隨文釋義라

이의 본 품을 해석함에 있어 간단하게 3부분으로 나눈다.

(1) 본 품의 이름을 해석함이며,

(2) 본 품의 유래한 뜻을 해석함이며,

(3) 경문을 따라 그 뜻을 해석함이다.

一은 釋品名目者는 爲明世界海의 依住形相과 苦樂淨穢이 皆是衆生의 自業果報之所莊嚴이라 不從他有오 佛菩薩世界海는 依大願力이며 依自體淸淨法性力이며 依諸波羅蜜諸行海等自體淸淨力이며 依爲度衆生大慈悲智力이며 以不思議變化力之所成就일새 故名世界成就品이라

"(1) 본 품의 이름을 해석한다."는 것은, 세계바다에 의지하고 머문 형상, 괴로움·즐거움·청정함·오염이 모두 중생의 자업과보로 장엄한 바라서 남들에 의해 얻어진 게 아니고, 부처와 보살의 세계바다는 대원력에 의하며, 자체의 청정한 법신력에 의하며, 모든 바라밀과 모든 수행바다 등의 자체의 청정력에 의하며, 중생을 제도하기 위한 대자대비 지혜의 힘에 의하며, 불가사의 변화의 힘으로 성취한 바임을 밝히기 위한 까닭에 그 이름을 세계성취품이라고 말한다.

二는 釋品來意者는 此品所來이 大意有五하니

一은 答前世主三十七問의 佛海衆生海波羅蜜海等이니 此品에 示業果報하며 示法果報하며 答前所問故니 明向前은 是佛光明神力答이오 此品은 示其佛行海와 眼耳鼻舌波羅蜜海와 徧法界海와 衆生業行海故로 三十七問을 一時總答하사 令大衆海로 悟佛所行하야 入普賢菩薩所行也라 故號佛華嚴經이오

二는 令諸現在未來始發菩提心者로 識佛所行과 及菩薩行海와 佛菩薩大慈悲海와 能普徧法界海와 衆生行業海하야 而利益之하야 令到究竟岸故니 旣見是已에 而傚傚之하야 學佛行故로 令始發心者로 悲智圓滿하야 行解不錯謬故오

三은 令始發心菩薩로 知衆生業報의 同異差別이 由心造故오

四는 令始發心者로 知衆生界廣大이 法界虛空界하야 如影相入에 重重無盡하야 依住各別이어든 佛菩薩行이 悉滿故오

五는 令始發心菩薩로 知諸佛菩薩境界海와 衆生境界이 一異不可

得故며 隨衆生의 自業轉變하야 刹海轉變故며 隨自業成壞하야 刹海成壞故니 以衆因緣故로 此品이 須來하야 發初蒙故라

"(2) 본 품의 유래한 뜻을 해석한다."에서 본 품의 유래한 바에는 5가지의 큰 뜻이 있다.

① 앞에서 세주의 37물음, 부처님바다·중생바다·바라밀바다 등에 관한 대답이다. 본 품에서 업의 과보와 법의 과보를 보여주어 앞에서 물은 바를 대답한 때문이다. 앞의 품에서는 부처님의 광명과 신통력으로 답하였고, 본 품에서는 부처님의 수행바다·눈 귀 코 입·바라밀바다·법계에 두루 한 바다·중생의 업행바다를 보여준 까닭에 37물음을 한꺼번에 총괄하여 대답하였다. 수많은 대중으로 하여금 부처님의 행하신 바를 깨달아 보현보살이 행한 자리로 들어가게 함을 밝힌 것이다. 이 때문에 그 이름을 '불화엄경'이라고 말한다.

② 모든 현재와 미래에 처음 보리심을 일으킨 자로 하여금 부처님의 행하신 바와 보살의 수행바다·부처와 보살의 대자비바다·두루 드넓은 법계바다·중생의 행업바다를 알고서 이익을 얻어 구경열반의 언덕에 이르게 하고자 한 때문이다. 이미 이처럼 보았으면 이를 본받아 부처님의 행실을 배울 수 있기에 처음 발심한 자들에게 大悲와 大智가 원만하여 수행과 견해에 잘못된 오류가 없도록 하고자 한 때문이다.

③ 처음 발심한 보살로 하여금 중생업보의 같고 다른 차별이 마음에 의해 이뤄짐을 알려주고자 한 때문이다.

④ 처음 발심한 자로 하여금 중생세계가 법계 허공계처럼 광대하여 그 그림자가 서로서로 스며들어 거듭거듭 그지없어 의지하고 머문 곳이 각각 다르지만 부처와 보살의 행이 모두 충만함을 알려주고자 한 때문이다.

⑤ 처음 발심한 보살로 하여금 제불 보살의 경계바다와 중생의 경계가 하나도 아니고 다름도 아님을 알려주고자 한 때문이며, 중생이 스스로 지은 업보의 변화에 따라서 세계바다가 변화함을 알려주고자 한 때문이며, 스스로 지은 업의 이루어지고 무너짐에 따라서 세계바다가 이루어지고 무너짐을 알려주고자 한 때문이다. 이처럼 수많은 인연 때문에 반드시 본 품을 여기에 두어 초학을 깨우쳐주고자 한 때문이다.

若無此品이면 初心菩薩이 云何知其如來攝生과 如來行門과 及以衆行業과 世界廣狹之相이며 若不知者인댄 依何發心하야 乘佛大悲普濟와 願行廣度리오 以是義故로 如下頌에 云 離諸諂誑心淸淨하고 常樂慈悲性歡喜하며 志欲廣大深信人은 彼聞此法生欣悅이로다 安住普賢諸願地하고 修行菩薩淸淨道하며 觀察法界如虛空하야사 此乃能知佛行處라 하시니 若不說衆生界法界佛界菩薩境界虛空界가 無二無盡하야 如影重重依住者인댄 所有發心者이 設不入二乘道하고 修菩薩行이라도 但得權教菩薩의 心常染淨하야 而有限礙하야 不入佛境界故로 有自佛他佛과 及以國刹分齊하며 有往來所依處故니 如三乘中所說淨土이 在於他方하야 菩薩이 願生其中이 是也라 說此品者는 意欲令初發菩提心者로 知衆生境界 諸佛境界廣大之相과 重重無礙無盡之

相과 佛及菩薩願行이 含覆利益하야 纖塵無遺故로 此品이 須來라

　만일 본 품이 없었다면, 처음 발심한 보살들이 어떻게 여래께서 중생을 붙잡아주신 일, 여래의 行門 및 중생의 行業, 세계의 넓고 좁은 모습을 알 수 있었겠는가. 만일 알지 못한다면 그 어디에 의지하고 발심하여, 부처님의 대자비로 중생을 널리 제도함과 誓願의 행으로 중생을 널리 제도할 수 있겠는가. 이러한 의의가 있기에 아래의 게송에서 이르기를, "모든 아첨과 거짓 떠나 마음이 청정하고, 항상 자비 좋아하여 성품이 환희하며, 뜻과 원함이 광대하고 신심 깊은 사람, 그런 그가 이 법 듣고 기뻐하리라. 보현보살의 모든 서원의 자리에 안주하고, 보살의 청정한 도를 수행하며, 법계와 허공계를 살펴보아야만 이에 부처님이 행하신 자리를 알 수 있다."고 하였다.

　만일 중생계·법계·불계·보살경계·허공계가 둘이 없고 그지없어 그림자처럼 거듭거듭 의지하고 머문 이치를 말하지 않았다면, 설령 발심한 자가 聲聞·緣覺 二乘의 도에 들어가지 않고 보살행을 닦는다 할지라도 다만 權敎菩薩의 마음이 항상 청정에 집착한 나머지 한계와 장애가 있어 부처님의 경계에 들어가지 못할 것이기 때문이다. 自佛·他佛 및 나라와 세계의 한계가 있을 것이며, 오가는 데에 의지한 곳이 있기 때문이다. 저 삼승에서 말한바, "정토가 다른 곳에 있어 보살이 그곳에서 태어나기를 원한다."고 함이 바로 이를 말한다. 본 품을 말한 뜻은 처음 보리심을 일으킨 자로 하여금 중생의 경계·제불 경계의 광대한 모습, 거듭거듭 그지없는

모습, 부처님과 보살의 원행이 중생을 감싸주고 덮어주어 이익을 주어 가는 티끌마저도 버리는 바가 없기에 반드시 본 품을 말하게 된 것이다.

三은 隨文釋義者는 此之一品에 有十一段經文하니 從初一段長行과 一段偈頌은 是此品中序分이오 後十段長行과 及十段偈頌은 是正說이며 乃至華藏世界海는 總通此品하야 爲世界成就品이니 總爲正說分이니라

"(3) 경문을 따라 그 뜻을 해석한다."는 것은 본 품에 11단락의 경문이 있다. 제1단락의 장항과 게송은 본 품의 서분이며, 뒤의 10단락 장항과 10단락의 게송은 정설이며, 내지 화엄세계해는 본 품을 모두 통틀어 세계성취품이라고 말한다. 따라서 이를 총괄하여 '정설분'이라고 한다.

─

四釋文者는 三品이 正陳法海니 於中分二라 初二品은 明果오 後一品은 辨因이라 然有二意하니 一約兼明이니 則前二品은 通答前三十句果問이오 後一品은 答前十句因問이니 說因은 爲欲成果니 從多而說일세 分名'擧果'라하니라 二將前二品하야 望前品末三問인댄 通答依正이어니와 若望下廣文인댄 正明於依오 旁顯於正이니 留其正報는 後分廣故니라 於中에 初品은 通辨諸佛及諸衆生所有刹海오 後品은 別明本師之所嚴淨하고 又此品은 明成刹之緣이오 後品은 別辨果相이라 故此品은 答安立之問이니 其中에 雖明形等이나 亦是緣故니라

381

4. 경문의 해석

여기에서 3品(여래현상품, 보현삼매품, 본 품)은 바로 法海를 말하고 있다. 이는 2단락으로 나뉜다. 여래현상품, 보현삼매품은 果를 밝혔고, 뒤의 이 본 품은 因을 말하였다. 그러나 여기에 2가지의 뜻이 있다.

첫째는 모두 겸하여 밝힘이니, 앞의 여래현상품, 보현삼매품은 앞 30구의 果에 관한 물음에 전체로 답한 것이며, 뒤의 본 품은 앞 10구의 因에 관한 물음에 답한 것이다. 因을 말함은 果를 성취하기 위함이다. 많은 부분을 따라 말하기에 分科를 '擧果'라 말한다.

둘째는 앞의 2품을 가지고서 전품의 끝부분 3가지의 물음에 대조하여 보면 의보와 정보를 전체로 답한 것이지만, 아래의 자세히 말한 부분과 대조하여 보면 정식으로 의보를 밝혔고 곁으로 정보를 나타낸 것이다. 그 정보를 남겨둔 것은 뒷부분에서 자세히 말하고 있기 때문이다.

그 가운데 처음 여래현상품은 많은 부처 및 많은 중생이 소유한 세계바다를 전체로 밝힘이며, 뒤의 보현삼매품은 本師가 장엄, 청정하게 한 바임을 개별로 밝힘이다. 또한 본 품은 세계가 이뤄진 인연을 밝혔고, 뒤의 화장세계품은 별개로 果相을 밝히고 있다. 이 때문에 본 품은 세계가 安立하게 된 물음에 관하여 답하였다. 거기에는 비록 형상 등을 밝혔으나 또한 인연 때문이다.

今初分二니 先總標綱要니 卽爲本分이오 後正陳本義니 卽是說分이라 前中에 亦二니 先承力徧觀이오 後牒問許說이라 今은 初라

이의 첫 부분은 2단락으로 나뉜다. 앞 단락은 綱要를 총체로 내세움이니 곧 本分이며, 뒤 단락은 바로 本義를 말함이니 說分이다.

제1. 강요를 총체로 내세우다

이는 또한 2단락으로 나뉜다.

앞에서는 부처님의 신통력을 받들어 10가지 바다를 두루 살펴봄이며, 뒤에서는 물음에 이어서 설법을 허락하였다.

1. 부처님의 신통력을 받들어 두루 살펴보다

經

爾時에 **普賢菩薩摩訶薩**이 **以佛神力**으로 **徧觀察一切世界海**와 **一切衆生海**와 **一切諸佛海**와 **一切法界海**와 **一切衆生業海**와 **一切衆生根欲海**와 **一切諸佛法輪海**와 **一切三世海**와 **一切如來願力海**와 **一切如來神變海**하시니라

그때 보현보살마하살이 부처님의 불가사의의 신통력으로써 일체세계바다, 일체중생바다, 일체제불바다, 일체법계바다, 일체중생의 업보바다, 일체중생의 근욕바다, 일체제불의 법륜바다, 일체삼세바다, 일체여래의 원력바다, 일체여래의 신통변화바다를 두루 살펴보았다.

● 疏 ●

上入三昧는 內契其源이오 今云徧觀은 外審其相이라 十海之義는 已如問釋이로되 但小不次耳라 但觀於十이면 已含餘三十이니 佛海之中

383

에 具身等故며 大願之中에 含因等故니라【鈔_ 但觀於十下는 通難이니 難云 問有四十이어늘 何唯觀十가 故答意云 十海爲總하야 已含所餘三十別問이라 佛海之中者는 是佛 必有六根三業하야 爲體相炳著之十이오 必有德用圓備니 謂佛地等이라 故具二十하며 大願海中에 已攝因中發趣等十일세 故四十無遺니라 】

위의 품에서 삼매에 든 것은 안으로 그 본원에 합치됨이며, 여기에서 "…를 두루 살펴보았다."고 말한 것은 밖으로 그 형상을 살펴봄이다. 10가지 바다[一切世界海…一切如來神變海]의 뜻은 앞서 묻고 해석한 바와 같지만, 다소 차례가 맞지 않다. 단 10가지 바다를 살펴보면 벌써 나머지 30가지의 바다를 포함하고 있다. '제불바다' 가운데 몸의 바다 등을 갖추고 있기 때문이며, 大願 가운데 因 등을 포함하기 때문이다.【초_ "단 10가지 바다를 살펴보면" 이하는 논란을 통틀어 말함이다. 어떤 사람이 따져 물었다. "40가지의 바다가 있는데 어찌하여 단 10가지 바다만 살펴보았는가?"

이런 물음에 대해 답한 뜻은 다음과 같다.

"10가지 바다를 총체로 삼아 이미 나머지 30가지의 개별적인 물음을 포함하고 있기 때문이다. '제불바다 가운데'란 부처님에게도 반드시 육근과 삼업이 있기에 몸의 모습이 뚜렷한 10가지가 있고, 반드시 공덕의 작용이 원만하게 갖춰 있기에 佛地 등을 말한다. 이 때문에 20가지를 갖추고 있으며, 大願海 가운데 이미 因中發趣 등의 10가지를 가지고 있기에 40가지의 바다 그 어느 것 하나 빠뜨린 게 없다."】

第二는 牒問許說이니 於中分四라 一牒問略歎이오 二許說分齊오 三所說成益이오 四讚勝誡聽이라 今은 初라

2. 물음에 이어서 설법을 허락하다

이는 4부분으로 나뉜다.

⑴ 물음에 이어서 간단하게 찬탄하였고,

⑵ 설법을 허락한 부분이며,

⑶ 이익을 성취할 바를 설함이며,

⑷ 훌륭함을 찬탄하면서 법문을 잘 듣도록 경계하였다.

이는 ⑴ 물음에 이어서 간단하게 찬탄함이다.

經

如是觀察已하고 普告一切道場衆海諸菩薩言하사대 佛子여 諸佛世尊의 知一切世界海成壞淸淨智 不可思議며 知一切衆生業海智 不可思議며 知一切法界安立海智 不可思議며 說一切無邊佛海智 不可思議며 入一切欲解根海智 不可思議며 一念普知一切三世智 不可思議며 顯示一切如來無量願海智 不可思議며 示現一切佛神變海智 不可思議며 轉法輪智 不可思議며 建立演說海 不可思議며

이와 같이 수많은 바다를 살펴보고서 일체 도량의 대중바다에 있는 모든 보살들에게 널리 말하였다.

"불자여, 모든 부처님 세존께서

온갖 세계바다의 이루어지고 무너지는 것을 아는 청정한 지혜가 불가사의하며,

온갖 중생들의 업보바다를 아는 지혜가 불가사의하며,

모든 법계가 정돈되어 펼쳐진 바다를 아는 지혜가 불가사의하며,

온갖 끝없는 부처님바다를 연설하는 지혜가 불가사의하며,

온갖 욕심과 이해와 근성바다에 들어가는 지혜가 불가사의하며,

한 생각에 일체 삼세를 널리 아는 지혜가 불가사의하며,

모든 여래의 한량없는 서원바다를 나타내 보이는 지혜가 불가사의하며,

모든 부처님의 신통변화바다를 나타내 보이는 지혜가 불가사의하며,

법륜을 굴리는 지혜가 불가사의하며,

연설바다를 세우심이 불가사의하며,

● 疏 ●

先은 結前生後요 後佛子下는 正牒稱歎이라 卽從後向前하야 牒上果問三十句也라 初十句는 牒上世界海等十問이라

觀乃觀海요 歎乃歎智者는 智之與海 反覆相成이니 謂前自智觀海에 微細難知이니 知唯佛智라야 方能究盡이니라 海難思故로 佛智難思요 佛智難思故로 海爲深廣이니라 若爾댄 何不說智 而但說海오 智離海境에 安知其相고 又表唯所證知일새 故但說海니라 十智望海與問인댄 開合小異하고 名或小差니 謂一中에 前問及觀에 但云世界海어늘

今加成壞하고 望前與智中에 亦有成壞之言하니 此乃廣略之異耳니라 言淸淨智者는 離所知障하야 決斷分明故니 初句貫下일새 置淸淨言이오 餘皆略也니라 然皆以多故廣故며 深故細故로 重疊難知오 迥超言念일새 皆云不思議也니라

二知衆生業海者는 衆生은 卽報類差別이오 業은 卽善惡等殊라 從此別義하야 觀中에 開爲二句니 而因果雖殊나 同是所化衆生이라 故此及問과 幷與智中을 竝合爲一이니라

三卽世界都稱이며 或化衆生法이니 謂安立施設 方便軌則等也니라

四能化諸佛이 數量無邊이니라

五卽所化根欲이 差別難知일새 而問中에 合在後之五海니 五海皆須知根欲故니라

六卽所應之時니 前就所觀일새 但云三世어니와 今就佛智일새 故云一念能知라하니라 其問及與智에 皆云佛解脫海者는 以一念普知三世 是佛不思議解脫故니라

七稱性大願이 爲現身說法徧化之因故니라 前問은 是名號海 及壽量海오 與智之中에 名普入法界一切世界海智니 皆由願力故也니라

八應機作用이 神變無方이니라

九轉稱性大法輪海이니 若據問中인댄 攝法輪海하야 在演說中하고 若約向觀인댄 攝演說海하야 在法輪中이어니와 今此開二일새 演說第十이니 謂隨方施設言音差別과 及法輪隨機故로 與智中에 亦開니 名佛音聲智라하니라

앞부분은 앞의 문장을 끝맺으면서 뒤의 문장을 일으키고 있다.

뒷부분 '佛子' 이하는 바로 이어서 찬탄함이다. 곧 뒷부분에서 앞부분의 果問 30구를 이어서 말하였다. 처음 10구는 위의 '세계해' 등 10가지의 물음을 이어서 말한 것이다.

'觀察'의 觀은 수많은 바다를 살펴봄이며, 찬탄은 이에 부처님의 지혜를 찬탄함이다. 이는 지혜와 바다가 반복하여 서로 성취하기 때문이다. 앞에서는 보현보살이 자기의 지혜로 바다를 살펴봄에 미세하여 이를 알기 어려웠다. 지혜는 오직 부처님의 지혜만이 비로소 모두 볼 수 있다. 바다는 불가사의한 까닭에 부처님의 지혜 또한 불가사의하며, 부처님의 지혜는 불가사의한 까닭에 바다 또한 깊고도 넓다.

만일 그렇다면 어찌하여 부처님의 지혜는 말하지 않고 바다만을 말했는가. 지혜는 바다의 경계를 여읜 자리이다. 어떻게 부처님의 지혜 모습을 알 수 있겠는가. 또 오직 증득한 지혜만이 부처님의 지혜를 알 수 있음을 나타낸 것이다. 이 때문에 바다만을 말하였다. 부처님의 10가지의 지혜[十智]와 10가지의 바다를 상대로 묻는다면 이에 대한 구분이 조금 다르고 그 이름도 간혹 조금 차이가 있다. 제1단락의 보현보살이 수많은 바다를 두루 살펴본 가운데 앞부분의 물음과 두루 살펴본 데에서는 단 '세계바다'라고 말하였는데, 여기에서 '이루어지고 무너짐[成壞: **世界海成壞淸淨智**]'을 덧붙여 말하였고, 앞 보현삼매품에서의 '지혜를 건네줌[與智: **十方一切諸佛 卽與普賢菩薩摩訶薩 能入一切智性力智 등**]'과 대조하여 보면 여기에서도 成壞(與知一切世界海成壞智)라는 말이 있다. 이는 자세히 말하고 간단하게 말한 차이점이다.

淸淨智(世界海成壞'淸淨智')라 말함은 所知障을 떠나서 결단이 분명하기 때문이다. 제1구(知一切世界海成壞淸淨智 不可思議)는 아래의 모든 문장을 관통하고 있기에 '청정' 2글자를 썼지만 나머지는 모두 생략하였다. 그러나 여기에서 말한 바다는 모두 많기 때문이며 넓기 때문이며 깊기 때문이며 미세한 까닭에 거듭거듭 그지없어 알기 어렵고, 언어와 생각을 멀리 초월한 까닭에 이를 모두 '불가사의'라고 말하였다.

② "중생업해를 안다."는 것은 중생은 곧 각기 다른 업보를 지니고 있으며, 業은 곧 각기 다른 선악 따위를 말한다. 이처럼 각기 다른 차별의 의의에 따라 10해를 관찰하는 가운데 이를 2구로 나누었다. 인과가 아무리 다르다 할지라도 똑같이 교화해야 할 중생이다. 따라서 이 부분 및 물음과 아울러 '지혜를 건네줌'을 모두 종합하여 하나로 만든 것이다.

③ 곧 세계의 총칭이며, 혹은 중생을 교화하는 법이다. 정돈하여 펼쳐놓은 방편·궤칙 등을 말한다.

④ 교화의 주체인 여러 부처님이 그지없이 많음을 말한다.

⑤ 곧 교화의 대상인 중생의 근기와 원하는 바가 각기 달라서 알기 어렵기에, 물음의 가운데 당연히 뒤의 다섯 번째 바다에 있다. 다섯 번째 바다는 중생의 근기와 원하는 바를 반드시 모두 알아야 하기 때문이다.

⑥ 곧 응해야 할 시간이다. 앞에서는 관찰해야 할 대상의 입장

에서 단 '삼세'만을 말했지만, 여기에서는 부처님 지혜의 자리에서 말했기에 "한 생각에 곧장 안다."고 이른 것이다. 그 물음과 '지혜를 건네줌'에 대해 모두 '부처님의 해탈바다[佛解脫海]'라고 말한 것은 한 생각으로 널리 삼세를 앎이 부처님의 불가사의 해탈이기 때문이다.

⑦ 眞性에 합치되는 큰 서원이 곧 現身 설법하여 두루 교화하는 원인이 되기 때문이다. 앞의 물음에서는 '名號海' 및 '壽量海'이며, '지혜를 건네줌'에 있어서는 그 이름을 '널리 법계 일체세계바다에 들어가는 지혜[普入法界一切世界海智]'라고 한다. 이는 모두 원력에 의하기 때문이다.

⑧ 중생의 근기에 응하는 작용이 신통변화로 일정하지 않음을 말한다.

⑨ 眞性에 합치되는 큰 법륜바다를 굴림이다. 만일 앞의 물음에 따라 말한다면 '法輪海'를 '演說海' 가운데 두어야 하고, 10가지 바다를 관찰한 부분으로 말한다면 '연설해'를 '법륜해' 가운데 두어야 한다. 하지만 여기에서는 이를 둘로 나누었다. '연설해'는 제10이니 장소를 따라 각기 달리 말한 말씀과 음성 및 중생의 근기를 따라 굴리는 법륜을 말한다. 이 때문에 '지혜를 건네줌'에 있어서도 또한 이를 나누어서 '佛音聲智'라고 말하였다.

經

淸淨佛身이 不可思議며 無邊色相海普照明이 不可思議며 相及隨好皆淸淨이 不可思議며 無邊色相 光明輪海具足

淸淨이 不可思議며 種種色相 光明雲海 不可思議며 殊勝寶焰海 不可思議며 成就言音海 不可思議며 示現三種自在海 不可思議며 調伏成熟一切衆生이 不可思議며 勇猛調伏諸衆生海하야 無空過者 不可思議며

청정한 부처님의 몸이 불가사의하며,

끝없는 색상바다가 널리 밝게 비침이 불가사의하며,

상호(相好)와 따라서 잘생긴 모습[隨好]이 모두 청정함이 불가사의하며,

그지없는 색상의 광명바퀴바다가 구족하고 청정함이 불가사의하며,

갖가지 색상의 광명구름바다가 불가사의하며,

훌륭한 보배불꽃바다가 불가사의하며,

언어와 음성바다를 성취함이 불가사의하며,

세 가지 자재바다를 나타내 보임이 불가사의하며,

모든 중생을 조복하고 성숙시킴이 불가사의하며,

용맹스럽게 모든 중생바다를 조복하여 헛되이 지남이 없음이 불가사의하며,

◉ 疏 ◉

第二九句는 牒上六根三業十問이니 向十約智하야 明不思議하고 此下直就法體하야 爲不思議이라 又望問에 開合影畧은 顯無盡故니라 以總收別일세 但廣身光等이니 一應機之身이 修短難測이오 二現金銀

等 色類無邊이오 三十蓮華藏刹塵數相好 過於此오 四圓光大小가 隨機無盡이오 五隨緣放光이 色類非一이오 六常光如燄하야 具衆寶色이오 七圓音無盡하야 深廣難測이오 八三輪攝化니 謂神通等이오 九調令成益하야 得果不空이니라 然其調伏은 曲有三種하니 一者는 始終輭語로 應將攝者而將攝故며 二者는 始終麤語로 應折伏者而折伏故며 三者는 有時輭語하고 有時麤語로 應成熟者而成熟故니 由其此三일세 故無空過니라【鈔_ 以總收別者는 以三業之總으로 攝六根之別이라 言但廣'身光'等者는 等取前光明及音聲智慧니 二光爲身이오 音聲屬口하고 智慧是意니 今文竝具일세 故致等言이니 卽開三業而爲十耳니라】

제2의 9구는 위의 육근·삼업에 관한 열 가지의 물음을 이어서 말한 것이다. 앞의 열 가지는 지혜를 가지고 불가사의를 밝혔고, 이 아래는 바로 법체를 가지고서 불가사의를 삼았다. 또한 물음을 대조하여 보면 나누고 종합함에 있어 앞뒤를 엇바꿔 생략한 것[影略]은 그지없음을 나타내기 위한 까닭이다. 총체로써 개별을 수용하면서 다만 '身光' 등을 넓혀 말하였다.

① 중생 근기에 응하는 몸의 長短을 헤아리기 어려움이며,
② 금은 등 색상의 유를 나타냄이 끝이 없으며,
③ 십연화장 찰진수의 좋은 모습이 이보다 더하며,
④ 원광의 크고 작음이 중생 근기를 따라 그지없으며,
⑤ 반연을 따라 방광할 적에 색상의 유가 한 가지가 아니며,
⑥ 영원한 광명이 불꽃과 같아서 수많은 보배색깔을 갖춤이며,

⑦ 원만한 음성이 그지없어 깊이와 너비를 헤아리기 어려움이며,

⑧ 3가지 법륜으로 교화를 함이니 신통 등을 말하며,

⑨ 조복하여 이익을 성취토록 하여 果를 얻음이 헛되지 않음이다.

그러나 자세히 살펴보면 그 조복에는 3가지가 있다.

㉠ 처음부터 끝까지 부드러운 말씨로 받아들여야 할 사람을 받아들여야 하기 때문이며,

㉡ 처음부터 끝까지 거친 말씨로 꺾어야 할 사람을 꺾어야 하기 때문이며,

㉢ 때로는 부드러운 말씨로, 때로는 거친 말씨로 성숙시켜야 할 사람을 성숙시켜야 하기 때문이다.

이러한 3가지를 갖춘 까닭에 헛되이 보냄이 없다. 【초_ "총체로써 개별을 수용한다."는 것은 삼업의 총체로 육근의 개별을 받아들임이다. "다만 '身光' 등을 넓혀 말하였다."에서 '등'이란 앞에서 말한 광명 및 음성과 지혜를 들어 말한 것이다. 色心二光[43]으로 身業을 삼고 음성은 口業에 속하고 지혜는 意業이다. 본문에서 이를 모두 갖추고 있기에 '等'이라 말하게 된 것이다. 여기에서는 삼업을 나누어 열 가지로 삼았다.】

....

43 色心二光: 불·보살에게 있는 광명의 두 가지. ①色光. 몸에서 놓는 광명. ②心光. 智慧光·內光이라고도 하니, 心智의 명랑함을 말하는 것이요, 따로 광명이 있는 것이 아님. 이 두 광명은 그 體가 똑같아서 차별이 없음.

安住佛地 不可思議며 入如來境界 不可思議며 威力護持 不可思議며 觀察一切佛智所行이 不可思議며 諸力圓滿하야 無能摧伏이 不可思議며 無畏功德을 無能過者 不可思議며 住無差別三昧 不可思議며 神通變化 不可思議며 淸淨自在智 不可思議며 一切佛法을 無能毀壞 不可思議하니라

부처님의 지위에 안주함이 불가사의하며,

여래의 경계에 들어감이 불가사의하며,

위신력(威神力)으로 보호하고 유지함이 불가사의하며,

모든 부처님이 지혜로 행하신 바를 관찰함이 불가사의하며,

모든 힘이 원만하여 꺾어 조복할 수 없음이 불가사의하며,

두려움 없는 공덕을 넘어설 이가 없음이 불가사의하며,

차별 없는 삼매에 머무심이 불가사의하며,

신통변화가 불가사의하며,

청정하고 자재한 지혜가 불가사의하며,

일체 불법을 무너뜨릴 수 없음이 불가사의하다.

● 疏 ●

第三十句는 牒上最初德用圓備十問이라 前問中畧無變化及自在二句는 以攝在無能攝取句中이니 義如前會하며 亦以前文十海有故니라 神變屬身이오 自在屬智며 餘並可知니라

제3의 10구는 위의 최초 "공덕의 작용이 원만하게 갖춰"짐에 대한 10가지의 물음을 이어서 말하였다. 앞의 물음 가운데 '신통변화' 및 '자재'의 2구를 생략하여 언급하지 않았던 것은 '無能攝取' 구절 속에 포괄되어 있기 때문이다. 그 의의는 앞에서 회통한 바와 같으며, 또한 앞의 十海에 담겨 있기 때문이다. 신통변화는 몸에 속하고 자재는 지혜에 속한다. 나머지 모두 설명하지 않아도 알 수 있다.

第二 許說分齊
(2) 설법을 허락하다

經

如是等一切法을 **我當承佛神力**과 **及一切如來威神力故**로 **具足宣說**호리니

　이와 같은 모든 법을 내가 부처님의 헤아릴 수 없는 영묘하고도 불가사의한 힘과 모든 여래의 헤아릴 수 없는 불가사의한 힘을 받든 까닭에 넉넉하게 베풀어 말할 수 있다.

● 疏 ●

謂具足說故니라 承佛力者는 當會佛也라 若言具者인댄 何以下文에 唯說安立及世界海耶아 經來不盡故니라 又雖說二世界海나 亦已

395

通具三十句問이니【鈔_ 若言具者下는 問也라 答有二意하니 一經來未盡은 約顯現答이니 遮那品末에 無有結束故니라 若經具來댄 應更答餘三十八問이리라】謂界必有生而依住故며 有佛現故며 安立異故며 行業感故니 餘可意求니라【鈔_ 謂界必有生下는 二出所兼之相호되 畧出三海니 謂一衆生이오 二佛이오 三行業이며 及能兼二니 已有五海니라 言餘可意求者는 卽餘五海等이니 謂一有生에 必有根欲이 爲一이오 有佛에 必由願力이 爲二오 必有神變普周 爲三이오 必轉法益生이 爲四오 必有作用解脫이 爲五니 則十海具矣니라 具海旣爾댄 具餘例然이니 此依別答四十問說이어니와 若約十海爲總인댄 此但答二오 下別答八이니 已如現相品明이니 則十海之中에 兼餘三十이니라】

넉넉하게 설법할 수 있는 이유를 말하였다. 부처님의 위신력을 받들었다는 부처님은 當會의 부처님이다.

"만일 具足하다면 무엇 때문에 아래의 문장에서 오로지 安立海 및 世界海만을 말한 것일까?" 본 품을 쓸 수밖에 없는, 경의 유래를 밝힌 문장이 미진한 까닭이다. 또한 비록 2차례 '세계해'를 말했으나 또한 이미 39물음을 전체로 갖추고 있다.【초_ "만일 具足하다면" 이하의 문장은 물음이다. 이에 대한 대답에는 2가지의 뜻이 있다. 첫째 "경의 유래를 밝힌 문장이 미진한 까닭"이라는 것은 뚜렷이 나타난 부분을 들어 대답한 것이다. 비로자나품의 말미에 결속이 없기 때문이다. 만일 경의 유래를 밝힌 문장이 충분하다면 응당 다시 나머지 38물음에 답해야 할 것이다.】

경계에 반드시 중생이 있어 이를 의지하고 머물기 때문이며, 부처님의 출현이 있기 때문이며, 정돈하여 세움이 다르기 때문이며, 행업이 감응하기 때문이다. 나머지는 뜻으로 미루어 추구하면 된다.【초_"경계에 반드시 중생이 있어" 이하는 둘째 겸한 바의 양상을 말하되 간단하게 3곳의 바다를 말하였다. ① 중생바다, ② 부처님바다, ③ 행업바다, 및 '세계바다[世界海]'와 '정돈되어 세워진 바다[安立海]'를 겸하여 2곳의 바다가 되니 이처럼 5곳의 바다가 있다.

"나머지는 뜻으로 미루어 추구하면 된다."는 것은 나머지 5곳의 바다 등을 말한다.

① 중생이 있으면 반드시 6근과 욕심의 바다가 있기 마련이다.

② 부처님이 있으면 반드시 원력을 따르기 마련이다.

③ 부처님이 있으면 반드시 신통변화가 널리 가득하기 마련이다.

④ 부처님이 있으면 반드시 법륜을 굴려 중생에게 이익을 주기 마련이다.

⑤ 부처님이 있으면 반드시 작용해탈이 있기 마련이다.

이렇게 되면 10곳의 바다가 갖춰지는 것이다. 10곳의 바다가 이처럼 갖춰진 것으로 보면 나머지 바다도 이런 예와 같다. 이는 40물음에 대해 개별로 답한 말이거니와, 만일 10곳의 바다를 총체로 삼는다면 여기에서는 다만 2곳의 바다만을 답함이며, 아래는 개별로 8곳의 바다를 답한 것이다. 이는 앞서 여래현상품에서 밝힌 바와 같다. 이로 보면 10곳의 바다 가운데 나머지 30곳의 바다를 겸한 것이다.】

一

第三 說所成益

(3) 이익을 성취할 바를 설하다

經

爲令衆生으로 入佛智慧海故며 爲令一切菩薩로 於佛功德海中에 得安住故며 爲令一切世界海로 一切佛이 自在所莊嚴故며 爲令一切劫海中에 如來種性이 恒不斷故며 爲令於一切世界海中에 顯示諸法眞實性故며 爲令隨一切衆生의 無量解海하야 而演說故며 爲令隨一切衆生의 諸根海하야 方便令生諸佛法故며 爲令隨一切衆生의 樂欲海하야 摧破一切障礙山故며 爲令隨一切衆生의 心行海하야 令淨修治出要道故며 爲令一切菩薩로 安住普賢願海中故라

중생으로 하여금 부처님의 지혜바다에 들어가게 하기 위한 까닭이며,

모든 보살로 하여금 부처님의 공덕바다 가운데 안주하게 하기 위한 까닭이며,

일체세계바다로 하여금 모든 부처님이 자재하게 장엄하도록 하기 위한 까닭이며,

모든 겁의 바다 가운데 여래의 종성이 항상 끊어지지 않도록 하기 위한 까닭이며,

모든 세계바다 가운데 모든 법의 진실성을 나타내 보이기 위한

까닭이며,

　일체중생의 한량없는 이해바다를 따라서 연설하기 위한 까닭이며,

　일체중생의 모든 근기의 바다를 따라서 방편으로 모든 부처님의 법을 내도록 하기 위한 까닭이며,

　일체중생의 즐거움과 원하는 바다를 따라서 모든 장애의 산을 꺾어 깨뜨리기 위한 까닭이며,

　일체중생의 마음작용의 바다를 따라서 청정한 출세간의 요긴한 도를 닦도록 하기 위한 까닭이며,

　모든 보살로 하여금 보현보살의 서원바다 가운데 안주하도록 하기 위한 까닭이다."

● 疏 ●

十句攝爲五對니 一證智成福對요 二嚴刹紹種對며 亦卽時處對요 三顯義演敎對요 四生善滅惡對요 五淨業普願對니라 文竝可知니 此亦通爲一經敎起之所因也라 此十도 亦對前十海十智이로되 恐繁不會니라

　10구를 가지고 5가지의 상대를 이루고 있다.

　① 증득한 지혜와 복전을 성취함이 상대이며,

　② 도량의 장엄과 佛種의 계승이 상대이며, 또한 시간과 공간이 상대이며,

　③ 의리를 나타냄과 가르침을 펼침이 상대이며,

　④ 선을 낳음과 악을 없앰이 상대이며,

⑤ 청정한 출세간과 보현의 서원이 상대이다.

본문은 아울러 설명하지 않아도 알 수 있다. 이 또한 전체가 화엄경의 가르치게 된 원인이다. 이 10가지 또한 앞의 10곳의 바다와 10가지 지혜를 상대로 말한 것이지만 문장이 번잡할까 두려운 까닭에 덧붙여 말하지 않는다.

第四 讚勝勸聽
二니 初長行辨意오 後偈頌正顯이라 今은 初라

⑷ 훌륭함을 찬탄하면서 법문을 잘 듣도록 권하다

이는 2단락이다. 제1단락은 장항으로 그 뜻을 논변하였고, 제2단락은 게송으로 그 뜻을 밝히고 있다.

이는 제1단락 장항이다.

經

是時에 普賢菩薩이 復欲令無量道場衆海로 生歡喜故며 令於一切法에 增長愛樂故며 令生廣大眞實信解海故며 令淨治普門法界藏身故며 令安立普賢願海故며 令淨治入三世平等智眼故며 令增長普照一切世間藏大慧海故며 令生陀羅尼力하야 持一切法輪故며 令於一切道場中에 盡佛境界悉開示故며 令開闡一切如來法門故며 令增長法界廣大甚深一切智性故로 卽說頌言하사대

이때 보현보살이 또다시 한량없는 도량의 대중바다로 하여금 환희심을 내도록 하기 위한 까닭에,

모든 법에 즐거움을 더하도록 하기 위한 까닭에,

넓고 크고 진실한 믿음과 이해의 바다를 내도록 하기 위한 까닭에,

넓은 문의 법계장의 몸을 깨끗이 다스리도록 하기 위한 까닭에,

보현보살의 서원바다를 잘 세우도록 하기 위한 까닭에,

삼세가 들어가는 평등한 지혜의 눈을 맑게 다스리도록 하기 위한 까닭에,

일체세간 창고를 널리 비추는 큰 지혜바다를 더욱 키우도록 하기 위한 까닭에,

다라니의 힘을 내어 모든 법륜을 가지도록 하기 위한 까닭에,

일체도량 가운데 부처님의 경계를 모두 열어 보이도록 하기 위한 까닭에,

일체여래의 법문을 열도록 하기 위한 까닭에,

법계의 광대하고 매우 깊은, 모든 지혜의 성품을 더욱 키우도록 하기 위한 까닭에 게송을 말하였다.

◉ 疏 ◉

文十一句라 初一은 總標니 謂令聞法하야 必生喜故며 餘十은 別顯喜義니 亦爲五對라 初二樂法生信對오 二證性立願對오 三了眞入俗對오 四持法示佛對오 五開法增智對니 如文竝顯이라

경문은 11구이다. 제1구는 총체로 나타냄이니, 법을 듣고서 반드시 환희심을 내도록 하기 위한 까닭이며, 나머지 10구는 개별로 환희의 뜻을 나타냄이다. 이 또한 5가지의 상대를 이루고 있다.

① 법을 좋아함과 믿음을 냄이 상대이며,
② 본성을 증득함과 서원을 세움이 상대이며,
③ 眞諦를 깨달음과 俗諦로 들어감이 상대이며,
④ 법을 지님과 부처님을 보여줌이 상대이며,
⑤ 법문을 열어줌과 지혜를 증진함이 상대이다.
본문에서 보는 바와 같이 모두 그 뜻이 분명하다.

二. 偈頌正顯

제2단락 게송으로 그 뜻을 밝히다

經

智慧甚深功德海가　　普現十方無量國하사
隨諸衆生所應見하야　　光明徧照轉法輪이로다

지혜가 매우 깊은 공덕바다
한량없는 시방국토 널리 나타나
모든 중생 보는 바를 따라서
광명 두루 비춰 법륜 굴리시네

十方刹海叵思議를　　　佛無量劫皆嚴淨하시고
爲化衆生使成熟하사　　出興一切諸國土로다

　　시방세계 불가사의여
　　부처님이 무량겁에 모두 장엄, 청정하시고
　　중생 교화하여 근기의 성숙 위해
　　일체 모든 국토 나타나시네

佛境甚深難可思를　　　普示衆生令得入이어시늘
其心樂小着諸有일세　　不能通達佛所悟로다

　　부처님 경계 매우 깊어 생각조차 어려운데
　　널리 중생에게 보여 들어가게 하셨건만
　　중생 마음 소승 즐겨 모든 유에 집착하여
　　부처님 깨달은 경지 통달 못하누나

若有淨信堅固心이면　　常得親近善知識이니
一切諸佛與其力하야사　此乃能入如來智로다

　　청정한 믿음, 굳은 마음 있으면
　　항상 선지식 친근하리라
　　일체 모든 부처님이 힘을 주어야
　　여래의 지혜에 들어가리

離諸諂誑心淸淨하고　　常樂慈悲性歡喜하며

志欲廣大深信人은　　　　　彼聞此法生欣悅이로다
　　모든 아첨과 거짓 떠나 마음이 청정하고
　　항상 자비 좋아하여 성품이 환희하며
　　뜻과 원함이 광대하고 신심 깊은 사람
　　그런 그가 이 법 듣고 기뻐하리라

安住普賢諸願地하고　　　　修行菩薩淸淨道하며
觀察法界如虛空하야사　　　此乃能知佛行處로다
　　보현보살 모든 서원의 땅에 안주하고
　　보살의 청정한 길 수행하며
　　허공 같은 법계 살펴보아야만
　　부처님 수행하신 자리를 알리라

此諸菩薩獲善利하야　　　　見佛一切神通力하나니
修餘道者莫能知요　　　　　普賢行人方得悟로다
　　모든 보살 좋은 이익 얻어
　　부처님의 모든 신통력 보니
　　다른 도 닦은 이들 알 수 없지만
　　보현행 닦는 이만이 깨달으리

衆生廣大無有邊이어늘　　　如來一切皆護念하사
轉正法輪靡不至하시니　　　毘盧遮那境界力이로다

많고 많은 중생 끝이 없는데
　　여래여, 모든 중생 보호, 염려하사
　　바른 법륜 굴려 이르지 않은 곳 없으시니
　　비로자나 경계의 힘이어라

一切刹土入我身하며　　　　**所住諸佛亦復然**하니
汝應觀我諸毛孔하라　　　　**我今示汝佛境界**하리라
　　모든 세계는 나의 몸에 들어오고
　　그곳 계신 모든 부처님 또한 그러하다
　　너희는 나의 수많은 모공을 보라
　　내가 지금 너희에게 부처님 경계 보여주리라

普賢行願無邊際어늘　　　　**我已修行得具足**이라
普眼境界廣大身이여　　　　**是佛所行應諦聽**이어다
　　보현보살 행원이여, 끝이 없는데
　　나 이미 구족한 수행 얻어
　　보안의 경계와 광대한 몸이여
　　이는 부처님 행이니 자세히 들어라

● 疏 ●

十頌分二니 初八讚이오 後二勸이라 前中亦二니 初二는 明佛出現意
오 後六은 辨定法器니 於中初一은 揀非器오 次四는 示法器오 後一은

結歸佛力이라 及後二勸이니 文竝可知니라 然通此十偈하야 亦是牒問以讚이니 前長行은 總顯難思오 此下는 畧示難思之相이어늘 而三十句間列不次나 含義竝足하니 欲委配釋이나 恐厭繁文이니라

10송은 2단락으로 나뉜다. 앞의 8게송(제1~8)은 찬탄이며, 뒤의 2게송(제9~10)은 勸勉이다. 앞의 8게송은 또한 둘로 나뉜다. 앞의 2게송(제1~2)은 부처님이 출현한 뜻을 밝힘이다. 뒤의 6게송(제3~8)은 法器를 말함인데, 그 가운데 첫 번째 제3게송은 법기가 아닌 자를 가린 것이고, 다음 4게송(제4~7)은 법기를 보여줌이며, 뒤의 1송(제8)은 부처님 힘으로 귀결 짓고 있다. 그 뒤의 2게송(제9~10)은 권면으로, 경문은 모두 설명하지 않아도 알 수 있다.

그러나 이처럼 10게송을 통하여 또한 물음에 뒤이어서 찬탄하였다. 앞의 장항은 불가사의의 지혜를 총괄하여 나타냄이며, 이 아래의 문장은 불가사의의 모습을 간단하게 보여줌이다. 30구의 배열이 순서가 맞지 않으나 그 뜻을 함축한 바는 아울러 충분하다. 자세히 이를 配對하여 해석하고자 하나, 독자들이 번거로운 문장을 싫어할까 두렵다.

第二 正陳本義分中에 分二니 初結集生起오 二普賢顯說이라 於三十句 果問中에 廣釋世界安立海問이니 餘竝攝之니라 文分爲二니 初標擧章門이오 後依章別釋이라 今은 初라

제2. 본의를 진술하다

이 부분은 2단락으로 나뉜다.

제1단락은 대중이 한곳에 모여 인연을 일으킴이다.

제2단락은 보현보살이 뚜렷이 말함이다.

30구 果問 가운데 세계안립해에 관한 물음을 자세히 해석하였다. 나머지의 뜻은 모두 여기에 담겨 있다. 경문은 2단락으로 나뉜다. 앞은 章門을 들어 말하였고, 뒤는 章에 따라 별도로 해석하였다.

이는 1. 장문을 들어 말함이다.

經

爾時에 普賢菩薩摩訶薩이 告諸大衆言하사대 諸佛子여 世界海에 有十種事하야 過去·現在·未來諸佛이 已說·現說·當說이시니 何者爲十고 所謂世界海起具因緣과 世界海所依住와 世界海形狀과 世界海體性과 世界海莊嚴과 世界海淸淨과 世界海佛出興과 世界海劫住와 世界海劫轉變差別과 世界海無差別門이니라
諸佛子여 略說世界海의 有此十事어니와 若廣說者인댄 與世界海微塵數로 等하니 過去·現在·未來諸佛이 已說·現說·當說이시니라

그때 보현보살마하살이 많은 대중들에게 말하였다.

"모든 불자들이여, 세계바다에 열 가지 일이 있는데 과거·현재·미래의 모든 부처님이 이미 말씀하셨고 현재 말씀하시고 앞으

로 말씀하실 것이다.

　무엇이 열 가지 일일까?

　이른바 세계바다가 생겨날 때 갖춘 인연,

　세계바다가 의지하여 머무는 곳,

　세계바다의 형상,

　세계바다의 체성(體性),

　세계바다의 장엄,

　세계바다의 청정,

　세계바다에 부처님의 나오심,

　세계바다의 겁주(劫住),

　세계바다의 겁이 전변(轉變)하는 차별,

　세계바다의 차별 없는 문이다.

　모든 불자들이여, 간단히 말해 세계바다에 이러한 열 가지 일이 있으나 만일 자세히 말한다면 세계바다 미진수처럼 많다. 과거·현재·미래의 모든 부처님이 이미 말씀하였고 현재 말씀하시고 앞으로 말씀하실 것이다."

● 疏 ●

分三이니 一立數顯同이니 先告佛子者는 使時情注其耳目也니라 世界廣深일세 目之爲海니 謂積刹成種하고 積種成海어니와 海無別體라 世界都名이라 然事類廣多일세 畧擧其十하야 以表無盡이니라 三世同說은 彰其要勝이며 又顯說決定하야 無改易也니라

二何者下는 徵數列異니 一明攬緣成立이오 二成已依住오 三外狀區分이오 四內體差別이오 五寶等莊校오 六垢穢不生이오 七佛出差殊오 八劫住修短이오 九隨業改變이오 十包容必均이라 此十도 亦攝十八圓滿이니 後品當會리라

三諸佛子下는 結畧顯廣이니 言世界海塵者는 智猶難測이어니 言豈具陳이리오 非證法雲이면 安受玆說이리오

然上十事는 於一一刹에 多少不定이니 具緣一種은 或一或二이며 或三或多며 或成四句니 謂一成一이오 一成一切等이니라 淸淨一種은 或一或多며 或亦無之니 以有純穢刹故니라 其次七事는 各各唯一이니 謂依空住者는 非依光等故니 餘準思之니라 其無差別은 一切皆具니 以約體性平等과 佛力融攝일세 故說無差니 所以染淨皆具也니라

이의 본문은 3단락으로 나뉜다.

첫째, 10가지의 수효를 내세워 삼세가 똑같음을 나타냄이다. 이의 첫 부분에서 먼저 불자들에게 말한 것은 당시 중생들의 이목을 집중하도록 함이다. 세계가 드넓고도 깊기에 이를 '바다[海]'라고 말한다. 세계가 쌓여 종자를 이루고 종자가 쌓여 바다가 이뤄지지만 바다는 개별의 체성이 없기에 세계를 모두 종합하여 이름 붙인 것이다. 그러나 일의 유형이 넓고도 많기에 그 가운데 10가지만을 대충 들어서 그지없음을 나타냈다. 과거·현재·미래의 모든 부처님이 똑같이 말한다는 것은 그 중요하고 훌륭함을 나타냄이며, 또한 그 말이 결정되어 다시는 바꿀 수 없음을 밝힌 것이다.

둘째, 10가지의 수효를 들어 그 차이점을 나열함이다.

① 인연을 가지고 세계해의 성립을 밝힘이며,

② 성취한 후에 의지하고 머묾이며,

③ 바깥 모습의 구분이며,

④ 내면 體性의 차별이며,

⑤ 보배 등의 장엄이며,

⑥ 오염이 생겨나지 않음이며,

⑦ 부처님의 나오심이 남다름이며,

⑧ 세월 속에 머묾의 길고 짧음이며,

⑨ 업을 따라 변함이며,

⑩ 포용이 반드시 균일함이다.

이 10가지의 일 또한 18가지의 원만함을 포괄하고 있다. 이는 뒤의 해당 품에서 회통할 것이다.

셋째, '諸佛子' 이하는 위에서 간단하게 말한 부분을 끝맺으면서 널리 말한 부분을 나타냄이다. '세계바다 미진수'라 말한 것은 지혜로도 오히려 헤아리기 어려운 일인데 어떻게 말로 다할 수 있겠는가. 法雲을 증득함이 아니면 어떻게 이런 말을 받아들일 수 있겠는가.

그러나 위 열 가지의 일이 하나하나 세계에 많고 적음이 일정하지 않다. '세계바다가 생겨날 때 갖춘 인연'이라는 하나의 종은 혹 하나, 혹은 둘, 혹은 셋, 혹은 많거나 혹 四句를 이루고 있다. 하나가 하나를 이루거나 하나가 일체를 이루는 따위이다. '세계바다의 청정'이라는 하나의 종은 혹은 하나, 혹은 많음, 혹 또한 없기도 하다. 이는 순수하고 더럽혀진 세계가 있기 때문이다. 그다음 7가지의 일은 각각 오직 하나이다. 空을 의지하여 머문 자는 光 등을 의지함이 아니기 때문이다. 나머지는 이에 준하여 생각해야 한다. 그 차별이 없음은 일체가 모두 갖추고 있다. 체성의 평등함과 부처님 힘으로 모두 원만하게 섭수함을 가지고서 차별이 없다고 말한다. 오염과 청정함이 모두 갖춰져 있다.

第二依章別釋者는 十事不同일세 則爲十段이니 一一皆有長行與偈오 長行中에 各三이니 謂標·釋·結이라
今은 初니 起具因緣이라

2. 章에 따라 별도로 해석하다

이는 열 가지의 일이 같지 않기에 10단락이다. 하나하나의 일에 모두 장항과 게송이 있다. ① 장항은 각각 3가지이다. 표제, 해석, 끝맺음을 말한다.

이는 첫 부분, ⑴ 세계가 생겨날 때 갖춘 인연이다.

經

諸佛子여 略說以十種因緣故로 一切世界海가 已成·現成·當成호리니 何者가 爲十고 所謂如來神力故며 法應如是故며 一切衆生의 行業故며 一切菩薩이 成一切智所得故며 一切衆生과 及諸菩薩이 同集善根故며 一切菩薩이 嚴淨

411

國土願力故며 一切菩薩이 成就不退行願故며 一切菩薩의 淸淨勝解 自在故며 一切如來의 善根所流와 及一切諸佛의 成道時自在勢力故며 普賢菩薩의 自在願力故니라 諸佛子여 是爲略說十種因緣이어니와 若廣說者인댄 有世界海微塵數니라

"모든 불자들이여, 간단하게 말하면 열 가지 인연 때문에 일체 세계바다가 이미 이루어졌고 현재 이루어지고 앞으로도 이루어질 것이다.

무엇이 열 가지의 인연일까?

이른바 여래의 헤아릴 수 없는 영묘하고도 불가사의한 힘인 때문이며,

법이 이와 같은 때문이며,

모든 중생의 행과 업인 때문이며,

모든 보살이 온갖 지혜를 이루어 얻은 때문이며,

모든 중생과 모든 보살이 다 함께 선근을 모은 때문이며,

모든 보살이 국토를 장엄, 청정케 하려는 원력 때문이며,

모든 보살이 물러서지 않는 행과 원을 성취한 때문이며,

모든 보살의 청정하고 훌륭한 이해가 자재한 때문이며,

모든 여래의 선근에서 흘러나온 것과 일체 모든 부처님이 도를 이룰 때의 자재한 세력 때문이며,

보현보살의 자재한 원력 때문이다.

모든 불자들이여, 이를 간단하게 말하면 열 가지 인연이지만,

만일 자세히 말하면 세계바다 미진수처럼 많다."

◉ 疏 ◉

標中에 畧擧十種이니 通成三世一切佛刹이라

二何者下는 釋이라 然佛土之義 雖有多種이나 不出其三이니 一法性土오 二受用土오 三變化土라 若開受用인댄 有自有他일새 則成四土이어니와 統唯二種이니 謂淨及穢와 或性及相이며 融而爲一이니 有異餘宗이니라 又此淨土 一質不成이니 淨穢虧盈이오 異質不成이니 一理齊平이오 有質不成이니 搜源則冥이오 無質不成이니 緣起萬形이라 故形奪圓融하야 無有障礙니라 土旣不等일새 因緣亦殊니라

今文十中에 初三은 通顯이오 次四는 別明이오 後三은 卽融攝轉變이라 言初三者는 一如來神力者는 謂一切淨穢等土 皆是如來通慧力成이니 爲物而取하야 擬將普應하야 佛應統之일새 皆稱佛土니라 故蓮華藏海는 佛所嚴淨이니 而內含淨穢나 然就佛言之일새 故無國而不淨也오 旣卽穢而淨일새 故不思議니라 二法如是者는 梵云達靡多오 此云法爾며 或曰法性이니라 若是法性인댄 卽以本識如來藏身爲所依持하야 恆頓變起外諸器界오 若云法爾者인댄 謂有問言호되 何以諸佛衆生이 起於刹土오 答云法應如是니 不可致詰이니라 若會此二면 謂法應如是하야 藏識變起니라 三衆生業力者는 業有善惡일새 國有淨穢니라 故淨名이 以萬行爲因하고 又云衆生之類 是菩薩佛土라하니 謂法性雖一이나 隨業成異어늘 佛隨異類하야 取土攝生하나니 涅槃微善과 觀經三心等이 其類非一이니라 上三은 初因·二緣·三因이라【鈔

涅槃微善下는 別引他經하야 成其初義니 卽二十一經 高貴德王菩薩品에 '瑠璨光菩薩'이 從不動世界而來어늘 無畏菩薩이 問佛호되 此土衆生은 當造何業이완되 而得生彼不動世界오" 佛以偈答하사 廣列十善하니 一一皆生이라 言微善者는 彼有偈云 若於佛法僧에 供養一香燈하고 乃至獻一華면 則生不動國이오 若爲怖畏故와 利養及福德하야 書是經一偈면 則生不動國이오 造像若佛塔을 猶如大拇指하고 常生歡喜心이면 則生不動國' 是也니라

'觀經三心'者는 有三種三心이니 第一은 佛爲韋提希하야 現淨土竟에 韋提希이 願生求因아늘 佛言欲生彼國인댄 當修三福이니라 一者는 孝養父母하고 奉事師長하며 慈心不殺하야 修十善業이오 二者는 受持三歸하고 具足衆戒하야 不犯威儀오 三者는 發菩提心하야 深信因果하며 讀誦大乘하야 勸進行者니라 如是三事를 名爲淨業이라하니라 佛告阿難과 及韋提希하사되 汝今知不아 此三種業은 過去未來現在諸佛의 淨業正因이니라 】

첫째, 표제 가운데 간단하게 열 가지 인연을 들어 말함이니, 삼세 일체 부처세계를 전체로 성취함이다.

둘째, '何者' 이하는 해석이다. 그러나 부처님 국토에 대한 의의는 비록 여러 가지가 있으나 이는 3가지에서 벗어나지 않는다. ① 법성토, ② 수용토, ③ 변화토이다. 만일 수용토를 나누어 말하면 自受用土가 있고 他受用土가 있기에 곧 4가지의 국토(**법성토, 자수용토, 타수용토, 변화토**)로 이뤄지지만 이를 통합하면 오직 2가지일 뿐이다. 그것은 청정 및 오염, 혹 본성 및 현상을 말한다. 그러나 이를

융합하면 다시 하나가 된다. 나머지 宗과는 차이가 있다.(이는 화엄종을 말한다. 청정 및 오염, 혹 본성 및 현상, 그리고 3가지 또는 4가지 국토가 원융하지 않음이 없는 까닭이다.) 또한 이 정토는 하나의 바탕으로는 이루지 못하는 법이다. 청정과 오염이 가득 차거나 이지러짐이 있기 때문이다. 다른 바탕으로는 이루지 못하는 법이다. 하나의 이치가 똑같이 공평하기 때문이다. 바탕이 있으면 이루지 못하는 법이다. 근본을 찾아보면 보이지 않게 하나로 합하기 때문이다. 바탕이 없으면 이루지 못하는 법이다. 수많은 형상의 緣起가 있기 때문이다. 그러므로 形奪(一과 異를 모두 버리고 有와 無가 모두 고요함)하고 圓融(하나가 곧 많음이요 無가 곧 有이다)하여 장애가 없다. 국토가 이처럼 똑같지 않기에 內緣 또한 다르다.

　여기 경문의 열 가지 인연 가운데 처음 3가지(제1~3인연)는 전체로 통틀어 나타냄이며, 다음 4가지(제4~7인연)는 개별로 밝힘이며, 뒤의 3가지(제8~10인연)는 곧 원융하게 섭수하여 전변함이다.

　처음 3가지(제1~3인연)에서 제1인연 '여래의 신통력'이란 일체 정토·穢土 등이 모두 여래의 신통과 지혜의 힘으로 성취한 것이다. 중생을 위해 이를 취하여 장차 널리 응하려는 생각이 있기에 부처님이 이를 응하여 통괄한 까닭에 모두 '부처님의 국토'라고 칭하였다. 이 때문에 연화장 바다는 부처님이 장엄, 청정하게 한 바이다. 안으로 정토와 예토를 포함하고 있으나 '부처님의 국토'라 말한 까닭에 나라마다 청정하지 않음이 없고, 이미 더러운 국토를 청정하게 만들었기에 불가사의하다.

제2인연 '법이 이와 같다.'는 것은 범어로 말하면 達磨多(Dhammapā)이며, 중국어로는 '法爾' 혹은 '法性'이라고 말한다. 이와 같이 법성이라고 한다면 本識(제8식) 如來藏身으로 의지할 바를 삼아서 항상 바깥 모든 器界를 단번에 변화시켜 일으키고, 이와 같이 法爾라고 한다면 어떤 이가 "어찌하여 제불과 중생이 세계국토를 변하게 만드는가?"를 물을 경우, 이에 대해 답하기를, "법이 이와 같다. 따져 물을 게 없다."고 말할 것이다. 만일 이 2가지를 이해하면 법이 이와 같아서 여래장식으로 변하여 일어남을 알 것이다.

제3인연 '중생업력'이란, 업에 선과 악이 있기에 국토에는 정토와 예토가 있다. 이 때문에 유마 거사는 萬行으로 因을 삼고, 또 "중생의 무리가 보살의 불국토"라고 말하였다. 법성은 비록 한 가지이지만 지은 업을 따라 차이가 생기게 된다. 그러나 부처님은 각기 다른 중생을 따라 그들의 국토를 취하여 모두 중생을 받아들이는 것이다. 열반경의 '微善'과 觀經의 '三心' 등이 그 유가 하나가 아니다.

위의 3가지 인연 가운데 제1 因, 제2 緣, 제3 因이다.【초_ '涅槃微善' 이하는 별개로 다른 경문을 인용하여 그 처음의 뜻을 마무리한 것이다. 그것은 21경 高貴德王菩薩品에 의하면, 유리광보살이 부동세계에서 왔는데 무외보살이 부처님께 물었다.

"이 국토의 중생은 무슨 업을 지었기에 부동세계에 태어날 수 있었습니까?"

부처님이 게송으로 답하여, 열 가지의 선업을 자세히 열거하였다. 그 하나하나가 모두 그곳에 태어나게 된 이유들이다.

'微善'이라 말한 것은 부처님이 게송으로 "만약 불법승 삼보 전에 하나의 향과 등불을 올리거나 한 송이 꽃이라도 올리면 곧 부동세계에 태어나며, 만일 겁나고 두려운 까닭에, 그리고 利養 및 복덕을 위하여 이 경의 게송을 한 차례 쓰면 곧 부동세계에 태어나며, 엄지손가락만 한 불상 및 불탑을 조성하고 항상 환희의 마음을 내면 곧 부동세계에 태어난다."는 말이 바로 이런 것이다.

'觀經의 三心'이란 3가지의 세 마음이 있다. 첫째는 부처님이 韋提希를 위해 정토를 보여주자, 위제희가 그곳에 태어나기를 원하여 그럴 수 있는 因을 구하였다. 이에 부처님이 말씀하셨다. "그런 정토에 태어나고자 한다면 3가지 복전을 닦아야 한다. ① 부모를 효성으로 받들며, 스승과 어른을 받들어 섬기며, 자비의 마음으로 살생하지 않으면서 열 가지의 善業을 닦아야 한다. ② 三歸를 받아 지니며 많은 계율이 구족하여 위의를 범하지 않아야 한다. ③ 보리심을 일으켜 인과를 깊이 믿으며 대승을 송하여 행자를 권해야 한다. 이와 같은 3가지의 일을 청정한 일이라고 말한다." 부처님이 아난과 위제희에게 말씀하셨다. "그대들은 이를 알겠는가. 이 3가지의 일은 과거·미래·현재 모든 부처님의 청정한 일의 正因이다."】

次四別明者는 有因有緣이니 初一은 自受用土因이니 大圓鏡智之所成故오 二는 變化土因이니 謂衆生菩薩이 共搆一緣호되 各隨行業하야 來生其國하나니 凡聖同居오 三四二種은 他受用土因이라 然初卽初地已上이니 如十大願中에 修淨土願이 是也오 後는 乃八地已上에 功用不退行之所成故니 八地中에 有淨土分이오

다음 4가지(제4~7인연)는 개별로 밝힘이란, '결과를 내는 親因으로서의 因'이 있고 '결과를 내는 데 보조되는 緣'이 있다. 이의 첫째인 제4인연[成一切智所得]은 자수용토의 因이다. 대원경지로 성취한 바이기 때문이다. 둘째인 제5인연[同集善根]은 변화토의 因이다. 중생과 보살이 하나의 緣을 가지되 각기 다른 행업을 따라서 그에 알맞은 국토에 태어나니 범부와 성인이 함께 거처한다. 서너째인 제6, 7인연[嚴淨國土願力, 成就不退行願]은 타수용토의 因이다. 그러나 첫째 제4인연은 初地 이상이다. 저 十大願 가운데 淨土願을 닦음이 바로 그것이며, 뒤는 곧 八地 이상에서 노력하지 않아도 물러서지 않는 행이 성취된 바이기 때문이다. 팔지 가운데 정토의 分이 있다.

後三融攝者는 通於因緣이니 初一은 卽八地已上에 攪大海爲酥酪하고 變大地爲黃金하며 以染爲淨하고 以淨爲染하야 自在攝生이라 故十自在中에 有刹自在니라 窮其因者인댄 淸淨勝解니 勝解印持하야 隨心變故니라

次一은 謂成正覺時에 其身充滿十方世界微塵刹土하며 念劫圓融하야 一時成立이 由二種因이니 一善根所流니 語因中也오 二成道勢力이니 明果用也라 此一은 受用變化相融也니 卽如經初摩竭陀地堅固等이라

後一은 無問成與不成하고 常能融攝이라 又前是妙覺이며 此是等覺이라 其法性土는 通爲諸土之體니 窮其因者인댄 有正有助이니 謂法爾爲其正因하고 以一切智及總以諸因으로 而爲緣因이라 故其後三도 亦融前土하야 非有別體니라【鈔_ 其法性土下는 第三料揀妨難이라 問

호되 '上之十句에 含於四土어늘 何以特明三土因邪아 故爲此釋이라 次復問호되 云'四土之外에 別說圓融이면 應有五土니라 故今答云故 其後三은 但融他四이라 卽是我宗은 非別有一圓融之因이니 亦如上 說이라하니라 又說淨土에 總有二義니 一者는 行淨業爲因이니 感淨相 果오 二는 以德業爲因이니 感自在淨果라 行業은 始自凡夫로 終至十 地이오 德業은 始起不動으로 終至如來니라 故第二에 別明是行業淨이 오 第三에 融攝이니 是自在淨이라 第一은 總明하야 具斯二淨일세 故疏 爲三이라하니라 】

뒤의 3가지(제8~10인연)는 곧 원융하게 섭수하여 전변함이란, 因·緣에 모두 통한다.

처음 제8인연[淸淨勝解自在]은 팔지 이상에서 바닷물을 저어서 타락[酥酪]을 만들고 흙덩이를 바꿔서 황금을 만들며, 더럽혀진 것 을 청정하게 만들고 청정한 것을 더럽혀진 것으로 삼아 자유자재 로 중생을 받아들이기에 열 가지 자재[十自在]⁴⁴ 가운데 '세계의 자 재'가 있다. 그 因을 찾아보면 청정한 勝解이다. 훌륭한 이해[勝解] 로 모든 경계를 인식하여 마음을 따라 변하기 때문이다.

다음 제9인연[善根所流 成道時自在勢力]은 정각을 성취할 때, 그 몸 이 시방세계 미진찰토에 충만하며, 한 생각의 찰나와 한량없는 겁 이 하나가 되어 일시에 성립한 데에는 2가지의 因에서 연유한 것

----

44 열 가지 자재[十自在]: 命自在, 心自在, 財自在, 業自在, 生自在, 勝解自在, 法自在, 願自在, 神通 自在, 智自在.

이다. 하나는 '선근에서 흘러나옴'이니 因中을 말함이며, 또 다른 하나는 '도를 이룰 때의 자재한 세력'이니 果用을 밝힘이다. 이 하나는 수용토와 변화토가 서로 하나가 된다. 이는 화엄경의 첫 부분에 "마갈타의 땅이 견고하다."는 등이다.

맨 뒤의 제10인연[自在願力]은 성취와 성취하지 못함을 따지지 않고 항상 그들을 모두 원만하게 받아들이는 것이다. 또한 앞의 부분은 묘각이며, 이는 等覺이다.

그 법성토는 모든 국토에 통틀어 본체가 된다. 그 因을 살펴보면 주와 보조[正·助]가 있다. 法爾로 그 正因을 삼고, 一切智 및 모든 諸因으로 緣因을 삼는다. 이 때문에 뒤의 3가지(제8~10인연) 또한 앞의 국토에 융합된 것이기에 개별의 본체가 아니다.【초_ '其法性土' 이하는 제3料揀에 대한 논란이다. 묻기를, "위의 10구에서 법성토, 자수용토, 타수용토, 변화토를 포괄하고 있는데 어찌하여 특별히 법성토, 수용토, 변화토의 因을 밝힌 것인가?"라고 하였다. 이 때문에 이러한 해석을 한 것이다. 또다시 묻기를, "법성토, 자수용토, 타수용토, 변화토 밖에 별도로 원융을 말한다면 이는 5가지의 국토가 있다."고 하였다. 이런 물음 때문에 여기에서 답하기를, "이 때문에 뒤의 3가지는 단 앞의 국토에 융합된 것이다. 곧 우리 화엄종은 별도로 하나의 원융하게 되는 因이 있는 게 아니다. 이 또한 위에서 말한 바와 같다."고 하였다. 또 말하기를, "정토에는 모두 2가지의 뜻이 있다. 첫째는 청정한 일을 행함이 因이 된다. 이는 청정한 모습의 果를 얻을 수 있다. 둘째는 덕업으로써 인을 삼는다. 이는 자재한 청정의 과를 얻을 수 있다."고 하였다. '청정한 일을 행함'은 初地의 범부로부터 마침내 十地에 이르게 되고, '덕업'은 처음 不動地로부터 시작하여 마침내 如來地에 이르는 것이다. 이 때문에 제2의 4가지(제4~7인연)에서 별도로 행업의 청정을 밝혔고, 제3의 3가지(제8~10인연)에서 이를 원융하게 섭수하고 있다. 이는 自在의 청정이다. 제1의 3가지(제1~3인연)는 총괄하여 밝혀서 이 2가지의 청정을 갖춘 까닭에 청량 疏에서 3가지로 말한 것이다.】

又此十事 展轉生起니 謂諸佛土 總由佛力이니라 何以由之오 法如是故니라 法爾云何而有異耶아 業不同故니라 衆生由業이어니와 佛復由何오 成一切智之所變故니라 生佛有異어늘 何以凡聖同居오 同搆一緣故니라 何以復有純菩薩國고 菩薩願行力故니라 旣由行業인댄 何可轉變가 勝解自在故니라 云何復得融攝重重가 佛及普賢自在力故니라

또 이 열 가지의 일이 전전하면서 생겨나게 된다. 모든 불국토는 모두가 부처님의 힘에 의하기 때문임을 말한다.

무엇 때문에 부처님의 힘에 의한 것일까? 법이 이와 같기 때문이다.

법이 이와 같다면 어찌하여 다름이 있는가. 하는 일이 똑같지 않기 때문이다.

중생은 하는 일에 따라 연유하지만 부처님은 또한 무엇을 연유한 것일까? 일체지를 성취하여 변한 바가 있기 때문이다.

중생과 부처님이 이처럼 각기 다른데 어떻게 범부와 성인이 함

께 거처하는가. 한 가지 인연으로 다 함께 얽혀 있기 때문이다.

어찌하여 또한 순수한 보살의 나라가 있는가. 보살의 願行의 힘 때문이다.

이미 행하는 일에 연유한 것이라면 어찌하여 변하는가. 수승한 견해가 자재하기 때문이다.

어찌하여 다시 원융하게 섭수함이 거듭되는가. 불과 및 보현의 자재력 때문이다.

三諸佛子下는 結略顯廣이니 如前已釋이라

셋째, '諸佛子' 이하는 위에서 간단하게 말한 부분을 끝맺으면서 자세히 말한 부분을 나타냄이다. 앞에서 이미 해석한 바와 같다.

第二 偈頌

② 게송

經

爾時에 普賢菩薩이 欲重宣其義하사 承佛威力하사 觀察十方하고 而說頌言하사대

그때 보현보살이 그 뜻을 거듭 말하고자, 부처님의 헤아릴 수 없는 영묘하고도 불가사의한 힘을 받들어 시방을 관찰하고 게송으로 설하였다.

所說無邊衆刹海를　　毘盧遮那悉嚴淨하시니
世尊境界不思議여　　智慧神通力如是로다

　말씀하신 끝없는 수많은 세계바다
　비로자나불이 모두 장엄, 청정케 하시니
　세존의 경계 불가사의여
　지혜와 신통의 힘도 이처럼 불가사의로다

 疏 ●

偈頌은 多以果顯因이라 文有九偈를 束爲八段이라
第一偈는 頌佛神力이라 據此無邊刹海 皆遮那嚴淨인댄 則下嚴華藏은 猶是分明이니 理實而言인댄 願周法界니라

　게송은 대부분 결과로써 원인을 밝혔다. 이의 경문은 9게송인데 이를 8단락으로 묶는다.
　제1단락의 게송은 부처님의 신통력을 송하였다. 이 끝없는 세계바다가 모두 비로자나불이 장엄, 청정케 하였다는 말을 따르면 아래에 장엄한 화장세계는 오히려 분명하다. 이치의 실상으로 말하면 서원이 법계에 두루 하였다.

經

菩薩修行諸願海하야　　普隨衆生心所欲하나니
衆生心行廣無邊일세　　菩薩國土徧十方이로다

　보살이 많은 서원바다 수행하여

423

중생 마음의 하고자 하는 바 널리 따르니

중생의 마음과 행 끝없이 넓어

보살의 국토가 시방에 가득하네

◉ 疏 ◉

次一은 超頌衆生菩薩 同集善根이라

제2단락의 이 게송은 장항의 차례를 건너뛰어 '중생과 보살이 함께 善根을 모음'을 송하였다.

經

菩薩趣於一切智하야　　勤修種種自在力일세
無量願海普出生하야　　廣大刹土皆成就로다

보살이 온갖 지혜에 나아가

갖가지 자재한 힘을 부지런히 닦았기에

한량없는 서원바다 널리 내어

광대한 세계 모두 성취하도다

◉ 疏 ◉

三一頌은 頌第四成一切智自受用土因이니 前半因이오 後半果니라 成唯識에 云 "大圓鏡智相應淨識이 由昔所修自利無漏純淨佛土因緣成熟하야 從初成佛로 盡未來際토록 相續變爲純淨佛土하야 周圓無際하며 衆寶莊嚴이라"하니 配經可見이니라

제3단락의 게송은 제4 일체지를 성취한 자수용토의 因을 송하였다. 제1, 2구는 因이요, 제3, 4구는 果이다. 성유식론에서 이르기를, "대원경지에 상응한, 청정한 識이 옛적에 닦았던 自利의 無漏純淨한 불토인연이 성숙함을 따라 처음 성불로부터 미래의 세월이 다하도록 서로 이어오면서 순정한 불토로 변하여 두루 원만하여 끝이 없으며 수많은 보배로 장엄하였다."고 하니, 이를 화엄경에 대비하여 보면 그 뜻을 볼 수 있다.

經

修諸行海無有邊하며 入佛境界亦無量이라
爲淨十方諸國土하야 一一土經無量劫이로다

　모든 행의 바다 닦음이 끝없으며
　부처님의 경계에 들어감도 한량없어
　시방의 모든 국토 청정하여
　하나하나 국토가 모두 무량겁을 지나네

● 疏 ●

四一頌은 頌第六嚴淨願力과 及第七不退行願이라 修諸行海無有邊者는 論云 "謂平等性智 大慈悲力이 由昔所修利他無漏純淨佛土因緣成熟하야 隨住十地菩薩所宜하야 變爲淨土호되 或小或大와 或劣或勝이 前後改變이라" 하니라 上經雖云願力이나 非無有行이니 謂分功用有無하야 長行成其二句어니와 皆他受用이라 故偈爲一이니라 初

句는 頌第六하고 次句는 頌第七이니 以八地已上에 念念入法流하며 心心趣佛境故로 後之半偈는 通其二文이니라

제4단락의 이 게송은 제6 엄정원력 및 제7 불퇴행원을 송하였다. "모든 행의 바다 닦음이 끝없다."는 것은 성유식론에서 이르기를, "平等性智의 대자비력이 옛적에 닦았던 利他의 무루순정한 불토인연이 성숙함을 따라 십지에 머문 보살의 마땅한 바를 따라서 정토로 바꾸되 혹은 작게 혹은 크게 혹은 용렬하게 혹은 수승하게 전후로 바꾸고 변함을 말한다."고 하였다.

위의 경문에서 비록 '원력'이라고 말했으나 행이 없는 게 아니다. 노력하는 일이 있고 없음을 구분하기 위하여 장항에서는 제6[嚴淨國土願力故], 제7[成就不退行願故] 2구로 말했지만 이는 모두 타수용토이기에 게송에서는 하나의 게송으로 말한 것이다. 제1구는 제6의 원력을, 제2구는 제7의 불퇴행을 송하였다. 팔지 이상에서는 모든 하나하나의 생각이 법의 흐름에 들어가며, 하나하나의 마음이 부처님의 경계에 나아가기 때문이다. 뒤의 제3, 4구는 제6 원력, 제7 불퇴행을 통틀어 말하고 있다.

經

衆生煩惱所擾濁으로 分別欲樂非一相이라
隨心造業不思議여 一切刹海斯成立이로다

중생이 번뇌에 흔들려 혼탁한 까닭에
분별과 욕락이 한가지가 아니다

그런 마음 따라 업을 지음이 불가사의여

모든 세계바다가 업력으로 성립되었네

● 疏 ●

五一偈는 卻頌第三衆生行業이니 加造業因이라 煩惱所擾로 造於穢刹하고 欲樂非一일새 感土有殊니라 前與菩薩同修에 必多善業이라 故此明於煩惱니라

제5단락의 이 게송은 도리어 제3의 중생행업을 송하였는데, 업을 짓게 되는 因을 더하였다. 번뇌에 흔들린 까닭에 혼탁한 세계를 만들고, 욕락이 하나가 아니기에 국토를 얻은 바에 각기 차이가 있다. 앞에서는 보살과 함께 닦으면서 반드시 善業이 많았을 것이기에 여기에서는 번뇌를 밝힌 것이다.

經

佛子刹海莊嚴藏이 離垢光明寶所成이라
斯由廣大信解心이니 十方所住咸如是로다

불자여, 세계바다 장엄창고는
때 없는 광명보배로 이뤄진 것
광대한 믿음과 이해하는 마음 때문이니
시방에 안주한 바 모두 이와 같다

● 疏 ●

六一頌은 頌菩薩勝解니라
　제6단락의 게송은 보살의 수승한 견해를 송하였다.

經

菩薩能修普賢行하야　　遊行法界微塵道하야
塵中悉現無量刹하니　　清淨廣大如虛空이로다

　　보살이 모두 보현행을 닦아
　　법계의 미진수 같은 도에 노닐며
　　미진수 티끌 속에 한량없는 세계 다 나타내니
　　청정하고 광대함이 허공 같아라

● 疏 ●

七一頌은 超頌普賢願力이라 以普賢有三하니 一位前普賢이니 但發普賢心이 即是니 非今所用이오 二位中普賢이니 即等覺位故니 此居佛前이오 三位後普賢이니 謂得果不捨因行이라 故長行居後니라
　제7단락의 게송은 차례를 건너뛰어 보현원력을 송하였다. 보현의 원력에는 3가지가 있다.
　① 位前 보현이다. 단 보현의 마음을 일으킴이 바로 그것이다. 여기에서는 쓸 수 있는 대상이 아니다.
　② 位中 보현이다. 等覺位이기 때문이다. 이는 부처 앞에 있다.
　③ 位後 보현이다. 佛果를 얻었으나 因行을 버리지 않음이다.

이 때문에 장항에서는 뒤에 있다.

經

等虛空界現神通하사　　悉詣道場諸佛所하야
蓮華=座上示衆相하시니　一一身包一切刹이로다

　　허공 같은 세계에 신통력 나타내어
　　도량의 모든 부처님 처소에 모두 나아가
　　연꽃 자리 위에 온갖 모습 보이시니
　　하나하나 몸에 모든 세계 감싸 있네

一念普現於三世하사　　一切刹海皆成立하고
佛以方便悉入中하시니　此是毘盧所嚴淨이로다

　　한 생각에 널리 삼세를 나타내
　　모든 세계바다 모두 성립하고
　　부처님이 방편으로 그 속에 모두 들어가시니
　　이것은 비로자나불의 장엄, 청정의 성취이시다

● 疏 ●

八有二偈는 卻頌如來自在라 前偈는 頌果用이오 後偈는 頌善流라 署不頌法爾는 法爾卽是法性이라 通故略之니라 又第七偈는 依中有依오 第八偈는 正中有依오 第九偈는 融於三世라 故三共顯融攝無礙니라 然其無礙通에 有十種하니 諸敎說士는 或謂但是無常이며 或

云心變이라하야 理事懸隔하고 多一不融일세 故今經宗은 要辨無礙니라
【鈔_ 但是無常者는 通大小乘이오 或云心變은 唯是大乘이오 理事懸隔은 明非實敎니라】

제8단락에 제8, 9게송은 도리어 여래의 자재를 송하였다. 앞의 제8게송은 佛果의 妙用을, 뒤의 제9게송은 善根所流를 송하였다.

제2 '法爾'를 생략하여 송하지 않음은 法爾가 곧 법성이기에 서로 통한 까닭에 생략한 것이다. 또한 제7게송은 依 가운데 依가 있고, 제8게송은 正 가운데 依가 있고, 제9게송은 삼세를 원융한 까닭에, 이 3송은 함께 원융하게 섭수하여 걸림이 없음을 나타낸 것이다.

그러나 원융무애에는 통틀어 열 가지가 있다. 여러 敎에서 국토를 말할 때 혹자는 단 無常이라 말하고 혹자는 心變이라 말하여 理法界와 事法界가 서로 동떨어지고 많음과 하나가 서로 융통하지 못한 까닭에 이의 경문 종지에서 無礙를 논변하고자 한 것이다.
【초_ "단 無常이라 말함"은 大小乘에 통용되고, "혹자는 心變이라 말함"은 오직 대승만을 말하며, "理法界와 事法界가 서로 동떨어짐"은 實敎가 아님을 밝힌 것이다.】

一理事無礙니 謂全同眞性이로되 而刹相宛然이니 經云'華藏世界海法界無差別이나 莊嚴悉淸淨故니라'【鈔_ 引經은 卽第十經偈니 末句에 云'安住於虛空'이어늘 今但取莊嚴爲事하고 法界爲理오 '無差別'言은 卽是無礙니라】

① 理法界와 事法界에 걸림이 없다. 온전히 眞性과 같으나 세

계의 모습이 완연함을 말한다. 화장세계품 제5에 이르기를, "화장세계해가 법계(理)는 차별이 없으나 장엄(事)이 모두 청정하기 때문"이라고 하였다.【초_ 인용한 경문은 제10경의 게송이다. 끝 구절에서 "허공에 안주한다."고 말했었는데, 여기에서는 단지 장엄으로 事法界를, 법계로 理法界를 삼은 것만을 취하였고, '無差別'이라는 말은 곧 無礙를 말한다.】

二成壞無礙니 謂成卽壞오 壞卽成等이라【鈔_ 二成壞中에 不引文者는 義易了故오 亦是此偈라 故云"一一刹種中에 劫燒不思議라 所現雖敗惡이나 其處常堅固로다"】

② 이루어지고 무너짐에 걸림이 없다. 이뤄지면 곧 무너지고 무너지면 곧 이뤄짐 따위를 말한다.【초_ ②의 이뤄지고 무너짐에 대한 설명에서 경문을 인용하지 않은 것은 그 뜻을 쉽게 알 수 있기 때문이며, 또한 이 게송의 뜻이다. 그러므로 화장세계품의 게송에 이르기를, "하나하나 세계종자 가운데 劫火의 불가사의여, 나타난 바는 비록 몹쓸 것이지만 그곳은 항상 견고하다."고 하였다.】

三廣陜無礙니 不壞相而普周故니라 經云"體相如本無差別이라 無等無量悉周徧"等이라

③ 드넓고 비좁음에 걸림이 없다. 형상을 무너뜨리지 않고 널리 두루 한 까닭에 화장세계품의 게송에 이르기를, "체와 상은 근본 그대로 차별이 없다. 짝도 없고 한량없어 모두 두루 하다."는 따위이다.

四는 相入無礙라 下文云'以一刹種入一切하며 一切入一亦無餘'와

及此文云身包一切等이라하야 其文非一이니 亦是一多無礙니라 【鈔_ 所引은 卽前偈前半이니 具云"以一刹種入一切요 一切入一亦無餘하니 體相如本無差別이라 無等無量悉周徧이로다"】

④ 서로 들어감에 걸림이 없다. 화장세계품의 게송에 이르기를, "한 세계종자가 일체에 들어가며, 일체가 하나에 들어가되 남음이 없다."는 것과 이의 경문에서 "몸이 일체를 포함한다." 등을 말하여, 그와 같은 경문이 하나가 아니다. 또한 이는 하나와 많음에 걸림이 없다. 【초_ 여기에 인용한 것은 앞의 게송 제1, 2구의 부분이다. 이를 구체적으로 말하면 다음과 같다. "하나의 세계종자가 일체 세계에 들어가고, 일체 세계가 하나의 세계종자에 들어갈지라도 또한 남은 공간이 없다. 본체와 현상이 근본 그대로 똑같아서 차별이 없기에 같은 것도 없고 한량도 없어 모두 두루 하다."】

五相卽無礙니 文云無量世界卽一界故니라 【鈔_ 五相卽無礙는 證文이니 卽第十七經이라】

⑤ 서로 나아감에 걸림이 없다. 경문에 이르기를, "한량없는 세계가 하나의 세계에 나아가기 때문이다."고 하였다. 【초_ "⑤ 서로 나아감에 걸림이 없다."는 것은 경문을 증명함이니 곧 제17경이다.】

六微細無礙니 經云"淸淨珠王布若雲하야 炳然顯現諸佛影"等이라 【鈔_ 六淸淨珠王等은 卽第八香水河偈니 具云"淸淨珠王布若雲하야 一切香河悉彌覆하니 其珠等佛眉間相하야 炳然顯現諸佛影이로다"하야늘 今但取初後二句니 是顯微細之義라】

⑥ 미세함에 걸림이 없다. 화장세계품의 게송에 이르기를, "청

정한 진주왕을 구름처럼 펼쳐, 모든 부처님 그림자 환하게 나타낸다."는 등이다.【초_ ⑥ '청정한 진주왕' 등은 제8 향수하 게송이다. 구체적으로 말하면 다음과 같다. "청정한 진주왕을 구름처럼 펼쳐서 모든 향수의 강하를 모두 가득 덮어주니 그 구슬이 부처님 미간의 형상과 똑같이 빛나서 모든 부처님의 그림자가 환하게 나타내주었다." 그러나 여기에서는 단지 첫 제1구와 마지막 제4구인 2구절만을 취한 것으로, 이는 미세함의 뜻을 나타낸 것이다.】

七隱顯無礙니 謂染淨異類의 隱顯等殊는 見不同故니라【鈔_ 七隱顯中에 畧不引經은 以義多故니라 卽此中偈에 隨心造業不思議여 一切刹土斯成立'이 卽其義也라 以同處異見일새 故不思議니라 又形狀偈에 云"一切塵中所現刹이여 皆是本願神通力이라 隨其心樂種種殊하야 於虛空中悉能作이로다" 釋曰 "旣一塵隨樂하야 種種皆作인댄 則隱顯自在也라 然疏中에 畧出二種隱顯이라 一染淨隱顯이니 如感娑婆者 對華藏而見娑婆면 則淨隱染顯이오 感華藏者 對娑婆而見華藏이면 則染隱淨顯이라 故摩竭提國이 其地金剛等"이라하니라 二明異類隱顯이니 如須彌山形世界一類顯時에 江河等形이 卽皆隱也오 長刹顯時에 短刹則隱이니 餘可例知니라 】

⑦ 보이고 보이지 않는 것에 걸림이 없다. 오염과 청정함의 유가 다름에 따라 보이고 보이지 않는 등의 차이는 所見이 똑같지 않기 때문이다.【초_ ⑦ '보이고 보이지 않는 부분'에서 경문을 생략한 채 인용하지 않은 것은 많은 뜻을 담고 있기 때문이다. 이의 게송 가운데 "마음 따라 업을 짓는 중생의 불가사의여, 일체 세계의

국토 이에 따라 성립된다."는 것이 곧 그런 뜻이다. 같은 곳에서도 견해가 다른 까닭에 불가사의하다. 또한 形狀偈에서 이르기를, "모든 티끌 속에 나타난 세계, 모두 본래의 서원과 신통력. 그들 마음에 좋아함이 가지가지 다름에 따라, 허공 가운데 모두 만들어주었다."고 하였다. 이를 해석하면 다음과 같다. "이미 하나의 티끌까지도 그들이 좋아하는 것을 따라서 가지가지로 모두 만들어주었다면 이는 곧 보이고 보이지 않는 데에 자유자재함이다."

그러나 청량 疏에서는 이 부분에 대해 간단하게 2가지의 보이고 보이지 않음을 말하였다.

㉠ 染淨의 隱顯이다. 저 사바세계를 얻은 자가 화장세계를 상대로 사바세계를 보면 청정함은 보이지 않고 오염만이 나타나며, 화장세계를 얻은 자가 사바세계를 상대로 화장세계를 보면 오염은 보이지 않고 청정함만 나타나기 마련이다. 이 때문에 마갈제국의 땅이 금강처럼 견고하다는 등이다.

㉡ 異類의 隱顯이다. 저 수미산처럼 큰 모양을 지닌 세계가 나타나면 상대로 양자강·황하 따위의 모양은 곧 모두 보이지 않고, 길고 긴 세계가 나타나면 상대로 짤막한 세계는 곧장 보이지 않기 마련이다. 나머지는 이처럼 유추하면 설명하지 않아도 알 수 있다.】

八重現無礙니 謂於塵中에 見一切刹하고 刹內塵中에 見刹亦然이라 重重無盡 如帝網故니라【鈔_ '八重現無礙'도 亦不引文은 以"華藏世界所有塵 一一塵中見法界" 已頻引故니라 若更引者는 依住偈云 "或有國土周法界하니 淸淨離垢從心現이라 如影如幻廣無邊이며 如

因陀羅各差別"等이라 】

⑧ 거듭 나타남에 걸림이 없다. 하나의 티끌 속에서 모든 세계를 보고 세계 속 티끌에서도 세계를 보는 것 또한 그와 같다. 거듭거듭 끝없음이 마치 帝釋天의 보배구슬로 이루어진 그물(인드라망: Indra)과 같기 때문이다.【초_ ⑧ "거듭 나타남에 걸림이 없다."는 것 또한 경문을 인용하지 않은 것은 "화장세계에 있는 티끌이여, 하나하나 티끌 속에 법계가 나타난다."는 점을 이미 자주 인용하였기 때문이다. 만일 굳이 다시 인용한다면 依住偈에서 말한 바와 같이 "혹 어떤 국토는 법계에 두루 하니, 청정하여 때를 여읜 마음에서 일어난 터라, 그림자 같고 요술 같아 끝없이 넓으며, 인드라 그물(Indra)처럼 각각 다르다."는 등이다.】

九主伴無礙니 凡一世界에 必有一切하야 以爲眷屬이라 下經云"毗盧遮那昔所行 種種刹海皆清淨이라"하니 種種刹이 卽眷屬也라

⑨ 주인공과 동반자에 걸림이 없다. 무릇 하나의 세계에 반드시 일체가 있어 권속이 된다. 화장세계품의 게송에 이르기를, "비로자나불 지난 옛적에 갖가지 세계바다 모두 장엄, 청정케 한다."고 하니 '갖가지 세계바다'는 곧 권속이다.

十時處無礙니 謂或於一刹에 現三世劫하고 或於一念에 現無量刹이니 如今第九偈文이며 又下文云"三世所有諸莊嚴이 摩尼果中皆顯現이라"하니라

此十無礙 同時具足하야 自在難知로되 散在諸文하니 可以六相融之니라

⑩ 시간과 공간에 걸림이 없다. 혹은 하나의 세계에 과거 현

재 미래를 나타내거나 혹은 한 생각의 사이에 한량없는 세계를 나타내니 이의 제9게송의 뜻이다. 또 화장세계품의 게송에 이르기를, "삼세에 있는 모든 장엄이 마니주 열매 속에 모두 나타난다."고 하였다.

열 가지의 걸림 없는 경계가 동시에 구족하여 자재하기에 이를 알기 어렵다. 하지만 여러 경문에 산재하니 6가지 상[六相: 總·別·同·異·成·壞相]으로 이를 종합하여 보면 알 수 있다.

第一 起具因緣 竟하다

(1) 세계가 생겨날 때 갖춘 인연에 대해 끝마치다.

第二段 所依住니 通染淨也라

(2) 세계가 의지하여 머무는 곳

이는 오염과 청정한 데에 통한다.

經

爾時에 普賢菩薩이 復告大衆言하사대 諸佛子여 一一世界海에 有世界海微塵數所依住하니 所謂或依一切莊嚴住며 或依虛空住며 或依一切寶光明住며 或依一切佛光明住며 或依一切寶色光明住며 或依一切佛音聲住며 或依如幻業生大力阿修羅形金剛手住며 或依一切世主身住며 或依一切菩薩身住며 或依普賢菩薩願所生一切差別莊嚴

海住라 諸佛子여 世界海에 有如是等世界海微塵數所依住니라

그때 보현보살이 다시 대중들에게 말하였다.

"모든 불자들이여, 하나하나 세계바다에 세계바다 미진수가 있는 데에 의지하여 머문다.

이른바 혹 온갖 장엄을 의지하여 머물며,

혹은 허공을 의지하여 머물며,

혹은 온갖 보배광명을 의지하여 머물며,

혹은 모든 부처님광명을 의지하여 머물며,

혹은 온갖 보배색 광명을 의지하여 머물며

혹은 모든 부처님의 음성을 의지하여 머물며,

혹은 환술 같은 업으로 생긴 큰 힘을 지닌 아수라의 형상인 금강수(金剛手)를 의지하여 머물며,

혹은 모든 세간 주인들의 몸을 의지하여 머물며,

혹은 모든 보살들의 몸을 의지하여 머물며,

혹은 보현보살의 서원으로 생긴 온갖 차별 장엄바다를 의지하여 머문다.

모든 불자들이여, 세계바다에 이와 같은 세계바다 미진수가 있는 데에 의지하여 머무는 것이다."

◉ 疏 ◉

長行釋中十事는 文竝可知니라 然依異者는 由於心樂 有差別故니

謂一依莊嚴住者는 樂飾好故오 二는 樂無礙故오 三樂卽質光故오 四는 怖衆苦故오 五는 愛離質光故니 光作寶色이오 非寶發光이며 六은 奉聖教故오 七은 求神護故오 八은 求天護故오 九는 菩薩願力所任持故오 十은 普安衆生故니라

如何廣大世界 依有情等小類而住오 此有二義하니 一外由內感일세 故說依身이니 此復有二라 一宿因力이니 頌云業力之所持故오 二는 現在轉變力이니 卽世主菩薩神力으로 任持攝屬已故니라 二는 由無漏體事 大小無礙하야 得相依住니라【鈔_ 如何廣大下는 隨難別釋이라 釋第八九에 有二義釋하니 前通諸教오 後由無漏下는 卽事事無礙宗이라 故上普賢云 "一切刹土入我身이오 所住諸佛亦復然이라 汝應觀我諸毛孔하라 我今示汝佛境界라"하니라】

　장항의 해석 가운데 열 가지의 일에 관한 문장은 모두 설명하지 않아도 알 수 있다. 그러나 의지하여 머묾이 다른 것은 마음에 좋아하는 바가 각기 다른 데에서 연유한 까닭이다.

　① 장엄을 의지하여 머무는 것은 아름답게 꾸미기를 좋아하기 때문이다.

　② 걸림이 없음을 좋아하기 때문이다.

　③ 바탕에서 나온 광명을 좋아하기 때문이다.

　④ 수많은 괴로움을 겁내고 두려워하기 때문이다.

　⑤ 바탕에서 떠난 광명을 사랑하기 때문이다. 광명이 보배빛깔을 만들어낸 것이지, 보배 자체가 광명을 발산한다는 말이 아니다.

　⑥ 성인의 가르침을 받들기 때문이다.

⑦ 신의 가호를 구하기 때문이다.

⑧ 하늘의 가호를 구하기 때문이다.

⑨ 보살의 원력으로 유지하는 바이기 때문이다.

⑩ 널리 중생을 편안하도록 하기 때문이다.

어찌하여 광대한 세계가 有情 등 하찮은 유를 의지하여 머무는 것일까? 여기에는 2가지의 뜻이 있다.

① 바깥 경계가 내면의 감촉을 따르기에 몸을 의지한다고 말하였다. 여기에 또한 2가지가 있다. ㉠ 宿因力이다. 게송에서 말한 "업력으로 유지한 바"이기 때문이다. ㉡ 현재의 轉變力이다. 곧 세주와 보살의 신통력으로 나의 몸을 유지하고 속하기 때문이다.

② 無漏의 본체와 일이 크고 작은 데에 걸림이 없음으로 말미암아 서로 의지하여 머묾을 얻는 것이다. 【초_ '如何廣大' 이하는 논란에 따라 별개로 해석함이다. 제8, 9를 해석하는 데에 2가지의 뜻으로 해석한다. 앞에서는 여러 가지의 가르침을 통합하여 말하였고, 뒤의 '由無漏' 이하는 곧 事事無礙宗이다. 이 때문에 본 품의 게송에서 다음과 같이 말하였다.

"모든 세계 나의 몸에 들어오고, 그곳 계신 모든 부처님 또한 그러하다. 너희는 나의 수많은 모공을 보라. 내가 지금 너희에게 부처님 경계 보여주리라."】

三 諸佛子下는 結이라

제3 '諸佛子' 이하는 끝맺음이다.

爾時에 普賢菩薩이 欲重宣其義하사 承佛威力하사 觀察十方하고 而說頌言하사대

그때 보현보살이 그 뜻을 거듭 말하고자, 부처님의 헤아릴 수 없는 영묘하고도 불가사의한 힘을 받들어 시방을 관찰하고 게송으로 설하였다.

徧滿十方虛空界하야　所有一切諸國土가
如來神力之所加로　處處現前皆可見이로다

　시방 허공계에 두루 가득한
　일체 모든 국토여
　여래 위신력의 가피로
　모든 곳 앞에 나타나 모든 중생 다 보노라

◉ 疏 ◉

頌有二十二는 文分兩別이라 初一은 總顯一切世界依佛神力而住라 故梵本에 云一切依佛神通現이라하야늘 長行不列者는 若列則餘九는 非佛神通이라 故偈以此文으로 該於前十이 皆佛神力이니라

　22송은 2단락으로 나뉜다.
　앞의 제1게송은 일체 세계가 부처님의 신통력을 의지하여 머묾을 총체로 나타냈다. 이 때문에 범본에서는 "모든 것이 부처님의 신통력에 의해 나타난다."고 하였다. 그러나 장항에서 이를 열거

하지 않은 것은, 만일 열거할 경우 나머지 9가지는 부처님의 신통력이 아니기 때문이다. 따라서 게송에서 이 글로써 앞의 열 가지가 모두 부처님의 신통력임을 포괄한 것이다.

經

或有種種諸國土가　　**無非離垢寶所成**이라
清淨摩尼最殊妙하야　　**熾然普現光明海**로다

　혹은 가지가지 모든 국토가
　때를 여읜 보배로 이루어졌고
　청정한 마니주 가장 훌륭하여
　빛나게 광명바다 널리 나타내네

● **疏** ●

後二十一偈는 別頌前文이니 分之爲九니라 初一은 頌依莊嚴住라 擧能顯所니 莊嚴之具 皆寶成故니라

　뒤의 21송은 앞의 경문을 개별로 송하였다. 이는 9단락으로 나뉜다.

　이의 첫 게송, 즉 제2게송은 장엄을 의지하여 머묾이다. 주관의 본체(佛神通)를 들어 객관의 대상(種種國土)을 나타냄이다. 장엄의 도구가 모두 보배로 이뤄진 까닭이다.

經

或有淸淨光明刹이　　　依止虛空界而住하며

　　혹은 청정한 광명세계가
　　허공계를 의지하여 머물며

◉ 疏 ◉

二半偈는 頌依空이라

　　뒤의 둘째 제3게송의 제1, 2구는 허공에 의지함을 송하였다.

經

或在摩尼寶海中하야　　　復有安住光明藏이로다

　　혹은 마니보배바다 가운데
　　다시 광명창고에 안주하여 있네

◉ 疏 ◉

三半偈는 頌依寶光明이라

　　뒤의 셋째 제4게송의 제3, 4구는 보배광명에 의지함을 송하였다.

經

如來處此衆會海하사　　　演說法輪皆巧妙하시니
諸佛境界廣無邊이라　　　衆生見者心歡喜로다

　　여래가 이런 대중바다에 계시면서

법륜을 연설함이 모두 미묘하고 훌륭하시니

　　여러 부처님의 경계 끝없이 넓은 터라

　　이를 보는 중생 마음 기뻐하여라

◉ 疏 ◉

四一偈는 頌佛光이니 稟佛敎光하야 成世界故니라

　　뒤의 넷째 제5게송은 부처님의 광명을 송함이니, 부처님의 가르침 광명을 받아 세계를 성취한 까닭이다.

經

有以摩尼作嚴飾하니　　　狀如華燈廣分布라

香焰光雲色熾然이어든　　覆以妙寶光明網이로다

　　마니주로 장엄한 것도 있나니

　　그 모습 꽃등처럼 널리 펼쳐 있고

　　향기불꽃 광명구름의 빛깔 빛나는데

　　미묘한 보배 광명그물로 덮여 있네

◉ 疏 ◉

五一偈는 頌寶色光明住니 以嚴及覆으로 影顯依住니라

　　뒤의 다섯째 제6게송은 보배빛깔 광명의 머묾을 송하였다. 장엄 및 덮어줌으로써 의지하여 머묾을 나타낸 것이다.

或有刹土無邊際하야　　　安住蓮華深大海라
廣博淸淨與世殊하니　　　諸佛妙善莊嚴故로다

　　혹 어떤 세계는 끝이 없어
　　연꽃 핀 깊고 큰 바다에 안주하였는데
　　드넓고 청정함이 세간과 다른 것은
　　여러 부처님 훌륭하신 장엄 때문이네

或有刹海隨輪轉이라가　　　以佛威神得安住하니
諸菩薩衆徧在中하야　　　常見無央廣大寶로다

　　혹 어떤 세계바다는 돌고 돌다가
　　부처님의 위신력으로 안주하니
　　보살대중이 그 가운데 가득하여
　　한량없고 광대한 보배 항상 보노라

◉ 疏 ◉

六二偈는 頌佛音聲이니 謂妙善所感音聲이 有威神故니라

　뒤의 여섯째 제7, 8게송은 부처님의 음성을 송하였다. 미묘한 선으로 감득한 음성에 위신력이 있기 때문이다.

或有住於金剛手하며　　　或復有住天主身하니

444

毘盧遮那無上尊이 　　　　　常於此處轉法輪이로다

　　혹은 금강의 손에 머물고

　　또 어떤 것은 천주의 몸에 머무니

　　비로자나 부처님 무상존(無上尊)이여

　　항상 이곳에서 법륜을 굴리시네

◉ 疏 ◉

七一偈는 頌七八二住니 兼顯說法이라

　　뒤의 일곱째 제8게송은 제7, 8주를 송하였고, 겸하여 설법을
나타냈다.

經

或依寶樹平均住하고 　　　香焰雲中亦復然하며
或有依諸大水中하고 　　　有住堅固金剛海로다

　　혹은 보배나무를 의지하여 평탄하게 머물고

　　향기불꽃구름 속에서도 또한 그러하며

　　어떤 것은 여러 큰물을 의지하고

　　어떤 것은 견고한 금강바다에 머무네

或有依止金剛幢하며 　　　或有住於華海中하니
廣大神變無不周라 　　　　毘盧遮那此能現이로다

　　혹은 금강깃대를 의지하며

어떤 것은 꽃바다 가운데 머무니

광대한 신통변화 두루 하여

비로자나불이 이를 나타내었네

或修或短無量種이오   **其相旋環亦非一**이라

妙莊嚴藏與世殊하니   **淸淨修治乃能見**이로다

혹은 길고 혹은 짧고 무량한 종류이고

그 모양 돌고 돌 듯 한 가지 아니어라

미묘한 장엄창고 세간과 다르니

청정하게 닦아야 이를 볼 수 있네

如是種種各差別이여   **一切皆依願海住**라

或有國土常在空이어든   **諸佛如雲悉充徧**이로다

이와 같이 갖가지 차별이여

모두 다 서원바다에 의지하여 머물고

어떤 국토는 항상 허공에 있는데

여러 부처님 구름처럼 모두 충만하여라

或有在空懸覆住하야   **或時而有或無有**하며

或有國土極淸淨하야   **住於菩薩寶冠中**이로다

혹은 허공에 매달려 머물고

어떤 때는 있다가도 어떤 때는 없으며

어떤 국토는 지극히 청정하여

보살의 보배관 속에 머무네

十方諸佛大神通이여   **一切皆於此中見**이라
諸佛音聲咸徧滿하시니   **斯由業力之所化**로다

시방 모든 부처님 큰 신통력이여

일체를 다 이 속에서 보겠네

모든 부처님의 음성 두루 가득하니

이는 업력으로 인하여 변화함일세

 疏 ◉

八有六偈는 頌依菩薩身住니 若樹若水 皆菩薩身이니 菩薩現故니라 長行에 但云菩薩이라하나 此中에 兼依佛身하니 此中에 雖有願力이나 是 上宿善所持오 非普賢願이니라

뒤의 여덟째 제9~14게송은 보살의 몸을 의지하여 머묾을 송하였다. 이렇듯 나무와 물이 모두 보살의 몸이다. 보살이 보여주었기 때문이다. 장항에서는 보살만을 말했는데, 여기에서는 겸하여 부처의 몸에 의지함을 밝혔다. 여기에서는 비록 원력이 있으나 이는 위에서 말한 宿善으로 지닌 바이지, 보현의 行願이 아니다.

經

或有國土周法界하니   淸淨離垢從心起라

如影如幻廣無邊이며　　　　**如因陀網各差別**이로다

　　어떤 국토는 법계에 두루 하니
　　때를 여읜 청정한 마음에서 일어난 터라
　　그림자 같고 요술 같아 끝없이 넓으며
　　인드라(Indra) 그물처럼 각기 다르네

或現種種莊嚴藏하야　　　　**依止虛空而建立**하니
諸業境界不思議여　　　　　**佛力顯示皆令見**이로다

　　혹은 갖가지 장엄창고를 나타내어
　　허공에 의지하여 세워져 있으니
　　모든 업의 경계 불가사의여
　　부처님의 힘으로 나타내어 모두 보도록 하네

● 疏 ●

九餘八頌은 皆頌普賢願所生住라 於中三이니 初二偈는 明廣大國土周法界故니 前偈는 明淨識所生이라 心外無體일새 故如影像이오 後偈는 難思業起니 起不離空이니라

　　뒤의 아홉째 제15~22게송까지의 8송은 모두 보현원으로 생겨나 안주한 바를 송하였다. 여기는 다시 3단락으로 나뉜다. 처음 2게송(제15, 16)은 광대한 국토가 법계에 두루 함을 밝혔기 때문이다. 앞의 제15게송은 淨識으로 생겨난 터라, 마음 밖에 자체가 없다. 이 때문에 그림자의 형상과 같음을 밝혔고, 뒤의 제16게송은 불가사

의의 업으로 일어나지만, 일어나는 업은 허공에서 벗어날 수 없다.

經

一一國土微塵內에　　　　　念念示現諸佛刹호대
數皆無量等衆生하니　　　普賢所作恒如是로다

　하나하나 국토의 미세한 티끌 속에
　한 생각 한 생각에 제불세계 나타내 보이되
　그 숫자 모두 한량없어 중생과 같으니
　보현보살 하신 일이 항상 이와 같네

爲欲成熟衆生故로　　　　是中修行經劫海하니
廣大神變靡不興하야　　　法界之中悉周徧이로다

　사바중생 성숙시키고자
　여기에서 무량겁을 수행하신 터
　광대한 신통변화 모두 일으켜
　법계 가운데 두루 충만하여라

法界國土一一塵에　　　　諸大刹海住其中이어든
佛雲平等悉彌覆하시니　　於一切處咸充滿이로다

　법계의 불국토에 하나하나 티끌이여
　모든 큰 세계 그 속에 담겼어라
　부처님 광명구름 평등하여 모두 덮어주시니

모든 곳에 광명구름 가득하여라

如一塵中自在用하야　　　一切塵內亦復然하니
諸佛菩薩大神通을　　　　毘盧遮那悉能現이로다

　　한 티끌 속에서 자재하게 사용하듯
　　모든 티끌 속에도 그와 같아라
　　모든 부처님과 보살의 큰 신통력
　　비로자나불이 모두 나타내셨다

● 疏 ●

次四偈는 明微細國土 調生自在라 然佛力現此하고 亦普賢願收라 故二段文에 皆兼佛力이니라

　　다음 4게송(제17~20)은 미세한 국토에서의 중생 조복이 자재함을 밝힘이다. 그러나 부처님의 힘으로 이를 나타내고 또한 보현의 행원으로 이를 거둬들였다. 이 때문에 제15~20게송까지의 2단락은 모두 부처님의 신통력을 겸하였다.

經

一切廣大諸刹土가　　　如影如幻亦如焰하니
十方不見所從生이며　　亦復無來無去處로다

　　일체 광대한 모든 세계가
　　그림자 환술 불꽃과도 같다

시방에서 생겨난 곳을 볼 수 없으며
또한 온 곳도 없고 간 곳도 없다

滅壞生成互循復하야　　於虛空中無暫已하나니
莫不皆由淸淨願과　　　廣大業力之所持로다

괴멸과 생성이 서로서로 순환하여
허공 가운데 잠깐도 멈추지 않는다
모두 비로자나불의 청정한 서원과
광대한 업력의 유지를 따름이어라

● 疏 ●

末後二偈는 彰刹體性하야 結歸有在라 初偈는 明刹依性有니 有卽非有오 次半은 成壞更起 猶若循環이오 後半은 結歸普願하고 兼顯廣業이라

맨 끝의 2게송(제21, 22)은 세계의 體性을 나타내어 그 이유[有在: 因由]로 귀결 지어 끝맺고 있다. 제21게송은 세계가 體性에 의해 존재함을 밝힘이다. 有의 존재가 곧 有가 아니다. 제22게송의 제1, 2구는 생성과 괴멸이 번갈아 일어남이 마치 돌고 도는 순환과 같음을, 제3, 4구는 비로자나불의 큰 서원에 귀결 지어 말하고 겸하여 광대한 업을 나타냈다.

第二 所依住 竟하다

⑵ 세계가 의지하여 머무는 곳에 대해 끝마치다.

第三 形相이니 亦通染淨이라

(3) 세계의 형상

이 또한 오염과 청정에 모두 통한다.

經

爾時에 普賢菩薩이 復告大衆言하사대 諸佛子여 世界海에 有種種差別形相하니 所謂或圓或方이며 或非圓方이라 無量差別이며 或如水漩形이며 或如山焰形이며 或如樹形이며 或如華形이며 或如宮殿形이며 或如衆生形이며 或如佛形이라 如是等이 有世界海微塵數하니라

그때 보현보살이 다시 대중에게 말하였다.

"모든 불자들이여, 세계바다에 가지가지 각기 다른 차별 모습이 있다.

이른바 혹 둥글고,

혹은 반듯하게 모나고,

혹은 둥글지도 모나지도 아니하여 한량없이 각기 다르고,

혹은 소용돌이치는 물의 모양 같고,

혹은 산과 불꽃 모양 같고,

혹은 나무 모양 같고,

혹은 꽃 모양 같고,

혹은 궁전 모양 같고,

혹은 온갖 중생의 모양 같고,
혹은 부처님 모양과 같다.
이와 같은 것들이 세계바다 미진수처럼 많다."

◉ 疏 ◉

長行釋中에 非圓方者는 三維八隅 皆非圓方이라 故云無量差別이라 하니라 山焰形者는 如山似焰이니 皆取上尖이니 對上方圓等故니라 餘竝可知라 三如是下는 結이라

장항의 해석 가운데 "둥글지도 모나지도 아니하다."는 것은 삼각형과 팔각형은 모두 둥글지도 모나지도 않기 때문에 "한량없이 각기 다르다."고 말한 것이다. '山焰形'이란 산과 같고 불꽃과 같다는 2가지를 말한다. 이는 모두 위가 뾰쪽하다는 뜻을 취한 것이다. 위에서 말한 둥글고 반듯하게 모난 것을 상대로 말한 까닭이다. 나머지는 아울러 설명하지 않아도 알 수 있다.
제3 '如是' 이하는 끝맺음이다.

經

爾時에 普賢菩薩이 欲重宣其義하사 承佛威力하사 觀察十方하고 而說頌言하사대

그때 보현보살이 그 뜻을 거듭 말하고자, 부처님의 헤아릴 수 없는 영묘하고도 불가사의한 힘을 받들어 시방을 관찰하고 게송으로 설하였다.

諸國土海種種別하야　　種種莊嚴種種住호대
殊形共美徧十方하니　　汝等咸應共觀察이어다

　　모든 국토바다 갖가지로 달라
　　가지가지 장엄하고 가지가지로 머물되
　　훌륭한 모양 모두 아름다워 시방에 가득하니
　　그대들은 모두 함께 살펴볼 수 있다

● 疏 ●

頌中十偈니 初之一頌은 總讚勸觀이라

　　이는 10게송이다. 처음 제1게송은 총괄하여 찬탄하면서 살펴볼 것을 권하였다.

經

其狀或圓或有方하며　　或復三維及八隅며
摩尼輪狀蓮華等이라　　一切皆由業令異로다

　　그 모양 둥글고 혹은 모나며
　　혹은 삼각으로 또는 팔각형이며
　　마니바퀴 모양과 연꽃 모양 등등
　　모두가 업 때문에 달라졌네

或有淸淨焰莊嚴호대　　眞金間錯多殊好하며
門闥競開無壅滯하니　　斯由業廣意無雜이로다

혹은 청정한 불꽃장엄에다가
황금으로 사이마다 아름답게 꾸미고
문들을 활짝 열어 막힘없으니
업이 넓고 잡생각이 없는 데서 연유하였네

● 疏 ●

餘皆正頌前義오 兼擧因顯果라 於中初二는 頌前十段이오 後七은 頌前無量差別이라 今初에 摩尼輪者는 卽水旋之類오 淨焰莊嚴은 頌上山焰이오 門闥競開는 義兼宮殿이라

　나머지 게송은 모두 앞에서 말한 뜻을 송하였고, 겸하여 원인을 들어 결과를 나타냄이다. 그 가운데 처음 2게송(제2, 3)은 앞에서 말한 10단락의 모양을 송함이며, 뒤의 7게송(제4~10)은 앞에서 말한 "한량없이 각기 다른 모양"을 송하였다.

　이의 첫 부분, 제2게송에서 말한 "마니바퀴 모양"이란 곧 위에서 말한 "소용돌이치는 물의 모양"의 유이며, 제3게송에서 말한 "청정한 불꽃장엄"이란 곧 위에서 말한 "산과 불꽃 모양"을 송하였고, "문들을 활짝 열었다."는 것은 "궁전 모양"이라는 뜻을 겸한 것이다.

經

刹海無邊差別藏이　　　譬如雲布在虛空하야
寶輪布地妙莊嚴이어든　諸佛光明照耀中이로다

세계바다 끝없는 차별의 창고
구름이 허공에 펼쳐진 것 같아서
보배바퀴 땅에 펼쳐진 미묘한 장엄
많은 부처님의 광명이 그 속을 밝게 비추네

一切國土心分別을　　　**種種光明而照現**이어든
佛於如是刹海中에　　　**各各示現神通力**이로다

　일체 국토를 마음으로 분별하고
　갖가지 광명으로 비춰줌이여
　부처님이 이와 같은 세계바다 가운데
　갖가지 신통력 보여주시네

或有雜染或淸淨하야　　　**受苦受樂各差別**이여
斯由業海不思議니　　　**諸流轉法恒如是**로다

　혹은 잡되고 혹은 청정하여
　고락을 받음이 각기 다름이여
　이는 업의 바다 불가사의 때문이니
　일체 윤회하는 법 항상 이와 같네

● 疏 ●

後七中에 **分二**니 **前三**은 **彰刹由因異**니라

　뒤의 7게송(제4~10)은 2단락으로 나뉜다. 앞의 3송(제4~6)은 세

계가 因을 따라 달라짐을 나타낸 것이다.

經

一毛孔內難思刹이　　　　等微塵數種種住어든
一一皆有徧照尊이　　　　在衆會中宣妙法이로다

　하나의 모공 속에 생각할 수 없는 세계가
　작은 티끌 수처럼 갖가지로 의지하여 머무는데
　하나의 세계마다 모두 변조존불 계셔
　대중법회 가운데 미묘한 법 펼치시네

於一塵中大小刹이　　　　種種差別如塵數하야
平坦高下各不同이어든　　佛悉往詣轉法輪이로다

　한 티끌 속에 크고 작은 세계
　갖가지 다른 세계 티끌 수처럼 각기 달라
　평탄하고 높고 낮음이 각각 다른데
　부처님이 모두 찾아가 법륜 굴리시네

一切塵中所現刹이　　　　皆是本願神通力이라
隨其心樂種種殊하야　　　於虛空中悉能作이로다

　모든 티끌 속에 나타난 세계
　모두 제불의 본래 서원과 신통력
　그들 마음에 좋아함이 가지가지 다르기에

허공 가운데 모두 환희를 만들어주네

一切國土所有塵이여　　　　**一一塵中佛皆入**하사
普爲衆生起神變하시니　　　**毘盧遮那法如是**로다
　　일체 국토에 있는 티끌이여
　　하나하나 티끌 속에 부처님 모두 들어가서
　　널리 중생 위해 신통변화 일으키니
　　비로자나의 법 이와 같도다

◉ **疏** ◉

後四는 明自在由佛이라 '一毛孔內難思刹'者는 更有一理니 謂修行者 居自報土하야 各各不同이어늘 佛攝衆生에 所現國土 似彼報故로 重重而現이나 不離一毛니라【鈔_ 所現國土等者는 如千盞燈으로 共照一毛면 則一毛之上에 有千重光也니 準喻思法이니라】

　　뒤의 4게송(제7~10)은 자재함이 부처님에 의한 것임을 밝혔다. "하나의 모공 속에 생각할 수 없는 세계"란 다시 하나의 이치가 있다. 수행자가 自報土에 거처하여 각각 똑같지 않은데, 부처님이 중생을 받아들여 나타내주는 국토가 그들의 과보와 같은 까닭에 갖가지로 나타내나 하나의 털에서 벗어나지 않는다.【초_ "나타내주는 국토" 등이란 1천 개의 등불로 하나의 털을 비추면 하나의 털에 1천 겹의 빛이 비치는 것과 같다. 이 비유에 준하여 법을 생각하면 된다.】

第三 形狀 竟하다

(3) 세계의 형상에 대해 끝마치다.

第四 刹體는 唯約淨刹이라

(4) 세계의 체성

이는 오직 청정한 세계만을 들어 말하였다.

經

爾時에 普賢菩薩이 復告大衆言하사대 諸佛子여 應知世界海에 有種種體니 所謂或以一切寶莊嚴爲體며 或以一寶種種莊嚴爲體며 或以一切寶光明爲體며 或以種種色光明爲體며 或以一切莊嚴光明爲體며 或以不可壞金剛爲體며 或以佛力持爲體며 或以妙寶相爲體며 或以佛變化爲體며 或以日摩尼輪爲體며 或以極微細寶爲體며 或以一切寶焰爲體며 或以種種香爲體며 或以一切寶華冠爲體며 或以一切寶影像爲體며 或以一切莊嚴所示現爲體며 或以一念心普示現境界爲體며 或以菩薩形寶爲體며 或以寶華蘂爲體며 或以佛言音爲體니라

그때 보현보살이 다시 대중들에게 말하였다.

"모든 불자들이여, 세계바다에는 갖가지의 체성이 있음을 알아야 한다.

이른바 혹은 온갖 보배장엄으로써 체성을 삼으며,

혹은 하나의 보배 갖가지 장엄으로써 체성을 삼으며,

혹은 일체 보배광명으로써 체성을 삼으며,

혹은 갖가지 색깔의 광명으로써 체성을 삼으며,

혹은 일체 장엄의 광명으로써 체성을 삼으며,

혹은 깨뜨릴 수 없는 금강으로써 체성을 삼으며,

혹은 부처님 힘의 가호로써 체성을 삼으며,

혹은 미묘한 보배 모양으로써 체성을 삼으며,

혹은 부처님의 변화로써 체성을 삼으며,

혹은 햇빛마니바퀴로써 체성을 삼으며,

혹은 지극히 미세한 보배로써 체성을 삼으며,

혹은 온갖 보배불꽃으로써 체성을 삼으며,

혹은 갖가지 향으로써 체성을 삼으며,

혹은 일체 보배꽃관으로써 체성을 삼으며,

혹은 일체 보배의 그림자로써 체성을 삼으며,

혹은 일체 장엄을 나타내 보이는 것으로써 체성을 삼으며,

혹은 한 생각에 널리 나타내 보이는 경계로써 체성을 삼으며,

혹은 보살 형상의 보배로써 체성을 삼으며,

혹은 보배꽃술로써 체성을 삼으며,

혹은 부처님의 음성으로써 체성을 삼는다."

◉ 疏 ◉

長行畧辨二十種體라 然其刹體는 諸敎不同이라 或以八微爲體하고 或以唯心爲體하고 或法性爲體하고 或一切法爲體로되 今皆具之니라 謂衆寶等은 卽是八微니 加之佛音聲이면 卽九微也오 '一念心現'은 是唯識頓變이오 '佛變化'者는 或通果色이며 或一切法이니 令三世間 互相作故오 又融上諸說하야 爲無礙刹體니라 言'日摩尼輪'은 卽日輪也라 香通質氣이오 '佛言爲體'者는 無礙體事故며 又依如來說力起故니라【鈔_ 諸敎不同'下는 卽五敎出體니 釋有二意라 一則別配니 八微는 是小乘이오 唯心은 是始敎오 法性은 是終·頓二敎오 或一切法은 是圓敎니라 二則通明이니 圓敎는 具四義오 頓敎는 唯法性이오 小乘은 唯八微오 始·終二敎는 通於前三이어니와 若三各別인댄 卽三是始敎오 若三無礙댄 性相圓融이 卽是終敎니라 故法相宗에 出體云 "一法性土니 以眞如爲體오 二實報土니 力·無畏等과 一切功德·無漏五蘊으로 以爲體性이어니와 若攝相歸性인댄 亦眞如爲體니라" 三色相土니 攝境從心인댄 自利後得智로 爲體일새 故佛地論에 云 "最極自在淨識으로 爲相이라"하니 相卽體相이어니와 若約相別인댄 卽四塵爲體니라 四他受用土니 攝境從心인댄 利他後得智로 爲體하고 攝相歸性이라도 亦以眞如爲體어니와 若約相別인댄 亦是四塵이라 五變化土니 同前他受用體니라 是知始敎는 具用三法이로되 圓敎則以性融하야 相相無礙니라 故通一切法하나니 則事事無礙而爲其體니라 是故로 疏云'今皆具之'라하고 次引經具收하고 後融無礙니라】

장항에 간단하게 20가지의 체성을 논변하였다. 그러나 그 세계바다의 체성에 대해서는 여러 敎에서 말한 바가 똑같지 않다. 혹은 八微로써 체성을 삼거나, 혹은 唯心으로써 체성을 삼거나, 혹은 법성으로 체성을 삼거나, 혹은 일체 법으로 체성을 삼는데, 여기에서는 이를 모두 갖추고 있다.

수많은 보배 등은 곧 八微이다. 부처님의 음성을 더하면 곧 九微이다.

"한 생각에 널리 나타내 보이는 경계"는 유식의 頓變이다.

"부처님의 변화"란 혹은 果色에 통하며, 혹은 일체 법이니, 이는 삼세간이 서로 일어나도록 한 까닭이다. 또한 위의 여러 말을 융화하여 걸림 없는 세계의 체성이 된다.

"햇빛마니바퀴"라 말함은 곧 태양이다.

향기는 質과 氣에 통한다.

"부처님의 음성으로써 체성을 삼는다."는 것은 걸림 없는 체성의 일이기 때문이며, 또한 여래의 설법의 힘에 의해 일어났기 때문이다.【초_"여러 敎에서 말한 바가 똑같지 않다." 이하는 곧 5가지의 敎에서 나온 체성이다. 이의 해석에는 2가지의 뜻이 있다.

① 개별로 짝함이다. 八微는 소승, 유심은 始敎, 법성은 終敎와 頓敎요, 혹 일체 법은 圓敎이다.

② 전체로 밝힘이다. 원교는 四義를 갖추고, 頓敎는 오직 법성이요, 소승은 오직 팔미요, 始敎와 終敎는 앞에서 말한 3가지에 통한다. 만일 3가지를 각기 구별한다면 곧 3가지가 始敎요, 만일 3가지가 걸림이 없다면 본성과 형상의 원융이 곧 終敎이다.

이 때문에 법상종에서 체성을 다음과 같이 말하였다.

① 法性土. 진여로써 체성을 삼는다.

② 實報土. 力·無畏 등, 일체공덕, 무루오온으로써 체성을 삼지만, 만일 相을 가지고서 性에 귀결 지은다면 또한 진여로 체성을 삼는다.

③ 色相土. 바깥 경계를 가지고서 내면의 마음을 따른다면 自利의 後得智로 체성을 삼는다. 이 때문에 佛地論에 이르기를, "가장 지극히 자재한 淨識으로 相을 삼는다."고 하였다. 相은 곧 體相이어니와, 만일 상의 별개를 가지고 말한다면 四塵으로 체성을 삼는다.

④ 他受用土. 바깥 경계를 가지고서 내면의 마음을 따른다면 利他의 後得智로 체성을 삼으며, 相을 가지고서 性에 귀결 지어도 또한 진여로써 체성을 삼거니와, 만일 상의 별개를 가지고 말한다면 四塵으로 체성을 삼는다.

⑤ 變化土. 앞의 타수용토의 체성과 같다.

여기에서 始敎는 3가지의 법을 갖추어 쓰지만, 원교는 곧 性으로써 융화하여 相과 相이 걸림이 없다. 이 때문에 일체 법에 통한다. 곧 事事無礙로 그 체성을 삼음을 알아야 한다. 이 때문에 청량疏에 이르기를, "여기에서는 이를 모두 갖추고 있다."고 말하였다. 다음은 경문을 인용하여 모두 거둬들였고, 뒤에서는 걸림이 없는 것으로 융합하였다.】

經

爾時에 普賢菩薩이 欲重宣其義하사 承佛威力하사 觀察十方하고 而說頌言하사대

그때 보현보살이 그 뜻을 거듭 말하고자, 부처님의 헤아릴 수 없는 영묘하고도 불가사의한 힘을 받들어 시방을 관찰하고 게송으로 설하였다.

或有諸刹海는　　　妙寶所合成이며
堅固不可壞니　　　安住寶蓮華로다

　어떤 여러 세계바다는
　미묘한 보배가 합쳐서 만들어져
　견고하여 깨뜨릴 수 없으니
　보배연꽃에 안주하였네

● **疏** ●

頌中十偈에 初偈는 頌三이니 謂初二及第六不可壞金剛이라

게송 중 10송에서 제1게송은 3가지를 송하였다. 이는 제1 '一切寶莊嚴', 제2 '一寶種種莊嚴' 및 제6 '不可壞金剛'을 말한다.

經

或是淨光明은　　　出生不可知며
一切光莊嚴은　　　依止虛空住로다

어떤 청정한 광명은

출생한 데를 알지 못하며

온갖 광명장엄은

허공에 의지하여 머무네

● 疏 ●

次一偈는 頌第三第四니라

다음 제2게송은 제3 '一切寶光明'과 제4 '種種色光明'을 송하였다.

經

或淨光爲體하야   復依光明住호대
光雲作嚴飾하니   菩薩共遊處로다

혹은 청정한 광명을 체성 삼아

다시 광명을 의지하여 머무는데

광명구름이 장엄되어

보살과 함께 노니는 곳이어라

● 疏 ●

三有一偈는 頌第五一切莊嚴光明이라

제3게송은 제5 '一切莊嚴光明'을 송하였다.

經

或有諸刹海는　　　　　從於願力生이라
猶如影像住하니　　　　取說不可得이로다

　어떤 여러 세계바다는
　원력으로 생겨난 터라
　그림자처럼 머물기에
　그 무어라 말할 수 없네

● **疏** ●

四有一偈는 頌二種體라 '願力生'者는 頌佛力持요 '如影像現'은 頌妙寶相이어니와 若兼二事댄 頌佛變化니라

　제4게송은 2가지의 체성을 송하였다. '願力生'은 제7 '佛力持'를, '如影像現'은 제8 '妙寶相'을 송하였는데, 만일 2가지의 일을 겸하면 제9 '佛變化'를 송함이 된다.

經

或以摩尼成하야　　　　普放日藏光하며
珠輪以嚴地하니　　　　菩薩悉充滿이로다

　혹은 마니주로 이루어져
　널리 햇빛광명 빛나며
　진주바퀴로 땅을 장엄하니
　보살이 온통 가득하여라

◉ 疏 ◉

五有一偈는 頌二種體니 上半은 頌日輪이오 下半은 頌微細寶라

　　제5게송은 2가지의 체성을 송하였다. 제1, 2구는 제10 '日摩尼輪'을, 제3, 4구는 제11 '極微細寶'를 송하였다.

經

有刹寶焰成하니　　　　焰雲覆其上이라
衆寶光殊妙하니　　　　皆由業所得이로다

　　어떤 세계는 보배불꽃으로 이루어져
　　불꽃구름이 그 위를 덮고 있어라
　　온갖 보배광명이 아름다우니
　　이는 모두 업에 의해 얻어진 것이네

◉ 疏 ◉

第六偈는 頌寶燄이라 殊妙之言은 亦兼香也니라

　　제6게송은 제12 '一切寶焰'을 송하였다. 殊妙라는 말에는 또한 제13 '種種香'을 겸하고 있다.

經

或從妙相生하야　　　　衆相莊嚴地호대
如冠共持戴하니　　　　斯由佛化起로다

　　혹은 미묘한 모양에서 생겨나

수많은 모양으로 땅을 장엄하되
　　관을 함께 쓴 것처럼 보이니
　　이는 부처님의 변화로 일어난 일이네

◉ 疏 ◉

第七偈는 頌寶冠이라 寶冠은 亦佛化變이오 非正頌佛化也니라
　　제7게송은 제14 '一切寶華冠'을 송하였다. 보관은 또한 부처님 조화에 의해 나타난 현상이지, 부처님의 조화 자체를 송함은 아니다.

經

或從心海生하야　　　　　**隨心所解住**하니
如幻無處所라　　　　　　**一切是分別**이로다

　　혹은 마음바다에서 생겨나
　　중생 마음의 이해 따라 머무나니
　　환술 같아 일정한 곳이 없어라
　　중생심 따라 일체가 분별이네

◉ 疏 ◉

第八偈는 頌一念普現境界니라
　　제8게송은 제17 '一念心普示現境界'를 송하였다.

經

或以佛光明과　　　　**摩尼光爲體**하니
諸佛於中現하사　　　**各起神通力**이로다

혹은 부처님의 광명과
마니주의 광명으로 체성을 삼아
많은 부처님이 그 가운데 나타나
제각기 신통력을 일으켰네

◉ 疏 ◉

第九偈는 頌一切寶莊嚴示現과 及頌後三體니라 摩尼光者는 頌菩薩形寶와 及寶華藥이오 佛光明者는 頌佛音聲이니 聲光成刹故니라

제9게송은 제16 '一切莊嚴所示現' 및 뒤의 3가지 체성을 송하였다. '마니광'이란 제18 '菩薩形寶'와 제19 '寶華藥'를, '불광명'이란 제20 '佛言音'을 송하였다. 음성과 광명이 세계를 성취하였기 때문이다.

經

或普賢菩薩이　　　　**化現諸刹海**하니
願力所莊嚴이라　　　**一切皆殊妙**로다

혹은 보현보살이
많은 세계바다를 변화하여 나타내니
원력으로 장엄한 바라
모두가 다 미묘하여라

● 疏 ●

第十偈는 結歸普賢이니라

　제10게송은 보현에게 귀결하였다.

第四體性 竟하다

　(4) 세계의 체성에 대해 끝마치다.

第五段 刹莊嚴中에 唯明淨刹이라

　(5) 세계의 장엄

　여기에서는 오직 청정한 세계만을 밝혔다.

經

爾時에 普賢菩薩이 復告大衆言하사대 諸佛子여 應知世界海에 有種種莊嚴이니 所謂或以一切莊嚴具中에 出上妙雲莊嚴이며 或以說一切菩薩功德莊嚴이며 或以說一切衆生業報莊嚴이며 或以示現一切菩薩願海莊嚴이며 或以表示一切三世佛影像莊嚴이며 或以一念頃에 示現無邊劫神通境界莊嚴이며 或以出現一切佛身莊嚴이며 或以出現一切寶香雲莊嚴이며 或以示現一切道場中 諸珍妙物光明照耀莊嚴이며 或以示現一切普賢行願莊嚴이라 如是等이 有世界海微塵數하니라

　그때 보현보살이 다시 대중들에게 말하였다.

"모든 불자들이여, 세계바다에 갖가지의 장엄이 있음을 알아야 한다.

이른바 혹은 온갖 장엄거리 가운데 가장 훌륭한 구름을 나타내어 장엄하며,

혹은 모든 보살의 공덕을 말하여 장엄하며,

혹은 일체중생의 업보를 말하여 장엄하며,

혹은 일체보살의 서원바다를 나타내어 장엄하며,

혹은 일체 삼세 부처님의 그림자를 나타내어 장엄하며,

혹은 한 생각의 찰나에 한량없는 겁의 신통경계를 나타내 보여서 장엄하며,

혹은 일체 부처님의 몸을 나타내어 장엄하며,

혹은 온갖 보배향기구름을 나타내어 장엄하며,

혹은 모든 도량 가운데 수많은 진귀한 물건의 광명이 밝게 비침을 나타내어 장엄하며,

혹은 일체 보현보살의 행과 원을 나타내어 장엄하였다.

이와 같은 장엄이 세계바다 미진수처럼 많다."

● 疏 ●

其中或寶爲嚴하고 或人或法과 或說法·修行·示現·融攝이 皆爲嚴刹은 以人法爲寶故니라 又由說法因等하야 得莊嚴果니 以果名因爲莊嚴也니라 【鈔_ 或寶爲嚴者로되 然莊嚴有三하니 卽名三淨이라 一處所淨이니 則衆寶爲嚴이오 二住處衆生淨이니 卽人寶爲嚴이오 三法

門流布淨이니 卽以法爲嚴이라 對文可知니라 】

그 가운데 어떤 것은 보배로, 어떤 것은 사람과 혹은 법으로, 어떤 것은 설법·수행·시현·융섭으로, 그 모두가 세계를 장엄함은 사람과 법으로 보배를 삼기 때문이다. 또 설법의 원인 등을 연유하여 장엄의 결과를 얻었는바, 결과로써 원인을 이름하여 장엄을 삼기 때문이다. 【초_ "어떤 것은 보배로 장엄함"이로되, 그러나 장엄에는 3가지가 있다. 곧 명명하여 三淨이라 한다.

① 처소의 청정이다. 수많은 보배로 장엄함이다.
② 머문 곳의 중생의 청정이다. 사람의 보배로 장엄함이다.
③ 법문 유포의 청정이다. 법으로 장엄함이다.

경문에 대비하여 살펴보면 이는 설명하지 않아도 알 수 있다.】

經

爾時에 普賢菩薩이 欲重宣其義하사 承佛威力하사 觀察十方하고 而說頌言하사대

그때 보현보살이 그 뜻을 거듭 말하고자, 부처님의 헤아릴 수 없는 영묘하고도 불가사의한 힘을 받들어 시방을 관찰하고 게송으로 설하였다.

廣大刹海無有邊이   皆由淸淨業所成이라
種種莊嚴種種住하야   一切十方皆徧滿이로다
　　끝없는 광대한 세계바다

모두 청정한 업으로 이뤄진 터

갖가지로 장엄하고 갖가지로 머물며

일체 시방에 두루 가득하여라

● 疏 ●

十頌은 分二니 初一은 總顯刹嚴이라

　10송은 2단락으로 나뉜다. 처음 제1게송은 세계의 장엄을 총체로 나타냄이다.

經

無邊色相寶焰雲이　　廣大莊嚴非一種이라
十方刹海常出現하야　普演妙音而說法이로다

　끝없는 색상의 보배불꽃구름

　광대한 장엄 한 가지 아니어라

　시방세계바다 항상 출현하여

　미묘한 음성 널리 울려 법을 설하네

菩薩無邊功德海와　　種種大願所莊嚴이여
此土俱時出妙音하야　普震十方諸刹網이로다

　보살의 끝없는 공덕바다

　갖가지 큰 서원으로 장엄함이여

　이 국토에서 동시에 미묘한 음성으로

시방의 모든 세계그물 널리 진동하네

衆生業海廣無量하야 　　隨其感報各不同을
於一切處莊嚴中에 　　皆由諸佛能演說이로다

　중생의 업바다 한량없이 드넓어
　그를 따라 받는 과보 각각 다름을
　모든 곳의 장엄 가운데
　모두 많은 부처님 통하여 연설하여라

三世所有諸如來가 　　神通普現諸刹海하시니
一一事中一切佛이여 　　如是嚴淨汝應觀이어다

　삼세의 모든 여래
　신통으로 모든 세계바다 널리 나타내니
　하나하나 사물 가운데 일체 부처님이여
　이 같은 장엄, 청정을 그대들은 보라

過去未來現在劫의 　　十方一切諸國土여
於彼所有大莊嚴을 　　一一皆於刹中見이로다

　과거, 미래, 현재 겁에
　시방 일체 모든 국토
　그곳에 있는 위대한 장엄을
　하나하나 모두 세계 속에서 보노라

一切事中無量佛이　　　數等衆生徧世間하사
爲令調伏起神通하사　　以此莊嚴國土海로다

　　일체 사물 가운데 한량없는 부처님
　　중생의 수처럼 세간에 가득하여
　　중생의 조복 위해 신통력 일으켜
　　이로써 국토바다 장엄하였네

一切莊嚴吐妙雲호대　　種種華雲香焰雲과
摩尼寶雲常出現하나니　　刹海以此爲嚴飾이로다

　　일체 장엄이 미묘한 구름 피어낼 적
　　갖가지 꽃구름, 향기불꽃구름
　　마니보배구름 항상 나타내어
　　이로써 세계바다 장엄하였네

十方所有成道處에　　　種種莊嚴皆具足하야
流光布逈若彩雲하니　　於此刹海咸令見이로다

　　시방에 있는 성도하신 곳
　　갖가지 장엄 모두 넉넉하여
　　광명이 멀리 흘러 채색구름 같은 모습
　　이곳 세계바다에서 모두 볼 수 있네

普賢願行諸佛子가　　　等衆生劫勤修習하야

無邊國土悉莊嚴하니　　　　**一切處中皆顯現**이로다

　　보현의 원과 행을 많은 불자가
　　중생의 수처럼 한량없는 겁 부지런히 닦아
　　끝없는 국토 모두 장엄하니
　　모든 곳에 다 나타나노라

● 疏 ●

後九는 別頌上文이라 於中에 初一偈는 頌初妙雲이오 次一偈는 頌第二菩薩功德과 及第四菩薩願海오 次一偈는 却頌說衆生業報오 後六偈는 如次頌後六事니라

　　뒤의 9게송(제2~10)은 위의 장항을 개별로 송하였다. 그 가운데 처음 제2게송은 제1 '妙雲'을, 다음 제3게송은 제2 '보살공덕' 및 제4 '보살원해'를, 다음 제4게송은 거꾸로 제3 '설중생업보'를 송하였고, 뒤의 6송(제5~10)은 장항의 차례에 따라 뒤의 6가지 일을 송하였다.

第五 莊嚴 竟하다

　　(5) 세계의 장엄에 대해 끝마치다.

第六段 明刹清淨方便

　　(6) 세계의 청정방편을 밝히다

爾時에 普賢菩薩이 復告大衆言하사대 諸佛子여 應知世界海에 有世界海微塵數淸淨方便海니

그때 보현보살이 다시 대중들에게 말하였다.

"모든 불자들이여, 세계바다에 세계바다의 미진수처럼 수많은 청정방편바다가 있음을 알아야 한다.

● 疏 ●

淸淨方便者는 唯約淨也라 若約隨宜攝物하야 佛應統之댄 則淨穢皆稱佛土어니와 若就行致댄 唯淨非穢니라【鈔_ 若就行致者는 卽生公意니 彼淨名注에 云 "行致淨土오 非造之也라 造於土者는 衆生類矣라"하니라 十四科中에 釋致義云 "問云何致而非得耶아 答호되 夫稱致者는 體爲物假니 雖獲이나 非已니라" 釋曰 謂因他而得이라 故名爲致니라 謂佛修萬行하야 直趣眞極이로되 不取色相他受用等오 因他衆生하야 遂以大悲로 爲物取土일새 故云行致라하니 旣因萬行而致於土에 必招淨也니라】

'청정방편'이란 오직 청정만을 가지고 말하였다. 만일 편의에 따라 중생을 받아들이는 데에 부처님이 통솔하는 것으로 말하면 정토이든 穢土이든 모두 불국토라고 말하겠지만, 만일 行致로 말할 경우, 오직 정토만을 말하는 것이지 예토는 아니다.【초_ "만일 行致로 말한다면"이란 道生 법사의 뜻이다. 유마경 注에 이르기를, "만행으로 淨土를 이룬 것이지, 조작한 것이 아니다. 정토를

억지로 조작한 자는 중생의 무리이다."고 하였다. 14科에서 '致' 자의 뜻을 해석하여 이르기를, "'어찌하여 致라 할 뿐, 得이라 말하지 않는가?' 이에 대해 답하기를 '致라 말한 것은 몸이란 중생을 위해 잠시 빌린 것이기에 비록 얻었다 할지라도 자기의 것이 아니다.'"고 하였다. 이를 해석하여 말하기를, "他를 통해 얻은 것이기에 致라고 말한다. 부처님이 萬行을 닦아 곧바로 眞極의 자리에 나아가는 것이지, 色相의 他受用土 등을 취하지 않는다. 마침내 大悲의 마음으로 중생을 위해 국토를 취한 까닭에 '行致'라고 말한다. 이미 만행으로 인하여 국토를 招致함에 반드시 정토를 부른 것이다."고 하였다.】

然淨有二種하니 一世間淨이니 離欲穢故니 以六行爲方便하고 二界爲淨土니라【鈔_ 言以六行爲方便者는 謂欣上靜妙離하고 厭下苦粗障이라 故以色無色界而爲淨土니라 】

그러나 청정에는 2가지가 있다.

첫째, 세간의 청정이다. 욕심과 더러움을 여읜 까닭이다. 六行으로 방편을 삼고 二界로 정토를 삼는다.【초_ "六行으로 방편을 삼는다."는 것은 上地의 靜·妙·離 3가지 行相을 좋아하고, 下地의 苦·麤·障 3가지 행상을 싫어함을 말한다. 이 때문에 色界·無色界로 정토를 삼는다.】

二出世間淨이니 此復二種이라

一者는 出世니 所謂二乘이 以緣諦爲方便이니라 權敎說之는 無別淨土어니와 約實言者인댄 出三界外에 別有淨土니 二乘所居니라 智論

有文이니라

二는 出世間上上淨이니 此謂菩薩이 卽以萬行으로 而爲方便하고 以實報七珍無量莊嚴으로 而爲其土이니 今此正明菩薩이오 兼顯二乘이라 然出世上上淨中에 復有二種하니 一者는 眞極이니 佛自受用이라 相累兼亡으로 而爲方便이오 二者는 未極이니 等覺已還이라 故仁王云 "三賢十聖住果報오 唯佛一人居淨土"라하니라

未極之中에 復有二種하니 一八地以上은 一向淸淨이니 以永絶色累하야 照體獨立하야 神無方所라 故其淨土色相難名이니라 二七地已還에 未出三界하야 無漏觀智 有間斷故니 非一向淨이니라 若依瑜伽댄 入初地去라야 方爲淨土오 三賢所居는 皆稱非淨이라하니 此分受用變化別故어니와 約此經宗인댄 十信菩薩이 卽有淨土라 故今此文에 始自近友하야 終成佛力이 皆淨方便일세 故通萬行이니라

然淨方便은 卽是淨因이니 長行 亦可爲等流果니라 如云久近善友하야 得生有善友之刹中故니 卽十事 皆淨相也라 然望莊嚴有同이나 約門別故니 望具因緣도 當知亦爾니라 又起具因緣은 通於染淨이어니와 此則唯淨이며 莊嚴은 多約其果어니와 淸淨은 多約其因이오 又前多修善이어니와 此多治惡이라 故於世界에 此如洗滌하고 彼如粉繪니라

둘째, 출세간의 청정이다. 여기에는 또다시 2가지가 있다.

① 출세간이다. 이른바 二乘이 12인연과 四聖諦로 방편을 삼음이다. 권교에서 이를 말한 부분에는 별도의 정토가 없지만 실제를 들어 말하면 三界를 벗어나 별도의 정토가 있다. 이는 이승이 머문 곳이다. 지도론에 이와 관련된 문장이 있다.

② 출세간의 上上淨이다. 이는 보살이 만행으로써 방편을 삼고, 7가지의 보배⁴⁵로 한량없이 장엄한 實報土로써 그들의 국토를 삼는다. 여기에서는 바로 보살의 국토임을 밝히고, 겸하여 이승을 나타냄이다.

출세간의 상상정에는 또다시 2가지가 있다.

㉮ 眞極이다. 부처님의 自受用土이다. 相累를 모두 버림으로 방편을 삼는다.

㉯ 未極이다. 等覺 이후이다. 이 때문에 仁王經에 이르기를, "十住, 十行, 十廻向의 지위에 있는 세 보살과 부처님의 10대 제자도 과보에 머물렀고 오직 부처님 한 분만이 정토에 거처한다."고 하였다.

未極에는 또다시 2가지가 있다.

㉠ 八地 이상에서는 하나같이 청정하다. 따라서 길이 色累가 끊어져 照體만이 있다. 부처님은 일정한 자리가 없기에 그 정토의 색상을 말하기 어렵다.

㉡ 七地 이하에서는 삼계를 벗어나지 못하여 無漏觀智에 간단이 있기에 한결같이 청정하지 못하다. 유가경에 준하여 보면, 初地에 들어가야만 바야흐로 정토가 되고, 십주 십행 십회향의 지위에 있는 세 보살이 거처하는 곳은 모두 청정하지 않다고 말하였다. 이

··········
45 7가지의 보배: 관이나 족두리를 화려하게 꾸밀 때와 몸을 치장할 때 사용되는 보배. 반야경에서는 금, 은, 玻璃, 瑪瑙, 유리, 산호, 호박으로 되어 있고, 무량수경에서는 금, 은, 파리, 마노, 車渠, 유리, 산호로 쓰여 있다.

는 수용토와 변화토의 차이 때문이다. 그러나 화엄경의 宗趣를 가지고 말한다면 十信보살에게도 곧 정토가 있다. 이 때문에 이의 경문에서 처음 善友를 가까이함으로부터 마침내 부처님의 공덕을 성취함이 모두 청정방편이기에 만행에 통한다.

그러나 정방편은 곧 淨因이다. 장항 또한 等流果라 말하였다. "착한 벗을 오랫동안 가까이하여 착한 벗들이 있는 세계에 태어남을 얻는다."는 것과 같다. 이 때문에 열 가지의 일이 모두 청정한 모습이다. 그러나 장엄에 대조하여 보면 똑같으나 개별의 부분에 따라 다르다. 이 때문에 구족한 인연에 대조하여도 또한 그러함을 알아야 한다. 또한 생겨날 때 갖춘 인연은 染土와 淨土에 모두 통하지만 이는 곧 오직 정토이며, 장엄은 대부분 그 결과를 가지고 말하지만 청정은 대부분 그 원인으로 말한다. 또한 앞에서는 대부분 선업을 닦음에 대해 말했지만 여기에서는 대부분 악업을 다스림에 대해 말하고 있다. 이 때문에 세계에 있어 이는 깨끗이 씻어내는 것과 같고 저기는 아름답게 그리는 것과 같다.

經

所謂諸菩薩이 親近一切善知識하야 同善根故며 增長廣大功德雲하야 徧法界故며 淨修廣大諸勝解故며 觀察一切善薩境界하야 而安住故며 修治一切諸波羅蜜하야 悉圓滿故며 觀察一切菩薩諸地하야 而入住故며 出生一切淨願海故며 修習一切出要行故며 入於一切莊嚴海故며 成就淸淨

方便力故라 **如是等**이 **有世界海微塵數**하니라

이른바 많은 보살이 모든 선지식을 가까이하여 선근을 함께한 때문이며,

넓고 큰 공덕구름을 더욱 펼쳐 법계에 두루 한 때문이며,

넓고 큰 모든 훌륭한 이해를 청정하게 닦는 때문이며,

많은 보살의 경계를 관찰하여 편안히 머무는 때문이며,

일체 모든 바라밀을 닦아 모두 원만히 하는 때문이며,

많은 보살들의 여러 지위를 관찰하여 들어가 머무는 때문이며,

일체 청정한 서원바다를 출생하는 때문이며,

일체 벗어나는 요긴한 행을 닦는 때문이며,

일체 장엄바다에 들어가는 때문이며,

청정한 방편의 힘을 성취하는 때문이다.

이와 같은 청정방편이 세계바다 미진수처럼 많다."

● **疏** ●

別釋中에 一近友同善根者는 如善財夜神處廣說이오

二智導慈雲하야 大彌法界오

三法門勝解를 皆已淨治니 約位地前也라

四卽初地證徧行如일세 故云觀察一切境界오 生如來家일세 故云安住니라

五修治等者는 見道之後에 修道位故니 餘雖未滿이나 一切皆修며 若約圓融인댄 亦得稱滿이니라

六初地勝進에 徧學十地行法이니 後後但是依法行故니라 上三은 皆初地니라

七初地發願하야 順行至第八地히 一切皆成이라 故名出生一切願海니 而言淨者는 純無漏故니라

八卽九地니 二乘出要는 唯止與觀이어니와 菩薩出要는 唯無礙辯이니 令衆出故니라

九一切莊嚴者는 十地二嚴을 皆成滿故니라

十淨方便力은 卽是普賢佛功德也라

十中前三은 變化淨因이오 後七은 受用淨因이니 上欲總收諸土일세 故依次竪配어니와 若約橫修댄 初心에 卽可圓具其十이니라【鈔_ 如善財者는 七十三經에 '大願精進力夜神을 善財初見에 起於善知識同己等十心하야 便得佛刹微塵數同行하니 所謂同念은 心常憶念十方三世佛故오 同慧는 心分別決定一切法故等이라하니 廣如彼說이라 此下數段은 皆如十地經文이라】

개별로 해석한 가운데

① 착한 벗을 가까이하여 선근을 함께한다는 것은 선재가 夜神과 만난 자리에 자세히 말함과 같다.

② 지혜로 자비의 구름을 이끌어 법계에 가득함이다.

③ 법문의 수승한 견해를 모두 이미 깨끗이 다스림이니 지위를 가지고 말하면 地前이다.

④ 곧 초지에서 徧行의 眞如를 증득한 까닭에 '일체 경계를 관찰하였다.'고 말하고, 여래의 집안에서 태어난 까닭에 '안주'라고

말한다.

⑤ 일체 바라밀을 닦았다는 것은 견도한 후의 修道位이기 때문이다. 나머지는 비록 원만하지 않으나 일체를 모두 닦았으며, 만일 원융함으로 말하면 또한 '滿(悉圓滿)'이라 말할 수 있다.

⑥ 初地에 훌륭히 잘 나가기에 두루 십지행법을 배울 수 있다. 뒤로 가면 갈수록 다만 법에 의해 행할 수 있기 때문이다. 위의 3가지는 모두 초지이다.

⑦ 초지에서 서원을 일으켜 차례대로 행하여 제8地에 이르기까지 일체를 모두 성취한 까닭에 '일체 서원바다를 출생한다[出生一切願海].'고 말하고, 그럼에도 이를 淨(淨願海)이라 말한 것은 순전히 무루이기 때문이다.

⑧ 이는 九地이다. 二乘의 出要는 오직 止와 觀이지만 보살의 출요는 오직 걸림 없는 논변이다. 대중들을 벗어나게 해주기 때문이다.

⑨ 일체 장엄이란 십지에서 복덕장엄과 지혜장엄 2가지를 모두 성취하여 원만한 까닭이다.

⑩ 청정방편력은 곧 보현의 불공덕이다.

열 가지 가운데 앞의 3가지는 변화의 淨因이며, 뒤의 7가지는 수용의 淨因이다. 위에서는 모든 국토를 모두 수습하고자 한 까닭에 차례에 따라 縱으로 配對하였지만, 만일 橫으로 닦아가는 것으로 말한다면 초심에서 곧 그 열 가지를 원만하게 갖출 수 있다.

【초_ '如善財'는 73경에 "大願精進力夜神을 선재동자가 처음 친견

하면서 선지식에게 同己心 등 열 가지의 마음[46]을 일으켜서 곧바로 보살들의 佛刹微塵數와도 같은 行을 얻었다. 이른바 同念은 마음으로 항상 시방삼세불을 생각하기 때문이며, 同慧는 마음으로 일체 법을 분별하여 결정하기 때문이다." 등이다. 그곳에서 자세히 말한 바와 같다. 이 아래의 몇 단락은 모두 십지경의 문장과 같다.】

經

爾時에 普賢菩薩이 欲重宣其義하사 承佛威力하사 觀察十方하고 而說頌言하사대

그때 보현보살이 그 뜻을 거듭 말하고자, 부처님의 헤아릴 수 없는 영묘하고도 불가사의한 힘을 받들어 시방을 관찰하고 게송으로 설하였다.

一切刹海諸莊嚴이　　　無數方便願力生이며
一切刹海常光耀가　　　無量淸淨業力起로다
　　일체 세계바다의 모든 장엄이
　　무수한 방편과 원력으로 생겨남이며
　　일체 세계바다가 항상 빛남도
　　한량없는 청정 업력으로 일어남일세

....
46 열 가지의 마음: 同己心·淸淨自業果心·莊嚴菩薩行心·成就一切佛法心·能生心·出離心·具一切福智海心·增長心·具一切善根心·能成辦大利益心.

◉ 疏 ◉

其十頌中에 九偈는 分二라 初一은 總明能所淨이니 前半은 方便이오 後半은 淸淨이며 皆上句는 果오 下句는 因이라

그 10송 가운데 9게송은 2단락으로 나뉜다. 처음 제1게송은 주관과 객관의 청정을 총체로 밝힘이니, 제1, 2구는 방편을, 제3, 4구는 청정을 말한다. 아래의 모든 게송에 위의 2구절은 果를, 아래의 2구절은 因을 말한다.

經

久遠親近善知識하야　　同修善業皆淸淨이라
慈悲廣大徧衆生하니　　以此莊嚴諸刹海로다

　오랫동안 선지식을 가까이하여
　착한 업을 함께 닦아 모두 청정하기에
　광대한 자비심이 중생에게 두루 하니
　이러한 자비원력으로 모든 세계바다 장엄했네

一切法門三昧等과　　　禪定解脫方便地를
於諸佛所悉淨治하야　　以此出生諸刹海로다

　모든 법문과 삼매 등과
　선정 해탈 방편의 지위를
　모든 부처님 처소에서 모두 청정하게 닦아
　이러한 수행공덕으로 불국토에 태어났네

發生無量決定解하야　　　能解如來等無異하고
忍海方便已修治일세　　　故能嚴淨無邊刹이로다

　　한량없는 결정한 견해를 얻어
　　여래의 견해와 똑같아 다르지 않음을 알고
　　인욕바다 방편을 이미 닦았기에
　　끝없는 세계를 장엄, 청정하였어라

爲利衆生修勝行에　　　福德廣大常增長이라
譬如雲布等虛空하니　　一切刹海皆成就로다

　　중생에게 도움 주고자 훌륭한 행을 닦아
　　복덕이 광대하여 항상 커나감이
　　구름이 허공에 가득 퍼진 듯하니
　　모든 세계바다 모두 장엄으로 성취했네

◉ 疏 ◉

後八은 別頌前文이라 於中에 初四는 如次頌上四淨이니 初地는 慈悲 爲首일세 故云'爲生修行'이라하고 徧滿眞如일세 故云'廣大'라하다

　뒤의 8게송(제2~9)은 개별로 앞의 장항을 송하였다. 그 가운데 앞의 제2~5게송은 차례와 같이 위의 4가지 청정(제1 親近一切善知識同善根~제4 觀察一切菩薩境界)을 송하였다. 初地는 자비로 으뜸을 삼기에 "중생을 위해 수행한다."고 말하고, 진여가 두루 광대하기에 '광대[福德廣大]'라고 말한다.

經

諸度無量等刹塵을　　悉已修行令具足하며
願波羅蜜無有盡하　　清淨刹海從此生이로다

　한량없는 모든 바라밀, 세계 미진수와 같은데
　모두 이미 수행하여 구족토록 하였고
　원바라밀 다함없으니
　청정한 세계바다 여기에서 나왔네

◉ 疏 ◉

第五偈는 頌修治淨과 及超頌第七願淨이니 以願通初地八地어늘 此據初地일세 故超頌也니라

　뒤의 다섯 번째 제6게송은 제5 修治一切諸波羅蜜을 송하고, 제6을 건너뛰어 제7 出生一切淨願海를 송하였다. 願이 초지와 팔지에 통하는데, 이는 초지에 준하여 말한 까닭에 "건너뛰어 송한다[超頌]."고 말한 것이다.

經

淨修無等一切法하고　　生起無邊出要行하야
種種方便化群生하니　　如是莊嚴國土海로다

　짝할 수 없는 모든 법을 깨끗이 닦고
　그지없는 벗어나는 행을 일으켜서
　갖가지 방편으로 중생을 교화하니

이와 같이 국토바다를 장엄하였네

● 疏 ●

第六偈는 頌前第八出要하다

　여섯 번째 제7게송은 제8 修習一切出要行을 송하였다.

經

修習莊嚴方便地하고　　入佛功德法門海하야
普使衆生竭苦源하니　　廣大淨刹皆成就로다

　　장엄의 방편 지위를 닦고
　　부처님 공덕법문바다에 들어가
　　널리 중생들의 고통 근원 없애주니
　　광대한 청정 세계 모두 성취하도다

● 疏 ●

第七偈는 頌第九와 及卻頌觀菩薩地라 地義 通前後故니라

　일곱 번째 제8게송은 제9 入於一切莊嚴海와 제6 觀察一切菩薩 諸地를 송하였다. 地義가 전후에 통하기 때문이다.

經

力海廣大無與等이여　　普使衆生種善根하야
供養一切諸如來하니　　國土無邊悉淸淨이로다

힘의 바다 광대하여 짝할 이 없음이여

널리 중생에게 선근을 심어주어

일체 모든 여래 공양 올리니

그지없는 국토 모두 청정하여라

● 疏 ●

第八偈는 頌方便力이라 上來且配長行이나 其間에 亦兼餘義니라

　여덟 번째 제9게송은 제10 成就淸淨方便力을 송하였다. 위는 또한 장항에 配對했으나 그 사이에 또한 그 밖의 뜻까지 겸하였다.

第六淸淨 竟하다

　(6) 세계의 청정방편에 대해 끝마치다.

第七段 佛出差別

　(7) 부처님이 각기 다른 모습으로 나오시다

經

爾時에 普賢菩薩이 復告大衆言하사대 諸佛子여 應知一一世界海에 有世界海微塵數佛出現差別이니 所謂或現小身이며 或現大身이며 或現短壽며 或現長壽며 或唯嚴淨一佛國土며 或有嚴淨無量佛土며 或唯顯示一乘法輪이며 或有顯示不可思議諸乘法輪이며 或現調伏少分衆生이며 或示

調伏無邊衆生이라 **如是等**이 **有世界海微塵數**하니라

그때 보현보살이 다시 대중들에게 말하였다.

"모든 불자들이여, 하나하나 세계바다에 세계바다 미진수처럼 수많은 부처님이 각기 다른 모습으로 출현하심을 알아야 한다.

이른바 혹은 작은 몸을 나타내 보이며,

혹은 큰 몸을 나타내 보이며,

혹은 짧은 수명을 나타내 보이며,

혹은 긴 수명을 나타내 보이며,

혹은 한 부처님 국토만을 장엄, 청정하며,

혹은 한량없는 부처님 국토를 장엄, 청정함이 있으며,

혹은 오직 일승의 법륜만 나타내 보이며,

혹은 불가사의한 수많은 승(乘)의 법륜을 나타내 보이며,

혹은 적은 중생의 조복을 나타내 보이며,

혹은 그지없는 중생의 조복을 나타내 보이신다.

이처럼 각기 다른 모습으로 세계바다 미진수처럼 많다."

● 疏 ●

十事는 **五對**라 **於海及種**에 **有此差別**이라 **五中**에 **初二**는 **隨彼類故**오 **次一**은 **緣廣陜故**오 **次一**은 **隨機宜故**오 **五**는 **熟未熟故**니라【**鈔**_ **初二隨彼類者**는 **如佛出娑婆**댄 **但可丈六**이나 **若生極樂**인댄 **無量由旬**이라 **不可無邊身如來**로 **以化三尺衆生**이며 **丈六之佛**로 **化萬丈之人**이니 **壽亦然矣**니라 **居於此刹**에 **不滿百年**이어니와 **彌陀人民**은 **壽皆無量**이라

然此一對는 亦通化機多少니라 '次一緣廣陿者는 緣廣則刹廣이니 如文殊普見之邦이오 緣狹則刹陿이니 如迦葉光德之國이라 三宜聞三則秘一乘之妙寶하고 宜聞一則廢羊鹿之小車니라 根熟者化多는 如釋迦之化오 未熟則化少는 如須扇多如來니 亦是因中緣廣陿故니라 】

열 가지의 일은 5가지의 상대이다. 중생바다 및 중생 종류에 이런 차별이 있다.

이 가운데 처음 2가지(小·大對, 短·長對)는 그들의 유를 따르기 때문이며,

그다음 하나(一國土·無量土對)는 인연의 넓고 좁음이 있기 때문이며,

그다음 하나(一乘·諸乘對)는 중생의 근기에 따라 적절하게 응하기 때문이며,

제5(少分·無邊對)는 중생 근기의 성숙과 미숙의 차이 때문이다.
【초_ "처음 2가지는 그들의 유를 따른다."는 것은, 만일 부처님이 사바세계에 오실 경우, 단 丈六의 몸으로 오실 뿐이지만 극락에 나실 경우에는 한량없이 크나큰 由旬의 몸을 가지신다. 이는 한량없이 큰 몸으로 사바세계의 삼척중생을 교화할 수 없으며, 丈六의 몸으로는 1만 길이나 되는 극락 중생들을 교화할 수 없기 때문이다. 수명 또한 그와 같다. 사바세계에 계실 때에는 1백 년을 못다 채우지만, 미타세계의 중생은 그 수명이 한량없다.

그러나 이러한 상대는 중생 근기를 교화하는 다소에도 통한다. "그다음은 인연의 넓고 좁음이 있다."는 것은, 인연이 넓으면 따라

서 세계가 넓다. 문수보살이 널리 친견한 나라와 같다. 인연이 적으면 따라서 세계가 적다. 가섭존자가 광덕에 머문 나라와 같다.

"그다음은 중생의 근기에 따라 적절하게 응한다."는 것은, 삼승을 들을 만하면 一乘의 미묘한 보배를 감추고, 일승을 들을 만하면 작은 緣覺乘의 鹿車와 聲聞乘의 羊車를 버리는 것이다.

근기가 성숙하면 교화가 많음이 석가모니의 교화와 같고, 미숙하면 교화가 적음이 須扇多如來와 같다. 이 또한 인연에 넓고 좁음의 차이가 있기 때문이다.】

經

爾時에 普賢菩薩이 欲重宣其義하사 承佛威力하사 觀察十方하고 而說頌言하사대

그때 보현보살이 그 뜻을 거듭 말하고자, 부처님의 헤아릴 수 없는 영묘하고도 불가사의한 힘을 받들어 시방을 관찰하고 게송으로 설하였다.

諸佛種種方便門으로　　出興一切諸刹海하사대
皆隨衆生心所樂하시니　　此是如來善權力이로다

　모든 부처님의 가지가지 방편문으로
　일체 모든 세계바다 일으키되
　모두 중생 좋아하는 마음 따르시니
　이는 여래의 훌륭한 방편의 힘이네

● 疏 ●

十頌分三이니 初一은 頌總標니라

10송은 3단락으로 나뉜다.
처음 제1게송은 총체의 표제를 송하였다.

經

諸佛法身不思議여　　　無色無形無影像호대
能爲衆生現衆相하사　　隨其心樂悉令見이로다

　모든 부처님의 법신 불가사의여
　빛도 형상도 그림자도 없으나
　중생 위해 온갖 모습 보여주되
　중생 좋아하는 마음 따라 모두 보도록 하네

或爲衆生現短壽하며　　或現住壽無量劫하시니
法身十方普現前하사　　隨宜出現於世間이로다

　혹은 중생 위해 짧은 수명 보여주고
　혹은 한량없는 수명을 보여주시니
　법신을 시방 널리 나타내어
　중생 근기 따라 세간에 나오시네

或有嚴淨不思議한　　　十方所有諸刹海하며
或唯嚴淨一國土하사　　於一示現悉無餘로다

어떤 때는 불가사의한

시방 모든 세계바다 장엄, 청정케 하고

혹은 오직 한 국토만 장엄, 청정케 하되

한꺼번에 남김없이 모두 나타내 보여주네

或隨衆生心所樂하사　　**示現難思種種乘**하며
或有唯宣一乘法하사　　**一中方便現無量**이로다

혹은 중생이 좋아하는 마음 따라

생각하기 어려운 갖가지 승(乘)을 보여주고

어떤 때는 일승법만을 설하여

하나 속에 한량없는 방편 보여주네

或有自然成正覺하사　　**令少衆生住於道**하며
或有能於一念中에　　**開悟群迷無有數**로다

혹은 자연으로 정각을 이루어

적은 중생에게 도에 머물게 하며

혹은 한 생각 속에서

무수한 중생 깨우쳐 주네

● 疏 ●

次五偈는 **別釋**이니 **如次頌前五對**니라

다음 5게송(제2~6)은 개별로 해석함이다. 이는 장항의 차례와

같이 앞의 5가지의 상대를 송하였다.

經

或於毛孔出化雲하사　　示現無量無邊佛하시니
一切世間皆現覩라　　種種方便度群生이로다

 혹은 모공에서 변화 구름을 일어내어
 한량없고 끝없는 부처님 보여주니
 일체 세간이 모두 뚜렷이 볼 수 있어
 갖가지 방편으로 중생을 제도하네

或有言音普周徧하야　　隨其心樂而說法하사
不可思議大劫中에　　調伏無量衆生海로다

 혹은 법음이 법계 널리 울려 퍼져
 중생 좋아하는 마음 따라 법을 설하여
 불가사의한 영겁 속에
 한량없는 중생바다 조복하도다

或有無量莊嚴國에　　衆會淸淨儼然坐어든
佛如雲布在其中하사　　十方刹海靡不充이로다

 혹은 한량없이 장엄한 국토
 청정한 대중법회 의젓이 앉아 교화할 제
 부처님이 구름 일 듯 그 가운데 계셔

시방세계바다 온통 부처님의 몸이네

諸佛方便不思議여　　　**隨衆生心悉現前**하사
普住種種莊嚴刹하야　　**一切國土皆周徧**이로다

　　모든 부처님의 방편 불가사의여
　　중생의 마음 따라 모두 보여주어
　　갖가지 장엄세계 널리 머물며
　　일체 국토에서 두루 설법하시네

◉ 疏 ◉

後四頌은 總結이라 旣隨心總徧일세 故刹海塵數는 未足爲多니라

　　뒤의 4게송(제7~10)은 총체로 끝맺음을 송하였다. 이미 중생의 마음을 따라 모든 곳에 두루 계시기에 세계바다 미진수는 많다고 말할 수조차 없다.

第七 佛出差別 竟하다
　　⑺ 부처님이 각기 다른 모습으로 나오심에 대해 끝마치다.

第八段 劫住不同
　　⑻ 머문 세월이 다르다

爾時에 普賢菩薩이 復告大衆言하사대 諸佛子여 應知世界海에 有世界海微塵數劫住니 所謂或有阿僧祇劫住며 或有無量劫住며 或有無邊劫住며 或有無等劫住며 或有不可數劫住며 或有不可稱劫住며 或有不可思劫住며 或有不可量劫住며 或有不可說劫住며 或有不可說不可說劫住라 如是等이 有世界海微塵數하니라

그때 보현보살이 다시 대중들에게 말하였다.

"모든 불자들이여, 세계바다에 세계바다 미진수의 겁에 머무심을 알아야 한다.

이른바 혹은 아승기겁 동안 머물며,

혹은 한량없는 겁 동안 머물며,

혹은 끝없는 겁 동안 머물며,

혹은 같을 이 없는 겁 동안 머물며,

혹은 셀 수 없는 겁 동안 머물며,

혹은 일컬을 수 없는 겁 동안 머물며,

혹은 생각할 수 없는 겁 동안 머물며,

혹은 헤아릴 수 없는 겁 동안 머물며,

혹은 말할 수 없는 겁 동안 머물며,

혹은 말할 수 없고 말할 수 없는 겁 동안 머무신다.

이와 같은 겁이 세계바다 미진수처럼 많다."

● 疏 ●

謂刹住經停時分也라 隨能感因하야 有長短故니라 長行畧列에 有十大數로되 更有多少不同하니 如標結中과 及頌所顯은 竝通諸刹이오 不謂淨長이니라 如大地獄은 其壽更長하고 人趣卻促이라 故配惡極善이 受時卽多니라 更約異門인댄 亦不可定也니라 十中唯九者는 欠不可說不可說也니 竝如阿僧祇品하다

세계에 머문 時分(시간)의 경과를 말한다. 能感의 因을 따라 장단이 있기 때문이다. 장항에서 간단하게 열거한 데에 열 가지의 大數가 있으나 또한 다소의 차이가 있다. 저 標結의 가운데 및 송에서 나타내려는 것은 아울러 모든 세계에 통하는 것이지, 淨長을 말하는 게 아니다. 저 대지옥은 그 수명이 보다 길고 人趣는 도리어 짧다. 이 때문에 극악과 극선에 대비하여 보면 시간을 누림이 도리어 많다. 또한 다른 부분을 가지고 말하면 이 역시 일정하지 않다. 10송 가운데 오직 제9에 不可說不可說 부분이 빠졌다. 이는 아승지품에서 말한 바와 같다.

經

爾時에 普賢菩薩이 欲重宣其義하사 承佛威力하사 觀察十方하고 而說頌言하사대

그때 보현보살이 그 뜻을 거듭 말하고자, 부처님의 헤아릴 수 없는 영묘하고도 불가사의한 힘을 받들어 시방을 관찰하고 게송으로 설하였다.

499

世界海中種種劫이　　廣大方便所莊嚴이라
十方國土咸觀見하야　數量差別悉明了로다

 세계바다 가운데 갖가지 겁이

 넓고 큰 방편원력으로 장엄하였네

 시방국토 모두 살펴보고

 수량과 차별을 다 밝게 알도다

我見十方世界海의　　劫數無量等衆生호니
或長或短或無邊을　　以佛音聲今演說이로다

 내가 보니 시방세계바다의

 한량없는 겁수(劫數), 중생 수처럼 많다

 혹은 장수, 혹은 단명, 혹은 끝없이

 부처님의 음성으로 모든 세계에서 연설하여라

◉ 疏 ◉

偈中十頌이라 然劫但時分이라 無別義理일세 故此偈文에 轉勢頌之니라 畧分爲三이니 初二는 總標許說이니 頌上標也라

 게송에는 10송이 있다. 그러나 '겁'이란 시간만을 말할 뿐, 별다른 뜻이 없기에 이의 게송에서 문장을 전전하면서 송하였다. 간단하게 3단락으로 나뉜다. 처음 2게송(제1, 2)은 총체의 표제를 그처럼 말함이니 위의 표제를 송하였다.

500

經

我見十方諸刹海가　　　　或住國土微塵劫하며
或有一劫或無數하니　　　以願種種各不同이로다

　　내가 보니 시방의 모든 세계바다가
　　혹은 국토의 미진 겁 동안 머물며
　　혹은 일 겁 혹은 셀 수 없으니
　　서원이 가지가지 똑같지 않기 때문이다

◉ 疏 ◉

次有一偈는 通頌上列하고 兼顯修短之因이 以願力故니라

　　다음 제3게송은 위에 열거한 바를 통틀어 송하고, 겸하여 길고 짧은 원인이 원력 때문임을 밝혔다.

經

或有純淨或純染하며　　　或復染淨二俱雜이라
願海安立種種殊하야　　　住於衆生心想中이로다

　　혹은 순전히 맑고 혹은 순전히 오염되고
　　혹은 또 오염과 청정 두 가지가 섞였네
　　서원바다 세움이 갖가지로 달라서
　　중생의 생각 속에 머물고 있네

◉ 疏 ◉

餘七은 頌總結이니 偈各一義라
一明修短이 通於染淨이니 結以心想이라

　　나머지 7게송(제4~10)은 총체로 끝맺음이다. 게송마다 각기 하나의 뜻이 있다.

　　첫째 제4게송은 머묾의 길고 짧음이 오염과 청정에 통함을 밝힘이니, 마음의 생각에 따라 달라짐으로써 끝맺었다.

經

往昔修行刹塵劫하사　　獲大淸淨世界海하시니
諸佛境界具莊嚴하야　　永住無邊廣大劫이로다

　　지난 옛적 세계 미진겁 동안 수행하고서야
　　크고 청정한 세계바다 얻으시니
　　모든 부처님의 경계 장엄 갖추어
　　끝없이 광대한 겁 동안 길이 머무네

◉ 疏 ◉

二淨劫住久니 釋以因深이라

　　둘째 제5게송은 淨劫에 오래 머묾이니, 원인이 깊음으로 해석하였다.

經

有名種種寶光明이며　　或名等音焰眼藏이며
離塵光明及賢劫이니　　此淸淨劫攝一切로다

　　어떤 것은 종종보광명이라 하고
　　혹은 등음염안장이라 하고
　　이진광명과 현겁이니
　　이처럼 청정한 겁이 일체 겁을 섭수하였네

⦿ 疏 ⦿

三列諸劫名이니 染淨相攝이라

　　셋째 제6게송은 모든 겁의 이름을 열거함이니, 오염과 청정이 서로 받아들임이다.

經

有淸淨劫一佛興하며　　或一劫中無量現하사
無盡方便大願力으로　　入於一切種種劫이로다

　　청정한 겁에 한 부처님 일어나고
　　혹은 한 겁에 한량없이 나타나사
　　다함없는 방편과 큰 원력으로
　　일체 여러 가지 겁에 들어갔네

◉ 疏 ◉

四佛興願異라 故入劫不同이니라

　넷째 제7게송은 부처님이 일어나신 원력이 다른 까닭에 가지가지 겁에 들어감이 똑같지 않다.

經

或無量劫入一劫하며　　或復一劫入多劫하야
一切劫海種種門이　　　十方國土皆明現이로다

　　혹은 한량없는 겁이 한 겁에 들어가고
　　혹은 또 한 겁이 많은 겁에 들어가서
　　모든 겁바다 갖가지 문이
　　시방국토에 모두 밝게 나타났네

◉ 疏 ◉

五一多互融하야 齊攝雙現이라

　다섯째 제8게송은 하나와 많음이 서로 융합하여 똑같이 받아들이고 모두 함께 나타남이다.

經

或一切劫莊嚴事를　　　於一劫中皆現覩하며
或一切內所莊嚴이　　　普入一切無邊劫이로다

　　혹 일체 겁의 장엄한 일을

한 겁 가운데 모두 보여주며
　　혹 한 겁의 장엄한 바를
　　일체 끝없는 겁에 널리 들어가네

◉ 疏 ◉

六時法相攝하야 普入無邊이라

　　여섯째 제9게송은 시간과 법이 서로 받아들여 끝이 없는 데에 널리 들어감이다.

經

始從一念終成劫이　　　　悉依衆生心想生이라
一切刹海劫無邊을　　　　以一方便皆淸淨이로다

　　처음 한 생각에서 마침내 겁을 이룸이
　　모두 중생의 마음을 따라 생겨난 것
　　온갖 세계바다 끝없는 겁을
　　하나의 방편으로 모두 청정하게 하네

◉ 疏 ◉

七結由想心하야 示以方便이라 '一方便者는 卽了唯心也라 一念與劫이 竝由想心이니 心想不生이면 長短安在오 非長非短을 是謂淸淨이오 不壞於相이면 則劫海無邊이라【鈔 一念與劫下는 釋唯心方便之義라 然一念與劫은 竝由想心이니 此有二意라 一者는 由有想念하야 卽有刹那하고

505

積此刹那하야 終竟成劫이라 心想若滅이면 生死長絶이니 此順經文이라 二者는 一切境界는 皆依妄念而有差別이니 若離心念이면 則無一切境界之相이니 此順經意하야 成唯心觀이라 是故로 疏云 心想不生 長短安在라 하니라 無長無短은 卽心體淸淨이라 是以로 經言 以一方便 皆淸淨也라 하니 此約眞性故오 第三句는 是不壞相義니 性相無礙刹海義也라】

 일곱째 제10게송은 중생의 마음을 따라 생겨남을 끝맺어 방편으로써 보인 것이다. '하나의 방편'이란 곧 오직 마음에 의함임을 깨달은 것이다. 한 생각의 찰나와 한량없는 겁은 모두 마음을 따라 생겨난 것이다. 마음을 일으키지 않으면 어찌 길고 짧은 시간이 있을 수 있겠는가. 긴 것도 짧은 것도 아님을 '청정'이라 말하고, 형상이 무너지지 않음이 곧 '끝없는 겁바다'이다. 【초_ '一念與劫' 이하는 유심방편의 뜻을 해석함이다. 그러나 한 생각과 겁이 모두 마음의 생각을 따라 생겨남이니 여기에는 2가지의 뜻이 있다.

 ① 마음의 생각을 따라 곧 찰나가 생겨나고, 이 찰나가 쌓여서 마침내 겁을 이루는 것이다. 만일 마음의 생각이 사라지면 생사가 길이 끊어지게 된다. 이는 경문을 따른 것이다.

 ② 일체 경계가 모두 망념에 의해 차별이 생겨나는 것이다. 만일 망념을 여의면 곧 일체 경계의 형상이 사라지게 된다. 이는 경문의 뜻을 따라 唯心觀을 이룬 것이다. 이 때문에 청량 疏에서 이르기를, "마음을 일으키지 않으면 어찌 길고 짧은 시간이 있을 수 있겠는가."라고 하였다. 길고 짧은 시간이 없으면 마음의 본체가 청정하게 된다. 이 때문에 경문에서 말하기를, "하나의 방편으로

모두 청정하게 한다."고 하였다. 이는 眞性을 가지고 말한 까닭이다. 제3구는 "형상이 무너지지 않는다."는 뜻인바, 본성과 형상이 서로 걸림이 없음이 '세계바다'의 뜻이다.】

第八 劫住 竟하다

⑧ 머문 세월이 다름에 대해 끝마치다.

───

第九段 劫轉變差別

⑼ 겁이 전변하는 차별

經

爾時에 普賢菩薩이 復告大衆言하사대 諸佛子여 應知世界海에 有世界海微塵數劫轉變差別이니

그때 보현보살이 다시 대중들에게 말하였다.

"모든 불자들이여, 세계바다에 세계바다 미진수의 겁이 전변하는 차별이 있음을 알아야 한다.

◉ 疏 ◉

劫轉變差別者는 此有二種하니 一者는 但約感成·住·壞·劫을 皆名轉變이오 二는 唯約住劫之中에 居人善惡으로 令染淨轉變이라【鈔_ '二唯約住劫之中 居人善惡'은 復有二義하니 一은 約衆生引因所得이오 二는 約菩薩居中作用이니 心純善故로 染淨交徹耳라】

507

"겁이 전변하는 차별"이란 2가지가 있다.

① 다만 成劫·住劫·壞劫(각 20겁)을 만나는 것을 모두 '전변'이라 이름 붙이는 것으로 말하였고,

② 오직 住劫 가운데 사는 사람의 선악이 오염과 청정으로 전변하는 것으로 말하였다.【초_"② 오직 住劫 가운데 사는 사람의 선악"에는 또한 2가지의 뜻이 있다.

㉠ 중생이 원인으로 얻어진 바를 끌어다가 말함이며,

㉡ 보살이 그 가운데 살면서 작용함으로 말한다.

마음이 순전히 선한 까닭에 오염과 청정에 서로 통한다.】

經

所謂法如是故로 **世界海**가 **無量成壞劫轉變**이며

이른바 법이 이와 같은 까닭에 세계바다가 한량없이 이루어지고 무너지는 겁으로 전변하며,

● 疏 ●

釋中具二니 初一은 卽是前義라 故云'無量成壞劫轉變'이라하다 言'法爾'者는 法爾隨業轉也라 若爾댄 何異起具因緣가 因緣은 意在於因이오 轉變은 意彰於果니라

이의 해석에는 2가지의 뜻이 있다.

처음 제1전변은 곧 앞에서 말한 뜻이다. 이 때문에 "한량없이 이루어지고 무너지는 겁으로 전변한다."고 말하였다. "법이 이와

같다."는 것은 법이 그처럼 중생의 업을 따라 전변함을 말한다. 만일 그와 같다면 앞서 말한 "생겨날 때 갖춘 인연[起具因緣]"과 그 무엇이 다르겠는가. 起具因緣에서 말한 뜻은 因에 있고, 無量轉變에서 말한 뜻은 果를 나타냄이다.

經

染汙衆生이 **住故**로 **世界海**가 **成染汙劫轉變**이며

물들고 더럽혀진 중생이 머문 까닭에 세계바다가 오염을 이루는 겁으로 전변하며,

◉ 疏 ◉

餘九는 釋後義라 一遇惡緣故로 淨變爲染이니 下文云泉池皆枯涸等이라【鈔 遇惡緣故變淨爲染은 卽是經中에 染汙衆生住故니라 七十二經云 "往昔此城邑이 大王未出時에 一切不可樂이 猶如餓鬼處하야 衆生相殺害하고 竊盜縱婬佚하며 兩舌不實語와 無義麤惡言하며 貪愛他財物하고 瞋恚懷毒心하고 邪見不善行하야 命終墮惡道라 以是等衆生이 愚癡所覆蔽로 住於顚倒見"은 上惡緣也오 "天旱不降澤하니 以無時雨故로 百穀悉不生하며 草木皆枯槁하며 泉流亦乾竭이로다 大王未興世에 河池悉枯涸하고 園苑多骸骨하야 望之如曠野"는 卽劫變也라】

나머지 9가지의 전변은 뒤의 뜻을 해석함이다.

① 악연을 만난 까닭에 깨끗한 것이 더러운 것으로 변함이다. 아래 입법계품의 게송에 이르기를, "시냇물과 연못이 메말랐다."는

등이다.【초_ "악연을 만난 까닭에 깨끗한 것이 더러운 것으로 변했다."는 것은 곧 경문에서 말한 오염된 중생이 머물렀기 때문이다.

72경(入法界品)에 이르기를, "옛날 옛적 이 성읍에 대왕이 세상에 나오지 아니했을 때, 일체 좋지 못한 것들이 마치 아귀가 사는 곳과 같았다. 중생들은 서로 죽이고 남의 물건을 훔치고 마음껏 음탕하며, 2가지의 말과 진실하지 못한 말, 의롭지 못한 추악한 말을 하며, 남의 재물을 탐내고 화를 내며 독기를 품은 마음과 삿된 견해로 불선을 행하여 목숨이 다하면 惡道에 떨어지게 된다. 이런 중생이 어리석음으로 뒤덮인 바로 顚倒된 견해에 머문다."고 하니, 위는 악연이다.

"날씨가 가물어 비를 내려주지 않으니 단비가 없는 까닭에 모든 곡식이 모두 살아나지 못하고 초목이 모두 메마르며, 시냇물 또한 고갈되었다. 대왕이 세상에 나오지 않았을 적에 하천과 연못이 모두 메마르고 언덕에는 죽은 동물의 해골이 많아서 바라보면 거친 광야와도 같았다."는 것은 곧 겁변이다.】

經

修廣大福衆生이 住故로 世界海가 成染淨劫轉變이며

광대한 복을 닦은 중생이 머무는 까닭에 세계바다가 오염과 청정을 이루는 겁으로 전변하며,

◉ 疏 ◉

二는 修人天大福하야 令世界多染少淨일세 故先云染이니 如下文云

粳米自然生'等이라【鈔_ 粳米自然生等은 卽是上經 次文云"大王 升寶位에 廣濟諸羣生하시니 油雲被八方하야 普雨皆充洽"이니 乃翻 十惡成其十善이라 其中에 翻偸盜云"往昔諸衆生이 貧窮少衣服하야 以草自遮蔽하고 饑贏如餓鬼러니 大王旣興世에 粳米自然生하고 樹 中出妙衣하야 男女皆嚴飾"이 卽其事也니라】

② 人天의 큰 복을 닦아서 오염이 많고 청정이 적은 세계를 전변시키는 까닭에 먼저 '오염[成染淨劫]'을 말하였다. 아래 입법계품의 게송에 이르기를, "메벼가 절로 돋아난다."는 등이다.【초_ "메벼가 절로 돋아난다."는 등은 곧 위에서 말한 입법계품의 아래 게송에 이르기를, "대왕이 寶位에 올라 널리 많은 중생을 구제하자, 뭉게구름이 팔방에 피어올라 모든 곳이 흡족하도록 많은 비가 내렸다."는 것이니, 이는 十惡을 바꾸어 十善을 이룬 것이다.

그 게송에서 도둑을 뒤바꿔준 데 대해 말하기를, "옛날 옛적에 많은 중생이 가난하여 의복이 없어 풀잎으로 몸을 가리고 굶주림에 수척한 몸은 아귀와도 같았는데, 대왕이 세상에 나오자, 메벼가 절로 돋아나고 숲에서는 좋은 옷들이 나와 남녀가 모두 잘 입었다."고 하니, 바로 그런 일들이다.】

經

信解菩薩이 住故로 世界海가 成染淨劫轉變이며

　믿고 이해하는 보살이 머무는 까닭에 세계바다가 청정과 오염을 이루는 겁으로 전변하며,

◉ 疏 ◉

三은 卽地前이니 以未斷障일새 故非純淨이오 以淨多故일새 故先云淨이라 經多云染淨하니 與前何別가 或譯人之失이며 或傳寫之誤니라
【鈔_ 卽地前者는 信解 是地前通稱이며 亦名勝解行住니 未證眞如오 但依解力而修行故니라 】

③ 곧 地前보살이다. 장애를 끊지 못한 까닭에 순수한 청정이 아니며, 청정이 많은 까닭에 먼저 청정을 말하였다.

경문에서 흔히 染淨을 말했는데, 앞부분과 그 무엇이 다른 것일까? 어쩌면 번역자의 잘못이거나, 아니면 이를 베껴 쓴 사람이 잘못 기록한 것이다. 【초_ 곧 地前이란 믿음과 이해가 地前의 통칭이며, 또한 勝解行住라 말하기도 한다. 아직 진여를 증득하지 못하고 다만 이해의 힘에 의해 수행하기 때문이다.】

經

無量衆生이 發菩提心故로 世界海가 純淸淨劫轉變이며

한량없는 중생이 보리심을 일으킨 까닭에 세계바다가 순전하게 청정한 겁으로 전변하며,

◉ 疏 ◉

四는 卽證發心이니 居受用土라 故但云純淨이니라

④ 이는 證發心이다. 수용토에 거처한 까닭에 다만 "순전하게 청정하다."고 말하였다.

諸菩薩이 **各各遊諸世界故**로 **世界海**가 **無邊莊嚴劫轉變**이며

모든 보살들이 각각 여러 세계에 노니는 까닭에 세계바다가 그지없이 장엄한 겁으로 전변하며,

● 疏 ●

五 ‘各各遊’者는 卽二地로 至十地諸菩薩이 遊戱神通하야 以多莊嚴而嚴一刹이거나 或以一嚴而嚴多刹하야 所至染刹을 則能莊嚴也라 【鈔_ ‘以多莊嚴’者는 如第五廻向이니 卽願普攝十方三世所有佛刹一切莊嚴而嚴一刹이오 一切도 亦然이니 至登地竟에 能如願成이 如八地十地中說이라 ‘或以一嚴而嚴多刹’者는 第二廻向에 云 “以一莊嚴嚴一切호대 亦不如法生分別이라 如是開悟諸衆生하야 一切無性無所觀이로다” 】

⑤ "각각 여러 세계에 노닌다."는 것은 곧 二地로 十地에 이른 모든 보살이 신통력으로 유희하면서 많은 장엄으로 하나의 세계를 장엄하거나 혹은 하나의 장엄으로 많은 세계를 장엄하기도 한다. 그 보살들이 찾아가면 오염된 세계를 청정으로 장엄하는 것이다. 【초_ '많은 장엄'이란 제5회향과 같다. 곧 시방삼세에 있는 불국토 일체 장엄을 널리 가지고서 하나의 세계를 장엄하고, 일체 장엄 또한 그와 같다. 지위의 끝부분에 올라 원한 대로 성취됨이 팔지, 십지에서 말한 바와 같다. '혹 하나의 장엄으로 많은 세계를 장엄한다.'는 것은 제2회향에서 말하기를, "하나의 장엄으로써 일체 세계를 장

엄하되 또한 법에 분별심을 내지 않는다. 이와 같이 많은 중생을 깨우쳐주어야만 일체에 체성조차 없어 볼 곳조차 없다."고 하였다.】

經
十方一切世界海에 **諸菩薩**이 **雲集故**로 **世界海**가 **無量大莊嚴劫轉變**이며

시방의 일체 세계바다에 모든 보살들이 구름처럼 모인 까닭에 세계바다가 한량없이 큰 장엄겁으로 전변하며,

● 疏 ●
六大莊嚴者는 卽普賢位에 嚴於微塵內刹이니 如上口光召衆等是니라【鈔_ 如上口光召衆者는 卽第六經 其諸菩薩이 旣至會中하야 現自在用하고 云"如是坐己에 其諸菩薩身毛孔中에 一一各現十世界海微塵数一切寶種種色光明하고 一一光中에 現十世界海微塵数諸菩薩이 皆坐蓮華藏師子之座하시나라 此諸菩薩이 悉能徧入一切法界諸安立海의 所有微塵하시니 彼一一塵中에 皆有十佛世界微塵数諸廣大刹하고 一一刹中에 皆有三世諸佛世尊이어든 此諸菩薩이 悉能徧往하야 親近供養"等이니 卽嚴淨塵中刹也라】

⑥ 대장엄이란 보현의 지위에 미세한 티끌 속의 세계를 장엄함이니, 위와 같이 "입에서 쏟아지는 광명으로 대중을 부른다."는 등이 바로 그것이다.【초_ "위와 같이 입에서 쏟아지는 광명으로 대중을 부른다."는 것은 곧 제6경에서 그 모든 보살들이 법회에 이르

러 자재용을 나타내고서, 다음과 같이 적고 있다. "이와 같이 앉은 후에 그 모든 보살들의 몸에 있는 모공 속에서 낱낱이 각각 열 세계바다 미진수와 같은 온갖 보배의 갖가지 색의 광명을 나타내고, 낱낱 광명 속에 모두 열 세계바다 미진수의 모든 보살들이 다 연화장 사자좌에 앉아 있는 모습을 나타내었다. 이 모든 보살들이 모두 온갖 법계가 세워진 바다의 티끌 속에 두루 들어가시니 그 낱낱 티끌 속에 모두 열 부처님 세계 미진수의 모든 광대한 세계가 있고, 낱낱 세계 속에 모두 삼세의 모든 부처님 계시는데, 이 모든 보살들이 다 두루 나아가서 가까이하고 공양을 올렸다." 등이다. 이는 곧 티끌 속의 세계를 장엄, 청정히 함이다.】

經

諸佛世尊이 入涅槃故로 世界海가 莊嚴滅劫轉變이며

모든 부처님 세존이 열반에 드신 까닭에 세계바다가 장엄이 사라지는 겁으로 전변하며,

◉ 疏 ◉

七莊嚴滅者는 此明失善緣而惡現이니 謂如來示滅에 能事隨滅이라 佛滅百年에 乳不及水은 況今之世아 況於滅極에 稗爲上味하고 鐵爲上嚴가【鈔_ '佛滅百年'者는 育王經說이니 "育王이 常供養諸聖僧할세 上座 食乳稍多어늘 育王白言호되 乳若多食이면 恐生疾患이로다 上座 云此乳有何力고 不及世尊在世時水어늘 今佛滅度에 一切精淳이 皆

沉地下니라 育王이 願見佛在時水한대 上座展手하야 地下取水어늘 育王이 嘗之호니 實過於乳라하니 明知福人滅矣에 能事隨滅이니라 百年尙爾온 況今去聖이 將二千年이어니 尤更淡薄가 況於滅極에 鐵爲上嚴하고 稗爲上味야 如起世經說하다 】

㉦ "장엄이 사라졌다."는 것은 좋은 인연을 잃음으로써 좋지 못한 일들이 나타남을 밝힌 것이다. 여래가 열반에 듦으로써 부처님의 能事까지 따라서 사라짐을 말한다. 부처님이 열반한 지 겨우 백 년이 되어서도 우유의 맛이 물맛만큼도 못한데, 하물며 오늘날이야. 하물며 열반한 지 너무 오래되어 잡곡이었던 피가 가장 훌륭한 음식이 되었고, 부스러기의 무쇠가 가장 훌륭한 장엄이 되는 형편이니 오죽하겠는가. 【초_ "부처님이 열반한 지 겨우 백 년이 되었다."는 것은 育王經을 인용한 말이다.

阿育王이 항상 수많은 聖僧을 공양하였는데, 우유를 마시는 상좌가 점점 많아졌다.

아육왕이 말하였다.

"우유를 많이 마시면 병이 날까 두렵다."

상좌가 말하였다.

"이 우유가 무슨 힘이 있겠는가. 세존이 계실 때의 물맛만큼도 못하다. 이제 부처님이 열반하시어 모든 精淳한 맛이 모두 지하에 잠겨버렸다."

아육왕이 부처님이 계실 때의 물맛을 보기를 원하자, 상좌가 손을 펴서 땅속의 물을 가져다주었다. 아육왕이 물맛을 보니 실로 우유의 맛보다 훨씬 맛있었다. 복된 사람이 사라지면 그에 따른 능사도 사라짐을 알아야 한다. 부처님이 열반한 지 겨우 백 년의 세월에도 오히려 그와 같은데, 하물며 이제는 부처님이 열반한 지 머지않아 2천 년이 된다. 더욱 담박함이야 말할 수 있겠는가. 하물며 열반한 지 오래되어 무쇠가 최상의 장엄이 되었고 피가 최상의 맛이 된 세상이야 오죽하겠는가.

이는 起世經에서 말한 바와 같다.】

經

諸佛이 **出現於世故**로 **一切世界海**가 **廣博嚴淨劫轉變**이며

모든 부처님이 세상에 나오신 까닭에 모든 세계바다가 드넓게 장엄, 청정하는 겁으로 전변하며,

● 疏 ●

八如彌勒來也라【鈔_ 如彌勒來者는 卽彌勒下生經說이니 佛告舍利弗하사되 云"四大海水 以漸減少三千由旬이면 是時閻浮提地 長十千由旬이오 廣八千由旬이라 平坦如鏡하고 名華軟草 徧覆其地하며 種種樹木에 華果茂盛이어든 其樹 悉皆高三十里라 城邑次比하고 雞飛相及하며 人壽八萬歲오 智慧威德과 色力이 具足하야 安穩快樂하리라 有一大城하니 名翅頭末底라 長十二由旬이오 廣七由旬이라 其城七寶며 上有樓閣하야 戶牖軒牕이 皆是衆寶오 眞珠網覆하며 街廣十二里어늘 巷陌處處에 皆有明珠柱하고 處處皆有金銀之聚며 便利不淨은

517

地裂受之하고 受已還合하며 亦無衰惱와 水火刀兵과 及諸饑饉毒害之事며 園林池沼에 八功德水와 衆華異香이 皆悉盈滿하고 不生草穢며 一種七穫호되 昧甚香美하야 增益色力等이라"하니 廣如彼說이라 】

⑧ 미륵이 오심과 같다. 【초_ "미륵이 오심과 같다."는 것은 彌勒下生經을 인용한 말이다.

부처님이 사리불에게 말씀하셨다.

"사방의 큰 바닷물이 차츰차츰 메말라 3천 유순의 거리가 사라지면 그때 閻浮提地의 길이는 十千 유순이요 너비는 8천 유순이다. 그 땅은 거울처럼 평탄하고 아름다운 꽃과 부드러운 풀잎이 그 땅을 뒤덮으며, 가지가지의 나무에 꽃과 과일이 무성한데 그 나무의 높이가 모두 30리이다. 고을이 차례차례 즐비하고 닭 울음소리가 서로 들리며, 사람들의 수명은 8만 세를 누리고, 지혜와 위덕과 색과 힘이 넉넉하여 평안하고 즐거움을 누릴 것이다. 그 땅에 하나의 큰 성이 있는데, 그 이름을 '시두말저'라 한다. 길이는 12유순이요 너비는 7유순이다. 그 성은 온통 칠보이며, 위에 누각이 있는데 문 들창 난간 창문이 모두 수많은 보배로 장식되었고 진주그물이 덮여 있으며 거리의 너비는 12리이다. 골목 곳곳마다 구슬로 만든 기둥이 서 있고 곳곳마다 모두 금덩이와 은덩이가 있으며, 대소변의 부정한 물건은 땅바닥이 갈라져 땅속에 묻어버린 후에 다시 봉합하며, 또한 슬픔 고뇌 수재 화재 전쟁 및 숱한 굶주림 독과 해로운 일도 없으며, 언덕의 숲과 연못에 팔공덕수와 수많은 꽃의 남다른 향기가 모두 가득하고 더러운 잡초가 나지 않으며, 곡식을 한

번 심어 일곱 번 수확하되 그 맛이 매우 향기롭고 아름다워서 사람들의 빛깔과 힘이 솟구친다."

이런 등등의 자세한 부분은 미륵하생경에서 말한 바와 같다.】

經

如來神通變化故로 世界海가 普淸淨劫轉變이라 如是等이 有世界海微塵數하니라

여래에게 신통변화가 있는 까닭에 세계바다가 널리 청정한 겁으로 전변하게 된다.

이와 같은 전변이 세계바다 미진수처럼 많다."

● 疏 ●

九以佛神通으로 于何不淨가 淨名'足指按地'와 法華'三變淨土'는 卽其類也니라【鈔_ 淨名足指按地者는 卽佛國品說호되 "隨其心淨이면 則佛土淨이라한대 爾時에 舍利弗이 承佛威神하야 作是念호되 若菩薩心淨則佛土淨者인댄 我世尊이 本爲菩薩時에 意豈不淨이완대 而是佛土不淨若此오 佛知其意하시고 卽告之言하사되 我此土淨이어늘 而汝不見이라하고 爾時에 世尊이 卽以足指按地한대 卽時에 三千大千世界 若干百千衆寶嚴飾이 譬如寶莊嚴佛無量功德寶莊嚴土어늘 一切大衆이 歎未曾有하고 而皆自見坐寶蓮華"等이 是也라

法華三變淨土'는 卽見寶塔品이라 "大樂說이 請開塔戶어늘 佛言須集分身호리라 大樂說이 請集分身한대 世尊이 放光遠召하야 爲欲受分身

佛故로 一變娑婆하시고 二於八方에 各更變二百萬億那由他國土하야 皆令淸淨하사되 坐佛不足이오 第三更變二百萬億那由他國土하야 皆令淸淨이라 故云'三變'이라"하니라】

⑨ 부처님의 신통력으로 그 무엇이 청정하게 바뀌지 않겠는가. 유마경 佛國品에서 말한 "부처님의 발가락으로 땅을 누름"과 법화경 見寶塔品에서 말한 "3차례 정토로 바꾸었다."는 것이 그런 유이다. 【초_ 淨名足指按地'란 유마경 불국품을 인용한 말이다.

"그 마음이 청정함을 따라서 곧 불국토가 청정하다고 말하자, 그 당시 사리불이 부처님의 위신력을 받들어 이런 생각을 하였다.

'만일 보살의 마음이 청정하면 곧 불국토가 청정하다고 할 경우, 우리 세존이 본래 보살로 계셨을 때 그 마음에 무슨 부정이 있었기에 이 불국토가 이처럼 청정하지 못했을까?'

사리불이 이처럼 생각하는 것을 알고서 부처님이 사리불에게 말씀하셨다.

'나의 이 땅이 청정함에도 네가 보지 못한 것이다.'

그때 세존이 곧바로 발가락으로 땅을 누르시자, 곧 삼천 대천 세계가 약간의 백 가지 천 가지 귀중한 보배로 장엄하게 되었다. 비유하면 보장엄불의 무량공덕보배 장엄국토와 같았다. 일체대중이 일찍이 없었던 일이라 감탄하였고 모두가 스스로 보배 연꽃 위에 앉음을 보았다."

바로 이런 등등을 말한다.

'法華三變淨土'는 법화경 견보탑품을 인용한 말이다.

大樂說보살이 탑호 열기를 청하자, 부처님이 말씀하셨다.

"분신을 불러 모이겠다."

대락설보살이 분신을 불러 모이기를 청하자, 세존이 방광하여 멀리 불러 모일 적에 분신불을 수용하고자 첫째 사바세계를 변하게 하시고, 둘째 팔방으로 각각 다시 2백만억 나유타 국토를 바꾸어 모두 청정하게 하였으나 부처님을 앉히시기에 부족하였다. 이에 셋째 다시 2백만억 나유타 국토를 바꾸어 모두 청정하게 만들었다고 한다. 이 때문에 '三變'이라고 말한다.】

上之十事는 初總餘別이니 不出業故니라 又初二는 屬凡이오 次四는 菩薩이오 後三은 屬佛이라 又約佛菩薩인댄 卽染令淨이오 約於凡夫인댄 卽淨成染이니라

위의 열 가지 일에 처음 제1전변은 총체이며, 나머지는 개별이다. 이는 업에서 벗어나지 않기 때문이다.

또한 제2, 3전변은 범인에 속하고, 다음 4가지 제4~7전변은 보살에, 뒤의 3가지 제8~10전변은 부처님에 속한다.

또한 부처와 보살로 말한다면 오염된 것을 청정하게 만들고, 범부로 말하면 청정한 것을 오염시킨다.

經

爾時에 普賢菩薩이 欲重宣其義하사 承佛威力하사 觀察十方하고 而說頌言하사대

그때 보현보살이 그 뜻을 거듭 말하고자, 부처님의 헤아릴 수

없는 영묘하고도 불가사의한 힘을 받들어 시방을 관찰하고 게송으로 설하였다.

一切諸國土가　　　　　　皆隨業力生이니
汝等應觀察　　　　　　　轉變相如是어다

　　일체 모든 국토는
　　모두 업력을 따라 생겨난 것
　　너희들은 반드시 살펴보라
　　전변하는 모양 이와 같아라

染汚諸衆生이여　　　　　業惑纏可怖라
彼心令刹海로　　　　　　一切成染汚로다

　　탐진치 등에 더럽혀진 많은 중생이여
　　업과 미혹의 얽힘이 두려워라
　　중생의 마음이 세계바다로 하여금
　　모두 오염을 이루게 만드네

若有淸淨心하야　　　　　修諸福德行이면
彼心令刹海로　　　　　　雜染及淸淨이로다

　　만약 청정한 마음으로
　　모든 복덕의 행 닦으면
　　그 마음이 세계바다로 하여금

섞이고 물들고 또 청정하게 만드네

信解諸菩薩이   **於彼劫中生**일세
隨其心所有하야   **雜染淸淨者**로다

    믿고 이해하는 모든 보살이
    저 겁 가운데 태어날 적에
    그 마음 있는 바를 따라서
    섞이고 물들고 또한 청정하기도 하네

無量諸衆生이   **悉發菩提心**일세
彼心令刹海로   **住劫恒淸淨**이로다

    한량없는 모든 중생이
    모두 보리심을 내어
    그 마음이 세계바다로 하여금
    머무는 겁이 항상 청정하게 만드네

無量億菩薩이   **往詣於十方**에
莊嚴無有殊나   **劫中差別見**이로다

    한량없는 억만 보살이
    시방도량으로 나아가
    장엄은 다르지 않으나
    겁 가운데 소견의 차별이 생겨나네

一一微塵內에　　　　　佛刹如塵數어든
菩薩共雲集하니　　　　國土皆清淨이로다

　　하나하나 작은 티끌 속에
　　부처님 세계 미진수처럼 많은데
　　보살들이 모두 구름처럼 모여들어
　　국토가 모두 청정하네

世尊入涅槃에　　　　　彼土莊嚴滅이라
眾生無法器오　　　　　世界成雜染이로다

　　세존께서 열반에 드시자
　　국토의 장엄이 사라져버렸어라
　　중생에게 법을 담을 그릇 없어
　　세계가 잡되고 오염되었네

若有佛興世면　　　　　一切悉珍好니
隨其心清淨하야　　　　莊嚴皆具足이로다

　　만약 부처님이 세상에 나오시면
　　모든 것이 진귀하고 좋으리라
　　그 마음의 청정함을 따라
　　장엄이 모두 구족하리라

諸佛神通力으로　　　　示現不思議라

是時諸刹海가　　　　　**一切普淸淨**이로다

　　모든 부처님의 신통력으로
　　불가사의 나타내 보여주네
　　이때 여러 세계바다가
　　모두 널리 청정하리라

◉ **疏** ◉

十頌은 如次頌前이니 可知니라

　10송은 차례와 같이 앞의 장항을 송하였다. 이는 설명하지 않아도 알 수 있다.

第九 劫轉變差別 竟하다

　⑼ 겁이 전변하는 차별에 대해 끝마치다.

第十 無差別

　⑽ 차별이 없다

經

爾時에 **普賢菩薩**이 **復告大衆言**하사대 **諸佛子**여 **應知世界海**에 **有世界海微塵數無差別**이니

　그때 보현보살이 다시 대중들에게 말하였다. "모든 불자들이여, 세계바다에 세계바다 미진수의 차별 없음을 알아야 한다.

525

● 疏 ●

無差別者는 謂前九는 辨諸世界 約相不同이 隨業染淨이니 由於衆生有差別故어늘 今云無差는 性無二故니라 故偈云'業性起'也라하니라
【鈔_ 謂前九下는 皆釋標名이라 於中에 有三하니 一約性相相對니 相則有差로되 性則無差니라】

차별이 없다는 것은 앞의 9가지는 모든 세계의 모습이 똑같지 않음이 업에 따라 오염되고 청정함을 가지고 논변한 것을 말한다. 이는 중생에게 차별이 있게 된 연유 때문이다. 그럼에도 여기에서 차별이 없다고 말한 것은 본성이 둘이 없기 때문이다. 이 때문에 게송에서 '業性起'라고 말한다. 【초_ "앞의 9가지" 이하는 모두 표제의 해석이다. 여기에는 3가지가 있다. ① 내면의 본성과 외적인 형상을 상대로 말한 것이다. 형상에는 차이가 있으나 본성에는 차이가 없다.】

又約權說인댄 則種種差別이어니와 今約實說인댄 則一切無差니 如教法中에 或說三乘은 即是差別이로되 說華嚴時는 一切無差니라【鈔_ '又約權說下는 二에 約權實相對니 實則無差니라】

또한 방편으로 말한다면 갖가지 차별이 있겠지만 여기에서 실제를 들어 말할 경우, 모든 게 차별이 없다. 教法에서 간혹 三乘으로 말함은 곧 차별이 있지만 화엄을 말한 때에는 일체가 모두 차별이 없다. 【초_ "또한 방편으로 말한다면" 이하는 ② 방편과 실상을 상대로 말한 것이다. 실상에는 차별이 없다.】

又皆是諸佛之所用故며 一一融攝하야 等無異故니라 故前九差別은 是此無差之差오 今此는 即是前九差之無差也라 故法華云 "衆生見

燒어니와 淨土不毁라하니 二皆相卽이니라 由依此義하야 說淨土中十八圓滿이니 一一稱眞하야 皆周徧故일세니라【鈔_ '又皆是諸佛下는 三收差與無差하야 皆歸果用이라 前之二對는 性相權實이 二不相卽이어니와 今則融卽이라 言'無差之差'者는 是圓融之行布也오 '差之無差'者는 是行布之圓融也라 若離圓融이면 非圓敎法이오 若無差別이면 無可圓融이니 如攬別成總이오 非離別外而有此總이니라 故法華下는 但明二不相離오 由依此義下는 顯十八圓滿이 由此而成이라】

또한 모든 여러 부처님이 쓰는 바이기 때문이며, 하나하나가 융합하여 평등하게 차이가 없기 때문이다. 그러므로 앞의 9가지의 차별은 차별이 없는 가운데 차별이며, 여기에서는 곧 앞의 9가지의 차별 가운데 차별이 없다는 것이다. 이 때문에 법화경에 이르기를, "중생은 劫火에 의해 사라져버린 것만을 볼 뿐, 정토는 훼손되지 않는다."고 하였다. 이는 겁화와 정토 2가지가 서로 하나가 됨을 말한다. 이런 뜻을 따라 정토 18圓滿[47]을 말하였다. 하나하나가 진여에 부합하여 모두 두루 하기 때문이다.【초_ "또한 모든 여러 부처님" 이하는 ③ 차별과 차별이 없음을 모두 거두어 佛果의 妙用으로 귀결 지은 것이다. 앞에서 말한 2가지의 상대는 性·相과 權·實로, 이 2가지는 서로 하나가 될 수 없지만, 여기에서 말한 바는 서로 하나가 된다.

"차별이 없는 가운데 차별"이라 말한 것은 圓融門(圓融相攝門)의

---

[47] 18圓滿: 顯色圓滿·形色圓滿·分量圓滿·方所圓滿·因圓滿·果圓滿·主圓滿·輔翼圓滿·眷屬圓滿·任持圓滿·事業圓滿·攝益圓滿·無畏圓滿·住處圓滿·路圓滿·乘圓滿·門圓滿·依持圓滿.

行布門(次第行布門)이며, "차별 가운데 차별이 없다."는 것은 항포문의 원융문이다. 만일 원융을 여의면 원교법이 아니며, 만일 차별이 없으면 원융할 게 없다. 개별을 가지고서 총체를 이루는 것과 같다. 이는 개별을 여읜, 그 밖에 또 다른 총체가 있는 게 아니다.

'故法華' 이하는 다만 2가지가 서로 떠날 수 없음을 밝힘이며, '由依此義' 이하는 18원만이 이에 의해 성취되었음을 밝힌 것이다.】

經

所謂一一世界海中에 有世界海微塵數世界가 無差別이며 一一世界海中에 諸佛出現의 所有威力이 無差別이며 一一世界海中에 一切道場이 徧十方法界가 無差別이며 一一世界海中에 一切如來의 道場衆會가 無差別이며 一一世界海中에 一切佛光明徧法界가 無差別이며 一一世界海中에 一切佛變化名號가 無差別이며 一一世界海中에 一切佛音聲이 普徧世界海하야 無邊劫住가 無差別이며 一一世界海中에 法輪方便이 無差別이며 一一世界海中에 一切世界海가 普入一塵이 無差別이며 一一世界海中에 一一微塵에 一切三世諸佛世尊의 廣大境界가 皆於中現이 無差別이라 諸佛子여 世界海無差別이 略說如是어니와 若廣說者인댄 有世界海微塵數가 無差別하니라

이른바 하나하나 세계바다 가운데 세계바다 미진수의 세계가 차별이 없으며,

하나하나 세계바다 가운데 모든 부처님이 출현하는 위력이 차별이 없으며,

하나하나 세계바다 가운데 온갖 도량이 시방법계에 두루 함이 차별이 없으며,

하나하나 세계바다 가운데 모든 여래의 도량에 모인 대중이 차별이 없으며,

하나하나 세계바다 가운데 모든 부처님의 광명이 법계에 가득함이 차별이 없으며,

하나하나 세계바다 가운데 모든 부처님의 변화하신 명호가 차별이 없으며,

하나하나 세계바다 가운데 모든 부처님의 음성이 세계바다에 널리 가득하여 끝없는 겁에 머묾이 차별이 없으며,

하나하나 세계바다 가운데 법륜의 방편이 차별이 없으며,

하나하나 세계바다 가운데 온갖 세계바다가 한 티끌 속에 널리 들어가는 데 차별이 없으며,

하나하나 세계바다 가운데 하나하나의 작은 티끌에 일체 삼세 모든 부처님의 광대한 경계가 그 속에 모두 나타남이 차별이 없다.

모든 불자들이여, 세계바다의 차별 없는 것을 간단하게 말하면 이와 같으나, 널리 말한다면 세계바다의 미진수처럼 차별이 없다."

● 疏 ●

二釋中十事니 一海中包數同이니 則盡海之塵토록 一塵一剎이니 已

是含攝之義ㅇ 二佛示威力同이ㅇ 三道場同이니 同眞性故ㅇ 四衆會同이니 常隨衆故ㅇ 五光明이ㅇ 六名號ㅇ 七音聲이ㅇ 八法輪方便이니 上七은 皆約不動一而普徧無差ㅇ 九塵含刹海ㅇ 十塵容佛境이니 此二는 約不壞相而廣容無差니라

해석에 있어 열 가지의 일이다.

① 바다 가운데 포함된 수와 같다. 곧 바다의 티끌이 다하도록 하나의 티끌에 하나의 세계가 있다. 이처럼 모든 것을 포괄한 뜻이다.

② 부처님의 위신력을 보임이 똑같다.

③ 도량이 똑같다. 眞性과 같기 때문이다.

④ 대중의 법회가 똑같다. 항상 부처님을 따르는 대중이기 때문이다.

⑤ 광명.

⑥ 명호.

⑦ 음성.

⑧ 법륜방편. 위의 7가지는 하나의 자리가 흔들리지 않고 널리 두루 하는, 차별이 없음을 말한다.

⑨ 티끌 속에 세계바다를 담고 있다.

⑩ 티끌 속에 제불의 광대한 경계를 담고 있다. 이 2가지는 형상을 파괴하지 않고서 널리 받아들이는, 차별이 없음을 말한다.

經

爾時에 普賢菩薩이 欲重宣其義하사 承佛威力하사 觀察十

方하고 而說頌言하사대

　그때 보현보살이 그 뜻을 거듭 말하고자, 부처님의 헤아릴 수 없는 영묘하고도 불가사의한 힘을 받들어 시방을 관찰하고 게송으로 설하였다.

一微塵中多刹海가　　處所各別悉嚴淨이어든
如是無量入一中호대　　一一區分無雜越이로다
　　하나의 작은 티끌 속에 수많은 세계바다
　　처소를 각기 달리 모두 장엄, 청정한데
　　이처럼 한량없는 게 하나 속에 들어가지만
　　하나하나 구분되어 뒤섞임이 없네

一一塵內難思佛이　　隨衆生心普現前하사
一切刹海靡不周하시니　　如是方便無差別이로다
　　하나하나 티끌 속에 불가사의의 부처님 계시어
　　중생 마음 따라 널리 앞에 나타나
　　일체 세계바다 모두 두루 하시니
　　이와 같은 방편 차별이 없네

一一塵中諸樹王이　　種種莊嚴悉垂布하야
十方國土皆同現하니　　如是一切無差別이로다
　　하나하나 티끌 속에 모든 보리수

갖가지 장엄하여 뒤덮고 있는데
시방국토 동시에 나타나니
이처럼 모든 게 차별이 없네

一一塵內微塵衆이　　**悉共圍繞人中主**하니
出過一切徧世間호대　　**亦不迫隘相雜亂**이로다
　하나하나 티끌 속에 미진수처럼 많은 대중
　사람의 주인, 부처님을 모두가 에워싸니
　일체 세계 뛰어넘어 일체 세간 두루 하되
　또한 비좁거나 어지럽지 않네

一一塵中無量光이　　**普徧十方諸國土**하야
悉現諸佛菩提行하니　　**一切刹海無差別**이로다
　하나하나 티끌 속에 한량없는 광명
　시방 모든 국토 가득 비춰
　모든 부처님 보리행 모두 나타내니
　일체 세계바다 차별이 없네

一一塵中無量身이　　**變化如雲普周徧**이라
以佛神通導群品하사대　　**十方國土亦無別**이로다
　하나하나 티끌 속에 한량없는 몸
　구름처럼 변화하여 널리 두루 하여

부처님 신통력으로 중생을 교화하되
시방국토에 또한 차별이 없네

一一塵中說衆法하니　　其法淸淨如輪轉이라
種種方便自在門으로　　一切皆演無差別이로다

　하나하나 티끌 속에서 온갖 법문 설하니
　그 법이 청정하여 바퀴 구르는 듯
　갖가지 방편의 자재한 법문으로
　모든 것 연설함에 차별이 없네

一塵普演諸佛音하야　　充滿法器諸衆生호대
徧住剎海無央劫하니　　如是音聲亦無異로다

　한 티끌 속에서 모든 부처님 음성 내어
　법그릇 지닌 중생에게 가득 채워주되
　세계바다 두루 머물며 한없는 겁 지나도록
　이와 같은 음성 또한 다름이 없네

剎海無量妙莊嚴을　　於一塵中無不入하시니
如是諸佛神通力이여　　一切皆由業性起로다

　세계바다 한량없는 미묘한 장엄
　한 티끌 속에 모두 들어가니
　이와 같은 모든 부처님 신통력이여

모두가 업성 따라 일어난 경계로다

一一塵中三世佛이   **隨其所樂悉令見**하시니
體性無來亦無去로대   **以願力故徧世間**이로다

    하나하나 티끌 속에 삼세 부처님
    중생 좋아하는 마음 따라 모두 보여주시니
    체성이야 옴도 없고 감도 없으나
    원력 때문에 세간 두루 나오시네

◉ 疏 ◉

頌中에 十頌은 如次頌上十義로되 但第六約身은 與前名體로 異耳라 而前但約平漫無差어니와 今顯塵內重疊融攝無差之義라

    頌 가운데 10게송은 차례와 같이 위의 열 가지 뜻을 송하였지만, 다만 제6의 몸은 앞의 명제와 체성이 다르다. 앞에서는 다만 똑같이 차별이 없는 것으로 말했지만, 여기에서는 微塵 속에 거듭 융합하여 차별이 없는 뜻을 밝힌 것이다.

第十 無差別 竟하다

    (10) 차별이 없음에 대해 끝마치다.

◉ 論 ◉

此之一品으로 答前三十七問은 意令現在未來의 發菩提心者로 識佛所行이니 衆生業海無際를 如來이 以普賢行으로 普濟하사대 以法性理

534

智無礙로 從初發心으로 興大願雲하사 悲智普覆하사 波羅蜜海로 無
刹不現其身하시며 無行不同其事하사 塵毫內刹에 影現重重하야 平等
智身이 莫不隨入호대 以法界之體로 而無往來하야 法常如是일새 令學
者로 倣之하야 趣求不謬라 此乃如大王路이 法爾常然이니 更有異求면
偏僻不當也라

　이 1품으로 앞의 37가지 물음에 답한 뜻은 현재와 미래에 보리
심을 일으킨 자로 하여금 부처님이 행하신 바를 알도록 하기 위함이
다. 끝없는 중생업해를 여래가 보현행으로 널리 제도하시되 걸림 없
는 法性理智로써 초발심자로부터 大願구름을 일으켜 悲智로 널리
덮어 보호하고, 바라밀바다로써 세계마다 그 몸을 나타내 보이지 않
음이 없으며, 행하는 것마다 그 일을 함께하지 않음이 없다. 티끌과
터럭 속의 세계에 부처님의 모습이 그림자처럼 거듭 나타나 평등한
지혜의 몸이 따라 들어가지 않음이 없으되 법계의 본체는 왕래가 없
다. 법이 항상 이와 같기에 학인으로 하여금 이를 본받아 잘못 추구
하는 일이 없도록 하였다. 이는 대왕의 큰길처럼 법이란 항상 그와
같다. 다시 달리 구함이 있으면 편벽되어 옳지 못한 일이다.

世界成就品 竟하다

　세계성취품을 끝마치다.

세계성취품 제4　世界成就品 第四

화엄경소론찬요 제15권　華嚴經疏論纂要 卷第十五

화엄경소론찬요 ③
華嚴經疏論纂要

2017년 5월 26일 초판 1쇄 발행

편저자 혜거
발행인 박상근(至弘) • 편집인 류지호 • 편집 김선경, 양동민, 이기선, 주성원
디자인 쿠담디자인 • 제작 김명환 • 전략기획 유권준, 김대현, 박종욱, 양민호 • 관리 윤애경
펴낸 곳 불광출판사 03150 서울시 종로구 우정국로 45-13, 3층
　　　　대표전화 02) 420-3200 편집부 02) 420-3300 팩시밀리 02) 420-3400
　　　　출판등록 1979. 10. 10 (제300-2009-130호)

ISBN 978-89-7479-345-6 04220
ISBN 978-89-7479-318-0 04220 (세트)

이 도서의 국립중앙도서관 출판예정도서목록(CIP)은
서지정보유통지원시스템 홈페이지(http://seoji.nl.go.kr)와
국가자료공동목록시스템(http://www.nl.go.kr/kolisnet)에서 이용하실 수 있습니다.
(CIP제어번호: 2017010530)

잘못된 책은 구입하신 서점에서 바꾸어 드립니다.
독자의 의견을 기다립니다. www.bulkwang.co.kr
불광출판사는 (주)불광미디어의 단행본 브랜드입니다.